ANDERSEN

LES
SOULIERS ROUGES
ET AUTRES CONTES

LE COFFRE VOLANT — LE RÊVE DU CHÊNE
LE GRAND SERPENT DE MER
LE BRIQUET — LE VIEUX FERME-L'ŒIL
LE SANGLIER DE BRONZE — LA PIERRE PHILOSOPHALE
L'HISTOIRE DE L'ANNÉE — LE JARDIN DU PARADIS
LIVRE D'IMAGES, ETC.

TRADUITS PAR MM.
ERNEST GRÉGOIRE & LOUIS MOLAND
ILLUSTRATIONS DE YAN' DARGENT

PARIS
GARNIER FRÈRES, LIBRAIRES-ÉDITEURS
6, RUE DES SAINTS-PÈRES, 6

LES

SOULIERS ROUGES

ANDERSEN

LES
SOULIERS ROUGES
ET AUTRES CONTES

LE COFFRE VOLANT — LE RÊVE DU CHÊNE
LE GRAND SERPENT DE MER
LE BRIQUET — LE VIEUX FERME-L'ŒIL
LE SANGLIER DE BRONZE — LA PIERRE PHILOSOPHALE
L'HISTOIRE DE L'ANNÉE — LE JARDIN DU PARADIS
LIVRE D'IMAGES, ETC.

TRADUITS PAR MM.
ERNEST GRÉGOIRE & LOUIS MOLAND
ILLUSTRATIONS DE YAN' DARGENT

PARIS
GARNIER FRÈRES, LIBRAIRES-ÉDITEURS
6, RUE DES SAINTS-PÈRES, 6

AVERTISSEMENT

DES TRADUCTEURS

Nous avons précédemment publié deux volumes de contes d'Andersen, les *Contes danois* et les *Nouveaux Contes danois*. Nous achevons d'épuiser, dans la nouvelle série que nous offrons aujourd'hui au lecteur, tout ce qui, de cette partie de l'œuvre du célèbre écrivain, n'a pas un caractère trop local et peut intéresser le public de notre pays. On a donc, dans ces trois volumes, l'ensemble complet des Contes d'Andersen, sauf ce qui n'est vraiment pas traduisible en français.

Quoique recueillis en dernier lieu, on ne trouvera pas, croyons-nous, les récits dont se compose ce volume inférieurs à ceux que nous avons donnés dans les premiers volumes et qui ont obtenu un si vif succès. Quelques-uns, si nous ne nous abusons, seront jugés de véritables chefs-d'œuvre; nous citons, par exemple, l'*Histoire de l'année*, le *Briquet*, la *Pierre philosophale*, et parmi ceux d'une dimension moindre, le *Papillon*, la *Petite Fille aux allumettes*, *Il faut une différence*, la *Pierre tombale*. Mieux encore peut-être que dans nos premiers choix, la fécondité d'imagination et l'originalité d'esprit du conteur danois ressortiront de celui-ci.

Depuis nos premières publications, Hans Christian Andersen est mort; il est décédé à Rolighed le 5 août 1875, à l'âge de soixante-dix ans. Sa mort fut un deuil général ; une souscription nationale s'organisa aussitôt pour élever un monument à celui qui avait porté le plus loin au-delà des frontières du Danemark la réputation de la littérature danoise. Sa statue, placée à Copenhague dans le jardin de Rosenborg, a été inaugurée le 25 juin 1880 ; le roi, toute la cour, les autorités supérieures et les notabilités du pays assistèrent à la cérémonie. M. de Bille, un des plus célèbres orateurs du parlement, prononça, dans un éloquent et touchant discours, l'éloge du regretté poète et conteur. Une autre statue lui a été érigée, également par souscription, à Odensée, sa ville natale, et c'est celle dont nous reproduisons la gravure en tête de ce livre.

Andersen avait eu la bonté de nous témoigner vivement son approbation de nos traductions ; il nous avait encouragés dans les termes les plus chaleureux à continuer de faire connaître son œuvre à cette France pour laquelle il exprimait une profonde affection. Nous exauçons ses vœux en complétant aujourd'hui notre travail, en même temps que nous sommes sûrs de répondre aux désirs d'un grand nombre de littérateurs et de lecteurs français.

« Tiens ! quels jolis souliers de danse ! » dit le vieux soldat.

LES SOULIERS ROUGES

Il y avait une fois une petite fille, toute charmante, toute mignonne. Mais en été elle marchait toujours pieds nus ; sa mère, une pauvre veuve, ne pouvait pas lui acheter des souliers ; en hiver, elle portait de grands sabots ; ses petits pieds n'étaient pas garantis du froid et devenaient tout rouges, tout rouges.

Dans le village demeurait une vieille cordonnière ; elle eut pitié de Karen, c'est ainsi que s'appelait la petite. Elle rassembla quelques restes de drap rouge, les arrangea, les cousit comme elle put et en fit des souliers. Ce n'était pas du fameux ouvrage : la bonne vieille ne voyait plus beaucoup et ses mains étaient faibles ; mais elle offrit de bon cœur ces souliers à Karen, qui en fut ravie.

Mais voilà que le même jour, la mère de la petite mourut.

Ces souliers rouges n'étaient pas de deuil; hélas! la pauvre Karen n'en avait pas d'autres, elle les mit donc pour l'enterrement.

Elle marchait toute en pleurs derrière le cercueil, lorsque survint un grand et antique carrosse, où était assise une vieille dame. Elle vit Karen qui sanglotait et elle fut prise de compassion pour la pauvre orpheline. « Laissez-moi emmener l'enfant, dit-elle au pasteur ; je prendrai soin d'elle. »

Karen crut d'abord que, si elle avait plu à la vieille dame, c'était à cause de ses souliers rouges; mais la dame déclara qu'ils étaient affreux, et les fit jeter. La petite fut habillée proprement; elle reçut une jolie robe; elle apprit à lire, à écrire, à coudre, et les gens disaient qu'elle était bien gentille. Elle se mit à se regarder dans le miroir qui lui dit : « Tu es bien plus que gentille, tu es belle. »

Voilà que, quelque temps après, le roi, la reine et leur fille, la petite princesse, arrivèrent dans la ville voisine ; et tout le monde des alentours accourut et se rassembla sur la place devant le théâtre pour apercevoir Leurs Majestés. Et Karen était là aussi, et elle vit sur le balcon la petite princesse qui, tout habillée de satin blanc, se faisait admirer par la foule ; elle n'avait pas de couronne, ni de robe à queue, mais elle portait des jolis souliers de maroquin rouge, des amours de petits souliers; quelle différence avec ceux que la brave cordonnière avait donnés à Karen !

Peu à peu arriva le moment où Karen devait recevoir la confirmation. Et la bonne dame lui fit faire une belle toilette et aussi des souliers neufs; elle la conduisit chez le premier cordonnier de la ville; Karen lui tendit son petit pied pour qu'il en prît mesure. Et elle regardait tout autour d'elle dans la boutique, et elle aperçut à la vitrine des souliers d'un rouge écarlate, juste comme ceux que portait la petite princesse. Oh! qu'ils étaient ravissants! « Voilà ce qu'il me faut, s'écria Karen, essayons donc s'ils ne me vont pas. — Ils ont été faits pour la fille d'un comte, dit le cordonnier, mais ils étaient trop petits pour elle, et je les ai gardés. — C'est du maroquin, n'est-ce pas? dit la vieille dame qui, ses yeux étant affaiblis par l'âge, ne voyait pas très clair; il me semble qu'ils brillent joliment. — Oh! oui, ils brillent, dit le marchand, on dirait un miroir. »

Et les souliers allaient à ravir au pied mignon de Karen et on les acheta; mais la bonne dame ne savait pas qu'ils étaient rouges; sans cela, jamais elle n'aurait permis que Karen mît des souliers de cette couleur pour sa confirmation.

C'est ce qu'elle fit pourtant; et tout le monde considérait ses souliers et on secouait la tête. Et, lorsque Karen entra sous le portail de l'église, il lui sembla que tous les personnages des tableaux qui pendaient aux murailles avaient les yeux fixés sur ces souliers, et, loin d'en être honteuse, elle se rengorgeait. Le pasteur lui parla d'une façon touchante des devoirs qu'elle aurait à remplir maintenant qu'elle avait l'âge de raison et qu'elle allait entrer entièrement dans la communauté des chrétiens. L'orgue retentissait, et remplissait le sanctuaire de ses sons graves, les chantres et les enfants de chœur entonnaient un beau cantique : Karen ne faisait attention à rien, et ne pensait qu'à une chose, au bonheur d'avoir des souliers aussi beaux que ceux de la fille du roi.

L'après-midi la vieille dame apprit par la rumeur publique le scandale qu'avait donné Karen; et elle dit à la jeune fille combien sa conduite avait été inconvenante, combien c'était vilain de sa part d'avoir mis ces souliers pour une cérémonie si grave. Dorénavant, pour aller à l'église, Karen ne mettrait jamais que des souliers noirs, dussent-ils même être vieux et déchirés.

Le dimanche suivant Karen devait aller à la communion; elle contempla ses souliers noirs qui étaient cependant neufs aussi, puis, elle jeta un coup d'œil sur les rouges, regarda de nouveau les noirs, puis, brusquement, elle prit les rouges et elle les mit.

Il faisait un temps superbe; pour aller à l'église la vieille dame, afin de jouir du beau soleil, fit un détour par les sentiers; elles eurent à passer par des endroits poudreux. Devant l'église se trouvait un vieil invalide avec une béquille; il avait une longue, longue barbe moitié rousse, moitié blanche; s'inclinant devant la dame il lui demanda si elle ne désirait pas qu'il lui ôtât la poussière qui couvrait ses chaussures. La bonne dame dit que oui, et Karen aussi tendit ses petits pieds, pour que l'invalide les époussetât. « Tiens, quels jolis souliers de danse! » dit le vieux soldat; puis les touchant de sa béquille, il ajouta : « Tenez-vous ferme, et solidement, quand vous danserez. »

La bonne dame donna à l'invalide une pièce d'argent pour sa peine et elle entra à l'église avec Karen. Tous les assistants ouvraient des yeux encore bien plus grands que la première fois, à la vue des souliers rouges, et les personnages des tableaux attachaient sur eux leurs regards. Karen elle-même les considérait à la dérobée et les trouvait toujours plus charmants, et elle oublia de chanter un cantique, et elle ne songea pas à prier un *pater*; et, lorsqu'elle reçut la communion, elle fut absolument distraite : elle ne pensait qu'à la couleur éclatante de ses souliers, qui la chaussaient si bien et que tout le monde lui enviait, croyait-elle.

Au sortir de l'église la vieille dame monta dans sa voiture

qu'elle avait commandée pour le retour. Karen leva le pied pour y prendre place aussi ; voilà que l'invalide dit : « Vraiment, quels jolis souliers de danse ! »

Karen se sentait enlevée, et, sans qu'elle pût l'empêcher, ses jambes se mirent à se mouvoir en cadence et la voilà qui danse et sautille sans pouvoir s'arrêter. Le cocher la saisit et la mit de force dans la voiture; mais, là encore, les jambes continuèrent à trépigner et elle donna maint coup de pied à la vieille dame. Enfin on arriva à la maison; il fallut porter Karen, sans cela elle aurait recommencé à danser; la femme de chambre lui enleva les maudits souliers, et ses petits pieds eurent enfin du repos.

Les souliers, on les mit sous clef dans une armoire vitrée; Karen venait dix fois par jour pour les admirer de nouveau.

Voilà que la vieille dame tomba malade et le médecin avait l'air de croire qu'elle ne se relèverait plus. Il fallait donc être aux petits soins auprès d'elle ; c'était surtout le devoir de Karen. Mais il y avait en ville un grand bal auquel elle était invitée; un instant elle eut l'idée de rester de garde auprès de sa bienfaitrice malade; mais l'image des souliers rouges se présenta devant son esprit. « Bah ! se dit-elle, la vieille dame ne guérira pas; à quoi bon tant la soigner? » — Et elle s'empara de la clef de l'armoire, prit les souliers et les mit. « Cette fois, pensa-t-elle, il n'y a pas de péché à me parer de ces beaux souliers, puisque c'est pour un bal. »

La voilà partie pour la ville. A peine dehors, involontairement elle se mit à danser, à battre des entrechats, à droite, à gauche. Cela ne lui déplaisait pas d'abord, elle était très gracieuse et les passants s'arrêtaient pour l'admirer. Elle arriva, toujours dansant et sautant, devant la maison où se donnait le bal; mais elle était déjà fatiguée et n'avait plus assez de force pour se diriger. Il lui fallut suivre les souliers qui la conduisirent à travers les rues hors de la ville, vers la sombre forêt. Sur la lisière, elle aperçut au clair de la lune le vieil invalide : « Bonsoir la toute belle, dit-il. Quels jolis souliers de danse vous avez là ! »

Alors elle fut saisie d'effroi ; elle comprit qu'il y avait un charme sur les souliers, elle voulut vite les ôter, mais

Sur la lisière, elle aperçut le vieil invalide...

jamais elle ne put y parvenir ; ils paraissaient comme vissés à ses pieds et, forcée à un mouvement perpétuel, elle ne pouvait s'asseoir pour les enlever avec ses mains.

En dansant, elle traversa les bois, les champs, les prairies. Le soleil se leva ; elle espérait que la puissance magique qui la poussait en avant sans trêve ni relâche cesserait avec la nuit ; mais non ! pas un instant de repos, pas moyen de prendre haleine. Survint un terrible orage ; elle continua à sauter, à tourner au milieu des éclairs, de la grêle et de l'averse.

La journée se passa, la nuit revint. Karen se trouva portée au cimetière. « Les morts ne dansent plus, se dit-elle; c'est là le champ du repos. » Et elle s'accrocha à une tombe, espérant pouvoir s'arrêter; mais la puissance qui la faisait tourbillonner l'en arracha et la poussa en avant.

Karen approcha de l'église, en aperçut la porte ouverte; elle voulut aller se réfugier dans le sanctuaire et implorer la

« Danse toujours, dit-il, danse avec tes souliers rouges. »

miséricorde de Dieu, qu'elle avait offensé. Mais à l'entrée se tenait un Ange, dont les ailes tombaient jusqu'à terre. Son air était sévère; de la main, il brandissait une épée, large et flamboyante. « Danse toujours, dit-il; danse avec tes souliers rouges, que tu as aimés au-dessus de tout; danse, jusqu'à ce que tes os se collent contre ta peau, devenue un parchemin, et que tu sois devenue un squelette ambulant. Danse à travers le monde; quand tu passeras près d'une demeure, où se trouvent des enfants enclins à la fatuité et à la gloriole, frappe au carreau, pour qu'ils te voient et sachent où mène le vice de l'orgueil. »

« Pitié, pitié ! » s'écria Karen, mais elle n'entendit pas ce que répondit l'Ange ; ses souliers l'avaient déjà entraînée bien loin.

Le lendemain elle passa devant une maison qu'elle connaissait bien ; on y chantait des cantiques de deuil ; des hommes noirs en sortaient un cercueil couvert de fleurs. C'était la vieille dame sa bienfaitrice, qu'elle avait quittée malade pour courir au bal, qui était morte. Alors Karen se sentit abandonnée de tous sur la terre, et condamnée dans le ciel.

Les souliers l'emmenèrent vers la montagne, à travers les ronces et les broussailles ; son gentil visage en fut tout déchiré. Elle arriva sur la bruyère, devant une petite maison solitaire ; là, elle le savait, demeurait le bourreau. Elle frappa contre les vitres et cria : « Venez, venez vite, je vous prie. Je ne puis pas entrer, il faut que je danse et que je tourne. » — Le bourreau sortit et dit : « Tu ne sais sans doute pas qui je suis : c'est moi qui coupe la tête aux méchants. Et ma hache vient de résonner ; je vais avoir de l'ouvrage. — Oui, dit Karen. Mais ne me tranchez pas la tête ; sans cela je ne pourrais pas faire pénitence de mes péchés. Abattez mes pieds avec ces souliers rouges. »

Et elle confessa ses excès de vanité ; le bourreau la saisit, et, d'un coup, lui abattit ses pieds mignons, qui partirent emportés par les souliers rouges, dansant et tournant comme auparavant, et qui disparurent dans la forêt.

La femme du bourreau prit soin de Karen, et lui donna un onguent qui guérit ses blessures ; et le bourreau lui confectionna des béquilles, et lui apprit les psaumes de la pénitence. Elle les récitait sans cesse, et, après avoir baisé la main du bourreau qui avait conduit cette hache bénite, elle quitta la bruyère, se disant : « Maintenant, j'ai assez souffert pour ces maudits souliers rouges. Je m'en vais à l'église, pour qu'on voie que je suis pardonnée. » — Mais lorsqu'elle approcha du portail, voilà qu'elle aperçut ses pauvres petits pieds dansant devant elle dans les souliers rouges ; saisie d'effroi, elle s'enfuit aussi vite qu'elle le pouvait avec ses béquilles.

Elle vécut sur les routes comme une mendiante.

Elle vécut sur les routes comme une mendiante, se nourrissant de ce que lui donnaient quelques bonnes âmes ; le chagrin la minait et elle versait des torrents de larmes amères. Au bout d'une semaine, elle se dit : « Cette fois, j'ai assez enduré de tortures ; ma pénitence doit être achevée, et maintenant je vaux autant que bien de ceux qui, à l'église, se tiennent si fiers devant Dieu. » Et elle reprit le chemin de l'église ; mais, au coin du cimetière, voilà qu'apparaissent de nouveau les souliers rouges qui sautillaient avec des bonds précipités. Karen sentit son cœur se serrer, et elle reconnut enfin avec humilité toute l'étendue de sa faute; elle n'entra pas dans l'église, mais elle alla au presbytère, priant qu'on la prît comme servante, s'offrant pour tous les services qu'elle pourrait rendre sans avoir à beaucoup marcher, et ne demandant aucun salaire, mais seulement à être abritée.

La femme du pasteur eut pitié d'elle et la garda. Karen se montra pleine de bonne volonté et travaillait tant qu'elle pouvait. Elle restait pensive et silencieuse; avec quelle attention elle écoutait, lorsque, le soir, le pasteur lisait la Bible devant toute la maison. Bien qu'elle ne parlât guère, les enfants l'aimaient; mais, quand ils vantaient l'un sa jolie figure, l'autre sa belle toilette, elle secouait la tête, et disait que c'étaient là de vaines futilités.

Un jour de grande fête, tout le monde se rendit à l'église; on lui demanda si elle voulait y venir; mais il était déjà trop tard, pour que, marchant lentement avec ses béquilles, elle pût arriver à temps. En pleurant, elle laissa partir les autres, qui allèrent entendre la parole de Dieu; elle monta dans sa chambrette, et s'assit pour lire dans son livre de prières.

Au milieu de son pieux recueillement, le vent lui apporta le son de l'orgue; et elle leva vers le ciel son visage baigné de larmes et dit: « Oh! Seigneur, secourez-moi! »

Et autour d'elle resplendit une lumière, plus vive que le soleil; devant elle se trouvait un Ange, le même qu'elle avait vu devant la porte de l'église. Il ne tenait plus une épée, mais une magnifique branche couverte des plus belles roses; il en toucha le plafond qui se souleva, et les murailles s'élargirent et Karen se trouva transportée au milieu de l'église. L'orgue retentissait, et lorsque le cantique fut fini, le pasteur l'aperçut, et lui dit : « C'est bien que tu sois venue. — C'est Dieu, répondit-elle, qui m'a rendu sa grâce. »

L'orgue résonna de nouveau, et les enfants, d'une voix douce et pénétrante, commencèrent un cantique. Un joyeux rayon de soleil vint à travers les vitraux sur Karen ; le cœur de la jeune fille était si plein de joie et de ravissement qu'il se brisa, et son âme s'élançant sur les rayons du soleil vola vers Dieu, et là il n'y avait plus personne pour lui rappeler les souliers rouges.

Le papillon vient l'interroger...

LE PAPILLON

Le papillon veut se marier et, comme vous le pensez bien, il prétend choisir une fleur jolie entre toutes les fleurs. Il jette un regard critique sur les parterres, où toutes les fleurs sont assises et rangées justement comme des jeunes filles qui attendent qu'on les engage. Elles sont en grand nombre et le choix dans une telle quantité est embarrassant. Pour ne point se donner cette peine, le papillon vole tout droit vers les pâquerettes. C'est une petite fleur que les Français nomment aussi marguerite, et ils assurent qu'elle a le don de prophétiser, lorsque les amoureux arrachent ses feuilles et qu'à chaque feuille arrachée ils demandent : « M'aime-t-*il* ou m'aime-t-*elle* un peu, beaucoup, passionnément, pas du tout ? » La réponse de la dernière feuille est la bonne. Le papillon vient l'interroger, non en arrachant les feuilles, mais en les caressant l'une après l'autre, car il sait que l'on fait plus par la douceur que par la violence. « Chère dame Marguerite, dit-il, vous êtes la plus avisée de toutes les fleurs. Dites-moi, je vous prie, si je dois épouser celle-ci ou celle-là. Celle que vous me désignerez, je volerai droit à elle et lui demanderai sa main. »

La marguerite ne daigna pas lui répondre. Elle était mécontente de ce qu'il l'avait appelée dame, alors qu'elle était encore demoiselle, ce qui n'est pas du tout la même chose. Il renouvela deux fois sa question, et, lorsqu'il vit qu'elle gardait le silence, il partit pour aller faire sa cour ailleurs.

On était aux premiers jours du printemps. Les crocus et les perce-neige fleurissaient à l'entour. « Jolies, charmantes fleurettes ! dit le papillon, mais elles ont encore un peu trop la tournure de pensionnaires. » Comme les très jeunes gens, il regardait de préférence les personnes plus âgées que lui.

Il s'envola vers les anémones ; il les trouva un peu trop amères à son goût. Les violettes lui parurent trop sentimentales. La fleur de tilleul était trop petite, et, de plus, elle avait une trop nombreuse parenté. La fleur de pommier rivalisait avec la rose, mais elle s'ouvrait aujourd'hui pour périr demain, et tombait au premier souffle du vent ; un mariage avec un être si délicat durerait trop peu de temps. La fleur des pois lui plut entre toutes ; elle est blanche et rouge, fraîche et gracieuse ; elle a beaucoup de distinction, et, en même temps, elle est bonne ménagère et ne dédaigne pas les soins domestiques. Il allait lui adresser sa demande, lorsqu'il aperçut près d'elle une cosse à l'extrémité de laquelle pendait une fleur desséchée : « Qu'est-ce cela ? fit-il. — C'est ma sœur, répondit Fleur des Pois. — Vraiment, et vous serez un jour comme cela ! » s'écria le papillon qui s'enfuit sans regarder en arrière.

Le chèvrefeuille penchait ses branches en dehors d'une haie; il y avait là une quantité de filles toutes pareilles, avec de longues figures au teint jaune. « A coup sûr, pensa le papillon, il était impossible d'aimer cela. » Mais au fond qu'était-il capable d'aimer?

Le printemps passa, et l'été après le printemps. On était à l'automne, et le papillon n'avait pu se décider encore. Les fleurs étalaient maintenant leurs robes les plus éclatantes; en vain, car elles n'avaient plus le parfum de la jeunesse. C'est surtout à ce frais parfum que sont sensibles les cœurs qui ne sont plus jeunes; et il y en avait fort peu, il faut l'avouer, dans les dahlias et dans les chrysanthèmes. Aussi le papillon se tourna-t-il en dernier recours vers la menthe. Cette plante ne fleurit pas, mais on peut dire qu'elle est fleur tout entière, tant elle est parfumée de la tête au pied; chacune de ses feuilles vaut une fleur, pour les senteurs qu'elle répand dans l'air. « C'est ce qu'il me faut, se dit le papillon; je l'épouse. » Et il fit sa déclaration.

La menthe demeura silencieuse et guindée, en l'écoutant. A la fin elle dit : « Je vous offre mon amitié, s'il vous plaît, mais rien de plus. Je suis vieille, et vous n'êtes plus jeune. Nous pouvons fort bien vivre l'un pour l'autre; mais quant à nous marier... Sachons à notre âge éviter le ridicule. »

C'est ainsi qu'il arriva que le papillon n'épousa personne. Il avait été trop long à faire son choix, et c'est une mauvaise méthode. Il devint donc ce que nous appelons un vieux garçon.

L'automne touchait à sa fin; le temps était sombre, et il pleuvait. Le vent froid soufflait sur le dos des vieux saules au point de les faire craquer. Il n'était pas bon vraiment de se trouver dehors par ce temps-là ; aussi le papillon ne vivait-il plus en plein air. Il avait par fortune rencontré un asile, une chambre bien chauffée où régnait la température de l'été. Il y eût pu vivre assez bien, mais il se dit : « Ce n'est pas tout de vivre ; encore faut-il la liberté, un rayon de soleil et une petite fleur. »

Il vola vers la fenêtre et se heurta à la vitre. On l'aperçut, on l'admira, on le captura et, le perçant d'une épingle, on le ficha dans la boîte aux curiosités. C'est tout ce qu'on en pouvait faire de mieux. « Me voici sur une tige comme les fleurs, se dit le papillon. Certainement, ce n'est pas très agréable ; mais enfin on est casé : cela ressemble au mariage. » Il se consolait jusqu'à un certain point avec cette pensée. « C'est une pauvre consolation », murmurèrent railleusement quelques plantes qui étaient là dans des pots pour égayer la chambre. « Il n'y a rien à attendre de ces plantes bien installées dans leurs pots, se dit le papillon ; elles sont trop à leur aise pour être humaines. »

Il y avait déjà cinq ans qu'il restait couché au lit...

L'INFIRME

Dans un vieux château vivaient un jeune et beau seigneur et sa femme également belle. Tous deux, ils avaient de grandes richesses et Dieu les protégeait. Ils étaient d'humeur gaie et ils aimaient à s'amuser en même temps qu'ils faisaient beaucoup de bien; ils voulaient rendre tout le monde autour d'eux joyeux et heureux comme ils l'étaient eux-mêmes.

A la fête de la naissance du Christ, il y avait toujours chez eux, dans l'ancienne salle des chevaliers, un grand arbre de Noël, magnifiquement orné; un feu splendide flamboyait dans l'immense cheminée; les cadres des portraits des aïeux étaient entourés de branches de sapins. Là s'assemblaient les maîtres de la maison et leurs hôtes; là régnaient la liesse, les chants, l'allégresse.

Auparavant, les maîtres avaient pris soin que la fête fût aussi complète dans la chambre des serviteurs. Là aussi se dressait un grand sapin, tout resplendissant de bougies de cire rouges et blanches, toutes allumées, de petits drapeaux bariolés, de cygnes et autres animaux découpés dans du papier de couleur, de bonbons et friandises de toute sorte.

Les enfants pauvres du domaine seigneurial étaient invités, et avec les enfants naturellement étaient venues les mères. Mais celles-ci ne donnaient guère d'attention au bel arbre: leurs regards se dirigeaient vers la table où étaient étalés les présents solides, les pièces de drap, les lainages, la toile de ménage. C'est vers ces cadeaux aussi que se tournaient les yeux des enfants les plus âgés et les plus sages; mais les petits et les évaporés de tout âge ne voyaient que les bougies, les sucreries, les fanfreluches brillantes et dorées, et tendaient en tremblant d'émotion leurs mains vers le bel arbre.

Dans l'après-midi de ce grand jour, les pauvres du village s'étaient déjà rassemblés dans une salle du château et on les y avait régalés, selon l'usage, d'oies rôties avec des choux rouges, et de riz au lait bien sucré. Après le festin, quand ils avaient admiré l'arbre, ils recevaient encore du punch et des chaussons de pomme; puis ils s'en retournaient chez eux. Une fois dans leur pauvre chambrette, ils causaient encore bien avant dans la nuit des plaisirs de la journée, des bonnes choses qu'ils avaient mangées, et on passait en revue les cadeaux qu'on avait rapportés.

Une des familles qui recevaient le plus de présents, c'était celle de Pierre et Christine, qui, sous la direction d'un jardinier savant et expert, avaient soin des fleurs et des légumes; ils habitaient une jolie maisonnette qui appartenait au châtelain ; c'étaient les maîtres qui habillaient leurs cinq enfants.

« Nos seigneurs sont bons et bienfaisants, dit Christine un jour de Noël. Mais aussi il leur est facile de donner ; ils sont si riches ! et madame disait l'autre jour que c'était pour elle un vrai plaisir que d'avoir soin des pauvres.

— Voilà de bons et chauds vêtements d'hiver, dit Pierre, que madame nous a donnés pour nos quatre enfants valides. Mais l'infirme, il n'y a donc rien pour lui ? Tous les ans, cependant, il recevait quelque beau cadeau. »

L'infirme, c'était l'aîné ; il s'appelait Jean. Étant tout jeune, il était on ne peut plus ingambe et plein de vivacité ; mais, tout à coup, ses jambes devinrent faibles et bientôt elles ne purent plus porter le poids de son petit corps ; il devint même incapable de se soutenir debout et il y avait déjà cinq ans qu'il restait constamment couché au lit.

« Mais si, dit la mère, on m'a donné un cadeau pour lui : ce n'est pas grand'chose, ce n'est qu'un livre ; mais, comme il aime à lire, cela le distraira.

— Peut-être, observa le père ; mais je me serais attendu à plus de la part de nos seigneurs. »

Jean fut enchanté du présent. C'était un garçon fort éveillé ; la lecture même de choses sérieuses l'amusait beaucoup. Il était aussi très adroit de ses mains et il tenait à se rendre utile autant que sa triste infirmité le lui permettait. Il tricotait des bas de laine ; il faisait encore au tricot d'autres ouvrages, des couvre-lits tout entiers ; la dame du château en avait acheté un et l'avait trouvé fort beau : oui, Jean était bon et laborieux.

Le livre qu'il venait de recevoir était un livre de contes ; il en contenait beaucoup, ils étaient d'une sage morale et portaient à la réflexion.

« Ce livre n'est d'aucune utilité dans la maison, reprit le père ; mais enfin ce sera pour ce pauvre Jean un passe-temps ; il ne peut pas tricoter des bas toute la journée. »

L'hiver passa, et arriva le printemps ; le gazon, les feuilles, les fleurs commencèrent à pousser, mais aussi les mauvaises herbes ; le chiendent, les orties pullulaient de toutes parts. Il y avait bien de l'ouvrage pour Pierre et Christine ; il fallait planter, arroser, tenir en état le jardin du château.

« Que de fatigues il nous faut endurer, dit un matin Christine. A peine avons-nous bien nettoyé et ratissé les chemins, qu'il vient des étrangers qui vont et viennent partout, et il faut reprendre le râteau. Et les enfants qui marchent dans les plates-bandes ! il nous faut effacer les traces de leurs pieds. Enfin le jardinier en chef, nous deux et les trois garçons jardiniers, nous sommes occupés sans cesse : c'est une jolie dépense, rien que pour les fleurs ; mais il est vrai que nos seigneurs sont si riches !

— Je crois bien qu'ils sont riches ! dit Pierre. Comme les biens de ce monde sont singulièrement distribués ! Nous sommes tous les enfants du bon Dieu, dit notre pasteur. Pourquoi donc tant de différence dans les fortunes ?

— Cela provient du péché originel, » répondit Christine. Et ils coururent au travail qui pressait. Mais, le soir, lorsqu'ils rentrèrent harassés, ils se réunirent pour causer du même sujet. Jean, pendant ce temps, lisait dans son livre.

Le travail pénible, auquel leur indigence les avait condamnés dès leur enfance, avait non seulement rendu leurs mains calleuses, il avait aussi endurci leurs cœurs ; leur esprit était morose ; ils étaient mécontents de leur condition, et, comme ils n'apercevaient pas de chance qu'elle s'améliorât, leur dépit tournait à l'aigreur et à l'amertume.

« Oui, dit Pierre, les uns naissent au milieu de l'opulence et des agréments de la vie, et le bonheur les suit constamment ; les autres ne cessent de végéter dans la misère. Pourquoi souffrons-nous de la curiosité, de la désobéissance de nos premiers parents? Certes, Christine et moi, si nous avions été dans le paradis, nous nous serions autrement comportés.

— Vous auriez fait tout autant! s'écria Jean. Tenez, c'est imprimé, là, dans mon livre.

— Qu'en sait-il, ce livre? dit Pierre.

— Écoutez », répondit Jean, et il leur lut le vieux conte du bûcheron et de sa femme qui se plaignaient aussi de l'injustice qu'il y avait à leur faire supporter la faute d'Adam et Ève.

« Un jour, le roi, étant à la chasse, traversa la forêt et les entendit faire leur éternelle jérémiade. « Mes braves gens,
« dit-il, vos malheurs sont finis. Suivez-moi et venez dans mon
« palais. Vous y serez installés comme des princes et vous
« serez traités comme ma propre Majesté. Au dîner, sept plats
« variés, et un huitième pour la vue. C'est une porcelaine des
« plus rares, aux peintures les plus délicates. Mais gardez-vous
« d'en soulever le couvercle ; sinon, au même moment c'en
« sera fait de la félicité que vous allez goûter. »

« Et il en fut comme le roi avait dit. Le bûcheron et sa femme vivaient comme des coqs en pâte et ils faisaient honneur à leurs sept plats. « Que peut-il bien y avoir de caché
« dans cette belle porcelaine ? dit un jour la femme. —
« Qu'est-ce que cela peut nous faire ? répondit le bûcheron.
« — Je ne suis pas curieuse en général, reprit la femme ;
« mais cela me taquine de ne pas savoir au moins pourquoi
« nous ne devons pas lever le couvercle. Il y a sans doute de-
« dans quelque friandise exquise, réservée au roi seul.

« — A moins que ce ne soit quelque vilaine mécanique à sur-
« prise, dit l'homme ; il y a peut-être un ressort qui, au moin-
« dre contact, fait partir un coup de pistolet qui serait entendu
« de tout le palais. — Seigneur ! que dis-tu là ? » s'écria en
frissonnant la femme, et elle n'osait presque plus regarder
le couvercle.

« Mais, la nuit suivante, elle vit en rêve le bienheureux
couvercle se lever de lui-même et se tenir suspendu en l'air.
Du plat s'exhalait une délicieuse odeur, rappelant le punch le
plus exquis qu'elle eût jamais bu à une noce ou à un enterrement. Au fond brillait une grande médaille d'argent sur
laquelle étaient gravés ces mots : « Si vous buvez de mon
« breuvage, vous deviendrez les plus riches Crésus de l'uni-
« vers ; tous les autres à côté de vous seront des men-
« diants. »

« A ce moment, elle s'éveilla et elle raconta à son mari ce
beau rêve. « Cela ne prouve qu'une chose, dit-il, c'est que
« ton esprit est sans cesse préoccupé de ce plat. »

« Lorsqu'ils furent de nouveau à table, elle dit : « Mais
« enfin, nous pourrions soulever le couvercle un tout petit peu,
« avec précaution, juste ce qu'il faudrait pour jeter un coup
« d'œil sur le contenu. — Soit, dit le bûcheron, mais fais bien
attention. » — Et, en prenant bien garde, elle leva doucement le couvercle par un des bords seulement ; mais, aussitôt,
deux petites souris blanches s'élancèrent d'un bond dehors
et, sautant par terre, disparurent par une fente du plancher.
Saisie de frayeur, la femme avait laissé précipitamment retomber le couvercle qui se fêla. A ce bruit le roi arriva ; ils
auraient voulu se cacher sous terre.

« Eh bien, dit Sa Majesté, vous pouvez me faire vos
« adieux, car vous allez retourner à votre forêt et reprendre

« la hache du bûcheron. La vie va vous sembler plus amère
« que jamais ; mais ne murmurez plus contre Adam et Ève ;
« car vous avez été tout aussi curieux qu'eux et aussi
» ingrats. »

« C'est bien singulier, dit Pierre, que cette histoire se
trouve dans ce livre ; on dirait qu'elle est écrite exprès pour

« Eh bien, dit Sa Majesté, vous pouvez me faire vos adieux... »

nous. Mais peu importe, je sens qu'elle me donnera beaucoup à réfléchir. »

Le lendemain il y eut beaucoup à travailler au jardin. Pierre et Christine furent, pendant des heures, rôtis par les rayons brûlants du soleil ; puis, survint un terrible orage qui les mouilla jusqu'à la peau. Et ils étaient de très mauvaise humeur, et ils ruminaient une foule de pensées moroses. Rentrés dans leur chétive demeure, ils soupèrent maigrement avec du lait caillé et du pain noir. Il faisait encore un peu jour : « Si tu nous lisais encore une fois l'histoire du bûcheron, dit Christine au petit Jean. — Il y a dans le livre encore bien d'autres jolis contes, répondit Jean ; vous n'en connaissez aucun. — Cela m'est égal, dit Pierre, qu'ils soient beaux et nouveaux ; moi, j'aime à entendre ceux que je connais déjà. »

Et Jean relut l'histoire qu'ils demandaient, et, bien d'autres soirs, il lui fallut la leur lire encore.

« Plus je songe à ce qui est arrivé à ce bûcheron et à sa femme, dit un jour Pierre, plus certaines choses me deviennent compréhensibles. Cependant je ne vois pas encore tout à fait clair. Il en est des hommes comme du lait : d'abord, cela ne semble faire qu'une seule masse ; puis, les couches se séparent : d'un côté, vous avez la belle crème dont on fait le bon beurre, les excellents fromages, et, de l'autre, le mauvais petit-lait. De même, vous voyez d'une part les misérables, de l'autre les gens qui ont de la chance en tout, qui vivent dans une joie continuelle et n'ont aucune idée des soucis et des privations. »

Jean n'approuvait pas ces remarques amères et cependant lui, que son mal clouait au lit, aurait eu le plus à se plaindre du sort ; mais il avait en partage un grand bon sens. Et, pour consoler ses parents, il leur lut encore un autre conte bien instructif de son livre, celui de l'homme sans soucis et sans peines :

« Où trouver cet homme, cet être unique ; il fallait cependant le découvrir. Le roi était très malade, et les plus célèbres docteurs avaient déclaré qu'il ne guérirait que s'il mettait la chemise de l'homme qui pourrait dire en vérité qu'il n'avait jamais eu de peines ni de soucis.

« On expédia des émissaires aux quatre coins du monde ; ils explorèrent les palais, les châteaux, les maisons des riches ;

partout, les gens qui paraissaient les plus gâtés par la fortune reconnaissaient tous avoir eu, au moins une fois, quelque cruel chagrin.

« Ce n'est pas à moi que pareille chose est arrivée, dit
« un porcher qui était assis au bord d'un fossé et ne faisait
« que rire et chanter. Je n'ai pas cessé un instant de ma vie
« d'être content et joyeux.

« ... Je n'ai pas cessé un instant de ma vie d'être content et joyeux. »

« — Le voilà donc le phénix que nous cherchons, s'écrièrent
« les envoyés du roi. Tu vas nous donner ta chemise ; c'est
« pour Sa Majesté ; tu auras en retour la moitié de son
« royaume. »

« Mais, ô surprise ! le gardeur de porcs, l'homme le plus
heureux de la terre ne possédait pas de chemise. »

Pierre et Christine à ce récit éclatèrent de rire, et ils continuèrent à rire de bon cœur plus longtemps que cela ne leur était arrivé depuis bien des années. En ce moment le maître d'école passait devant leur chaumière.

« Qu'est-ce qui vous arrive ? dit-il, pourquoi cette joie ? avez-vous gagné le gros lot à la loterie ?

— Non, c'est bien plus drôle, répondit Pierre. Notre Jean vient de nous lire l'histoire de l'homme qui n'avait ni soucis ni peines, et le farceur n'avait pas de chemise. Ma foi, cela vous remet du cœur au ventre d'entendre cette histoire ; et voyez donc, elle est imprimée dans un livre ; ce n'est pas un conte ordinaire. Oui, les riches qu'on envie ont bien aussi leur fardeau d'ennuis ; on n'est donc pas seul à avoir des tourments. C'est toujours une consolation.

— D'où vous vient donc ce livre ? demanda le maître d'école.

— Nos maîtres en ont fait cadeau à Jean le dernier Noël, dit Christine. Vous savez, il aime à lire, cela le distrait, le pauvre infirme. Alors, nous pensions qu'une paire de chemises neuves aurait mieux valu pour lui que ce livre ; mais, aujourd'hui, nous voyons quel utile présent cela a été, et comme on y trouve l'explication de bien des choses. »

L'instituteur prit le volume et le feuilleta. « Lisez-nous, à votre tour, dit Pierre, le conte de tout à l'heure, que je le saisisse bien ; et puis, si vous voulez être bien gentil, vous me lirez l'histoire du bûcheron et de sa femme. »

Ces deux contes suffisaient pleinement au brave Pierre ; ils étaient pour lui comme deux rayons de soleil qui étaient venus reluire dans sa pauvre chambrette et avaient chassé des pensées sombres qui obscurcissaient chez lui et chez Christine l'intelligence des choses de ce monde.

Jean, lui, avait lu et relu plusieurs fois tout le volume ; ces contes le transportaient en esprit dans des régions où ses faibles jambes n'auraient jamais pu le porter.

Le maître d'école resta encore longtemps auprès du lit à

causer avec Jean, et il trouva du plaisir à la conversation de l'enfant, dont la maladie et la solitude avaient mûri l'intelligence sans lui aigrir le cœur, parce que son cœur était excellent. Et, depuis, il repassa assez souvent pour tenir compagnie à Jean, quand Pierre et Christine étaient à leur travail. C'était chaque fois une fête pour Jean quand l'instituteur venait le trouver ; avec quelle attention, quel plaisir il écoutait ce qu'il lui racontait de l'étendue de la terre et des merveilles des divers pays ; quelle joie ce fut, lorsqu'il apprit que le soleil est plus d'un demi-million de fois plus grand que notre globe et qu'il en est si éloigné qu'un boulet de canon mettrait plus de vingt-cinq ans pour parcourir la distance du soleil à la terre, tandis qu'il ne faut pour cela que huit minutes aux rayons de la lumière.

Ces choses-là, tout bon écolier les sait dès l'âge de neuf à dix ans ; mais, pour Jean, c'était tout à fait nouveau, et cela lui semblait encore plus merveilleux que les contes de son livre.

L'instituteur qui, deux ou trois fois par an, était invité à dîner au château, y raconta à la première occasion quel important rôle ce volume d'histoires avait joué dans la pauvre chaumière, comment deux contes seuls avaient suffi pour réconforter le courage des parents, comment le petit garçon malingre avait, par sa lecture, ramené la gaieté dans la maison.

Au départ, la châtelaine lui remit deux beaux écus brillants pour le brave Jean : « Ce sera pour papa et maman, dit l'enfant lorsqu'on lui présenta le cadeau. — Tiens, dit Pierre, qui aurait cru que notre garçon infirme serait utile et attirerait la bénédiction sur sa famille ? »

Quelques jours après, les parents étant occupés au jardin, la voiture des maîtres s'arrêta devant la chaumière, et la châtelaine, qui était la bonté même, en descendit ; elle était enchantée que son présent de Noël eût fait si bon effet, et elle venait voir le petit Jean. Elle lui apportait du gâteau, des fruits, une bouteille de sirop doux, et puis, ce qui fit à l'enfant bien plus de plaisir, dans une cage dorée un joli pinson qui ne cessait de chanter de la plus gentille façon du monde. La dame plaça la cage sur la vieille commode, près du lit de Jean, de sorte qu'il pouvait toujours apercevoir son cher oiselet, et le voir sautiller gaiement en lançant ses joyeux trilles.

Pierre et Christine ne rentrèrent que tard ; ils apprirent la visite de la châtelaine et ils virent combien Jean était heureux avec son pinson ; mais il leur sembla que ce cadeau ne faisait que leur procurer un nouvel ennui.

« Ces gens riches, dit Pierre, ne comprennent pas la situation des pauvres gens. Nous voilà forcés de prendre soin de cet oiseau, Jean ne le peut pas. Finalement le chat mangera ce maudit pinson, qui piaille tout le temps. »

Une semaine se passa, puis une seconde ; le chat avait été bien souvent dans la chambre, sans avoir paru faire attention à l'oiseau et sans l'avoir effrayé.

Mais survint alors un grand événement. Une après-midi, les parents étaient au jardin, les autres enfants à l'école ; Jean était tout seul à la maison et lisait dans son livre le conte de la marchande de poissons qui avait reçu le don de voir se réaliser tous ses souhaits. Elle avait désiré les choses les plus extravagantes, avait demandé à être roi, elle l'était devenue ; puis elle avait voulu être empereur, et cela s'était fait. Mais voilà qu'elle souhaita être le bon Dieu ; alors eut lieu un épouvantable coup de tonnerre, et la sotte marchande se trouva de nouveau habillée de bure, derrière ses baquets de poissons.

L'histoire n'avait aucun rapport avec ce qui allait se passer entre le chat et l'oiseau; mais il n'en est pas moins vrai que c'était là le conte que Jean lisait lorsqu'arriva l'événement dont le récit va suivre et dont il se souvint toute sa vie ainsi que de cette histoire.

La cage donc était sur la commode; le chat était accroupi sur le plancher, ramassé sur lui-même et fixant l'oiseau de ses yeux vert jaune. Et ces yeux parlaient et disaient : « Petit oiseau, que tu es gentil ! je voudrais bien te croquer. » Jean comprit ce langage, et cria : « Va-t'en, vilain chat! veux-tu t'en aller bien vite ! »

Mais le chat ne fit aucune attention à cet ordre, et, baissant la tête, s'apprêta à sauter. Jean ne pouvait le chasser ; il n'avait, pour jeter à la tête du chat, que son livre, son cher livre de contes ; il n'hésita pas et le lança sur la bête. Mais à force d'avoir été lu si souvent, le volume s'était défait, la couverture vola d'un côté, les pages de l'autre, et le chat ne fut pas atteint. L'animal, cependant, se retira un peu de côté et parut réfléchir ; il se dit probablement : « Après tout, petit Jean, je n'ai pas peur de toi ; tu ne peux ni marcher, ni sauter, moi je puis l'un et l'autre ; donc tu ne m'empêcheras pas de faire ce qui me plaît. »

Et la cruelle bête se rapprocha de nouveau et se remit à fixer l'oiseau, qui était devenu inquiet et voletait çà et là en poussant de petits cris de détresse. « Personne dans la maison, se disait Jean tout désolé; personne dans le voisinage que je puisse appeler pour qu'il vienne au secours. »

On aurait pensé que le chat devinait qu'il en était ainsi; il courba le dos comme pour prendre son élan. Jean avait saisi sa couverture de lit ; cela, il pouvait le faire : il avait l'usage de ses mains. D'abord il agita la couverture en menaçant le chat; mais, l'animal ne bougeant pas, il la lança sur lui. La bête fit un bond de côté, puis sauta sur la chaise et de là sur l'appui de la fenêtre, tout près de la cage.

Le sang du pauvre infirme bouillait dans ses veines, mais il n'y prenait garde ; toute sa pensée était concentrée sur son oiseau chéri et sur le méchant chat. Comment empêcher la catastrophe qui approchait? Il éprouva le même effet que si son cœur se retournait dans sa poitrine, lorsque le chat

Dans son angoisse, Jean poussa un cri perçant...

s'élança sur la commode et, poussant la cage, la renversa. Le malheureux pinson, effarouché à mort, s'agitait comme un perdu, se heurtant contre les barreaux.

Dans son angoisse, Jean poussa un cri perçant, il ressentit dans tout son corps une commotion violente, et sans qu'il sût comment cela se fit, le voilà qui trouve la force de sauter en bas du lit, de monter sur la chaise. Chassant le chat, il saisit la cage et, la tenant élevée de ses deux mains, il sortit en courant hors de la maison.

C'est alors seulement que la réflexion lui vint, et, pleurant des larmes de joie, il s'écria : « Je peux marcher, je peux de nouveau marcher ! »

Il avait en effet retrouvé l'usage de ses jambes. Plus tard, il lut dans des livres de science qu'à la suite d'une émotion terrible et subite la maladie dont il souffrait se guérit, très rarement il est vrai ; mais, enfin, pour lui c'était arrivé.

Le maître d'école ne demeurait pas loin ; Jean courut chez lui, nu-pieds, en chemise et en camisole de nuit, tel qu'il était sorti du lit, tenant toujours la cage.

Le maître d'école n'en croyait pas ses yeux.

« Je puis marcher, Seigneur Dieu, merci, je puis marcher ! » disait Jean, au milieu des sanglots que lui arrachait le saisissement.

Et quelle jubilation cela fut lorsque accoururent Pierre et Christine, que l'instituteur était allé chercher. Et ils embrassaient Jean ! Et ses frères et sœurs sautaient et dansaient autour de lui ! Il n'y avait qu'une ombre à tout ce bonheur : le gentil pinson, auquel Jean devait sa guérison, était là étendu sans mouvement ; il était mort de frayeur. On l'enterra au pied du plus beau rosier du jardin.

Le lendemain, Jean fut appelé au château ; il y avait bientôt six ans qu'il n'avait fait ce chemin ; il lui semblait que les tilleuls, les hêtres et les autres arbres qu'il connaissait tous, agitaient leurs branches pour le saluer et lui souhaiter la bienvenue.

Et il fut accueilli avec des caresses par les bons châtelains, qui avaient l'air aussi ravi de ce qui était arrivé à Jean que s'il avait été leur propre enfant.

Et comme il remercia l'excellente dame qui lui avait donné le joli pinson et le beau livre qui avait servi de consolation à ses parents au milieu des durs labeurs de la vie! Oh! ce livre, il le garderait toute sa vie, comme la plus précieuse relique.

« Et maintenant, dit-il encore, je pourrai être utile à mes parents et apprendre un métier. Je voudrais bien être relieur ; j'aurais alors occasion de lire tous les nouveaux livres qui paraissent. »

L'après-midi, les châtelains firent venir Pierre et Christine pour leur apprendre qu'ils avaient délibéré sur l'avenir du petit Jean.

« C'est un enfant bien docile, dit la bonne dame, très éveillé, heureusement doué ; il montre de grandes dispositions pour l'étude, et, avec l'aide de Dieu, il prospérera. »

Les parents rentrèrent chez eux, heureux comme on ne peut l'être davantage ; Christine surtout nageait dans la plus pure félicité ; mais huit jours après, elle pleurait. Jean quittait la maison pour aller se préparer à la carrière à laquelle on le destinait. On le conduisait au delà de la mer, dans une autre île du Danemark, où se trouvait une fameuse école ; là il devait apprendre une foule de sciences et même le latin. La bonne châtelaine l'avait muni de tout ce qu'il lui fallait, et elle devait veiller à ce que rien ne manquât à son instruction.

Son livre de contes, Jean ne l'emporta pas ; quelque cher qu'il lui fût, il le laissa à ses parents. Pierre y lisait souvent, mais toujours seulement les deux histoires que nous connaissons ; il ne lisait pas très couramment et il trouvait inutile de se donner de la peine pour de nouvelles histoires qui ne pouvaient pas être plus belles que celles qui le charmaient.

Il arriva souvent des lettres de Jean, toutes pleines de joie et de gaieté. La châtelaine l'avait confié à de braves gens qui prenaient le plus grand soin de lui, et, à l'école, on lui enseignait les choses les plus intéressantes. Oh! il était heureux ; les maîtres étaient contents de lui et lui avaient dit qu'il serait un bon instituteur : c'était là la carrière à laquelle il se destinait.

« Vivrons-nous, dit Pierre un soir, jusqu'au jour où notre

« Vivrons-nous, dit Pierre un soir, jusqu'au jour où notre cher enfant sera ici... »

cher enfant sera ici à la tête de l'école, comme la bonne châtelaine nous l'a promis ?

— Dans tous les cas, dit Christine, nous pourrons quitter la terre rassurés sur le sort de notre fils. Oui, certes, le bon Dieu pense aussi aux enfants des pauvres gens. L'histoire de notre petit infirme est merveilleuse ; ne la dirait-on pas tirée du livre des contes ? »

Et de plaisir il se mit à trépigner.

IL FAUT UNE DIFFÉRENCE

C'était aux approches de l'été, le printemps avait été magnifique; les arbres, les bosquets, les prés, les champs, étaient dans toute leur splendeur. Il y avait des fleurs à foison, par myriades; l'éclat de leurs couleurs réjouissait les yeux, l'air embaumait.

Il y avait surtout au bas de la promenade, sur un jeune pommier, une branche de forme élégante et gracieuse chargée de gros boutons roses, d'une fraîcheur délicieuse, prêts à éclore; c'était le véritable emblème du printemps. La jolie branche savait bien combien elle était belle, et elle ne fut nullement surprise de voir une voiture de maître s'arrêter devant elle et une jeune comtesse en descendre, s'écriant avec jubilation : « Voyez donc, ma mère, cet amour de branche de pommier; elle serait digne de servir de couronne à Flore en personne. »

Et la jeune fille coupa la branche, et, la tenant délicatement dans sa main mignonne, l'abritant de son ombrelle contre l'ardeur du soleil, elle commanda de retourner au château. Elle monta un superbe escalier de marbre et, après avoir traversé de riches appartements, elle arriva dans une grande et haute salle, splendidement décorée, aux tentures somptueuses. Dans de magnifiques vases se trouvaient des bouquets, composés des fleurs les plus rares; mais, à la place d'honneur, la petite comtesse fit placer un vase d'albâtre et elle y mit sa branche de pommier au milieu de quelques branches de hêtre au feuillage sombre et touffu, sur lequel les boutons roses se détachaient à merveille.

C'était un vrai régal pour les yeux. Et la branche s'enorgueillit et devint toute fière de ces témoignages d'admiration. Ce n'est pas aux hommes à le lui reprocher; nous en aurions fait tout autant.

Il venait dans cette salle des personnes de tout rang; les unes regardaient en silence, les autres avaient le droit d'exprimer leur appréciation : parmi ces dernières, les unes parlaient peu; les autres bavardaient beaucoup trop et disaient plus d'inepties que de paroles judicieuses. Mais, au milieu de ce verbiage, où il était souvent question d'elle, notre branche comprit une chose, c'est qu'en tout, même parmi les végétaux, il y a de grandes différences. « Il y a des plantes, pensait-elle, qui ne sont que pour l'apparat; il y en a qui flattent l'odorat; d'autres qui servent à la nourriture; il y en a d'autres encore dont on ne sait pas quel peut être l'usage, et qui pourraient aussi bien ne pas exister. » Et la branche, qui était placée près de la fenêtre, jetait en même temps un regard scrutateur sur la cour, le jardin et les champs, et examinait d'un air capable toutes les variétés de plantes qui y poussaient : il y en avait de superbes, au feuillage opulent, aux riches couleurs ; il y en avait qui ne payaient pas de mine, et même de tout à fait chétives.

« Pauvres créatures délaissées, dit la branche en voyant ces dernières, comme la nature vous a traitées en marâtre ! Comme elles doivent se sentir malheureuses, si, comme moi et mes pareilles, elles ont conscience de leur juste valeur ! D'un autre côté il faut bien qu'il y ait une différence. Il en est qui sont en haut, d'autres en bas de l'échelle. Oui, il n'y a pas à dire, il est nécessaire qu'il y ait une différence ; sans cela, nous serions tous égaux. »

Et la branche contempla avec compassion surtout une espèce de plante qui pullulait dans les champs, les fossés, oui, même entre les pavés.

Personne n'en faisait des bouquets ; elle était trop ordinaire, c'était vraiment une mauvaise herbe et quel vilain nom elle avait : c'était le pissenlit.

« Infortunée, dit la branche de pommier, comme on te méprise ! Ce n'est point ta faute cependant, si tu as si mince apparence ; on a eu tort de te honnir de ce vilain nom. Mais, chez les végétaux, comme chez les hommes, il faut une distinction de rang, tant pis pour ceux qui sont les derniers. Il faut une différence. »

Survint un rayon de soleil ; il jeta un chaud baiser sur la belle branche en fleur, mais il baisa aussi les jaunes pissenlits de la cour et des ruelles ; et tous les frères du rayon de soleil faisaient de même : ils caressaient les belles fleurs, et aussi les plus vulgaires.

La branche n'avait jamais réfléchi que l'amour du Créateur est infini et embrasse également tout ce qui vit et se meut en lui; elle ne s'était jamais aperçue que bien des choses belles et bonnes restent cachées et qu'on ne doit pas juger selon les apparences. Mais ce n'est pas aux hommes à le lui reprocher; nous en faisons autant.

Le rayon de soleil, la lumière pure savait mieux ce qui en était, et lui dit : « Tu ne me parais pas voir bien clair. Quelle est donc cette plante dédaignée que tu plains tant? — C'est ce pauvre pissenlit, répondit la branche. On n'en fait pas des bouquets, on ne le cueille pas, on le foule aux pieds sans scrupule. Il y en a aussi par trop. Et, quand il monte en graine, cela fait comme des flocons de vieille laine, cela voltige partout et s'attache aux habits des gens. C'est vraiment une mauvaise herbe. Mais il faut qu'il y en ait aussi de cette sorte. Seulement je me félicite et je suis reconnaissante envers le Créateur de n'être pas placée à un degré si bas que ces malheureux pissenlits. »

Voilà qu'on vit accourir, à travers la prairie, une joyeuse troupe d'enfants; il y en avait un tout petit, qui savait à peine marcher et que les autres portaient en triomphe. Lorsqu'il aperçut une épaisse touffe de pissenlits, il demanda à être assis au beau milieu de ce massif de fleurs jaunes, et, de plaisir, il se mit à trépigner avec ses petites jambes, et à rire tout haut; il cueillit un bouquet, et, dans son innocente joie, il y déposa un tendre baiser.

Les enfants un peu plus âgés, enlevant les fleurs des tiges, se mirent à enfiler celles-ci les unes dans les autres, de façon à en faire des colliers, des bracelets, de grandes chaînes avec une

Voilà qu'on vit arriver, à travers la prairie, une joyeuse troupe d'enfants (P. 38.)

croix, qui descendaient des épaules jusqu'au milieu de la poitrine; et ils s'amusaient royalement à s'orner ainsi.

Les plus grands étaient à l'affût des fleurs en graine ; ils les coupaient, et, saisissant délicatement la tige, ils considéraient curieusement cet assemblage de filaments et d'aigrettes, déliés et ténus, qui, groupés savamment, soutiennent la couronne des semences : c'était une véritable œuvre d'art; on aurait dit un flocon de fines plumes d'édredon arrangées par des doigts de fées. Puis, les enfants approchaient de leur bouche toujours avec précaution ce léger duvet, et, soufflant avec force, tâchaient de faire envoler d'un seul coup tous les filaments. Celui qui réussissait sautait de joie : à Noël, comme disaient les vieilles gens d'après une ancienne tradition, il aurait un superbe cadeau.

Voilà comment la plante si méprisée faisait le bonheur de tout ce petit monde.

« Vois-tu, dit le rayon à la branche, vois-tu comme la pauvre fleur est appréciée, combien de joie elle procure ! — Oui, oui, répondit la branche, elle est bonne pour amuser les enfants. »

Arriva une brave vieille qui, avec un couteau, attaqua une autre touffe de pissenlits, cherchant ceux qui n'étaient pas en fleurs; elle enlevait les racines, qu'elle devait vendre à un fabricant de chicorée; les feuilles, elle pensait les porter au marché : ce serait de la salade pour les gens du peuple.

« Cette plante ne manque cependant pas de toute utilité, se dit la branche. Mais elle est exclue de l'empire de l'idéal et du beau : là n'entrent que de rares élus. Oui, je m'en aperçois de plus en plus ; il y a entre les plantes des différences, des distinctions, comme il y en a entre les hommes. »

Le rayon fit observer que toutes les créatures sont égales devant l'amour infini du Tout-Puissant, et qu'une même justice gouverne tout dans l'univers.

« Ce sont là de belles théories, répliqua la branche, mais elles ne tiennent pas devant la réalité. »

La porte s'ouvrit ; le seigneur, toute sa famille, sa fille, la jeune et jolie petite comtesse, entrèrent dans la salle, de retour de la promenade. La charmante enfant ne pensait guère en ce moment à la belle branche qu'elle avait tantôt placée avec tant de soin dans le beau vase. Elle marchait doucement à petits pas, toute préoccupée de tenir avec des précautions infinies quelque chose qui était enfermé dans un cornet formé de grandes feuilles de chêne ; elle fit fermer portes et fenêtres pour qu'aucun courant d'air ne vînt mettre en danger ce qu'elle portait avec tant d'attention ; certes, elle n'avait pas fait tant de façon avec la branche de pommier, toute belle que celle-ci était.

Et, avec ménagement, elle écarta doucement les feuilles de chêne, et qu'est-ce qui sortit de l'enveloppe ? Une fleur en graine, de ce pissenlit tant méprisé. C'était pour préserver de tout choc, de tout souffle, le faisceau merveilleusement ouvré de ces gentils filaments si fins, si délicats, que la petite comtesse s'était donné tant de peine ; et elle y avait réussi. Le flocon, plus léger que du duvet, était intact ; la jeune fille et tous les assistants en admiraient l'ingénieuse disposition.

« Comme la puissance infinie de Dieu éclate dans les plus petites choses ! dit la jeune comtesse. Apportez-moi ma boîte à couleurs, que je peigne aussitôt cette merveille de finesse sur une même toile avec ma jolie branche de pommier ; toutes deux, dans leur genre, portent la marque du beau. Les hommes peuvent dédaigner et traiter de vulgaire la pauvre fleur ; mais elle n'a pas à se plaindre du bon Dieu. »

Et le rayon de soleil caressa le pissenlit, et il caressa la branche de pommier, qui semblait quelque peu rougir de honte de voir la plante méprisée mise ainsi sur le même pied qu'elle-même.

« Je suis bien de votre avis, » dit le mulet.

LES COUREURS

Un prix, deux prix même, un premier et un second, furent un jour proposés pour ceux qui montreraient la plus grande vélocité non pas dans une seule course, mais pendant toute une année.

C'est le lièvre qui obtint le premier prix. « Justice m'a été rendue, dit-il ; du reste, j'avais assez de parents et d'amis parmi le jury, et j'étais sûr de mon affaire. Mais que le colimaçon ait reçu le second prix, cela, je trouve que c'est presque une offense pour moi.

— Du tout, observa le poteau, qui avait figuré comme témoin lors de la délibération du jury; il fallait aussi prendre en considération la persévérance et la bonne volonté : c'est ce qu'ont affirmé plusieurs personnes respectables et j'ai bien compris que c'était équitable. Le colimaçon, il est vrai, a mis six mois pour se traîner de la porte au fond du jardin, et les autres six mois pour revenir jusqu'à la porte ; mais, pour ses forces c'est déjà une extrême rapidité ; aussi dans sa précipitation s'est-il rompu une corne en heurtant une racine. Toute l'année, il n'a pensé qu'à la course, et, songez donc, il avait le poids de sa maison sur son dos. Tout cela méritait récompense et voilà pourquoi on lui a donné le second prix.

— On aurait bien pu m'admettre au concours, interrompit l'hirondelle. Je pense que personne ne fend l'air, ne vire, ne tourne avec autant d'agilité que moi. J'ai été au loin, à l'extrémité de la terre. Oui, je vole vite, vite, vite.

— Oui, mais c'est là votre malheur, répliqua le poteau. Vous êtes trop vagabonde, toujours par monts et par vaux. Vous filez comme une flèche à l'étranger quand il commence à geler chez nous. Vous n'avez pas de patriotisme : c'est donc justice qu'on vous ait exclue.

— Mais, dit l'hirondelle, si je me niche pendant l'hiver dans les roseaux des tourbières, pour y dormir comme la marmotte tout le temps froid, serai-je une autre fois admise à concourir?

— Oh, certainement ! déclara le poteau. Mais il vous faudra apporter une attestation de la vieille sorcière qui règne sur les tourbières, comme quoi vous aurez passé réellement l'hiver dans votre pays et non dans les pays chauds à l'étranger. Cela vous sera compté comme un bon point.

— J'aurais bien mérité le premier prix et non le second,

grommela le colimaçon. Je sais une chose : ce qui faisait courir le lièvre comme un dératé, c'est la pure couardise ; partout, il voit des ennemis et du danger. Moi, au contraire, j'ai choisi la course comme but de ma vie, et j'y ai gagné une cicatrice honorable. Si, donc, quelqu'un était digne du premier prix, c'était bien moi. Mais je ne sais pas me faire valoir, flatter les puissants ; je méprise toutes les vanteries ; toutes les bassesses me répugnent. »

Et le brave limaçon lança un crachat en signe de dédain.

« Écoutez, dit la vieille borne qui avait été membre du jury, les prix ont été adjugés avec équité et discernement ; je le maintiens envers et contre tous, du moins quant à ma voix. C'est que je procède toujours avec ordre et après mûre réflexion. Voilà déjà sept fois que je fais partie du jury, mais ce n'est qu'aujourd'hui que j'ai fait admettre mon avis par la majorité.

« Cependant chaque fois je basai mon jugement sur des principes. Tenez, admirez mon système. Cette fois, comme nous étions le 12 du mois, j'ai suivi les lettres de l'alphabet depuis l'*a*, et j'ai compté jusqu'à douze ; j'étais arrivé à *l* : c'était donc au lièvre que revenait le premier prix. Quant au second, j'ai recommencé mon petit manège ; et, comme il était trois heures, au moment du vote, je me suis arrêté au *c* et j'ai donné mon suffrage au colimaçon.

« La prochaine fois si on maintient les dates fixées, ce sera l'*f* qui remportera le premier prix et le *d* le second. En toutes choses, il faut de la régularité et un point de départ fixe.

— Je suis bien de votre avis, dit le mulet ; et si je n'avais pas été parmi le jury, je me serais donné ma voix à moi-même. Car, enfin, la vélocité n'est pas tout ; il y a encore d'autres qualités, dont il faut tenir compte, par exemple, la force musculaire qui me permet de porter un lourd fardeau tout en trottant d'un bon pas. De cela, il n'était pas question étant donnés les concurrents que nous avions à juger. Je n'ai pas non plus pris en considération la prudence, la ruse du lièvre, son adresse à faire tout à coup un énorme bond de côté pour faire perdre sa piste aux chiens et aux chasseurs.

« Ce qui m'a surtout préoccupé, c'était de tenir compte de la beauté, qualité si essentielle. A mérite égal, m'étais-je dit, je donnerai le prix au plus beau. Or, qu'y a-t-il au monde de plus beau que les longues oreilles du lièvre, si mobiles, si flexibles? C'est un vrai plaisir que de les voir retomber jusqu'au milieu du dos ; il me semblait que je me revoyais tel que j'étais aux jours de ma plus tendre enfance : aussi, n'ai-je pas hésité à donner ma voix au lièvre.

— Pst! dit la mouche, permettez-moi une simple observation. Des lièvres, moi qui vous parle, j'en ai rattrapé pas mal à la course. Je me place souvent sur la locomotive des trains ; on y est à son aise pour juger de sa propre vélocité. Que de fois alors ne m'est-il pas arrivé de dépasser les lièvres les plus rapides. Naguère, un jeune levraut, des plus ingambes, galopait en avant du train ; j'arrive et il est bien forcé de se jeter de côté et de me céder la place. Mais il ne se gare pas assez vite et la roue de la locomotive lui enlève l'oreille droite. Voilà ce que c'est que de vouloir lutter avec moi. Votre vainqueur, vous voyez bien comme je le battrais facilement ; mais je n'ai pas besoin de prix, moi.

— Il me semble cependant, pensa l'églantine (elle aurait bien dû le dire tout haut, mais elle est un peu sauvage et n'est pas communicative de sa nature), il me semble que c'est le rayon du soleil qui aurait mérité de recevoir le premier prix d'honneur et aussi le second. En un clin d'œil, il fait l'immense trajet du soleil à la terre, et il y perd si peu de sa force que c'est lui qui anime toute la nature. C'est à lui que moi, et les roses, mes sœurs, nous devons notre éclat et notre parfum. La haute et savante commission du jury ne paraît pas s'en être doutée. Si j'étais rayon de soleil, je leur lancerais un jet de chaleur qui les rendrait tout à fait fous.

« Mais je n'irai pas critiquer tout haut leur arrêt. Il fait si bon vivre et fleurir près de la belle et verte forêt. Pourquoi de vaines disputes ? Du reste, le rayon de soleil aura sa revanche ; il vivra plus longtemps qu'eux tous.

— En quoi consiste donc le premier prix ? entendit-on tout à coup le ver de terre demander ; il venait de sortir de son trou où il avait dormi tout le temps ; sans cela, il se serait bien mis sur les rangs.

— Le vainqueur, répondit le mulet, a droit, sa vie durant, d'entrer librement dans un champ de choux et de s'y régaler à bouche que veux-tu. C'est moi qui ai proposé ce prix. J'avais bien deviné que ce serait le lièvre qui l'emporterait, et alors j'ai pensé tout de suite qu'il fallait une récompense qui lui fût de quelque utilité ; je suis pour les choses pratiques, moi.

« Voilà donc le lièvre qui a ce qu'il lui faut. Quant au colimaçon, il a le droit de rester tant que cela lui plaira sur cette belle haie et se gorger d'aubépine, fleurs et feuilles. De plus, il est dorénavant membre du jury ; c'est important pour nous d'avoir dans la commission quelqu'un qui, par expérience, connaisse les difficultés du concours. Et, à en juger d'après la sagesse dont nous avons déjà fait preuve, certainement l'histoire parlera de nous un jour. »

Si je prenais une allumette, se dit-elle, une seule ? »

LA PETITE FILLE AUX ALLUMETTES

Il faisait effroyablement froid ; il neigeait depuis le matin ; il faisait déjà sombre ; le soir approchait, le soir du dernier jour de l'année. Au milieu des rafales, par ce froid glacial, une pauvre petite fille marchait dans la rue ; elle n'avait rien sur sa tête, elle était pieds nus. Lorsqu'elle était sortie de chez elle le matin, elle avait eu des pantoufles, de vieilles pantoufles, que sa mère avait longtemps portées, et qui étaient beaucoup trop grandes pour elle. Aussi les perdit-elle lorsqu'elle eut à se sauver devant une file de voitures qui arrivaient au triple galop ; les voitures passées, elle chercha après ses chaussures ; un méchant gamin s'enfuyait emportant en riant l'une des pantoufles ; l'autre avait été entièrement écrasée par les voitures.

Voilà la malheureuse enfant n'ayant plus rien pour abriter ses pauvres petits petons, qui de froid étaient rouges et bleus. Dans son vieux tablier, elle portait des allumettes ; elle en tenait à la main un paquet. Mais, ce jour, la veille du nouvel an, tout le monde était affairé ; par cet affreux temps, personne ne s'arrêtait pour considérer l'air suppliant de la petite qui faisait pitié. La journée finissait, et elle n'avait pas encore vendu un seul paquet d'allumettes ; personne ne lui avait fait l'aumône de la moindre pièce de monnaie. Tremblante de froid et de faim, elle se traînait de rue en rue ; c'était l'image vivante de la plus cruelle misère.

Des flocons de neige couvraient sa longue chevelure blonde, qui lui retombait sur le cou en jolies boucles. Certes, ce n'est pas cela qui la préoccupait. De toutes les fenêtres brillaient des lumières ; de presque toutes les maisons sortait une délicieuse odeur, celle de l'oie, qu'on rôtissait pour le festin du soir : c'était la Saint-Silvestre. Cela, oui, cela lui faisait arrêter ses pas errants.

Enfin, après avoir une dernière fois offert en vain son paquet d'allumettes, la pauvre enfant aperçoit une encoignure entre deux maisons, dont l'une dépassait un peu l'autre. Harassée, elle s'y assied et s'y blottit, tirant à elle ses petits pieds ; mais elle grelotte et frissonne encore plus qu'avant et cependant elle n'ose pas rentrer chez elle. Elle n'y rapporterait pas la plus petite monnaie, et son père certainement la battrait. Du reste, dans leur misérable mansarde, il faisait aussi bien froid ; le toit au-dessus d'eux était tout crevassé ; le vent soufflait à travers ; et ils n'avaient pas de chauffage.

L'enfant avait ses petites menottes toutes transies. « Si je prenais une allumette, se dit-elle, une seule (papa ne verra pas qu'elle manque), et si j'en tirais un peu de feu pour réchauffer mes doigts? » C'est ce qu'elle fit; elle frotta, et *pscht, rscht,* comme cela flambe! Elle tint sa main autour! Quelle flamme merveilleuse c'était! Il sembla tout à coup à la petite fille qu'elle se trouvait devant un grand poêle en fonte, décoré d'ornements en cuivre. Le feu y ronflait; oh! quelle bonne chaleur il répandait. La petite allait étendre ses pieds pour les réchauffer, lorsque la petite flamme s'éteignit brusquement; le poêle disparut, et l'enfant restait là, tenant en main un petit morceau de bois à moitié brûlé.

Elle frotta une seconde allumette; la lueur se projetait sur la muraille qui devint transparente, et la petite vit ce qui se passait dans la salle qui était derrière. La table était mise; elle était couverte d'une belle nappe blanche, sur laquelle brillait une superbe vaisselle de porcelaine. Au milieu, s'étalait une magnifique oie rôtie, entourée de compote de pommes; et voilà que la bête se met en mouvement et, avec un couteau et une fourchette fixés dans sa poitrine, vient se présenter devant la pauvre petite. Et puis plus rien; la flamme s'éteint et il ne reste plus que la muraille froide et humide.

L'enfant prend une troisième allumette, et elle se voit transportée près d'un arbre de Noël, bien plus splendide que celui qu'elle a, l'an dernier, aperçu chez un riche marchand par la porte vitrée. Sur ses branches vertes, brillaient mille bougies de couleurs; de tous côtés, pendaient des bonbons transparents, des joujoux dorés, une foule de merveilles. La petite étendit la main pour saisir la moins belle; l'allumette s'éteint. L'arbre semble monter vers le ciel et ses bougies deviennent des étoiles; il y en a une qui se détache et qui redescend vers la terre, laissant une traînée de feu.

« Voilà quelqu'un qui va mourir », se dit la petite. Sa vieille grand'mère, le seul être qui l'avait aimée et chérie, et

La grand'mère n'était plus cassée... elle était transfigurée.

qui était morte il n'y avait pas longtemps, lui avait dit que lorsqu'on voit une étoile qui file, d'un autre côté une âme monte vers le paradis.

Elle frotta encore une allumette; une grande clarté se répandit et, devant l'enfant, se tenait la vieille grand-mère; ses vêtements reflétaient une lumière éclatante; son visage était si doux, si plein de tendresse.

« Grand'mère, s'écria la petite, grand'mère, emmène-moi. Oh! tu vas me quitter quand l'allumette sera éteinte; tu t'évanouiras comme le poêle si chaud, le superbe rôti d'oie, le splendide arbre de Noël. Reste, reste, je te prie, ou emporte-moi. »

Et l'enfant alluma une nouvelle allumette, et puis une autre, et enfin tout le paquet, pour voir la bonne grand'mère le plus longtemps possible. Et cela fit un éclat de lumière plus brillant que le plus beau clair de lune. La grand' mère n'était plus cassée et courbée comme lorsqu'elle quitta la terre; elle était toute transfigurée; elle prit la petite dans ses bras et, s'élançant dans les airs, elle la porta bien haut, bien haut, en un lieu où il n'y avait plus ni de froid, ni de faim, ni de chagrin; c'était devant le trône de Dieu.

Le lendemain matin, cependant, les passants trouvèrent dans l'encoignure le corps de la petite; ses joues étaient rouges, elle semblait sourire; elle était morte de froid, pendant la nuit qui avait apporté à tant d'autres des joies et des plaisirs.

Elle tenait dans sa petite main, toute raidie, les restes brûlés d'un paquet d'allumettes.

« Quelle sottise ! dit un sans-cœur; comment a-t-elle pu croire que cela la réchaufferait ? »

D'autres versèrent des larmes sur la pauvre enfant : c'est qu'ils ne savaient pas toutes les belles choses qu'elle avait vues pendant la nuit du nouvel an, c'est qu'ils ignoraient que, si elle avait bien souffert, elle goûtait maintenant dans les bras de sa grand'mère la plus douce félicité.

— Je m'étais toujours douté que c'était une pierre tombale...

LA PIERRE TOMBALE

HISTOIRE VÉRITABLE

Par une magnifique soirée d'automne, chez un honnête bourgeois d'une petite ville de Fionie, toute la famille était réunie dans la salle du rez-de-chaussée ; la lampe brûlait sur la table, mais les fenêtres étaient toutes grandes ouvertes ; l'air était doux et agréable, embaumé par les fleurs qui garnissaient les parterres du jardin ; il faisait un admirable clair de lune.

On vint à causer d'une grande et haute vieille pierre, qui se trouvait dans la cour, pas loin de la porte de la cuisine. La servante y allait aiguiser les couteaux ou bien y plaçait, pour les laisser sécher, les ustensiles quand elle les avait bien récurés ; la pierre figurait souvent dans les jeux des enfants : elle servait de ce qu'ils appelaient le but.

« Je crois bien, dit le maître de la maison, qu'elle provient du vieux cimetière qui était près du cloître. Lorsqu'il y a une quarantaine d'années on fit par là une nouvelle rue, la chapelle fut démolie, le cimetière transporté hors de la ville, et les pierres tombales qui ne furent pas réclamées par les familles furent vendues ; c'est mon père qui les a achetées, je me le rappelle ; on en fit des pavés ; mais on en conserva une, je ne sais pourquoi ; c'est celle qui est là dans la cour.

— Je m'étais toujours douté que c'était une pierre tombale, dit l'aîné des garçons ; on y voit un sablier et le reste d'une figure d'ange. L'inscription est à moitié effacée ; on y lit encore le prénom de Preben et, au-dessous, celui de Martha ; quant au nom de famille, il n'en est resté que la première lettre, un S, et encore les caractères ne se distinguent-ils bien que lorsqu'après une bonne pluie la pierre est bien nette.

— Seigneur Dieu ! s'écria un vieillard, le grand-oncle du maître de la maison, la pierre provient du caveau de Preben Schwane et de sa femme. Oui, ils furent parmi les derniers qui furent enterrés dans ce cimetière. C'était un couple vénérable ; je me souviens que, dans mon enfance, je les ai vus figurer dans les fêtes de la ville, à la tête des anciens. Tout le monde les aimait, les estimait. On disait qu'ils possédaient plus d'une tonne d'or, et cependant ils vivaient très simplement et s'habillaient de bure ; ils n'avaient qu'un luxe, le linge ; celui qu'ils portaient était toujours d'une blancheur éblouissante. Mais comme ils étaient bons pour les pauvres ! ils les vêtissaient et les nourrissaient : c'étaient des chrétiens modèles.

« Oui, quel beau et respectable vieux couple cela faisait, Preben et Martha! quand tous deux ils se reposaient sur le banc de pierre devant leur maison, qui se trouvait près du grand tilleul, et qu'on venait à passer devant eux, ils vous saluaient d'un air si amical, si affable, qu'on en éprouvait une vraie joie.

« Ce fut la vieille Martha qui mourut la première; je me souviens encore parfaitement du jour où cela arriva. J'étais alors tout jeune; j'avais accompagné mon père chez le vieux Preben, lorsqu'elle venait de s'endormir de son dernier sommeil. L'excellent homme était hors de lui et pleurait comme un petit enfant. Le corps était dans la chambre à côté. Après s'être un peu calmé, le vieux Preben dit à mon père et à quelques voisins combien il allait se trouver seul sur terre, et il raconta comme elle avait été douce et bonne, et quel bonheur ils avaient goûté pendant de longues années. Ils s'étaient connus tout enfants... et, s'animant peu à peu au souvenir de ses jours de félicité, il parla de leurs fiançailles et dit combien elle avait été belle lorsqu'elle se présenta à l'autel avec lui.

« Et elle gisait là, morte, enveloppée d'un suaire, et lui, le vieillard, rappelait en vain les temps de son heureuse jeunesse. Oui, c'est là le cours du monde. Moi, j'écoutais avec intérêt et pitié ce récit douloureux; et cependant je n'étais encore qu'un enfant d'ordinaire insouciant : aujourd'hui, j'ai l'âge qu'avait alors Preben Schwane. Le temps passe, tout change, tout disparaît.

« Je me souviens encore de l'enterrement de la bonne Martha. Le vieux Preben, tout courbé, marchait en sanglotant derrière le cercueil. Quelques années auparavant, il avait fait tailler la pierre qui devait recouvrir son tombeau et celui de sa femme; l'inscription y était gravée, sauf l'année de la mort. Et, le soir, la pierre fut mise en place; à peine un an après, on la retira pour descendre dans la terre le vieux Preben à son tour.

« Il ne laissa pas la fortune qu'on lui avait supposée d'après sa générosité pour les pauvres; l'héritage échut à des parents très éloignés, qui ne prirent aucun soin de la tombe. Les pauvres perdirent bientôt le souvenir de leur bienfaiteur. L'antique maison des Schwane, aux fenêtres gothiques, fut démolie quelque temps après; elle était ornée de curieuses sculptures, mais elle menaçait ruine.

Plus tard, ce fut le tour de la chapelle et du cloître; le cimetière fut condamné aussi; la belle grande rue, qui mène à la place, passe sur la tombe du vieux Preben et de sa femme Martha. Personne ne pense plus à eux. Leur pierre tombale, personne ne la réclama, et c'est ainsi qu'elle est parvenue dans cette cour pour jouer un rôle dans les amusements des enfants. »

Et le vieillard, secouant mélancoliquement la tête, dit encore : « Oubliés ils sont. Mais, du reste, qu'est-ce qui n'est pas destiné à l'oubli ? »

Puis on se mit à causer de choses plus gaies. Mais le plus jeune des enfants, un garçon aux grands yeux sérieux, monta sur une chaise et, regardant dans la cour où, en ce moment, la lune versait sa clarté sur la vieille pierre, crut voir en elle une page d'un grand livre de chronique; et il lui semblait que le récit, que venait de faire le vieillard, des vertus du vénérable couple, y était resté gravé en caractères de feu.

« Oubliés ! oui, tout est condamné à l'oubli ! » Ces paroles échappèrent tout à coup au vieillard qui avait suivi le cours de ses tristes pensées, pendant qu'on parlait d'autre chose. Mais au même instant un ange invisible, baisant l'enfant au front, lui murmura à l'oreille :

« Conserve en ton souvenir ce que tu viens d'entendre, ne le perds pas. Tu es destiné à faire revivre en lettres d'or devant la postérité la vieille inscription presque effacée. Et on verra de nouveau le vieux Preben et Martha, sa femme, prenant soin des malheureux ; et, le soir, après une journée consacrée au bien, assis sur leur banc de pierre, souriant aux passants qui tous les saluent, riches et pauvres. Le bien, le beau, non, l'oubli ne l'efface pas ; la poésie le recueille et le transmet aux siècles futurs. »

Mais en même temps un ange...

... Voilà le coffre qui s'enlève et monte dans les airs...

LE COFFRE VOLANT

Il y avait une fois un négociant qui était si riche, si riche, si riche, qu'il aurait pu faire paver de doubles écus d'argent la grande place, la longue rue et encore une ruelle de la ville qu'il habitait; mais il n'y songeait guère : il savait mieux employer son argent. Quand il dépensait une livre, c'était pour qu'il lui rentrât dans sa bourse un écu. Sa fortune s'augmentait toujours, et il venait justement de conclure une affaire qui devait lui rapporter un million, lorsqu'il mourut subitement.

Ce fut son fils unique qui hérita de ces trésors. Il mena la plus joyeuse vie du monde; tous les soirs il donnait des bals masqués, et chaque fois il y mettait un habillement neuf et qui coûtait gros; il s'amusait à lancer dans les airs des cerfs-volants faits avec des billets de banque, et il faisait, pendant des heures, des ricochets sur la rivière avec de belles pièces d'or. A ce jeu-là, son magot, quelque gros qu'il fût, devait à la longue s'épuiser, et, en effet, c'est ce qui arriva. Un beau jour, un vilain jour plutôt, le fils du riche marchand fit son compte et se trouva ne possédant plus que quatre liards; en fait de vêtements, il n'avait plus qu'une vieille robe de chambre et une paire de pantoufles. Tous ses amis, ne pouvant plus se montrer avec lui dans la rue, l'abandonnèrent à la fois; l'un d'eux cependant, qui était bon enfant, lui envoya un vieux coffre et lui fit dire : « Allons, fais ton paquet. »

C'était fort bien pensé; mais notre jeune homme n'avait rien à emballer. Ma foi, il eut l'idée de se mettre lui-même dans ce coffre. C'était un coffre comme on en voit peu : dès qu'on pressait la serrure, il se soulevait de terre et se mettait à voler. Le fils du marchand poussa par hasard cette serrure; voilà le coffre qui s'enlève, et, passant par la cheminée qui, heureusement, était large, monte dans les airs jusqu'au-dessus des nuages et file droit vers le sud par-dessus les royaumes, les empires et les mers. Le pauvre garçon, saisi de frayeur, ne bougeait pas plus qu'une borne; cependant parfois le fond de la malle craquait, et alors quelles transes ! Si la planche avait cédé, quelle culbute ! On frissonne rien que d'y penser; que devait donc éprouver le fils du marchand?

A la fin des fins, il reprit ses sens et ordonna au coffre de s'arrêter; obéissant sur-le-champ, la merveilleuse malle descendit et vint se poser à terre, au milieu d'un bosquet de palmiers. C'était dans le pays des Turcs, lorsqu'ils habitaient encore au fond de l'Asie. C'était une heureuse chance. Le fils du marchand pouvait se promener en public, avec sa robe de chambre et ses pantoufles : tout le monde était habillé de même.

Il remisa son coffre parmi un tas de feuilles mortes et gagna la route qui menait à la ville. Il rencontra une nourrice avec un petit enfant : « Nounou, lui dit-il, quel est donc ce beau palais-là, près de la ville, où les murs n'ont de fenêtres que tout en haut, près du toit ?

— C'est là que demeure la fille de notre sultan, répondit-elle. A sa naissance, une fée a prédit qu'elle serait bien malheureuse par le fait d'un de ses fiancés. C'est pourquoi on l'a enfermée dans ce château, qui est gardé comme une prison ; personne ne peut l'approcher, à moins que ses parents, le sultan et la sultane, ne soient présents.

Elle était plus belle que la pleine lune, comme on dit dans son pays.

— Merci de tes renseignements ! » dit le fils du marchand, et il retourna auprès de ses palmiers, s'installa dans son coffre et lui ordonna de le porter sur le toit du palais. De là, par une lucarne, il entra dans les appartements et arriva dans la salle splendide où se tenait la princesse.

Elle était étendue sur un sofa et elle dormait ; elle était plus belle que la pleine lune, comme on dit dans son pays ; le jeune homme, après l'avoir longtemps admirée, lui baisa le bout de ses mains, toutes mignonnes. Elle se réveilla et entra d'abord dans la plus vive frayeur ; mais il lui dit qu'il était le dieu des Turcs et qu'il était arrivé à travers les airs et les nuages pour la contempler de près ; elle fut très flattée et se calma aussitôt.

Il s'assit auprès d'elle et il lui dit, de ses yeux, qu'ils étaient brillants et profonds comme les plus beaux lacs, et qu'on y voyait nager les charmantes pensées comme des sirènes ; de son front, il lui dit que c'était comme une cime neigeuse aux reflets les plus éclatants.

La princesse trouvait ce langage fort doux ; alors il lui demanda sa main ; sur-le-champ, elle dit *oui*.

« Il vous faut revenir samedi, ajouta-t-elle ; le sultan mon père et la sultane ma mère viennent ce jour-là chez moi prendre le thé. Ils seront bien fiers quand ils sauront que j'épouse le dieu de la glorieuse nation des Turcs. Mais, si vous voulez leur plaire tout à fait, contez-leur une de ces jolies histoires dont ils raffolent ; ma mère aime que tout y soit moral et convenable ; mon père tient à ce qu'elles soient amusantes et qu'elles fassent bien rire.

— Je raconterai d'autant plus volontiers une histoire, répondit-il, que ce sera là tout ce que je vous donnerai en fait de cadeaux de noces, en dehors de l'honneur que je vous fais de vous prendre pour femme. »

La princesse, de plus en plus flattée, lui fit don d'un beau sabre à la poignée en diamants et d'une belle bourse remplie de pièces d'or ; elles lui venaient à point.

Il prit son vol, replaça son coffre dans le bosquet de palmiers et alla en ville acheter une robe de chambre neuve en soie et en velours et des babouches brodées d'or ; puis il se mit à composer une histoire; il n'avait que trois jours pour l'inventer et la composer, ce n'était pas tout à fait assez, mais enfin il en vint à bout.

Le samedi, il retourna sur son coffre au palais; il y trouva le sultan, la sultane et toute la cour rassemblés autour de la princesse qui avait annoncé son arrivée. Tout le monde lui fit fête.

« Vous allez donc nous conter une histoire, dit la sultane; elle sera remplie de pensées profondes et instructives. — Et, en même temps, vous nous ferez rire, dit le sultan.

— Vous serez contents tous deux, dit-il. Écoutez bien :

« Il y avait une fois un paquet d'allumettes; elles étaient très fières de leur noble origine. Elles descendaient d'un vieux sapin qui avait été dans son temps l'ornement de la forêt. Pour le moment, elles se trouvaient dans une cuisine, entre un briquet et un vieux pot de fer; elles parlaient du temps jadis, lorsqu'elles formaient les belles branches vertes du sapin :

« Que nous étions heureuses alors! tous les matins nous
« avions pour déjeuner les perles et les rubis de la rosée. Le
« soleil venait nous égayer, et, toute la journée, les petits
« oiseaux nous contaient de si jolies histoires! Et comme nous
« étions riches! Tous les autres arbres n'avaient de feuillage
« qu'en été; mais notre aïeul, le sapin, se payait un habit vert
« hiver comme été.

« Mais, hélas! survint la révolution sous la forme d'un
« bûcheron; notre famille fut dispersée par les événements.
« Le tronc principal eut encore de la chance : il fut poli et tra-
« vaillé, et trouva place sur une superbe frégate qui a fait le
« tour du globe. Les grosses branches eurent des destins di-
« vers; nous, notre sort fut de servir à procurer au premier

« venu du feu et de la lumière. Et nous voilà, nous, gens de
« distinction, confinés dans une cuisine! »

« — Moi, dit le pot de fer, ma destinée a été différente ; ce-
« pendant, elle ne manque pas de noblesse non plus. Dès que
« je suis entré dans ce monde, j'ai été employé pour la cuis-
« son d'une foule de succulents ragoûts, et, chaque fois, on me
« récure à nouveau. Je suis un ustensile indispensable, c'est
« moi qui ai la première place ici. Aussi, comme on a soin de
« moi! On me nettoie avec amour, et, le soir, je brille tellement
« que c'est un plaisir de me voir. C'est là ma joie, surtout
« quand je puis faire un bout de conversation sérieuse avec
« mes camarades.

« Nous ne connaissons pas beaucoup le monde ; il n'y a
« que le seau qui, parfois, est descendu dans la cour pour
« rapporter de l'eau ; mais c'est surtout le panier qui nous
« tient au courant de ce qui se passe ; tous les jours il va au
« marché. Entre nous, je trouve qu'il s'exprime avec peu de
« respect sur le gouvernement ; il rapporte tous les cancans
« qu'il entend. C'est un libéral, vous dis-je. L'autre jour, son
« langage a été si séditieux, que mon cousin, le pot de terre,
« en a attrapé une fêlure. »

« — Tu nous ennuies avec ton long discours, interrompit
« le briquet en lançant une gerbe d'étincelles, l'acier cho-
« quant contre une pierre. Tâchons un peu de nous amuser ce
« soir. »

« — C'est ça, dirent les allumettes ; que chacun fasse con-
« naître ses tenants et aboutissants, pour qu'on voie lequel est
« de plus noble souche. »

« — Non pas! objecta le pot. Je n'aime pas à parler de ma
« personne et à vanter mes mérites. Nous allons jouer aux
« histoires. C'est moi qui commence. Je vais vous conter quel-

« que chose qui est pris sur le vif ; c'est la nature même. Vous
« verrez comme c'est intéressant. »

« Donc, sur les bords de la Baltique, au milieu des hêtres
« du Danemark..... »

« — Que cela commence bien ! s'exclamèrent les assiettes
« toutes à la fois. Comme on devine d'avance que le récit nous
« divertira ! »

« — Ce fut, reprit le pot de fer, dans ces contrées que je pas-
« sai ma jeunesse, chez de braves bourgeois bien tranquilles.
« La maison était d'une propreté extrême ; on me récurait tous
« les soirs à fond, je reluisais comme un miroir. Les meubles
« brillaient aussi ; la dame de la maison les frottait elle-même ;
« le plancher n'avait pas un grain de poussière ; tous les huit
« jours, on changeait les rideaux des fenêtres. »

« — Quelle histoire recréative ! s'écria le balai. Comme elle
« fait bien comprendre la valeur de la propreté ! Le balayage,
« le nettoyage, le brossage, il n'y a que cela dans ce monde. »

« — Et le lavage, tu l'oublies ! » dit le seau, avec un
brusque mouvement de vivacité, qui lança sur le plancher une
partie de son eau.

« Le pot continua son histoire ; la fin en était aussi gaie que
le commencement. Les assiettes applaudirent en s'entrecho-
quant. Le balai tira du bac aux ordures quelques branches de
persil fanées et se mit à couronner le pot.

« Nous n'avons pas besoin de continuer le jeu, dit-il. Aucun
« autre ne saurait mieux conter que toi. »

« — Cela les vexe, pensait-il, à part soi. C'est bien fait.
« Pourquoi ne m'apprécient-ils pas ? Que deviendrait le monde
« sans le balai. Aussi j'espère bien que le pot me couronnera
« demain. »

« — Maintenant, dansons », dirent les pincettes. Et, ma foi, elles levaient une jambe après l'autre; mais leurs mouvements étaient si anguleux, que c'était à se tordre de rire; un vieux coussin même en creva.

« Quand elles eurent bien gigotté, les pincettes demandèrent à être couronnées; et elles le furent.

« Ils auront beau s'affubler de toutes les herbes de l'univers,
« se dirent *in petto* les allumettes: ce ne seront jamais que de
« petites gens. »

« On demanda à la théière d'amuser à son tour la société par une romance; mais elle déclara qu'elle s'était refroidie, et qu'elle ne savait chanter que quand elle avait bien chaud.

« C'est encore une chipie, dirent les allumettes; elle ne veut
« pas chanter pour nous dans la cuisine; elle se réserve pour
« le salon, quand elle est devant les maîtres. »

« Sur la fenêtre se trouvait une plume d'oie, avec laquelle la cuisinière écrivait ses comptes; elle n'avait rien de remarquable, sinon qu'elle était toute noire d'encre, ce dont elle était très fière.

« Eh bien, si la théière ne veut pas chanter, dite-elle, n'in-
« sistons pas. Il y a là dehors un rossignol; nous le prierons de
« nous laisser entendre une de ses mélodies. Il n'a pas beau-
« coup de méthode, mais nous serons indulgents. »

« — Votre proposition est impertinente! » dit la bouilloire. Elle était musicienne et par conséquent intéressée dans la partie, et elle tenait pour sa cousine la théière.

« — Oui, je vous demande un peu, est-ce patriotique de
« s'adresser à ce rossignol, un étranger? Que le panier en
« soit juge! »

« — Moi, dit le panier, je trouve impertinent tout ce que
« vous faites depuis une heure. Est-il permis de perdre son
« temps à de pareilles niaiseries? Ce qui serait raisonnable, ce

« serait par exemple de nous placer en rang, chacun selon son
« mérite : c'est moi qui vous alignerai, je conduirai le jeu :
« j'ai vu, dans les boutiques, comment on groupe et dispose
« les choses avec goût. »

« — C'est cela ! » s'écrièrent-ils tous, et ils se bousculèrent, chacun se précipitant pour avoir la place d'honneur.

« Voilà la porte qui s'ouvre ; la cuisinière apparut. Tout rentra dans l'ordre comme par enchantement ; personne ne bougea, ni ne souffla plus. Mais, à part soi, chacun se disait :
« Si notre tyran n'était pas revenu, c'est moi qui serais au pre-
« mier rang. »

« La fille prit le paquet d'allumettes et en frotta une demi-douzaine, avant que le feu prît. Elles lançaient une jolie flamme bleue.

« Ah, ah ! pensaient-elles. Maintenant, personne ne contes-
« tera que nous sommes ce qu'il y a de mieux ici. Quel éclat,
« quelle lumière nous jetons ! »

« Puis, tout à coup, elles étaient brûlées ; au moment où elles sentaient leur ambition satisfaite, voilà qu'elles n'étaient plus qu'un petit tas de cendres. »

« — Quel charmant conte ! dit la sultane. Comme les mœurs de la cuisine y sont bien dépeintes ! Et quelle saine morale ! Vous aurez ma fille.

« — Oui, s'écria le sultan, vous m'avez fait bien rire. Certes tu auras notre fille ; à lundi prochain la noce. »

Et l'on fit de magnifiques préparatifs pour de grandes réjouissances. Dès la veille, le dimanche soir, on se mit à illuminer la ville ; on jeta des gâteaux et des friandises au peuple. Les gamins n'allèrent pas se coucher ; ils couraient en bandes dans les rues, faisant un tapage infernal : c'était splendide.

« Je vais leur servir quelque chose, qui sera mieux que

tout cela, se dit le fils du marchand. Il me faut bien payer ma bienvenue à mes futurs sujets. »

Et il achète des pétards, des fusées, des chandelles romaines, tout un attirail de feu d'artifice; il place tout cela dans son coffre et s'élance dans les airs.

Psch, psch. Voilà toutes les pièces qui partent; c'étaient des flammes rouges et vertes et bleues. Quel superbe météore! Jamais ces bons Turcs n'avaient rêvé de pareille merveille; ils sautaient de joie et étaient dans la jubilation.

« C'est bien là notre dieu, s'écriaient-ils. Qu'elle sera heureuse, notre princesse! »

Une fois le feu d'artifice tiré, le fils du marchand retourna remiser son coffre. « Je vais aller un peu en ville, pensa-t-il, pour apprendre quel effet j'ai produit et si l'on est content de moi. »

Et il trouva encore les rues pleines de monde; il causa avec l'un et avec l'autre: chacun lui fit une description différente du feu d'artifice; mais tous étaient d'accord: jamais on n'avait vu de spectacle si étonnant.

« J'ai bien reconnu le dieu des Turcs, dit l'un; il avait des yeux comme des étoiles et une barbe qui ressemblait à notre grande cascade tourbillonnante. »

« Il était revêtu d'un manteau de feu, dit un autre; dans les plis étaient nichés les plus jolis petits anges. »

Le fils du marchand écoutait avec plaisir toutes ces balivernes. Vers le matin, il revint au bosquet de palmiers, pour se mettre dans son coffre et se rendre à la cérémonie. Plus de coffre, il était brûlé. Il y était resté une fusée qui avait pris feu dans la nuit et le coffre enchanté était réduit en cendres. Son infortuné propriétaire, au moment d'atteindre la plus haute fortune, se trouvait replongé dans le néant. Enfin, il se fit une raison, et comme il avait eu l'occasion de découvrir qu'il avait du talent pour composer des histoires, il en fit d'autres et gagna sa vie en les récitant de ville en ville; mais elles n'étaient plus si gaies que celle des allumettes; il lui resta un fond de mélancolie.

Quant à la princesse, elle demeura, toute la journée, et encore plusieurs semaines après, sur la terrasse du palais à attendre son fiancé divin; un récent voyageur prétend même qu'on peut l'y voir aujourd'hui, jetant des regards éplorés vers tous les coins du ciel. Dans ce cas, la prédiction de la fée se serait réalisée

... Il y avait là un beau jardin qui s'étendait jusqu'au grand lac...

MARGOTON
LA GARDEUSE DE POULES

Margoton était le seul être humain qui vécût dans la gentille et proprette maisonnette qu'on avait construite non loin du château, pour les poules et les canards; cette maisonnette se trouvait sur l'emplacement de l'ancien donjon féodal qu'un pont-levis reliait autrefois à la grosse tour à machicoulis, également disparue. Tout près de la basse-cour s'élevait un fourré épais d'arbres et de broussailles; dans les temps anciens, il y avait là un beau jardin qui s'étendait jusqu'au grand lac, qui, à son tour, était devenu un marais.

Des corneilles, des choucas voletaient par centaines dans

les vieux arbres; c'était un vrai fourmillement d'oiseaux; et, quand un chasseur tirait sur eux, ils ne se sauvaient pas; il en sortait de partout une telle quantité que le ciel en devenait tout noir. Et c'étaient des cris, des croassements qui s'entendaient jusqu'à la basse-cour, où Margoton était assise. Petits poulets, petits canards couraient, sautillaient sur ses sabots; elle connaissait l'histoire de chaque poule, de chaque canard, depuis le moment où ils étaient sortis de l'œuf. Elle était fière de son troupeau, et de la belle habitation bâtie pour eux. Elle y avait une chambrette, bien rangée, bien propre, comme le voulait sa maîtresse, la dame du château, qui venait souvent montrer à ses hôtes, gens élégants et personnages de distinction, ce qu'elle appelait la baraque de ses poules.

Dans la chambrette étaient une armoire, un fauteuil, oui même une commode, sur laquelle était placée, comme ornement, une plaque de cuivre polie, où se lisait le mot *Grubbe*; c'était le nom de l'antique et noble famille qui avait autrefois possédé le donjon et tout le domaine. La plaque avait été trouvée dans la terre, lorsqu'on avait construit la maisonnette. Le sacristain avait déclaré qu'elle n'avait d'autre valeur que d'être un souvenir des anciens temps. Ce sacristain, il connaissait bien l'histoire du donjon et de tous les environs depuis l'époque la plus reculée; son savoir, il l'avait puisé dans les livres; il en avait fait bien des extraits, qu'il empilait dans ses tiroirs. Mais il y avait dans le bois une toute vieille corneille, qui en savait plus long que lui; souvent elle racontait de curieuses histoires, mais dans sa langue, la langue des corneilles; le sacristain ne la comprenait pas, quelque instruit qu'il fût.

Dans les chaudes journées d'été, les vapeurs qui s'élevaient du marais formaient derrière les vieux arbres une nappe,

... C'étaient des cris, des croassements qui s'entendaient jusqu'à la basse-cour où Margoton était assise (P. 74.)

qu'on pouvait prendre pour un lac. Cela se voyait déjà du temps où vivait le chevalier Grubbe et où existait encore le vieux château seigneurial avec ses épaisses murailles rouges. Après le pont-levis, on passait sous une première tour qui menait à un long corridor dallé, au bout duquel étaient les appartements des maîtres. Les fenêtres y étaient étroites, les carreaux tout petits, même dans la grande salle où l'on dansait jadis.

A l'époque du dernier des Grubbe, de mémoire d'homme il n'y avait eu de bal dans cette salle ; on y voyait cependant encore un vieux tambourin et une cornemuse, qui avaient autrefois été des instruments de l'orchestre. Il s'y trouvait aussi un grand bahut, sculpté avec art, où l'on conservait des ognons de fleurs rares. Dame Grubbe aimait les plantes ; elle cultivait toutes sortes d'herbes et d'arbustes.

Le chevalier, son seigneur, préférait courir la campagne à cheval, à la poursuite des loups et des sangliers ; quand il partait en chasse, Marie, sa petite fille, l'accompagnait toujours un bout de chemin. A l'âge de cinq ans, elle se tenait droite et fière sur un cheval, et regardait alors avec hardiesse autour d'elle avec ses grands yeux noirs. Son plaisir était de faire claquer un fouet sur les chiens de chasse ; son père aurait préféré qu'elle frappât sur les petits paysans qui accouraient pour voir passer leurs-seigneurs.

Non loin du château vivait, dans une cabane, un paysan, qui avait un fils du nom de Soeren, du même âge que la petite demoiselle. Le gamin savait bien grimper aux arbres, et la fille du chevalier l'y faisait toujours monter pour lui prendre les nids d'oiseaux ; les pauvres bêtes, les parents de la nichée criaient de toutes leurs forces. Une fois, un grand corbeau donna au petit garçon un fameux coup de bec sur l'œil ; le sang coulait, coulait, et on crut que l'enfant deviendrait borgne ; mais il guérit enfin.

Marie, c'était le nom de la fillette, l'appelait *mon* Soeren ; c'était une grande faveur, et elle profita au pauvre Jon, le père du garçon. Un jour qu'il avait commis un petit délit, il fut condamné à monter sur le cheval de bois. Cette bête était

... On lui attacha des pierres au pied pour qu'il ne pût bouger.

au milieu de la cour, et consistait en quatre piquets qui figuraient les jambes, et une planchette étroite représentant le dos. C'était là la bête que Jon devait enfourcher, et on lui attacha des pierres aux pieds pour qu'il ne pût bouger de place et ne fût pas trop à son aise. Il faisait une affreuse grimace ; Soeren pleurait et suppliait la petite Marie d'intercéder pour lui. Elle commanda qu'on fît à l'instant descendre du cheval de bois le père de *son* Soeren; on n'obéit pas tout de suite; elle frappa des pieds, et alla tirer par l'habit son père, le chevalier, arrachant l'une après l'autre les deux basques. Elle voulait bien ce qu'elle voulait; elle l'emporta, et Jon fut remis à terre.

Dame Grubbe, qui était survenue, caressa les cheveux de sa petite fille, et la regarda avec tendresse.

L'enfant ne comprenait pas pourquoi.

Marie aimait bien mieux jouer avec les chiens de chasse que de res-

Marie aimait bien mieux jouer avec les chiens.

ter avec sa mère, qui allait souvent dans le beau jardin, au bout duquel était le lac, tout couvert d'iris et de nénufars, qui se balançaient au milieu des joncs. Elle se plaisait au milieu de cette riche végétation ; elle s'asseyait souvent sous un arbre rare, une espèce de nègre parmi ceux de son espèce, un hêtre noir. On l'avait placé seul à part, pour qu'il eût beaucoup de soleil ; dans l'ombre, les feuilles seraient redevenues vertes. Elle se promenait aussi sous une allée de hauts marronniers ; là, comme dans tous les arbres et arbustes d'alentour, il y avait quantité de nids : on aurait dit que les oiseaux savaient que, en cet endroit, on ne venait jamais tirer des coups de fusil : la dame l'avait défendu.

Mais Marie vint les trouver avec Soeren, et, par ordre de la petite, le gamin grimpait, et apportait des œufs et des petits, couverts seulement de duvet. Les parents et les autres oiseaux, grands et petits, voletaient, poussant des cris d'angoisse et de colère. Les corneilles, les choucas s'égosillaient, faisaient un tintamarre épouvantable ; les vanneaux des champs l'entendaient et venaient faire leur partie dans le concert.

« Que faites-vous donc, enfants ? dit la douce dame que le bruit avait attiré. Mais c'est pécher contre le bon Dieu ! »

Soeren restait là tout penaud ; la petite demoiselle regarda d'abord à terre, mais elle releva bientôt la tête et dit d'un ton bref et rude : « Mon père me l'a permis. »

« Krah, krah, partons, partons d'ici, » crièrent les grands oiseaux noirs, et toute la bande s'envola. Mais, le lendemain, ils étaient de retour, tant ils aimaient ce bel endroit où ils habitaient de père en fils.

La gentille et douce dame ne resta plus longtemps au château ; le bon Dieu l'appela auprès de lui ; là était plutôt sa patrie, que dans le château seigneurial. Lorsqu'au son retentissant des cloches, son corps fut porté à l'église, les yeux de tous les pauvres se mouillèrent de larmes : elle avait été si bonne pour eux !

Elle partie, personne ne s'occupa plus des parterres, des plantations ; le jardin se remplit de ronces et de mauvaises herbes.

Le sire Grubbe était un homme dur, disait-on ; mais sa fille, cependant si jeune, savait le dompter ; il riait et faisait ce qu'elle voulait. Elle avait maintenant douze ans ; elle était grande et forte ; quand elle fixait les gens de ses yeux noirs, son regard les perçait de part en part ; elle montait à cheval comme un homme ; elle tirait le fusil comme le plus adroit chasseur.

Un jour survinrent de nobles visiteurs, les plus distingués qu'il pouvait y avoir : le jeune roi et son demi-frère et favori, le sire Ulric-Frédéric Gyldenlœwe ; ils venaient chasser le sanglier, et passer quelques jours au château du sire Grubbe.

Gyldenlœwe se trouva assis à table à côté de Marie ; il voulait l'embrasser comme s'ils avaient été parents ; elle lui donna un fier soufflet, lui disant qu'elle ne pouvait pas le souffrir. Tout le monde se mit à rire, le roi s'écria que c'était bien amusant.

Ce qu'il y eut de plus amusant, ce fut que, cinq ans plus tard, Marie ayant dix-sept ans, un messager arriva au château, apportant une lettre où le sire de Gyldenlœwe demandait la main de la noble demoiselle.

« Il est de tout le royaume le seigneur de la plus haute naissance et le plus galant cavalier, dit le sire Grubbe ; ce n'est pas à dédaigner.

— Je ne me soucie guère de lui, » dit Marie. Mais épouser

le personnage le plus noble du pays, le premier après le roi, cela lui allait tout de même.

On remplit un navire de robes, de linge, d'argenterie; le bâtiment partit pour Copenhague, portant ce trousseau superbe. La jeune fille y arriva par terre en dix jours. Le navire eut le vent contraire, ensuite il n'eut plus de vent du tout; il mit quatre mois pour parvenir à Copenhague; la jeune dame Gyldenlœwe n'y était déjà plus.

« J'aimerais mieux coucher dans la toile la plus grossière que dans ses lits tout garnis de soie! avait-elle dit; plutôt marcher nu-pieds que d'aller avec lui en voiture! »

Un soir de novembre, très tard, deux femmes arrivèrent, à cheval, à Aarhuus; c'étaient la haute et puissante dame Gyldenlœwe (Marie Grubbe) et sa suivante. Elles venaient de Weile où elles étaient arrivées de Copenhague par mer. Elles descendirent à la belle maison en pierres de taille, que le sire Grubbe avait à Aarhuus. Le sire y était; il ne trouva pas la visite agréable; il gronda durement sa fille; mais, cependant, il lui fit donner une chambre pour coucher, et, le matin, la soupe à la bière. Mais les mauvais instincts du père étaient excités contre elle; elle n'y était pas habituée. Elle n'était pas d'un caractère doux, et, du reste, on répond généralement du ton dont on vous parle; elle répliqua donc et parla avec haine et amertume de son seigneur et époux, auprès de qui elle protestait ne vouloir retourner jamais.

Une année se passa, une année peu agréable. Le père et la fille échangèrent de mauvaises paroles, ce qui ne doit pas être; mauvaise parole produit de mauvais fruits. Comment cela finirait-il?

« Nous ne pouvons plus vivre sous le même toit, dit un jour le père. Va demeurer dans notre vieux château; mais coupe-toi la langue avec les dents, plutôt que de répandre des calomnies sur le sire ton époux. »

C'est ainsi qu'ils se séparèrent; elle alla, avec sa suivante, s'établir dans l'ancien donjon où elle était née; sa mère, la douce et pieuse femme, était enterrée là, dans le caveau de l'église. Dans tout le château, il n'y avait comme garnison qu'un vieux berger. Dans les salles, les toiles d'araignée pendaient des plafonds, noirs de poussière. Dans le jardin, tout poussait à l'aventure; le houblon, les liserons s'en-

Dans le jardin, tout poussait à l'aventure.

trelaçaient aux arbres et aux arbustes; les orties et la ciguë étouffaient les autres plantes. Le hêtre noir était sous l'ombre des arbres qui avaient poussé autour de lui ; ses feuilles étaient devenues vertes ; toute sa distinction avait disparu. Corneilles, choucas, corbeaux voltigeaient par troupes sans nombre au dessus des hauts marronniers ; c'étaient des cris comme s'ils avaient quelque chose de nouveau à se dire, comme par exemple : « La voilà de nouveau ici, la petite, qui faisait enlever nos œufs, nos petits ; le voleur, lui, il grimpe aujourd'hui sur un arbre sans feuillage, sur un grand mât ; à la moindre faute, il reçoit des coups de corde. Cela ne lui a pas porté bonheur, de nous prendre nos petits. »

Tout cela, le sacristain nous le racontait : il avait ramassé ces détails dans les livres et les mémoires ; il avait pris des notes qui, avec beaucoup d'autres choses écrites, étaient renfermées dans ses tiroirs. « On monte, on descend, disait-il ; c'est le cours du monde ; il arrive des choses bien singulières. »

Écoutons ce qu'il contait encore de Marie Grubbe ; mais n'oublions pas pour cela la Margoton aux poules ; elle est toujours assise au milieu de sa belle basse-cour, dans les mêmes lieux où Marie venait s'asseoir de son temps, mais avec d'autres idées.

L'hiver se passa, le printemps, l'été se passèrent, puis revint l'automne avec ses vents, ses brouillards humides et froids. On menait une vie monotone et solitaire dans le vieux château.

Marie Grubbe prit son fusil, et alla sur la bruyère ; elle tira des lièvres, des renards, tous les oiseaux qu'elle put atteindre. Elle rencontra plus d'une fois le sire Palle Dyre de Nœrrebaek ; lui aussi allait à l'aventure avec son fusil et ses chiens. Il était grand et fort ; il s'en vantait quand ils causaient ensemble, et disait qu'il aurait pu se mesurer avec ce colosse dont on parlait encore tant, le sire Brokenhuus d'Égeskov en Fionie. A l'exemple de cet hercule, Palle Dyre avait fait tendre devant la première poterne une chaîne en fer, où était attaché un cor de chasse. Quand il rentrait, il saisissait la chaîne et s'y suspendait, se soulevant, lui et son cheval, à la force des poignets, et il soufflait dans le cor pour annoncer son arrivée.

« Venez voir par vous-même ce tour de force, dame Marie, dit-il. L'air est frais et sain à Nœrrebaek. »

Les chroniques ne nous donnent pas la date où Marie est venue s'établir dans le château de Palle Dyre ; mais sur les candélabres de l'église de Nœrrebaek on peut lire l'inscription qui dit qu'ils ont été offerts par Palle Dyre et Marie Grubbe, du château de Nœrrebaek.

Il était donc grand et fort, Palle Dyre ; il buvait comme une éponge, il était comme ce fameux tonneau qu'on ne pouvait jamais remplir ; il ronflait comme tout un troupeau de porcs ; il avait le teint cramoisi, le visage bouffi.

« Il est sournois et traître, » dit Marie qui le vit saisir, en cachette, un couteau, un jour qu'elle lui reprochait d'être un ivrogne. Elle eut bientôt assez de cette existence.

Un jour, la table était mise, les mets devinrent tout froids. Le sire Palle Dyre était à la chasse au renard ; dame Marie, on ne savait ce qu'elle était devenue. Palle Dyre revint vers minuit ; Marie ne fut de retour ni le soir, ni aucun des jours suivants. Elle était partie pour toujours sans dire adieu.

Elle s'en alla à travers le monde ; elle parcourut tout le saint-empire romain. Elle vivait de l'argent qu'elle avait tiré de ses bijoux. Elle voyageait de droite et de gauche, au gré de son caprice. La paix régnait moins que jamais dans son âme. L'ennui la rongeait et elle devint malade. Mais sa bourse s'épuisait et il fallut rentrer en Danemark. Elle parvint, à force de courage, jusque tout près de sa contrée natale ; mais un jour, non loin du bord de la mer, n'en pouvant plus, il lui fallut s'asseoir sur le sable des dunes. A une petite distance se trouvait un village de pêcheurs ; elle n'avait plus la force de se traîner jusque-là. Sa vue s'obscurcit, et bientôt les bandes de mouettes blanches qui voltigeaient devant elle, lui parurent aussi noires que les corneilles du château de son père.

... Bientôt les bandes de mouettes blanches...

Ses yeux se fermèrent de lassitude et de malaise. Lorsqu'elle les rouvrit, un robuste matelot l'emportait dans ses bras ; elle regarda attentivement sa figure toute barbue ; il avait une grande cicatrice au dessus d'un œil. Il la déposa sur son navire ; le patron jura après lui ; mais, sans rien dire, le matelot soigna la malade.

Le lendemain, on leva l'ancre ; Marie n'était pas revenue à terre. Que devint-elle ?

Ici nous n'avons plus besoin d'interroger le sacristain ; le reste de l'histoire se trouve dans les lettres de notre fameux Holberg, qui a écrit ces belles comédies qui nous font connaître si bien sa nation et son temps. Il raconte, dans ses lettres, comment il rencontra Marie Grubbe. C'était en 1711, bien des années après le moment où elle était partie faible et

... Un robuste matelot l'emportait dans ses bras...

malade sur le navire. La peste désolait Copenhague. Le roi quitta sa capitale, la reine alla chez ses parents en Allemagne; tous ceux qui le pouvaient s'enfuyaient, même les pauvres étudiants, qui étaient logés et nourris pour rien dans le collège dont ils étaient boursiers.

Parmi ceux-ci, quelques-uns cependant tenaient bon; enfin ils décampèrent aussi, tant l'épidémie faisait de ravages. L'un d'eux s'en alla à deux heures de la nuit, le sac sur le dos; il y avait mis plusieurs rames de papier, griffonnées de toutes sortes de choses; mais d'effets, il en avait peu.

Il faisait un vilain brouillard. Personne dans les rues. Une foule de portes étaient marquées d'une croix à la craie, pour indiquer que la peste était dans la maison, ou que tout le monde y était mort. Une énorme charrette vint à passer, traînée au galop par quatre chevaux; elle était remplie de cadavres.

Le jeune étudiant se hâta de respirer un sel bien fort, qu'il avait sur lui comme tout le monde, dans un flacon. Tout à coup, il entendit des chants, de gros rires, qui sortaient d'un cabaret; c'étaient des malheureux qui passaient la nuit à boire pour s'étourdir, et désiraient être ivres quand la mort viendrait les prendre. Ouh! que c'était lugubre.

L'étudiant gagna le canal; une barque était sur le point de mettre à la voile; il y entra.

« Si Dieu nous prête vie, et s'il nous envoie un bon vent, dans trois jours nous arriverons à Grœnsund dans l'île de Falster. — Mais quel est votre nom? — Louis Holberg, répondit le jeune homme. » Aujourd'hui, ce nom résonne dans le Danemark, et il est bien connu dans tout le monde lettré. Mais alors il ne fit pas le moindre effet.

La barque partit; vers le matin, elle était en pleine mer; une légère brise enflait les voiles. Le troisième jour, on jeta l'ancre devant l'île de Falster.

« Ne connaissez-vous personne, demanda l'étudiant au patron, chez qui je pourrais me loger à bon marché? — Je crois que vous serez bien chez la femme du passeur d'eau, au Borrehus. Si vous voulez lui plaire, appelez-la simplement la mère Soeren. Quand on la traite trop poliment, comme une dame, elle devient furieuse. Et elle a de fameux poings. C'est elle qui passe l'eau maintenant ; son mari est en prison. »

L'étudiant boucla son sac et alla au lieu indiqué. La porte était ouverte. Il entra dans une chambre carrelée ; le principal meuble était un large banc recouvert d'une peau velue ; il devait servir de couchette la nuit ; mais, en ce moment, il s'y trouvait une poule blanche avec ses petits, qui venaient de

Elle attacha la barque et entra dans la maison...

renverser leur pot à eau. Personne dans la chambre ; dans celle à côté était un berceau avec un enfant.

On entendit le bruit des rames ; la barque du passeur approchait ; la personne qui la conduisait était enveloppée d'un grand manteau, et avait sur la tête un bonnet de fourrure : on ne distinguait pas si c'était un homme ou une femme.

Elle attacha la barque et entra dans la maison : c'était une femme d'une haute stature ; sa démarche était fière ; fière l'expression de ses yeux ; ses grands sourcils noirs étaient presque toujours froncés. C'était la mère Soeren ; les corneilles l'auraient appelée d'un autre nom que nous connaissons mieux.

Elle paraissait sombre ; elle ne devait pas beaucoup aimer à babiller ; en quelques brèves paroles, elle convint avec l'étudiant qu'il demeurerait en pension dans la maison jusqu'à ce qu'il pût retourner à Copenhague.

Assez souvent, de la petite ville voisine, de braves bourgeois venaient faire un tour de promenade du côté du Borrehus ; ils se reposaient à la maison du passeur et buvaient une cruche de bière. Ils aimaient à y rencontrer l'étudiant, à l'écouter parler science et histoire. Un jour qu'ils paraissaient surpris de l'étendue de ses connaissances, la mère Soeren dit :

« Moins on sait, moins cela tracasse la tête. »

« Vous menez une vie bien dure, lui dit Holberg un jour qu'il la voyait préparer sa lessive, et fendre pour le feu de vieilles racines d'arbres qui résistaient à la hache. — C'est mon affaire, répondit-elle. — Avez-vous peiné ainsi depuis votre enfance ? — Regardez, dit-elle, en lui montrant ses mains toutes petites, mais durcies, rougies, aux ongles abîmés. Puisque vous êtes si savant, vous pourrez peut-être y lire mon histoire. »

Vers la Noël, la neige survint, puis un affreux vent froid qui brûlait le visage comme de l'acide sulfurique. La mère Soeren ne se plaignait jamais : elle endossait son grand manteau, prenait son bonnet fourré, et passait le monde par tous les temps.

Un soir qu'elle était, auprès du feu de tourbe, à raccommoder des bas, car elle faisait seule tout son ménage, elle devint un peu plus communicative, et parla à l'étudiant de son mari.

« Il a, par imprudence, tué un matelot de Dragoer, et, pour cela, il lui faut faire trois ans de prison. Ce n'est qu'un homme du peuple; on ne lui fera pas grâce d'un jour. — La loi est la même pour les grands et les puissants. — Croyez-vous? dit-elle, en regardant fixement le feu. Après quelques instants elle reprit : — N'avez-vous pas entendu parler de Kay Lykke, qui fit démolir une église qui gênait la vue de son château. Lorsque le pasteur Martin le blâma en chaire, il le fit mettre aux fers, le condamna à mort et le fit exécuter. Ce n'était pas un meurtre involontaire cela, et, cependant, Kay Lykke s'en tira sain et sauf; il ne fut pas enfermé un seul jour. — Mais il y a bien longtemps de cela. Aujourd'hui, la chose ne se passerait pas de même. — Faites accroire cela à qui vous voudrez », dit-elle; puis elle passa dans la chambre voisine soigner son enfant au berceau. Elle revint arranger la couchette pour l'étudiant; elle la lui avait cédée; car, bien qu'il fût né en Norvège, au milieu des glaces, il souffrait du froid plus qu'elle.

Le jour du nouvel an, il faisait une belle gelée; le soleil luisait; il y avait beaucoup de neige, mais le froid l'avait durcie. Les cloches de la petite ville sonnaient à toute volée. Le jeune Holberg prit son manteau et alla à l'église. Voilà que toute une bande de corneilles vint à passer au dessus de la maison; elles poussaient des cris aigus, qui empêchaient presque d'entendre le son des cloches. La mère Soeren était devant la porte et prenait de la neige dans une bouilloire pour ensuite la faire fondre et avoir de l'eau à boire. Elle regarda longtemps, d'un air pensif, les oiseaux qui filaient en continuant leurs cris discordants; on aurait dit qu'ils lui rappelaient quelque souvenir.

Après le service religieux, l'étudiant entra chez le receveur des taxes, qui aimait à causer avec lui. Pour le réchauffer, on lui fit prendre de la bière chaude au sucre et au gingembre. On vint à parler de la mère Soeren; personne ne savait grand' chose sur son compte. Elle n'était pas de l'île de Falster; on pensait qu'elle était née dans une autre condition. « Son mari, dit le receveur, est un pêcheur : il est colère et brutal ; dans une dispute il a tué un matelot d'un coup de poing. Il bat sa femme ; elle ne se plaint jamais, et elle prend toujours son parti. — Ce n'est pas moi qui supporterais un pareil traitement, dit la dame de la maison. Mais aussi je suis la fille d'un fournisseur de la cour. — C'est pourquoi vous avez épousé un employé du roi », dit Holberg, et il prit congé.

La veille de la fête des Rois, au soir, la mère Soeren alluma, selon sa coutume, une chandelle à trois mèches. « Une pour chacun, dit l'étudiant. — Chaque quoi? interrompit-elle, le regardant d'un air farouche. — Chacun des rois mages, reprit-il, fort étonné. — Ah! comme cela. Oui, oui. »

Et elle retomba dans son silence habituel. Cependant, ce soir-là, elle devait parler plus qu'elle n'avait fait depuis bien des années.

« Vous êtes très attachée à votre mari, dit Holberg, et cependant les gens disent qu'il vous maltraite. — Cela ne regarde personne que moi, répondit-elle vivement. Les coups m'auraient fait du bien quand j'étais enfant. Maintenant, je les reçois en punition de mes péchés. Quant à Soeren, il a le droit de me battre, après tout le bien qu'il m'a fait. Il m'a sauvé la vie. Lorsque j'étais étendue sur la dune, malade, ne pouvant plus bouger, et que les corneilles se réjouissaient déjà de me voir mourir afin de dévorer mon corps, il m'emporta dans ses bras sur son navire et souffrit patiemment les injures dont on l'accabla pour avoir amené à bord une bouche inutile. Je ne suis pas faite pour languir longtemps et je guéris. Chacun a ses façons d'agir ; Soeren a les siennes. On ne doit pas juger un cheval à la bride. En somme, j'ai vécu plus heureuse avec lui qu'avec celui qu'on appelait le plus galant cavalier du royaume, le sire Gyldenloeve, le demi-frère du roi, plus heureuse aussi qu'avec le riche Palle Dyre. Voilà un long discours, maintenant vous savez qui je suis. » Elle se leva et alla soigner son enfant.

C'était Marie Grubbe. Quelle singulière destinée ! Nous savons encore par Holberg qu'elle mourut cinq ans après, en juin 1716.

Mais ce qu'il ne savait pas, c'est que, lorsqu'elle était étendue morte dans son cercueil, une nuée d'oiseaux noirs vinrent tournoyer au dessus de la maison du passeur d'eau. Ils ne criaient pas, comme s'ils avaient su qu'un enterrement allait avoir lieu. Quand elle fut dans la tombe, ils disparurent. Mais le soir même, en Jutland, près du vieux manoir des Grubbe, on aperçut une immense bande de corneilles et de choucas qui faisaient un ramage d'enfer à s'égosiller. Elles se racontaient l'histoire de la demoiselle qui faisait enlever leurs œufs et leurs petits par le fils du paysan, dont elle devint la femme. « Bravo, bravo ! » c'était là leur refrain. C'est ce qu'elles crièrent encore lorsque le château fut démoli. La famille s'éteignit, et là où se trouvait le vieux château, s'élève maintenant (c'est le sacristain qui nous l'apprend) la belle basse-cour que gouverne Margoton. Qu'elle est heureuse d'avoir trouvé cet emploi ; sans cela, elle aurait dû aller au refuge des pauvres. Personne ne la connaissait, elle n'avait pas de famille. Ici le sacristain se trouva en défaut, tout savant qu'il était. Elle avait une famille ; seulement, elle ne la connaissait pas elle-même ; mais une des corneilles du voisinage savait à quoi s'en tenir. Sa grand'mère lui avait souvent parlé de la grand' mère de Margoton. Nous la connaissons ; nous l'avons vue enfant passer à cheval sur le pont-levis du château, fière et altière comme si tous les nids d'oiseaux du monde lui appartenaient ; en dernier lieu, nous l'avons rencontrée dans la maison du passeur d'eau.

Sa petite-fille, la dernière de la race des seigneurs de Grubbe, revint poussée par le hasard sur le domaine de ses ancêtres ; si la grand'mère avait été en guerre avec les oiseaux sauvages, Margoton vivait au mieux avec les oiseaux domestiques ; poules et canards la connaissaient et l'aimaient. Elle vécut plus heureuse dans son petit coin que la riche héritière de sire Grubbe. Elle s'éteignit doucement de vieillesse. Sa tombe est ignorée comme sa vie ; il n'y a plus guère qu'une corneille centenaire qui sache où elle gît, à supposer que la corneille centenaire ne soit pas morte elle-même.

... Il avait atteint trois cent soixante-cinq ans...

LE DERNIER RÊVE DU CHÊNE

Au sommet de la falaise haute et ardue, en avant de la forêt qui arrivait jusqu'aux bords de la mer, s'élevait un chêne antique et séculaire. Il avait justement atteint trois cent soixante-cinq ans; on ne l'aurait jamais cru en voyant son apparence robuste et fière.

Souvent, par les beaux jours d'été, les éphémères venaient

s'ébattre et tourbillonner gaiement autour de sa couronne ; une fois, une de ces petites créatures, après avoir voltigé longuement au milieu d'une joyeuse ronde, vint se reposer sur une des belles feuilles du chêne. « Pauvre mignonne ! dit l'arbre, ta vie entière ne dure qu'un jour. Que c'est peu ! Comme c'est triste !

— Triste ! répondit le gentil insecte, que signifie donc ce mot que j'entends parfois prononcer ? Le soleil reluit si merveilleusement ! l'air est si bon, si doux ! je me sens tout transporté de bonheur.

— Oui, mais dans quelques heures, ce sera fini ; tu seras trépassé.

— Trépassé ? s'écria l'éphémère. Qu'est-ce encore que ce mot ? Toi, es-tu aussi trépassé ?

— Non, j'ai déjà vécu bien des milliers de jours ; nos journées ce sont, à dire vrai, des saisons entières. Mais comment te faire comprendre cela ? C'est une telle longueur de temps que cela doit dépasser tout ce que tu peux imaginer.

— En effet, je ne me figure pas bien, reprit l'insecte, ce que cela peut durer, mille jours. N'est-ce pas ce qu'on appelle l'éternité ? En tout cas, si tu vis si longtemps, mon existence compte déjà mille moments où j'ai été joyeux et heureux. Et, quand tu mourras, est-ce que tout ce bel univers périra en même temps ?

— Non certes, répliqua le chêne, il durera bien plus longtemps que moi ; à mon tour, je ne puis me le figurer.

— Eh bien ! alors nous en sommes au même point, sauf que nous calculons d'une façon différente. »

Et l'éphémère reprit sa danse folle et s'élança dans les airs, s'amusant de l'éclat de ses ailes transparentes qui brillaient comme le plus beau satin ; il respirait à pleins poumons l'air embaumé par les senteurs de l'églantier, des chèvrefeuilles, du sureau, de la menthe et par l'odeur du foin coupé ; et l'insecte se sentait comme énivré, à force de respirer ces parfums. La journée continua à être splendide ; l'éphémère se reposa encore plusieurs fois, pour recommencer à tournoyer en ronde avec ses compagnons. Le soleil commença à baisser et l'insecte se sentit un peu fatigué de toute cette gaieté ; ses ailes faiblissaient, et tout lentement il glissa le long du chêne jusque sur le doux gazon. Il vint à choir sur la feuille d'une pâquerette, et souleva encore une fois sa petite tête pour embrasser d'un regard la campagne riante et la mer bleue. Puis ses yeux se fermèrent ; un doux sommeil s'empara de lui : c'était la mort.

Le lendemain, le chêne vit renaître d'autres éphémères ; il s'entretint avec eux aussi et il les vit de même danser, folâtrer joyeusement et s'endormir paisiblement en pleine félicité. Ce spectacle se répéta souvent ; mais l'arbre ne le comprenait pas bien ; il avait cependant le temps de réfléchir : car si, chez nous autres hommes, nos pensées sont interrompues tous les jours par le sommeil, le chêne, lui, ne dort qu'en hiver ; pendant les autres saisons, il veille sans cesse.

Le temps approchait où il allait se reposer ; l'automne était à sa fin. Déjà les taupes commençaient leur sabbat. Les autres arbres étaient déjà dépouillés, et le chêne aussi perdait tous les jours de ses feuilles.

« Dors, dors, chantaient les vents autour de lui. Nous allons te bercer gentiment, puis te secouer si fort que tes branches en craqueront d'aise. Dors bien, dors. C'est ta trois cent soixante-cinquième nuit. En réalité, comparé à nous, tu n'es qu'un enfant au berceau. Dors, dors bien ! Les nuages vont semer de la neige ; ce sera une belle et chaude couverture pour tes racines. Allons, dors; aie de beaux rêves! »

Et le chêne perdit toutes ses feuilles, et, en effet, il s'endormit pour tout le long hiver; et il eut bien des rêves, où, comme cela a lieu chez les hommes, sa vie passée lui revint en souvenir.

Il se rappela comment il était sorti d'un gland; comment, étant encore un tout mince arbuste, il avait failli être dévoré par une chèvre. Puis il avait grandi à merveille; plusieurs fois, les gardes de la forêt l'avaient admiré et avaient pensé à le faire abattre pour en tirer des mâts, des poutres, des planches solides. Il était cependant arrivé à son quatrième siècle, et aujourd'hui personne ne songeait plus à le faire couper; il était devenu l'ornement de la forêt; sa superbe couronne dépassait tous les autres arbres; et, de loin, on l'apercevait de la mer et il servait de point de repère aux marins.

Au printemps, dans ses hautes branches, les ramiers bâtissaient leur nid; le coucou y était à demeure et faisait, de là, résonner au loin son cri monotone. L'automne, quand les feuilles de chêne, toutes jaunies, ressemblent à des plaques de cuivre, les oiseaux voyageurs s'assemblaient de toutes parts sur ce géant de la forêt et s'y reposaient une dernière fois avant d'entreprendre le grand voyage d'outre-mer.

Maintenant donc, l'hiver était venu; après avoir longtemps résisté aux aquilons, les feuilles du chêne étaient presque toutes tombées; les corbeaux, les corneilles venaient se percher sur ses branches et taillaient des bavettes sur la dureté des temps, sur la famine prochaine qui s'annonçait pour eux.

Survint la veille du saint jour de Noël, et ce fut alors que le vieux chêne rêva le plus beau rêve de sa vie.

Il avait le sentiment de la fête qui se préparait partout sur la terre, là où il y a des chrétiens ; il sentait les vibrations des cloches qui sonnaient de toutes parts. Mais il se croyait en été, par une splendide journée. Et voici ce qui lui apparut :

Sa haute et vaste couronne était fraîche et verte; les rayons de soleil y jouaient à travers les branches et le feuillage, et projetaient des reflets dorés. L'air était embaumé de senteurs vivifiantes; des papillons aux mille couleurs voltigeaient de toutes parts et jouaient à cache-cache, puis à qui volerait le plus haut. Des myriades d'éphémères donnaient une sarabande et goûtaient les joies enivrantes de leur existence d'un jour.

... Le monsieur tailla les initiales de leurs deux noms.

Voilà qu'un brillant cortège s'avance : c'étaient les personnages que le vieux chêne avait vus tour à tour passer devant lui pendant la longue suite d'années qu'il avait vécues. En tête marchait une cavalcade, des pages, des chevaliers aux armures étincelantes, qui revenaient de la croisade, des châtelains vêtus de brocart sur des palefrois caparaçonnés, et tenant sur la main des faucons encapuchonnés ; le cor de chasse retentit, la meute aboyait, le cerf fuyait. Puis arriva une troupe de reîtres et de lansquenets, aux vêtements bouffants et bariolés, armés de hallebardes et d'arquebuses ; ils dressèrent leur tente sous le vieux chêne, allumèrent le feu et, au milieu d'une orgie, ils entonnèrent des chants de guerre et des refrains bachiques.

Toute cette bande bruyante disparut, et l'on vit s'avancer en silence un jeune couple : ils avaient des cheveux poudrés et la dame était couverte de rubans aux couleurs tendres ; et le monsieur tailla dans l'écorce du chêne les initiales de leurs deux noms ; et ils écoutèrent avec ravissement les sons doux et étranges de la harpe éolienne qui était suspendue dans les branches de l'arbre. Et les ramiers roucoulaient d'aise en entendant cette musique céleste.

Et, tout à coup, le chêne éprouva comme si un nouveau et puissant courant de vie partant des extrémités de ses racines le traversait de part en part, montant jusqu'à sa cime, jusqu'au bout de ses plus hautes feuilles.

Il lui semblait qu'il poussait, qu'il grandissait comme autrefois, que, du sein de la terre, il puisait une nouvelle vigueur; et, en effet, son tronc s'élançait, sa couronne s'étendait en dôme, et montait toujours plus haut vers le ciel ; et plus le chêne s'élevait, plus il éprouvait de bonheur, et il ne désirait que monter encore au delà, jusqu'au

... C'étaient les personnages que le vieux chêne avait vu tour à tour... (P. 98.)

soleil, dont les rayons brillants le pénétraient d'une chaleur bienfaisante.

Et sa couronne était déjà parvenue au dessus des nuages qui, comme une troupe de grands cygnes blancs, flottaient sous le bleu firmament.

C'était en plein jour, et cependant les étoiles devinrent visibles ; elles luisaient de leur plus bel éclat ; elles rappelaient au vieux chêne les yeux brillants des joyeux enfants qui souvent étaient venus s'ébattre autour de lui, le prenant pour but de leurs jeux.

Au spectacle de cette immensité, on était transporté de la félicité la plus pure. Mais le vieux chêne sentait qu'il lui manquait quelque chose ; il éprouvait l'ardent désir de voir les autres arbres de la forêt, les plantes, les fleurs et jusqu'aux moindres broussailles enlevées comme lui et mises en présence de toutes ces splendeurs. Oui, pour qu'il fût entièrement heureux, il les lui fallait voir tous autour de lui, grands et petits, prenant part à sa félicité.

Et ce sentiment agitait, faisait vibrer ses branches, ses moindres feuilles ; sa couronne s'inclina vers la terre, comme s'il avait voulu adresser un signal aux muguets et aux violettes cachés sous la mousse, aussi bien qu'aux autres chênes, ses compagnons.

Il lui sembla apercevoir tout à coup un grand mouvement ; les cimes de la forêt se soulevaient, les arbres se mirent à pousser, à grandir jusqu'à percer les nues. Les ronces, les plantes, pour s'élever plus vite, quittaient terre avec leurs racines et accouraient au vol. Les plus vite arrivés, ce furent les bouleaux ; leurs troncs droits et blancs traversaient les airs comme des flèches, presque comme des éclairs.

Et l'on vit arriver les joncs, les genêts, les fougères, et

aussi les oiseaux qui, émerveillés du voyage, chantaient à tue-tête leurs plus beaux airs de fête. Les sauterelles juchées sur les brins d'herbes jouaient leur petite musique, accompagnées par les grillons, le susurrement des abeilles et le faux bourdon des hannetons. Tout ce joyeux concert faisait une délicieuse harmonie.

« Mais, dit le chêne, où est donc restée la petite fleur bleue qui borde le ruisseau, et la clochette, et la pâquerette? — Voilà, nous voilà! s'écrièrent les fleurettes. — Nous y sommes tous, tous! disaient en chœur les arbres, les plantes, les habitants de la forêt.

Le vieux chêne jubilait. « Oui, tous, grands et petits, disait-il, pas un ne manque. Nous nageons dans un océan de délices! Quel miracle! »

Et il se sentit de nouveau grandir; soudainement ses racines se détachèrent de terre. « C'est ce qu'il y a de mieux, pensa-t-il; me voilà dégagé de tous liens; je puis m'élancer vers la lumière éternelle et m'y précipiter avec tous les êtres chéris qui m'entourent, grands et petits, tous! — Tous! » dit l'écho.

Ce fut la fin du rêve du vieux chêne. Une tempête terrible soufflait sur mer et sur terre. Des vagues énormes assaillaient la falaise, enlevant des quartiers de roche; les vents hurlaient et secouaient le vieux chêne; sa vigueur éprouvée luttait contre la tourmente, mais un dernier coup de vent l'ébranla et l'enleva de terre avec sa racine; il tomba, au moment où il rêvait qu'il s'élançait vers l'immensité des cieux. Il gisait là; il avait péri après ses trois cent soixante-cinq ans, comme l'éphémère après sa journée d'existence.

Le matin, lorsque le soleil vint éclairer le saint jour de Noël, l'ouragan s'était apaisé. De toutes les églises retentis-

LE DERNIER RÊVE DU CHÊNE.

sait le son des cloches ; même dans la plus humble cabane régnait l'allégresse. La mer s'était calmée ; à bord d'un grand navire qui, toute la nuit, avait lutté avec les flots et les aquilons et en avait triomphé, tous les mâts étaient décorés, tous les pavillons hissés pour célébrer la grande fête.

« Tiens, dit un matelot, l'arbre de la falaise, le grand

... Il tomba au moment où il rêvait qu'il s'élançait vers les cieux.

chêne, qui nous servait de point de repère pour reconnaître la côte, a disparu. Hier encore, je l'ai aperçu de loin ; c'est la tempête qui l'a abattu.

— Que d'années il faudra pour qu'il soit remplacé, dit un autre matelot. Et encore, il n'y aura peut-être aucun autre arbre assez fort pour grandir, comme lui, sur la pointe de la falaise, toujours exposé aux vents. »

Ce fut l'oraison funèbre prononcée sur la fin du vieux chêne, qui était étendu sur la nappe de neige qui lui servait de linceul; elle était toute à son honneur et bien méritée, ce qui est si rare.

A bord du navire, les marins entonnèrent les psaumes et les cantiques de Noël, qui célèbrent la délivrance des hommes par le Fils de Dieu, qui leur a ouvert la voie de la vie éternelle : « La promesse est accomplie, chantaient-ils. Le Sauveur est né. Oh! joie sans pareille! Alleluia! alleluia! »

Et ils sentaient leurs cœurs élevés vers le ciel et transportés, tout comme le vieux chêne, dans son dernier rêve, s'était senti entraîné vers la lumière éternelle.

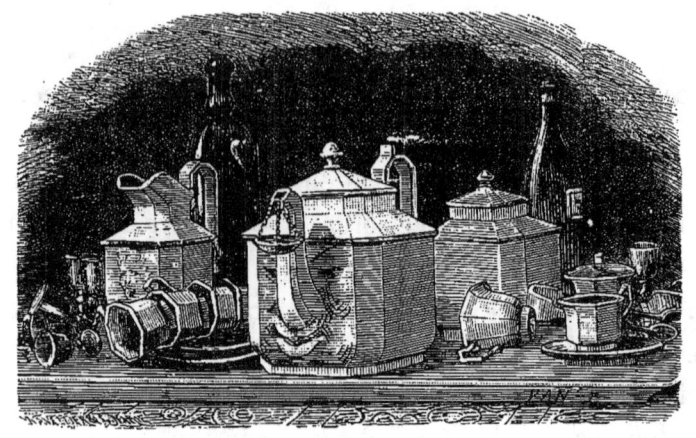

Mais elle ne disait mot de son couvercle...

LA THÉIÈRE

Il y avait une fois une fière théière ; elle avait le droit, en effet, d'être orgueilleuse de sa fine porcelaine peinte et dorée, de son long bec élégant, de son anse large et commode ; c'était magnifique et elle parlait sans cesse de ses avantages. Mais elle ne disait mot de son couvercle : il était fendu et raccommodé ; c'était une grande défectuosité, et l'on n'aime pas à parler de ses propres défauts, les autres s'en chargent. La théière savait bien que les tasses, le sucrier, le pot à lait et jusqu'au plateau, que tout le service penserait beaucoup plus à son couvercle endommagé et s'en entretiendrait plus que de son bec si gracieusement recourbé et des beaux dessins qui la décoraient.

« Je les connais à fond, se disait-elle ; je connais aussi ce qui me manque, car je suis pleine de modestie. Nous avons tous nos défauts; mais, quant aux avantages, les uns en ont plus, les autres moins. Les tasses ont une anse, le sucrier un couvercle; moi, j'ai l'un et l'autre et, en plus, je suis munie d'un bec de si bon goût! les autres n'ont rien de pareil : aussi suis-je la reine de tout le service. Mais ne nous attachons pas à ces perfections simplement extérieures : le sucrier, le pot à lait, ils contiennent quoi? des choses bonnes, agréables au goût, mais des accessoires; moi, je renferme un breuvage exquis. Les humains viennent à moi pour se désaltérer avec délices; ils viennent puiser en moi la santé et la bonne humeur; je transforme, avec l'aide des feuilles apportées de la Chine lointaine, l'insipide eau chaude en un nectar divin. »

Cela, et d'autres discours pareils, la théière le répétait souvent; et comme elle était aise lorsque la main mignonne et fine d'une belle demoiselle la saisissait pour servir les invités, venus dans leurs plus beaux habits, au milieu du salon resplendissant de lumière!

Mais un jour cette jolie main fut maladroite : la théière tomba; le bec se brisa, l'anse se détacha; quant au couvercle, il avait déjà son affaire. La pauvre théière gisait par terre, répandant son thé si parfumé. Ce fut un rude coup; mais ce qu'il y avait de plus triste, c'est qu'on riait, non de la maladresse de la belle demoiselle, mais de l'air piteux de la pauvre théière mutilée.

« Je me souviendrai toujours de cet affreux moment, disait longtemps après la théière quand elle se remémorait sa brillante carrière. On me traita d'invalide, on me fourra dans un coin comme un objet de rebut, et, un jour, on me donna à une pauvresse qui demandait un peu de soupe.

« Me voilà descendue dans les couches inférieures où règne

la misère; j'étais anéantie de douleur. Mais ce fut alors seulement que je compris combien une puissance supérieure veillait sur moi, et à quelles hautes destinées j'étais appelée par les voies les plus extraordinaires.

« On me remplit de terre; je ne comprenais pas encore. Puis, on mit dans cette terre un oignon; la belle demoiselle en avait fait cadeau à la fille de la pauvresse; il provenait du jardin du roi.

« Et cet oignon s'anima, remua et devint pour moi un cœur, un cœur plein de vie; auparavant, je n'en possédais pas. Je sentais des forces inconnues s'agiter en moi, et comme un pouls qui battait. L'oignon germait, poussait; les vertus, cachées en lui, se développaient admirablement et vinrent éclore en une magnifique fleur. En la voyant, je m'oubliais moi-même, mes dorures et mes splendeurs passées. Oh! que c'est doux de s'oublier soi-même dans la contemplation d'un autre! La belle fleur, elle, ne songeait pas à moi; tout le monde était émerveillé, en extase, devant ses couleurs si délicates; son parfum embaumait. Que j'étais fière de lui avoir servi de berceau!

« Un jour, un amateur vint l'admirer et déclara qu'elle méritait un plus beau pot qu'une vieille théière. Et, pour mieux la transplanter, on me brisa en deux. Oh! douleur, au moral et au physique! On me jeta dans la cour et j'y suis restée depuis comme un vieux tesson. Parfois les enfants me prennent en guise de jouet, et j'ai encore quelques bons moments; ils sont rares, mais je me console en repassant en souvenir ma haute destinée. La fleur qui est née dans mon sein, elle est retournée dans le salon dont si longtemps j'ai fait l'ornement. »

... Ils allèrent se promener du côté de la forêt...

LA CLOCHE

Le soir, dans les rues étroites de la grande ville, vers le faubourg, lorsque le soleil se couchait et que les nuages apparaissaient comme un fond d'or sur les cheminées noires, tantôt l'un, tantôt l'autre entendait un son étrange, comme l'écho lointain d'une cloche d'église; mais le son ne durait qu'un instant : le bruit des passants, des voitures, des charrettes l'étouffait aussitôt.

Un peu hors de la ville, là où les maisons sont plus écartées les unes des autres et où il y a moins de mouvement, on voyait beaucoup mieux le beau ciel enflammé par les rayons du soleil couchant, et on percevait bien le son de la cloche, qui semblait provenir de la vaste forêt qui s'étendait au loin. C'est de ce côté que les gens tendaient l'oreille; ils se sentaient pris d'un doux sentiment de religieuse piété.

On finit par se demander l'un à l'autre : « Il y a donc une église au fond de la forêt? Quel son sublime elle a, cette cloche! N'irons-nous pas l'entendre de plus près? »

Et, un beau jour, on se mit en route : les gens riches en voiture, les pauvres à pied; mais, aux uns comme aux autres, le chemin parut étonnamment long, et, lorsque, arrivés à la lisière du bois, ils aperçurent un talus tapissé d'herbe et de mousse et planté de beaux saules, ils s'y précipitèrent et s'y étendirent à leur aise. Un pâtissier de la ville avait élevé là une tente; on se régala chez lui; mais le monde affluait surtout chez un pâtissier rival qui, au dessus de sa boutique, avait placé une belle cloche qui faisait un vacarme du diable.

Après avoir bien mangé et s'être reposée, la bande reprit le chemin de la ville; tous étaient enchantés de leur journée et disaient que cela avait été fort romantique. Trois personnages graves, des savants de mérite prétendirent avoir exploré la forêt dans tous les sens, et racontaient qu'ils avaient fort bien entendu le son de la cloche, mais qu'il leur avait semblé provenir de la ville. L'un d'eux, qui avait du talent pour la poésie, fit une pièce habilement rimée, où il comparait la mélodie de la cloche au doux chant d'une mère qui berce son enfant.

La chose fut imprimée et tomba sous les yeux du roi. Sa Majesté se fit mettre au fait et déclara alors que celui qui découvrirait d'où venait ce son, recevrait le titre de sonneur du roi et de la cour, et cela même si le son n'était pas produit par une cloche. Une bonne pension serait assurée à cette nouvelle dignité.

Alléchés par cette perspective, bien des gens se risquèrent dans la forêt sauvage; il n'y en eut qu'un seul qui en rapporta une manière d'explication du phénomène. Il ne s'était guère avancé plus loin que les autres; mais, d'après son récit, il avait aperçu niché dans le tronc d'un grand arbre un hibou, qui, de temps en temps, cognait l'écorce pour attraper des araignées ou d'autres insectes qu'il mangeait pour son dessert. C'est là, pensait-il, ce qui produisait le bruit, à moins que ce ne fût le cri de l'oiseau de Minerve, répercuté dans le tronc creux. On loua beaucoup la sagacité du courageux explorateur; il reçut le titre de sonneur du roi et de la cour, avec la pension. Tous les ans, il publia depuis, sur beau papier, une dissertation pour faire valoir sa découverte, et tout était pour le mieux.

Survint le grand jour de la confirmation. Le sermon du pasteur fut plein d'onction et de sentiment; tous ces jeunes adolescents en furent vivement émus; ils avaient compris qu'ils venaient de sortir de l'enfance et qu'ils devaient commencer à penser aux devoirs sérieux de la vie. Il faisait un temps délicieux; le soleil resplendissait; aussi, tous ensemble, ils allèrent se promener du côté de la forêt.

Voilà que le son de la cloche retentit plus fort, plus mélodieux que jamais; entraînés par un puissant charme, ils décident de s'en rapprocher le plus possible. « Assurément, ce n'est pas un hibou, se dirent-ils, qui fait ce bruit. »

Trois d'entre eux, cependant, rebroussèrent chemin. D'abord une jeune fille évaporée, qui attendait à la maison la couturière et devait essayer la robe qu'elle aurait à mettre au prochain bal, le premier où elle devait paraître de sa vie. « Impossible, dit-elle, de négliger une affaire si importante. » Puis, ce fut un pauvre garçon qui avait emprunté son habit de cérémonie et ses bottines vernies au fils de son patron; il avait promis de rendre le tout avant le soir, et, en tout cas, il ne voulait pas aventurer au milieu des broussailles la propriété d'autrui. Le troisième qui rentra en ville, c'était un garçon qui déclara qu'il n'allait jamais au loin sans ses parents, et que les bienséances le commandaient ainsi. On se mit à sourire ; il prétendit que c'était fort déplacé ; alors, les autres rirent aux éclats ; mais il ne s'en retourna pas moins, très fier de sa belle et sage conduite. Les autres trottinèrent en avant et s'engagèrent sur la grande route plantée de tilleuls. Le soleil pénétrait en rayons dorés à travers le feuillage ; les oiseaux entonnaient un joyeux concert et toute la bande chantait en chœur avec eux, se tenant par la main, riches et pauvres, roturiers et nobles ; ils étaient encore jeunes et ne regardaient pas trop à la distinction des rangs ; du reste, ce jour-là, ne s'étaient-ils pas sentis tous égaux devant Dieu ?

Mais bientôt, deux parmi les plus petits se dirent fatigués et retournèrent en arrière ; puis, trois jeunes filles s'abattirent sur un champ de bleuets et de coquelicots, s'amusèrent à tresser des couronnes et ne pensèrent plus à la cloche.

Lorsqu'on fut sur le talus planté de saules, on se débanda et, par groupes, ils allèrent s'attabler chez les pâtissiers. « Oh ! qu'il fait charmant ici, disaient la plupart. Restons assis et reposons-nous. La cloche, il est probable qu'elle n'existe pas, et que tout cela n'est que fantasmagorie. »

Voilà qu'au même instant le son retentit au fond de la forêt, si plein, si majestueux et solennel, que tous en furent saisis. Cependant il n'y en eut que cinq, tous des garçons, qui résolurent de tenter l'aventure et de s'engager sous bois. C'est aussi qu'il était difficile d'y pénétrer : les arbres étaient serrés, entremêlés de ronces et de hautes fougères ; de longues guirlandes de liserons arrêtaient encore la marche ; il y avait aussi des cailloux pointus, et de gros quartiers de roches, et des marécages.

Ils avançaient péniblement, lorsque toute une nichée de

rossignols fit entendre un ravissant concert; ils marchent dans cette direction et arrivent à une charmante clairière, tapissée de mousses de toutes nuances, de muguets, d'orchidées et autres jolies fleurs; au milieu, une source fraîche et abondante sortait d'un rocher; son murmure faisait comme : « Glouk! glouk! »

« Ne serait-ce pas là la fameuse cloche? dit l'un d'eux,

... Une source fraîche sortait d'un rocher...

en mettant son oreille contre terre pour mieux entendre. Je m'en vais rester pour tirer la chose au clair. »

Un second lui tint compagnie pour qu'il n'eût pas seul l'honneur de la découverte. Les trois autres reprirent leur marche en avant. Ils atteignirent un amour de petite hutte, construite en écorce et couverte d'herbes et de branchages; le toit était abrité par la couronne d'un pommier sauvage, tout chargé de fleurs roses et blanches; au dessus de la porte était suspendue une clochette.

« Voilà donc le mystère! » s'écria l'un d'eux, et l'autre l'approuva aussitôt. Mais le troisième déclara que cette cloche n'était pas assez grande pour être entendue de si loin et pour produire des sons qui remuaient tous les cœurs ; que ce n'était là qu'un joujou. Celui qui disait cela, c'était le fils d'un roi ; les deux autres se dirent que les princes voulaient toujours tout mieux savoir que le reste du monde ; ils gardèrent leur idée, et s'assirent pour attendre que le vent agitât la petite cloche.

Lui s'en fut tout seul, mais il était plein de courage et

— Voilà donc le mystère ! s'écria l'un d'eux.

d'espoir ; sa poitrine se gonflait sous l'impression de la solitude solennelle où il se trouvait. De loin, il entendit le gentil carillon de la clochette, et le vent lui apportait aussi parfois le son de la cloche du pâtissier. Mais la vraie cloche, celle qu'il cherchait, résonnait tout autrement ; par moments, il l'entendait sur la gauche, « du côté du cœur », se dit-il ; maintenant qu'il approchait, cela faisait l'effet de tout un jeu d'orgue.

Voilà qu'un bruit se fait entendre dans les broussailles, et il en sort un jeune garçon en sabots et portant une jaquette trop petite pour sa taille, et qui laissait bien voir quelles grosses mains il avait. Ils se reconnurent ; c'était celui des nouveaux confirmés qui avait dû rentrer à la maison, pour remettre au fils de son patron le bel habit et les bottines vernies qu'on lui avait prêtés. Mais, son devoir accompli, il avait endossé ses pauvres vêtements, mis ses sabots, et il était reparti, à la hâte, à la recherche de la cloche, qui avait si délicieusement fait vibrer son cœur.

« C'est charmant, dit le fils du roi ; nous allons marcher

— Avec ces sabots, dit-il, je ne saurais vous suivre assez vite...

ensemble à la découverte. Dirigeons-nous par la gauche. » Le pauvre garçon était tout honteux de sa chaussure et des manches trop courtes de sa jaquette.

« Avec ces sabots, dit-il, je ne pourrais vous suivre assez vite. Et, de plus, il me semble que la cloche doit être à droite ; n'est-ce pas là la place réservée à tout ce qui est magnifique et excellent ?

— Je crains bien qu'alors nous ne nous rencontrions plus, » dit le fils du roi, et il fit un gracieux signe d'adieu au pauvre garçon qui s'enfonça au plus épais de la forêt, où les épines écorchèrent son visage et déchirèrent sa jaquette, à laquelle il tenait, quelque minable qu'elle fût, parce qu'il n'en avait point d'autre.

Le fils du roi rencontra aussi bien des obstacles; il fit quelques chutes et eut les mains en sang; mais il était brave.

« J'irai jusqu'au bout du monde, s'il le faut, se dit-il; mais je trouverai la cloche. »

Tout à coup, il aperçut juchés dans les arbres une bande de vilains singes qui lui firent d'affreuses grimaces et l'assourdirent de leurs cris discordants. « Battons-le, rossons-le, se disaient-ils; c'est un fils de roi, mais il est seul. »

Lui s'avança toujours, et ils n'osèrent pas l'attaquer. Bientôt il fut récompensé de ses peines. Il arriva sur une hauteur d'où il aperçut un merveilleux spectacle. D'un côté, les plus belles pelouses vertes où s'ébattaient des cerfs et des daims; de place en place, de vastes touffes de lis, d'une blancheur éclatante, et de tulipes rouges, bleues et or; au milieu, des boules de neige et autres arbustes dont les fleurs aux mille couleurs brillaient au soleil comme des bulles de savon; tout autour, des chênes et des hêtres séculaires s'étendaient en cercle; dans le fond, un grand lac sur lequel nageaient avec majesté les plus beaux cygnes.

Le fils du roi s'était arrêté et restait en extase; il entendit de nouveau la cloche; elle ne paraissait pas bien éloignée. Il crut d'abord qu'elle était près du lac; il écouta avec attention; non, le son ne venait pas de là.

Le soleil approchait de son déclin; le ciel était tout rouge, comme enflammé; un grand silence se fit. Le fils du roi se mit à genoux et dit sa prière du soir. « Oh! Dieu, dit-il, ne me ferez-vous pas trouver ce que je cherche avec tant d'ar-

Quelle splendeur se découvrit à ses yeux... (P. 115.)

deur? Voilà la nuit, la sombre nuit. Mais je vois là-bas un rocher élevé, qui dépasse les cimes des arbres les plus hauts. Je vais y monter; peut-être, avant que le soleil disparaisse de l'horizon, atteindrai-je le but de mes efforts. »

Et, s'accrochant aux racines, aux branches, aux angles des roches, au milieu des couleuvres, des crapauds et autres vilaines bêtes, il grimpa et il arriva au sommet, haletant, épuisé.

Quelle splendeur se découvrit à ses yeux! La mer, la mer immense et magnifique s'étendait à perte de vue, roulant ses longues vagues contre la falaise. A l'horizon, le soleil, pareil à un globe de feu, couvrait de flammes rouges le ciel qui semblait s'étendre comme une vaste coupole sur ce sanctuaire de la nature; les arbres de la forêt en étaient les piliers; les pelouses fleuries formaient comme un riche tapis couvrant le chœur. Le soleil disparut lentement; des millions de lumières étincelèrent bientôt au firmament, la lune parut, et le spectacle était toujours grandiose et émouvant.

Le fils du roi s'agenouilla et adora le créateur de ces merveilles. Voilà que sur la droite, apparaît le pauvre garçon aux sabots; lui aussi, à sa façon, il avait trouvé le chemin du temple. Tous deux, ils se saisirent par la main et restèrent perdus dans l'admiration de toute cette poésie enivrante.

Et, de toutes parts, ils se sentaient entourés des sons de la cloche divine; c'étaient les bruits des vagues, des arbres, du vent; c'était le mouvement qui animait cette nature simple et grandiose. Au dessus d'eux, ils croyaient entendre les *alleluia* des anges du ciel.

— Oui, il se passe quelque chose, dit le second lézard.

LE ROI DES AUNES

Deux gros lézards couraient un soir, en sens inverse, dans le creux d'un vieux saule qui se trouvait au bord du ruisseau, au milieu de l'aunaie ; ils se heurtèrent et reculèrent effrayés, puis ils se reconnurent et entamèrent un bout de causette ; ils se comprenaient bien, ils savaient la langue des lézards.

« Quel remue-ménage, dit le premier, quel bruit il y a dans la colline qui recouvre le palais du roi des aunes ! Voilà deux nuits que je ne puis fermer l'œil. J'aimerais presque autant avoir mal aux dents; alors aussi, je ne dors pas; mais alors, je ne me fais pas de mauvais sang, je ne me fâche pas contre les autres.

— Oui, il se passe quelque chose, dit le second lézard; la nuit, la colline se soulève et, jusqu'au chant du coq, on la tient en l'air, soutenue sur quatre troncs peints en rouge; c'est, je crois, pour y faire entrer l'air embaumé des marais. Les filles du roi ont appris de nouvelles danses. Pourquoi donc tout cela?

— J'en ai causé, reprit l'autre, avec un ver de terre de ma connaissance; il habite la colline et se faufile un peu partout; il ne voit rien, n'ayant pas d'yeux, mais il a l'oreille fine. Voici ce qu'il a entendu. Au palais, ils attendent des étrangers, de nobles étrangers. Qui? Il n'a pas voulu me le dire. Tous les feux follets sont commandés, pour la retraite aux flambeaux. Les richesses en or et en argent, on les nettoie, on les polit pour qu'elles brillent bien au clair de lune. »

Et l'on entendit des susurrements, des chuchotements et autres bruits étranges; toute une bande d'autres lézards effarouchés accourut, et ils se demandaient : « Quels peuvent être ces visiteurs, pour lesquels on fait tout ce tapage d'enfer? »

Tout à coup la colline s'entr'ouvrit, et l'on vit paraître une vieille princesse, parente éloignée du roi des aunes; elle dirigeait le ménage. Sur le front elle portait, en ferronnière, un cœur en ambre. Elle trottait, elle courait, trip-trap, trip-trap! C'est qu'elle avait un long chemin à faire; elle allait au bord de la mer pour trouver le corbeau des nuits, le mauvais esprit qui avait été chassé la veille du vieux château qu'il hantait, et qui avait été banni pour mille ans sous cette forme.

Elle le rencontra qui croassait sur une falaise, et lui dit :
« Vous êtes prié d'assister, la nuit de demain, à une

grande fête chez le roi. N'auriez-vous pas l'obligeance de vous charger de porter quelques-unes de nos invitations? Ce sera splendide ; nous aurons des hôtes de la plus grande distinction, une dizaine de magiciens, au moins.

— Eh bien! qui dois-je inviter? dit le corbeau.

— Pour le grand bal, on laissera entrer un peu tout le monde, même les hommes, c'est-à-dire seulement les somnambules. Mais, pour le dîner, nous ne voulons que l'élite de la société. Moi, je pensais qu'on ne devait même pas faire convier les simples revenants ; je ne voulais que des spectres qui ont joué un rôle dans l'histoire.

En premier lieu, il nous faut le roi de

Elle le rencontra qui croassait sur une falaise.

la mer et le roi de la vase avec les princesses, leurs filles. Ils ne doivent pas aimer venir à terre, où il fait sec, mais on s'arrangera pour qu'ils se trouvent dans leur élément; dans tous les cas, on tiendra leurs sièges humides.

Puis, nous aurons les démons de première classe, à queue recourbée, la mandragore et le cheval des morts[1].

— Couah! couah! » fit le corbeau, et il s'envola pour s'acquitter de la commission.

Pendant ce temps, les filles du roi répétaient les pas de danse qu'on venait de leur enseigner; elles se drapaient dans leurs châles, tissés de brouillard et de lumière de la lune. La grande salle d'honneur avait été magnifiquement arrangée; les murailles, frottées avec de la graisse de sorcière, reluisaient comme des feuilles de tulipes. Dans la cuisine, on préparait des ragoûts de crapauds et de couleuvres; des centaines de grenouilles étaient prêtes à être mises à la broche; on arrangeait des rôties de limaces, des salmis de colimaçons et de sangsues; on épluchait une salade de nénuphars et de gros champignons rouges, dont une bouchée aurait suffi pour tuer l'homme le plus fort; des queues de rat devaient servir d'assaisonnement. La reine des tourbières avait envoyé une bière qu'elle avait brassée elle-même; parmi les desserts, se trouvaient des clous de cercueil rouillés.

Le vieux roi des aunes avait fait nettoyer à fond sa belle couronne d'or. C'étaient, dans le palais, des allées et venues continuelles; on balayait, on recurait jusqu'aux moindres recoins.

« Maintenant, dit la princesse, il ne reste plus qu'à brûler des parfums; allez me querir des crins de cheval et des plumes de cygne.

---

[1] D'après un usage superstitieux, provenant du paganisme, en Danemark, autrefois, quand on construisait une église, on enterrait un cheval vivant dans les fondations; le spectre de cet animal, disait-on, allait chercher l'âme des morts.

— Dis donc, petit père, s'écria la plus jeune des filles du roi, ne pourrais-je pas savoir, maintenant, quels sont les nobles étrangers que nous allons fêter?

— Eh bien, répondit Sa Majesté, je vais satisfaire ta curiosité. Il s'agit de marier deux de tes sœurs ; elles doivent épouser les fils du vieux gnome des monts de Dovre, en Norvège, qui possède tant de profondes cavernes et une mine d'or si riche, que les hommes ne découvriront jamais. C'est un joyeux et brave compagnon, le vieux gnome ; nous nous tutoyons. Je ne l'ai pas vu depuis le temps où il vint ici, dans le voisinage, célébrer sa noce avec la fille du roi des falaises de Moën. En avons-nous bu alors, nous deux, des tonneaux d'hydromel, qui provenaient d'un grand navire échoué sur la côte ! Que je désire donc revoir ce gai gaillard, la crème des honnêtes gens. Ses deux garçons, dit-on, sont assez mal élevés ; ils n'ont pas les manières les plus convenables ; ils ont un peu trop fréquenté les fils des hommes. Mais ils sont encore jeunes, et ils pourront se corriger. »

— Et quand arrivent-ils? demanda l'aînée de princesses.

— Je les attends pour ce soir, reprit le roi ; mais cela dépend du vent et de la marée. Je pensais qu'ils prendraient la poste et qu'ils voyageraient sur un char tiré par des dauphins, comme les dieux et esprits de la mer. Au lieu de cela, comme de vrais gnomes, ils ont été se fourrer, à fond de cale, sur un navire que les tempêtes peuvent retarder longtemps. »

Tout à coup, on vit apparaître, dansant et sautillant, deux feux follets. « Les voilà, les voilà ! » s'écrièrent-ils.

— Passez-moi ma couronne, dit le roi, et plaçons-nous en rond, au clair de la lune, comme il convient aux esprits de la nuit. » Les princesses s'enveloppèrent de leurs châles diaphanes et s'inclinèrent gracieusement devant leurs augustes hôtes.

Le vieux gnome de Dovre portait aussi une couronne; elle était faite de glace taillée avec' art, et de pommes de pin ; il était revêtu d'une peau d'ours blanc, et il avait d'énormes bottes fourrées. Ses fils allaient le cou nu et étaient en bras de chemise, comme des porte-faix; on aurait dit des gnomes

Le vieux gnome de Dovre portait aussi une couronne...

du commun, sauf que leur bonnet pointu avait assez bon air.

« C'est là ce qu'ils appellent ici une hauteur? dirent-ils, en regardant la colline; en Norvège, nous appelons cela un nid de fourmis. — Allons, tenez votre sotte langue! » dit leur père, et il alla saluer les princesses et embrasser son vieil ami le roi des aunes.

Après qu'on eut admiré et loué les merveilles du palais, on se mit à table. Les personnages aquatiques, le roi de la mer, le roi de la vase et leurs familles, avaient été placés dans de grandes cuves pleines d'eau, et ils y barbotaient à l'aise.

Le festin se passa fort bien, les mets furent trouvés exquis. Il n'y avait que les deux jeunes gnomes qui troublaient, de temps en temps, la joie par des farces incongrues; l'un prenait sa cuillère avec ses doigts de pied, l'autre buvait dans sa botte, et caressait ensuite, avec une pomme de pin, le nez de sa voisine. Leur père les grondait, mais ils recommençaient toujours.

Lui, le vieux de Dovre, il plaisait à tout le monde. Comme sa conversation était intéressante! Il parlait avec tant d'éloquence et de poésie des hautes et fières montagnes de Norvège, des terribles tempêtes qui les ébranlent, des torrents écumeux qui se précipitent de leurs cimes et roulent vers la mer avec un fracas qui ressemble, tantôt au tonnerre, tantôt au son d'un orgue puissant. Il décrivit les efforts des saumons, quand ils bondissent en remontant les torrents. Puis il conta, par le menu, ce qui se passe aux joyeuses fêtes qui se donnent sur la glace transparente; comme on y danse, on y saute, les garçons tenant des torches et les brandissant en cadence; les poissons effarés, voyant ce sabbat, se blottissent au fond de la mer.

Après le repas, on se mit en cercle pour voir danser les princesses. Dieu, quel ravissant spectacle! Elles exécutèrent des rondes, des pas de caractère; elles bondissaient, légères comme des plumes; elles remuaient bras et jambes, avec une telle prestesse, qu'on en avait comme le vertige; c'était un ballet tel qu'on n'en avait jamais vu dans aucune cour des empereurs et des rois de la terre. Le cheval des morts, qui était toujours un peu porté à la tristesse, trouva le spectacle trop joyeux pour lui, et demanda la permission de se retirer.

« Prrr! Psss! s'écria le vieux gnome, en voilà, j'espère,

des pirouettes. Quand je m'ennuierai là-bas, en Norvège, je prierai mes brus de m'égayer par leurs rigodons. Mais savent-elles faire autre chose que de tourner comme un tourbillon?

— Tu vas en juger par toi-même, dit le roi des aunes. Allons, mesdemoiselles, montrez chacune ce dont vous êtes capables. »

La plus jeune s'avança; elle était mince, délicate; on aurait dit une statuette en clair de lune cristallisé; et, avec cela, animée comme du vif argent. Elle mit dans sa bouche un petit copeau enlevé d'un aune; elle avait disparu, elle était devenue invisible.

« C'est bien précieux, ce don-là, dit le vieux gnome, pour ceux qui en sont doués. Mais un mari ne doit pas tenir à ce que sa femme s'évanouisse ainsi dans les airs, quand, par exemple, il veut la corriger. Certes, cela ne conviendra pas à mes fils, qui aimeront naturellement à donner, de loin en loin, quelque taloche à leur femme. »

La seconde des princesses, en comptant à rebours le nombre de leurs années, s'avança; elle avait une ombre, chose presque unique dans le monde des esprits. Aussi parut-elle en être trop fière.

La troisième était d'une bonne pâte; elle avait appris, chez la reine des tourbières, à brasser une bière exquise; elle savait aussi apprêter les racines des aunes et des pins, et les servir piquées artistement avec des vers luisants.

« Ce sera une bonne femme de ménage, dit le vieux roi, mais mes fils boivent et mangent déjà assez comme cela, sans qu'il y ait besoin de les exciter encore par de telles friandises. »

La quatrième approcha, portant une jolie harpe d'or; dès

qu'elle en tira un son, tout le monde leva une jambe, les trois gnomes celle de gauche (toute leur race est gauchère de naissance). Elle continua à jouer, et, tous, poussés par une force magique, se levèrent et se mirent à danser et à trépigner.

« Assez! assez! cria le vieux gnome. Que je perde ma couronne, si jamais je laisse épouser à mes fils une pareille gaillarde, qui vous mène par les pieds! Et toi, que sais-tu, ma mignonne? dit-il à la cinquième, qui s'avançait toute câline.

— Moi, dit-elle, j'ai appris à aimer la Norvège, et je n'épouserai que celui qui m'emmènera dans ce pays de mes rêves. »

Ces paroles enchantèrent le vieux de Dovre; mais la plus jeune sœur, se glissant derrière son trône, lui murmura à l'oreille :

« Ce qu'elle en dit, c'est parce qu'elle a lu quelque part qu'à la fin du monde, les monts de la Norvège émergeront du chaos et qu'elle espère s'y réfugier et ne pas périr.

— Oh! oh! c'est du pur égoïsme, dit le vieux. Voyons la dernière.

— Il y en a encore deux, dit le roi des aunes, et la sixième doit paraître avant celle qui la suit. »

Mais la sixième faisait des manières pour se montrer.

« Moi, je ne sais que dire la vérité aux gens, dit-elle, je ne suis donc utile à rien, Aussi, que fais-je? je taille et je couds des vêtements pour les petits enfants des hommes, que mon père nous amène parfois et je leur confectionne des jouets. »

Arriva la septième et dernière, c'est-à-dire l'aînée. Que savait-elle? Ah! elle avait un bien beau don : elle pouvait dire des contes toute la journée et toute la nuit sans s'arrêter, et sur tous les sujets donnés. « Voilà mes cinq doigts, dit le vieux gnome, raconte-moi quelque chose sur chacun d'eux. » La malicieuse ! elle saisit aussitôt celui des doigts qui était entouré d'un anneau d'or, et elle allait commencer l'histoire de la bague, lorsque le vieux monarque :

« Tiens, prends l'anneau, dit-il ; je veux que tu sois ma femme. L'hiver, tu nous régaleras de tes contes, quand nous serons dans nos cavernes de Norvège, assis autour des tables en cristal de roche, et que nous boirons de l'hydromel dans les grandes cornes d'or, enlevées des tombeaux où reposent les rois des humains. Et, quand tu seras fatiguée, la reine des ondines, qui vient souvent en visite, nous réjouira de ses chants. Oui, nous mènerons une vie de gaieté et de liesse. Mais où sont donc mes deux garnements? »

Ils avaient quitté la compagnie pour continuer leurs grosses farces ; ils étaient en train de souffler les pauvres feux follets, qui s'étaient si gentiment offerts pour animer la fête.

« Allons, polissons que vous êtes, dit le père, approchez, et choisissez chacun une de ces princesses pour épouse. Tâchez de choisir aussi bien que moi. »

Mais ils déclarèrent que les filles du roi des aunes leur paraissaient des mijaurées, et qu'ils préféraient se marier avec quelque bonne grosse gnomesse de leur pays, qui ne mépriserait pas leurs manières. Personne n'insista, et ils se mirent à vider des tonneaux d'hydromel et à porter des toasts jusqu'à ce qu'ils roulassent sous la table.

Pendant ce temps, le vieux de Dovre dansa un rigodon avec sa belle fiancée; et, à un moment, il la mit toute entière dans une de ses grandes bottes fourrées; il la porta en triomphe, et demanda ensuite au roi des aunes de les bénir.

« Voilà le coq qui chante, s'écria la vieille princesse, la gouvernante, qui ne perdait pas la tête dans tout ce brouhaha. Fermons vite les volets, pour que pas un filet de la lumière du soleil ne pénètre ici. Vous ne tenez pas à être malades pendant cent ans, n'est-ce pas? »

Et, en effet, le palais fut clos hermétiquement.

Les deux lézards, qui avaient entrevu une partie de la fête, s'entretenaient de toutes ces magnificences. Le vieux gnome leur avait beaucoup plu; le ver de terre préférait les fils. Voilà ce que c'est pourtant quand on est privé de la vue; il est vrai que, parmi ceux qui ont des yeux, beaucoup jugent tout aussi mal.

C'est là que vivaient nos deux vieux escargots.

LA FAMILLE HEUREUSE

Quoi qu'on en dise, la bardane est une jolie plante ; elle ne vient jamais seule ; là où il y en a une, il en pousse aussitôt une seconde, puis dix, cent, des milliers ; cela fait un superbe tapis vert. C'est le régal favori des escargots, des grands escargots blancs qu'on ne trouve pas d'ordinaire en Danemark. Les gens riches dans ce pays, ceux qui croient que les escargots sont un manger délicieux, en font venir de l'étranger, et, pour les élever, ils font semer de la bardane.

Il y avait un vieux manoir féodal où l'on avait aimé les escargots ; mais le nouveau propriétaire ne pouvait pas les souffrir. Du reste, il n'habitait presque jamais le château, et tout y était fort négligé. Des escargots, il n'en existait plus qu'un couple, mari et femme ; ils étaient d'une vieillesse vénérable. Mais la bardane qu'on avait semée dans le temps, elle avait pullulé, avait envahi les chemins, les parterres du jardin ; ce n'était plus qu'un champ, qu'une forêt de bardanes.

C'est là que vivaient nos vieux escargots, ils ne savaient pas eux-mêmes leur âge. Ils se souvenaient qu'autrefois des centaines d'escargots demeuraient en ces lieux, que leurs ancêtres y avaient été amenés d'un pays lointain, et que c'était pour eux qu'on avait planté toute cette forêt de bardanes. Jamais ils n'étaient sortis du jardin, mais ils savaient qu'il existait un endroit, appelé le château ; là, on vous cuisait jusqu'à ce que vous devinssiez noirs, et on vous mettait sur un plat d'argent : ce qui advenait ensuite, ils l'ignoraient. Ils ne s'imaginaient pas bien nettement non plus ce que c'était d'être cuit et placé sur un plat d'argent : mais on leur avait dit que cela ne se faisait que dans les grandes maisons et que c'était quelque chose de fort distingué. Ni le hanneton, ni le crapaud, ni le ver de terre, qu'ils avaient interrogés à ce sujet, n'avaient pu leur donner d'explication ; jamais ces bêtes vulgaires n'avaient pénétré au château ; personne de leur famille n'avait figuré sur un plat d'argent.

Aussi les deux vieux escargots se considéraient-ils comme les personnages les plus nobles du monde ; qui aurait pu le leur disputer ? La bardane était là pour leur nourriture, et pour leur donner de l'ombrage ; le château existait pour le cas où un jour on viendrait les prendre et les apprêter sur un plat d'argent.

Ils vivaient très retirés, savourant leur bonheur. N'ayant pas d'enfants, ils avaient adopté un petit colimaçon de l'espèce ordinaire.

Un jour, il tomba une forte averse. « Écoute donc, dit le

père escargot, quel bruit de tambour les gouttes font sur les feuilles de bardane : *Roum-doum-doum, roum-doum-doum.*

— Oui, et quelle agréable humidité cela donne! répondit la mère escargote. Et quand il fera trop frais, nous pourrons nous retirer dans notre coquille, et notre fils adoptif aussi. Comme on voit bien que nous sommes une espèce à part, et qu'on a fait plus pour nous que pour les autres : dès notre naissance, chacun de nous a sa demeure, sa maison toute construite, toute prête, et elle grandit avec nous. Oui, nous sommes les maîtres du monde. Et cette forêt de bardanes qui a été plantée exprès pour nous! A propos, je voudrais bien savoir jusqu'où elle s'étend et ce qui peut se trouver au delà.

— Au delà, répliqua le père, il n'y a, certes, rien qui soit plus beau que notre forêt; moi, je ne tiens pas à être renseigné à ce sujet. Je suis parfaitement heureux comme cela. — Moi, dit la mère, il y a parfois quelque chose qui me chiffonne. Pourquoi ne nous porte-t-on pas au château et ne nous met-on pas sur un plat d'argent comme nos parents, nos frères, nos cousins?

— Peut-être le château est-il tombé en ruines, dit le père, ou bien la forêt de bardanes le recouvre, et en bouche les issues. Mais tu as toujours été un peu curieuse; du reste, le petit colimaçon a le même défaut. Voilà trois jours qu'il grimpe à une tige de bardane, pour regarder au loin. Quand je lève les yeux vers lui, cela me donne le torticolis, tant il est haut monté.

— Voyons, ne gronde pas, répondit la mère. S'il grimpe, il prend toutes ses précautions. Et puis, ce n'est plus un enfant. Ne serait-il pas temps de lui trouver une femme? Dans toute la forêt de bardanes n'existerait-il plus une escargote de notre espèce qu'il pourrait épouser? — Non, dit le père, il n'y a que de grosses limaces noires, qui n'ont pas de maisons comme nous ; ce sont des gens du commun. Mais demandons aux fourmis, qui sont toujours par monts et par vaux, si elles ne connaissent pas une femme pour notre cher colimaçon.

— Il y a bien par ici une reine à marier, dit une fourmi.
— A-t-elle une maison ? demanda la mère escargote. — Une maison ? tout un palais, le plus beau des châteaux de fourmis ; il a sept cents corridors ! — Bien le merci, dit la mère ; notre fils n'a que faire dans une fourmilière. Adressons-nous donc aux papillons, — non plutôt aux cousins, qui voltigent et furètent partout. — Nous avons ce qu'il vous faut, dit un des cousins. A cent pas d'homme d'ici, sur un groseillier, vit une jeune et gentille demoiselle de la famille des colimaçons ; elle vit très modestement ; voilà deux mois qu'elle n'a quitté son groseillier. Ce sera une excellente femme d'intérieur.

— C'est ce qu'il nous faut, dirent les vieux ; allez la prévenir ; dites-lui que son futur aura toute une forêt de bardanes. »

On alla quérir la charmante colimaçonne, qui avait une coquille de diverses couleurs. Elle ne mit que quinze jours à faire le trajet de cent pas d'homme ; mais aussi elle se reposa à peine en route.

On célébra la noce ; six vers luisants firent office de cierges. On ne fit pas de grand tralala. « C'est bon pour les petites gens, dit le père escargot, que de se réjouir avec fracas. Nous, il nous faut toujours garder notre dignité.

— Vous n'y perdrez rien, dit la mère. Nous vous laissons par contrat de mariage toute la forêt de bardanes, et le droit pour vous et vos enfants d'être portés au château pour y être mis sur un plat d'argent. »

Et le soir, les deux bons vieux rentrèrent dans leur coquille et ils n'en sortirent plus ; ils s'endormirent dans un dernier rêve, où ils se virent reposant sur ce bienheureux plat d'argent.

Le jeune ménage prospéra et eut beaucoup d'enfants et de petits-enfants. On ne vint jamais les chercher pour les mettre sur un plat d'argent. Ils en conclurent que décidément le château était tombé en ruines et que la race des humains était éteinte. Personne ne les contredit. Et leur forêt de bardanes devint de plus en plus belle et épaisse, et quand la pluie tombait, cela faisait de charmants roulements de tambour.

Et ils vécurent ainsi dans le bonheur le plus parfait. Qui sur terre pourrait en dire autant ?

Le vieux domestique sourit et prit le papier...

LA VIEILLE MAISON

Au beau milieu de la rue se trouvait une antique maison ; elle avait plus de trois cents ans : c'est là ce qu'on pouvait lire sur la grande poutre, où au milieu de tulipes et de guirlandes de houblon était gravée l'année de la construction. Et on y lisait encore des versets tirés de la Bible et des bons auteurs profanes ; au-dessus de chaque fenêtre étaient sculptées des figures qui faisaient toute espèce de grimaces. Chacun des étages avançait sur celui d'en dessous ; le long du toit courait une gouttière, ornée de gros dragons, dont la gueule devait cracher l'eau des pluies ; mais elle sortait aujourd'hui par le ventre de la bête ; par suite des ans, il s'était fait des trous dans la gouttière.

Toutes les autres maisons de la rue étaient neuves et belles à la mode régnante ; les carreaux de vitre étaient grands et toujours bien propres ; les murailles étaient lisses comme du marbre poli. Ces maisons se tenaient bien droites sur leurs fondations, et l'on voyait bien à leur air qu'elles n'entendaient rien avoir de commun avec cette construction des siècles barbares.

« N'est-il pas temps, se disaient-elles, qu'on démolisse cette bâtisse surannée, dont l'aspect doit scandaliser tous les amateurs du beau? Voyez donc toutes ces moulures qui s'avancent et qui empêchent que de nos fenêtres on distingue ce qui se passe dans la baraque. Et l'escalier donc qui est aussi large que si c'était un château ! que d'espace perdu ! Et cette rampe en fer forgé, est-elle assez prétentieuse ! Comme ceux qui s'y appuient doivent avoir froid aux mains? Comme tout cela est sottement imaginé ! »

Dans une des maisons neuves, bien propres, d'un goût bien prosaïque, celle qui était juste en face, se tenait souvent à la fenêtre un petit garçon aux joues fraîches et roses ; ses yeux vifs brillaient d'intelligence. Lui, il aimait à contempler la vieille maison ; elle lui plaisait beaucoup, qu'elle fût éclairée par le soleil ou par la lune. Il pouvait rester des heures à la considérer, et alors il se représentait les temps où, comme il l'avait vu sur une vieille gravure, toutes les maisons de la rue étaient construites dans ce même style, avec des fenêtres en ogive, des toits pointus, un grand escalier menant à la porte d'entrée, des dragons et autres terribles gargouilles tout autour des gouttières ; et, au milieu de la rue, passaient des archers, des soldats en cuirasse, armés de hallebardes.

C'était vraiment une maison qu'on pouvait contempler pendant des heures. Il y demeurait un vieillard qui portait des culottes de peau et un habit à grands boutons de métal, tout à fait à l'ancienne mode ; il avait aussi une perruque, mais une perruque qui paraissait bien être une perruque, et qui ne servait pas à simuler habilement de vrais cheveux. Tous les matins, un vieux domestique venait, nettoyait, faisait le ménage et les commissions, puis s'en allait. Le vieillard à culottes de peau habitait tout seul la vieille maison. Parfois il s'approchait de la fenêtre ; un jour, le petit garçon lui fit un gentil signe de tête en forme de salut ; le vieillard fit de même ; le lendemain ils se dirent de nouveau bonjour, et bientôt ils furent une paire d'amis, sans avoir jamais échangé une parole.

Le petit garçon entendit ses parents se dire : « Le vieillard d'en face a de bien grandes richesses ; mais c'est affreux comme il vit isolé de tout le monde. » Le dimanche d'après, l'enfant enveloppa quelque chose dans un papier, sortit dans la rue et accostant le vieux domestique qui faisait les commissions, il lui dit : « Écoute ! Veux-tu me faire un plaisir et donner cela de ma part à ton maître ? J'ai deux soldats de plomb ; en voilà un ; je le lui envoie pour qu'il ait un peu de société ; je sais qu'il vit tellement isolé de tout le monde, que c'est lamentable. »

Le vieux domestique sourit, prit le papier et porta le soldat de plomb à son maître. Un peu après, il vint trouver les parents, demandant si le petit garçon ne voulait pas venir rendre visite au vieux monsieur. Les parents donnèrent leur permission, et le petit partit pour la vieille maison.

Les trompettes sculptés sur la porte, ma foi, avaient les joues plus bouffies que d'ordinaire, et si on avait bien prêté l'oreille, on les aurait entendus, qui soufflaient dans leurs instruments : « Schnetterendeng ! Ta-ta-ra-ta : le voilà, le voilà le petit ! schnetterendeng ! »

La grande porte s'ouvrit. Le vestibule était tout garni de vieux portraits de chevaliers revêtus de cuirasses, de châtelaines en robes de damas et de brocart ; l'enfant crut entendre les cuirasses résonner et les robes rendre un léger froufrou. Il arriva à un grand escalier, avec une belle rampe en fer tout ouvragée, et ornée de grosses boules de cuivre, où on pouvait se mirer ; elles brillaient comme si on venait de les nettoyer pour fêter la visite du petit garçon, la première depuis tant d'années.

Après avoir monté bien des marches, l'enfant aperçut, donnant sur une vaste cour, un grand balcon ; mais les planches avaient des fentes et des trous en quantité ; elles étaient couvertes de mousse, d'herbe, de sedum, et toute la cour et les murailles étaient de même vertes de plantes sauvages qui poussaient là sans que personne s'en occupât. Sur le balcon se trouvaient de grands pots de fleurs, en vieille et précieuse faïence ; ils avaient la forme de têtes fantastiques, à oreilles d'âne en guise d'anses ; il y poussait des plantes rares ; mais on n'en avait pas soin, on ne les taillait pas ; c'étaient des touffes de feuilles, sans presque aucune fleur. Il y avait là un pot d'œillet tout en verdure, et il chantait à voix basse : « Le vent m'a caressé, le soleil m'a donné un baiser et il m'a promis pour dimanche une petite fleur, une petite fleur pour dimanche. »

Ensuite, le petit garçon passa par une grande salle ; les murs étaient recouverts de cuir gaufré, à fleurs et arabesques toutes dorées, mais ternies par le temps.

« La dorure passe, le cuir reste, » marmottaient les murailles.

Puis l'enfant fut conduit dans la chambre où se tenait le vieux monsieur, qui l'accueillit avec un doux sourire, et lui

LA VIEILLE MAISON.

dit : « Merci pour le soldat de plomb, mon petit ami ; et merci encore de ce que tu es venu me voir. »

Et les hauts fauteuils en chêne, les grandes armoires et les autres meubles en bois des îles craquaient, et disaient : « *knick, knack,* » ce qui pouvait bien vouloir dire : « Bien le bonjour ! »

A la muraille pendait un tableau, représentant une belle

... L'enfant fut conduit dans la chambre où se tenait le vieux monsieur.

dame, jeune, au visage gracieux et avenant ; elle était habillée d'une robe vaste et raide, tenue par des paniers ; ses cheveux étaient poudrés. De ses doux yeux elle regardait l'enfant. « Qui cela peut-il donc être ? dit-il. D'où vient cette belle madame ?

— De chez le marchand de bric-à-brac, répondit le vieux monsieur. Il a souvent des portraits à vendre et pas cher. Les originaux sont morts et enterrés ; personne ne s'occupe d'eux. Cette dame, je l'ai connue toute jeune ; voilà un demi-siècle qu'elle a quitté ce monde ; j'ai retrouvé son portrait chez le marchand et je l'ai acheté. »

Au-dessous du portrait, se trouvait sous verre un bouquet de fleurs fanées ; elles avaient tout l'air d'avoir été cueillies juste cinquante ans auparavant.

« On dit chez nous, reprit l'enfant, que tu es toujours tout seul, et que cela fait de la peine, rien que d'y pen-

Il prit alors un grand livre à images...

ser. — Mais pas tant que cela, dit le vieux monsieur. Je reçois la visite de mes pensées d'autrefois, et je revois passer devant moi tous ceux que j'ai connus. Et, maintenant, toi tu es venu me rendre visite ; je me sens très heureux. »

Il tira alors d'une armoire un grand livre à images, et les montra au petit garçon ; c'étaient des fêtes et processions des siècles passés ; d'énormes carrosses tout dorés, des soldats qui ressemblaient au valet de trèfle de nos cartes ; des bourgeois, habillés tous différemment selon leurs métiers et professions. Les tailleurs avaient une bannière où se voyaient des ciseaux, tenus par deux lions : celle des cordonniers représentait un aigle à deux têtes, parce que chez eux il faut toujours la paire. Oui, c'étaient de fameuses images, et le petit s'en amusait tout plein.

Le vieux monsieur alors alla chercher dans l'office des gâteaux, des confitures, des fruits. Qu'on était bien dans cette vieille maison !

« Je n'y tiens plus, s'écria tout à coup le soldat de plomb qui était sur la cheminée. Non, c'est par trop triste ici, celui qui a goûté de la vie de famille ne peut s'habituer à une pareille solitude. J'en ai assez. Le jour déjà ne semble pas vouloir finir; mais la soirée sera encore plus affreuse. Ce n'est pas comme chez toi, mon maître ; ton père et ta mère causent joyeusement; toi et tes frères et sœurs vous faites un délicieux tapage d'enfer. On se sent vivre au milieu de ce bruit. Le vieux, ici, jamais on ne lui donne de baisers, ni d'arbre de Noël. On lui donnera un jour un cercueil et ce sera fini. Non, j'en ai assez.

— Il ne faut pas voir les choses du mauvais côté, répondit le petit garçon. A moi, tout ici me paraît magnifique, et encore n'ai-je pas vu toutes les belles choses que les vieux souvenirs font passer devant les yeux du maître de céans.

— Moi non plus, je ne les aperçois, ni ne les verrai jamais, reprit le soldat de plomb. Je te prie, emporte-moi.

— Non, dit le petit, il faut que tu restes pour tenir compagnie à ce bon vieux monsieur. »

Le vieillard, qui paraissait tout rajeuni et avait l'air tout heureux, revint avec d'excellents gâteaux, des confitures délicieuses, des pommes, des noix et autres friandises; il plaça tout devant son petit ami, qui, ma foi, ne pensa plus aux peines du soldat de plomb.

L'enfant retourna chez lui, s'étant diverti à merveille. Le lendemain, il était à la fenêtre, et il fit un signe de tête au vieux monsieur, qui le lui rendit en souriant. Une neuvaine se passa, et alors on revint prendre le petit garçon pour le mener à la vieille maison.

Les trompettes entonnèrent leur *schnetterendeng, ta-ta-ra-ta*. Les chevaliers et les belles dames se penchèrent hors de leur cadre pour voir passer ce petit être, si jeune ; les fauteuils débitèrent leur *knik-knak* ; le cuir des murailles déclara qu'il était plus durable que la dorure ; enfin tout se passa comme la première fois ; rien ne changeait dans la vieille maison.

« Oh! que je me sens malheureux, s'écria le soldat de plomb. C'est à périr ici. Laisse-moi plutôt partir pour la guerre, dussé-je y perdre bras et jambes, ce serait au moins un changement. Oh! emmène-moi! Maintenant je sais ce que c'est que de recevoir la visite de ses vieux souvenirs, et ce n'est pas amusant du tout à la longue.

« Je vous revoyais tous à la maison, comme si j'étais encore au milieu de vous. C'était un dimanche matin, et vous autres enfants vous étiez réunis, et les mains jointes vous chantiez un psaume ; ton père et ta mère écoutaient pieusement. Voilà que la porte s'ouvre, et ta petite sœur Maria, qui n'a que deux ans, fait son entrée. Elle est si vive et elle est toujours prête à danser quand elle entend n'importe quelle musique. Cette fois vos chants la mirent en mouvement, mais cela n'allait guère en mesure ; la mélodie marchait trop lentement ; l'enfant levait sa petite jambe, mais il lui fallait la tenir trop longtemps en l'air ; cependant elle dandinait comme elle pouvait de la tête. Vous gardiez votre sérieux, c'était pourtant bien difficile. Moi, je ris tant, qu'au moment où une grosse voiture vint ébranler la maison, je perdis l'équilibre et je tombai à terre, j'en ai encore une bosse. Cela me fit bien mal; mais j'aimerais encore mieux tomber dix fois par jour, chez vous, que de rester ici, hanté par ces vieux souvenirs.

« Dis-moi, chantez-vous encore les dimanches? Raconte-moi quelque chose de la petite Maria! Et mon bon camarade, l'autre soldat de plomb? Doit-il être heureux, lui! Ne pourrait-il pas venir me relever de faction? Oh! emmène-moi!

— Tu n'es plus à moi, répondit le petit garçon. Tu sais bien que je t'ai donné en cadeau au vieux monsieur. Il faut te faire une raison. »

Cette fois le vieillard montra à son petit ami des cassettes où y il avait toutes sortes de jolis bibelots des temps passés; des cartes à jouer, grandes et toutes dorées, comme on n'en voit même plus chez le roi. Le vieux monsieur ouvrit le clavecin, qui, à l'intérieur, était orné de fines peintures, de beaux paysages avec des bergers et des bergères; il joua un ancien air; l'instrument n'était guère d'accord, et les sons étaient comme enroués. Mais on aurait dit que le portrait de la belle dame, celui qui avait été acheté chez le marchand de bric-à-brac, s'animait en entendant cette antique mélodie; le vieux monsieur la regardait, ses yeux brillaient comme ceux d'un jeune homme; un doux sourire passa sur ses lèvres.

« Je veux partir en guerre, en guerre! », s'écria le soldat de plomb de toutes ses forces; mais, à ce moment, le vieux monsieur vint prendre quelque chose sur la cheminée et il renversa le soldat qui roula par terre. Où était-il tombé? Le vieillard chercha, le petit garçon chercha; ils ne purent le trouver. Disparu le soldat de plomb! « Je le retrouverai demain », dit le vieux monsieur. Mais, jamais, il ne le revit.

Le plancher était rempli de fentes et de trous; le soldat avait passé à travers, et il gisait là, sous les planches, comme enterré vivant.

Malgré cet incident la journée se passa gaîment, et, le soir, le petit garçon rentra chez lui. Des semaines s'écoulèrent, et l'hiver arriva. Les fenêtres étaient gelées, et l'enfant était obligé de souffler longtemps sur les carreaux, pour y faire un

Les fenêtres étaient gelées, et l'enfant était obligé de souffler sur les carreaux...

rond par lequel il pût apercevoir la vieille maison. Les sculptures de la porte, les tulipes, les trompettes, on les voyait à peine, tant la neige les recouvrait. La vieille maison paraissait encore plus tranquille et silencieuse que d'ordinaire; et, en effet, il n'y demeurait plus absolument personne : le vieux monsieur était mort, il s'était doucement éteint.

Le soir, comme c'était l'usage dans le pays, une voiture tendue de noir s'arrêta devant la porte; on y plaça un cercueil, qu'on devait porter bien loin, pour le mettre dans un caveau de famille. La voiture se mit en marche; personne ne suivait que le vieux domestique ; tous les amis du vieux monsieur étaient morts avant lui. Le petit garçon pleurait, et il envoyait de la main des baisers d'adieu au cercueil.

Quelques jours après, la vieille maison fut pleine de monde, on y faisait la vente de tout ce qui s'y trouvait. Et, de la fenêtre, le petit garçon vit partir, dans tous les sens, les chevaliers, les châtelaines, les pots de fleurs en faïence, les fauteuils qui poussaient des *knik-knak* plus forts que jamais. Le portrait de la belle dame retourna chez le marchand de bric-à-brac ; si vous voulez le voir, vous le trouverez encore chez lui ; personne ne l'a acheté, personne n'y a fait attention.

Au printemps, on démolit la vieille maison. « Ce n'est pas dommage qu'on fasse disparaître cette antique baraque », dirent les imbéciles, et ils étaient nombreux comme partout. Et, pendant que les maçons donnaient des coups de pioche, qui fendaient le cœur du petit garçon, on voyait, de la rue, pendre des lambeaux de la tapisserie en cuir doré, et les tulipes volaient en éclats, et les trompettes tombaient par terre, lançant un dernier *schnetterendeng*.

Enfin, on enleva tous les décombres et on construisit une grande belle maison à larges fenêtres et à murailles bien lisses, proprement peintes en blanc. Par devant, on laissa un espace pour un gentil petit jardin qui, sur la rue, était entouré d'une jolie grille neuve : « Que tout cela a bonne façon ! » disaient les voisins. Dans le jardin, il y avait des allées bien droites, et des massifs bien ronds ; les plantes étaient alignées au cordeau, et ne poussaient pas à tort et à travers comme autrefois, dans la cour de la vieille maison.

Les gens s'arrêtaient à la grille et regardaient avec admiration. Les moineaux, par douzaines, perchaient sur les arbustes et la vigne vierge qui couvrait les murs de côté, et ils babillaient de toutes sortes de choses, mais pas de la vieille maison; aucun d'eux ne l'avait jamais vue : car il s'était passé, depuis lors, bien du temps, oui, tant d'années que, dans l'intervalle, le petit garçon était devenu un homme, et un homme distingué qui faisait la joie de ses vieux parents.

Il s'était marié et il habitait, avec sa jeune femme, justement la belle maison dont nous venons de parler. Un jour, ils étaient dans le jardin, et la jeune dame plantait une fleur des champs qu'elle avait rapportée de la promenade, et qu'elle trouvait aussi belle qu'une fleur de serre. Elle raffermissait, de ses petites mains, la terre autour de la racine, lorsqu'elle se sentit comme piquée aux doigts. « Aïe! » s'écrie-t-elle, et elle aperçoit quelque chose qui brille. Qu'était-ce? Devinez-vous? C'était le soldat de plomb, que le vieux monsieur avait cherché vainement, et qui, tombé là pendant les démolitions, se trouvait sous terre depuis tant d'années.

La jeune dame le retira, et, sans lui en vouloir de ce qu'il l'avait piquée, elle le nettoya avec une feuille humide de rosée, et le sécha avec son mouchoir fin, qui sentait bon. Et le soldat de plomb était bien aise, comme s'il se réveillait d'un long évanouissement.

« Laisse-moi le voir », dit le jeune homme, en souriant. Puis il hocha la tête et continua : « Non, ce ne peut pas être le même; mais il me rappelle un autre soldat de plomb que j'avais lorsque j'étais petit. »

Et il raconta l'histoire de la vieille maison, et du vieux monsieur, auquel il avait envoyé, pour lui tenir compagnie, son soldat de plomb. La jeune dame fut touchée jusqu'aux larmes de ce récit, surtout quand il fut question du portrait qui avait été acheté chez le marchand de bric-à-brac.

« Il serait cependant possible, dit-elle, que ce fût le

même soldat de plomb. Je veux le garder avec soin; il me rappellera ce que tu viens de me conter. Tu me conduiras, n'est-ce pas, sur la tombe du vieux monsieur?

— Je ne sais pas où elle se trouve, répondit-il; j'ai déjà demandé à la voir, personne n'a pu me l'indiquer. Tous ses amis étaient morts. Je sais seulement que c'est très loin d'ici; au moment où on a emporté le cercueil, je n'ai pas questionné; j'étais trop petit pour aller si loin y porter des fleurs.

— Oh! comme il a été seul, dans sa tombe également! dit la dame, personne n'en aura pris soin.

— Moi aussi, j'ai été longtemps bien seul, se dit le soldat de plomb; mais, quelle compensation aujourd'hui; je ne suis pas oublié! »

Comme la dame l'emportait dans la maison, il jeta un dernier regard sur l'endroit où il était resté tant d'années; que vit-il, ressemblant à de la vulgaire terre? un morceau de la belle tapisserie. La dorure, elle, avait entièrement disparu. Et, de sa fine oreille, le soldat entendit un murmure où il distinguait ces paroles :

« La dorure passe, mais le cuir reste. »

S'il avait pu, il aurait volontiers haussé les épaules; chez lui, couleur et dorure étaient restées.

... Il la tenait d'un vieux et vénérable saule.

LE SARRASIN

Vous êtes, certes, bien des fois passé en automne à côté d'un champ de sarrasin; vous devez vous souvenir qu'alors il est tout noir, comme si une flamme ardente y avait porté l'incendie.

En Danemark, nos paysans disent : « C'est la foudre qui a rendu le sarrasin si noir. »

Mais, quand je leur ai demandé comment c'était arrivé, ils n'ont pas su me répondre. Cependant je le sais maintenant;

c'est un moineau qui m'a conté l'histoire; il la tenait d'un vieux et vénérable saule qui, il y a de longues, longues années, a assisté à l'événement. Il porte le poids de l'âge; sa tête est fendue, et l'herbe pousse dans les interstices; mais ses branches pendent toujours gracieusement, presque jusqu'à terre.

Donc, il y a des siècles, toute la belle plaine, aux alentours, était semée de seigle, d'orge et aussi d'avoine; cette jolie avoine qui, lorsqu'elle est mûre, fait l'effet d'une bande de gentils canaris. La moisson était belle; et, plus les épis étaient lourds, plus ils s'inclinaient modestement comme pour remercier le Créateur.

Il y avait là aussi, tout contre le saule, qui, alors déjà, pouvait passer pour vieux, un champ de sarrasin; mais la plante, loin de se courber comme les autres, se tenait toute droite et raide.

« J'ai autant de grains que le seigle, disait-il; et, en outre, j'ai bien meilleure façon que lui. Mes fleurs sont aussi belles que celles du pommier; quand elles sont épanouies, cela fait un ravissant tapis; on dirait de la neige, de la fine mousseline, tissée par des fées. Les hommes s'arrêtent pour m'admirer. Voyons, vieux saule, toi qui as l'âge et l'expérience, connais-tu quelque chose de plus charmant qu'un champ de sarrasin en fleurs? Parle donc. »

Le saule agita ses branches en arrière, et puis en avant, comme s'il voulait dire à la façon des hommes : « Non, en effet, on ne peut rien imaginer de plus beau. »

Mais cet hommage muet ne suffit pas au sarrasin qui s'écria : « Ce saule, je crois que jamais il n'a eu guère d'esprit; en tout cas, l'âge lui a enlevé le peu qu'il pouvait avoir. »

Voilà que de gros nuages s'étaient amoncelés ; un terrible ouragan approchait. Les fleurs des champs avaient, les unes, fermé leurs corolles, les autres se penchèrent dès que le vent commença à souffler ; mais le sarrasin resta droit, comme un piquet, toujours gonflé d'orgueil.

« Courbe donc ta tête comme nous, lui crièrent les fleurettes.

— Cela, c'est bon pour vous, chétives créatures, répondit-il fièrement.

— Courbe ta tête, comme nous, crièrent le seigle, l'orge et l'avoine. L'ange des tempêtes n'est pas loin ; ses ailes de feu sont immenses, elles rasent la terre. Gare à ceux qui font mine de le braver.

— Je ne m'inclinerai pas ! répéta le sarrasin.

— Couche-toi au plus vite, dit le vieux saule. Les éclairs se suivent, toujours plus terribles ; le tonnerre gronde. Ne regarde pas en l'air quand les nuages crèvent et que la foudre éclate : les hommes eux-mêmes ne peuvent pas supporter cette vue ; elle les rend aveugles.

— Ah ! les hommes n'osent pas fixer l'éclair, s'écria le sarrasin dans sa folle superbe ; eh bien, moi, j'aurai le courage de regarder droit lorsqu'à travers l'éclair on peut voir le fond des cieux ! »

Et, en effet, au moment où s'élança le plus fort coup de foudre, celui qui mit le feu au clocher de l'église, le sarrasin se tenait toujours debout, la tête braquée vers le ciel.

Lorsque le soleil reparut, les fleurs, les plantes se redressèrent ; elles étaient toutes rafraîchies, rajeunies par l'ondée bienfaisante. Mais le sarrasin était tout noir ; la foudre l'avait frappé, et la marque devait lui en rester toujours.

Le vieux saule agitait ses branches, et il en tombait de grosses gouttes, comme si l'arbre versait des larmes.

Des moineaux lui demandèrent : « Pourquoi cette tristesse? L'air est si doux, si agréable, tout embaumé du parfum des fleurs et des bois. Le soleil répand de nouveau la joie partout; et, là-bas, ne vois-tu pas le splendide arc-en-ciel? »

Le saule leur fit le récit de ce qui venait de se passer et de ce qui causait son chagrin : l'orgueil coupable du sarrasin et la punition qui s'en était suivie.

Cette histoire s'est transmise chez les moineaux de génération en génération, mais sans grand profit pour eux; car ils sont presque aussi impertinents et outrecuidants que le sarrasin.

On y distinguait tout un monde de créatures étranges...

LE GRAND SERPENT DE MER

Il y avait naguère un petit poisson de mer de bonne famille; je ne me rappelle plus bien son nom, mais je sais qu'il avait dix-huit mille frères et sœurs, tous du même âge que lui. Ils n'avaient jamais connu leur père ni leur mère, et lorsqu'ils étaient venus au monde, il leur avait fallu aussitôt se mettre à chercher leur nourriture; à boire, ils avaient l'Océan tout entier; quant au manger, ils s'en tirèrent comme ils purent, voyageant de mer en mer au fur et à mesure qu'ils ne trouvaient plus rien autour d'eux.

C'était par une magnifique journée; le soleil brillait et rendait transparents les flots azurés; on y distinguait tout un monde de créatures étranges; il y avait là des monstres qui, ouvrant leur terrible gueule, auraient pu avaler les dix-huit mille petits poissons d'un seul coup.

Eux, insouciants du danger, nageaient se serrant tous ensemble, comme les harengs; ils s'ébattaient joyeusement, lorsque soudainement quelque chose de long et de lourd vint avec fracas tomber d'en haut au milieu d'eux. Plusieurs centaines d'entre eux furent écrasés par le choc, d'autres eurent de fortes contusions, et l'objet s'allongeait, s'allongeait toujours, et s'enfonçait dans la mer; il mesurait déjà plusieurs lieues et on n'en voyait pas encore la fin.

Non seulement nos petits poissons, mais aussi les gros et les forts, les coquillages et les tortues, tous les habitants des ondes enfin, se sentirent tout échauffés d'effroi à la vue de cette immense anguille; car c'est là, à l'inverse de nous autres humains, l'effet que la peur leur fait à eux qui sont naturellement glacés.

Quel était donc ce phénomène? Vous l'avez deviné : c'était le grand câble télégraphique qu'on était en train de poser entre l'Europe et l'Amérique.

L'émotion ne se calmait pas dans les régions sous-marines; les poissons volants, pour mieux se dérober au danger, s'élevaient plus haut dans les airs que lors du dernier tremblement de terre. Plusieurs rapides nageurs filèrent tout d'une traite jusqu'au fond de la mer et annoncèrent l'approche du monstre au cabliau et autres gloutons qui étaient tranquillement occupés à dévorer leurs semblables. La nouvelle produisit un grand effroi; une pieuvre en lâcha la proie qu'elle venait de happer; plusieurs homards se sentirent tellement émus que leur carapace en craqua, et une écrevisse de mer fut si troublée qu'elle se mit à marcher en avant comme tout le monde.

Au milieu de cette confusion, les dix-huit mille petits poissons perdirent la piste les uns des autres et s'éparpillèrent à travers l'Océan; il n'y en eut qu'un groupe d'une centaine qui restèrent ensemble, blottis contre un rocher, ne bougeant pas, ne remuant pas.

Au bout de quelques heures, voyant qu'il ne se passait rien, ils sortirent tout doucement de leur cachette et, se hasardant à regarder du côté où pouvait se trouver le monstre, ils le virent étendu au fond de la mer, tout inerte, et ne faisant pas mine de vouloir se mouvoir.

« Ce n'est qu'une ruse, dit le plus prudent de la bande; n'approchons pas; laissons-le en repos et allons voir un peu si nous ne pouvons pas retrouver quelques-uns de nos frères égarés. Ne nous occupons plus de cet intrus. »

Mais le plus mignon de ces petits poissons, qui était en même temps le plus curieux, tenait absolument à avoir quelques renseignements sur le monstre, et à savoir dans quel but il était venu révolutionner l'Océan.

« Remontons à la surface de l'eau, dit-il; c'est d'en haut que la bête est descendue, c'est là haut qu'on pourra le mieux nous renseigner. »

Et toute la bande nagea dans la direction du ciel; lorsqu'ils arrivèrent en haut, ils trouvèrent un temps calme et splendide. Sur les flots tranquilles un dauphin s'amusait à faire des cabrioles et des culbutes. Les petits poissons lui dirent que restant si souvent hors de l'eau il avait dû voir le monstre s'élancer dans la mer, et ils lui demandèrent quelques détails sur l'événement. Mais le dauphin, qui était très fier de la grâce avec laquelle il prenait ses ébats, ne s'occupait qu'à faire valoir sa personne; il n'avait rien vu, et comme il n'avait rien à leur apprendre, il garda un silence dédaigneux, continua ses plongeons et redoubla ses entrechats.

Alors ils s'adressèrent à un chien marin, qui nageait entre deux eaux; c'était dangereux, parce qu'il aime assez à se régaler de petits poissons; mais ce jour-là il était rassasié et il eut la politesse de leur répondre.

« Je puis satisfaire votre curiosité, dit-il. Vous n'êtes pas sans savoir que quand il me plaît je puis sortir de l'eau et vivre à l'air. Bien souvent la nuit je monte sur les falaises et je vois ce qui se passe sur la terre ferme. Là habitent des créatures pleines de méchanceté et de perfidie; dans leur langage elles s'appellent des hommes. Les hommes passent tout leur temps à nous tendre des embûches, mais nous leur échappons souvent et c'est ce que vient de faire la grande anguille de mer, qui vous intéresse tant.

« Elle était en leur pouvoir, et ils l'avaient sans doute depuis longtemps attirée à terre par ruse ou par violence. Voilà que ces jours-ci ils l'ont embarquée sur un grand navire pour la transporter dans quelque pays lointain. J'ai vu combien ils avaient de peine à venir à bout de la loger sur le bâtiment; ils y réussirent cependant; sans doute que ses forces étaient diminuées par le séjour hors de l'eau. Ils la roulèrent en rond; j'entendis tout le bruit et le fracas de la lutte. Mais une fois en mer, voilà qu'elle leur échappa et se coula dans l'eau. Je les ai vus en masse chercher de toutes leurs forces à la retenir; mais elle déroulait sans cesse ses anneaux et elle fila vers le fond de l'Océan, où elle doit sans doute reposer maintenant.

— Elle est un peu maigre pour sa longueur, dit un des petits poissons.

— Oh! c'est qu'ils l'auront laissée avoir faim, répondit le

chien marin. Maintenant que la voilà de nouveau dans son élément, elle va bientôt reprendre son ancienne grosseur. Moi je crois que c'est le fameux grand serpent de mer, dont les hommes parlent et qu'ils redoutent tant. Autrefois, je ne croyais pas qu'il existât ; mais aujourd'hui que je l'ai vu de mes yeux, je sais que ce n'est pas une fable. »

A ces mots le chien marin fit un plongeon et disparut.

« Quel événement, quelle histoire ! » se dirent entre eux les petits poissons. Comme il raconte bien, ce chien marin, et comme il est instruit ! Et cependant nous ne devrions pas dire du bien de lui qui si souvent se plaît à nous croquer. Maintenant que nous voilà au courant, allons nous ébattre joyeusement comme il convient à de jeunes poissons.

— Comment? dit le plus mignon d'entre eux, qui était aussi, vous vous souvenez, le plus curieux, vous ne voulez pas venir vous assurer si ce que nous a dit le chien marin est bien vrai? Vous ne voulez pas aller voir de près le grand serpent de mer qui fait, dit-il, trembler les hommes, nos cruels ennemis ? »

Mais les autres en avaient assez. Le petit alors résolut de tenter seul la chose, et abandonnant ses frères, il s'élança de nouveau vers le fond de l'océan. Lorsqu'auparavant il avait fait la route en sens inverse, il s'était toujours trouvé serré, englobé au milieu de ses frères, et il n'avait à peu près rien vu des accidents du chemin. Aussi cette fois il fut bien étonné en apercevant toutes les merveilles étranges que renferme le sein de la mer.

D'abord il eut à se ranger au plus vite devant un immense banc de harengs, qui par millions arrivaient des régions polaires. Puis il rencontra des poissons de toute grandeur et de formes singulières. Il vit aussi flotter des méduses, et autres créatures bizarres, moitié plantes, moitié poissons. Le fond de la mer était tapissé de toute une végétation étrange où se démenaient des milliards de coquillages.

Voilà que notre petit poisson aperçut un objet noir d'un aspect tout particulier; c'était la carcasse d'un navire naufragé. Il y entra par une écoutille, mais il recula fort effrayé. Une jeune femme gisait là, tenant pressé contre son cœur

Une jeune femme gisait là, tenant pressé contre son cœur son jeune enfant.

son jeune enfant; elle paraissait dormir, un doux sourire se jouait sur ses lèvres. Le mouvement lent des flots la soulevait et semblait la bercer, elle et son enfant. Des plantes marines avaient poussé dans les interstices des planches et laissaient pendre leur feuillage autour de la mère et de l'enfant. C'était un touchant spectacle; mais le petit poisson ne se sentait pas trop à l'aise, et il fut content quand, ayant repassé l'écoutille, il se retrouva au milieu de ses semblables.

Cependant une terrible surprise l'attendait; au moment où

il sortait du navire il se jeta dans la gueule d'un baleineau qui était déjà énorme pour son âge.

« Ne m'avale pas, s'écria-t-il d'une voix suppliante. Je suis si petit ; pour toi je ne suis qu'une miette.

— Soit ! dit le baleineau, mais dis-moi ce que tu viens faire ici où d'ordinaire on ne rencontre jamais de poissons de ta sorte. »

Alors le petit raconta l'histoire de l'immense anguille ou serpent qui était venu jeter le trouble et l'émoi, même parmi les plus hardis habitants des mers.

« Oh ! oh ! » dit le baleineau.

Puis au même moment il aspira une masse énorme d'eau, il s'élança vers la surface de l'Océan et la rejeta en une puissante gerbe. Après avoir bien respiré, il revint tout aussi vite et reprit :

« Oh ! oh ! c'est donc cela cet objet qui tantôt m'a passé sur le dos et que j'ai pris pour un gros cordage. Je m'y suis frotté pour me gratter le dos qui me démangeait. Une idée, je vais un peu examiner la curieuse bête ; d'après ce que tu racontes ce serait un amphibie comme moi. »

Et les voilà partis tous deux à la recherche du monstre ; le petit poisson se tenait à distance pour ne pas être entraîné dans le tourbillon que produisait le gros baleineau en fendant les flots.

Ils rencontrèrent un requin et un espadon, qui avaient aussi entendu parler de la nouvelle anguille, qu'on disait si longue et si mince. Ils firent route ensemble ; un peu plus loin un loup marin se joignit à eux.

« Si comme vous l'annoncez, dit-il, cet animal n'est pas plus gros qu'un câble de navire, je le trancherai en deux d'un coup de dent. »

En même temps il ouvrit la gueule et montra les six rangées de ses terribles crocs.

« Je marque bien l'empreinte de mes dents sur les ancres en fer, ajouta-t-il. En restant avec moi, vous n'avez donc rien à craindre.

— Tiens, le voilà là-bas, s'écria le baleineau, qui en raison de sa jeunesse était présomptueux et croyait voir plus loin que les autres. Regardez donc comme il se tortille, comme il roule et déroule ses anneaux. »

Mais ce n'était pas lui; ce n'était qu'une anguille de mer, de l'espèce ordinaire; seulement elle était d'une longueur exceptionnelle. Ils l'accostèrent et lui apprirent la grande nouvelle.

« Est-il plus long que moi? dit-elle. Vous croyez que oui. Eh bien, je vais avec vous pour m'en assurer. Malheur à lui si c'est vrai. Je ne souffrirai pas de rival. »

Et les voilà repartis pour leur expédition. Le troisième jour de leur voyage ils vont se heurter contre un monstre énorme qu'on aurait pris pour une île flottante. C'était une baleine, la plus vieille de tout l'Océan. Sa tête était presque cachée par des touffes de plantes marines; son dos était semé de coquillages sans nombre et d'une foule d'autres animaux; sa peau, naturellement noire, en paraissait blanche et rose.

« Viens avec nous, lui crièrent-ils. Nous allons exterminer un intrus qui veut s'emparer de l'empire de la mer. Tu nous aideras de l'expérience que tu as acquise pendant les siècles de ton existence. »

Le cétacé répondit :

« Allez-y tout seuls et laissez-moi, pauvre vieux, chercher un remède aux infirmités de mon âge. Je vais rassembler mes forces pour remonter à la surface des eaux; c'est là seulement que j'éprouve un peu de soulagement. Alors ces

C'était une baleine, la plus vieille de tout l'Océan.

chers oiseaux de mer accourent s'installer sur mon dos et il se régalent de la vermine qui me fait tant souffrir. Ils travaillent de leur bec avec une ardeur merveilleuse, et quand ils sont repus il en vient d'autres. Un jour il y en eut un, qui dans la joie de trouver un pareil festin, se cramponna si fortement avec ses pattes dans mon lard, qu'il ne put jamais se dépêtrer. Quand je redescendis dans l'eau il périt, et les poissons ont dévoré son corps. Il ne reste plus que son squelette que vous pouvez apercevoir sur mon dos. Tenez, brave espadon, si vous portiez là quelques bons coups de votre glaive, cela me débarrasserait bien. »

L'espadon oubliant qu'il était l'ennemi né des baleines rendit le service demandé, tant le vieux lui fit pitié, puis ils se remirent en route. Enfin, le dixième jour, ils arrivèrent à l'endroit où gisait le câble transatlantique, qui, unissant l'Europe au Nouveau-Monde, s'étendait par dessus les montagnes, les précipices, les forêts de coraux qui forment le fond de l'Océan. Au moment de le joindre ils eurent grande peine à franchir un violent courant sous-marin qui, venant heurter un tourbillon, soulevait les flots à plusieurs lieues à l'entour.

« Voilà donc le monstre, » s'exclamèrent-ils tous à la fois. Le câble était presque recouvert d'éponges, de polypes, de gorgones; selon les agitations de l'eau on l'apercevait un instant, puis il disparaissait sous ce fouillis prodigieux, où se démenaient des myriades de crustacés, de poulpes, d'araignées, de crabes hideux, d'astéroïdes, de longs vers gluants à formes repoussantes. Le câble restait sans mouvement, mais la pensée le traversait de part en part.

« Il ne bouge pas, dit le baleineau. Est-ce par peur, est-ce par traîtrise? Qu'en pensez-vous?

— Laissez-moi faire, dit une pieuvre, j'ai de longs bras et je m'en vais le tâter. »

Et elle étendit ses longs et affreux tentacules et les tourna plusieurs fois autour du câble.

« Il n'a pas la moindre écaille, dit-elle, il n'a même pas de peau ; il est dur comme un roc.

— Alors je lui pardonne d'être plus long que moi, dit l'anguille, qui s'était étirée pour se mesurer à côté de lui. S'il n'a ni peau ni souplesse, il est assez puni.

— Qui es-tu donc? s'écria le baleineau. Es-tu un poisson ou un amphibie? ou est-ce par hasard que tu viens habiter la mer? »

Le câble ne répondit pas ; il parle cependant, mais toujours à des centaines de lieues de distance et dans une langue que personne ne comprend au fond de l'Océan.

« Si tu ne dis mot, nous allons te mettre en morceaux, » dit le requin, qui n'est pas d'humeur endurante.

Le câble ne broncha pas. « S'ils me déchirent, pensa-t-il, on me remontera pour me réparer et cela mettra un peu de diversité dans mon existence. »

Du reste il n'eut bientôt plus le temps de s'occuper de tout ce petit monde ; il télégraphiait et retélégraphiait des nouvelles qui devaient mettre en émoi les deux hémisphères.

En ce moment le soleil se couchait dans une mer de feu ; ses reflets vinrent luire jusqu'aux profondeurs où se trouvait la bande. Cette clarté leur donna du courage, et s'écriant : « Sus! sus! » l'espadon, le baleineau et l'anguille se jetèrent sur le câble. Mais le loup marin les avait précédés, il allait resserrer sur lui ses terribles mâchoires lorsque l'espadon, dans la précipitation, lui porta par derrière un fier coup de son épée.

Cela fit toute une affaire ; une querelle s'engagea ; les uns prirent parti pour le loup, les autres pour l'espadon. Il en résulta une mêlée générale où finalement les grands et les forts dévorèrent les petits.

La nuit était survenue, sur terre il faisait sombre, mais les vagues reluisaient par l'effet phosphorescent de plusieurs milliards de milliards d'animalcules luisants. La tranquillité s'était rétablie au fond de l'Océan et on se demandait de nouveau ce que pouvait bien être cet étrange animal tombé des cieux.

Arriva d'un pas mesuré et grave un vieux phoque; il avait l'air d'un sage et il pensait l'être.

« Il n'y a que moi, dit-il, qui puisse vous ôter de la tête ce souci et vous renseigner sur ce qui vous préoccupe tant. L'Océan n'a pas de secrets pour moi, mais je sais en outre tout ce qui se passe hors de l'eau. Cet être qui est descendu d'en haut, et qui vous effraie, eh bien, il est mort-né, et mort il restera, sans force, sans vigueur. N'ayez plus peur de lui, ce n'est qu'une sotte invention des hommes. »

Le petit poisson, qui au milieu de la bataille avait été sauvé par son exiguïté, fit timidement quelque objection, mais brutalement on lui imposa silence et le phoque reprit la parole, tous admirant bouche béante son étonnante science.

« Oui, ce n'est qu'une machination de nos ennemis acharnés, qui ne songent qu'à trouver de nouveaux moyens pour s'emparer de nous. Ils n'ont pas assez de leurs filets, de leurs hameçons. Voilà qu'ils ont tendu cet immense cordeau afin d'attraper ceux qui seront assez mal avisés pour y mordre. Mais vous n'avez qu'à vous garer, vous tenir à distance, et ils en seront pour les frais énormes de leur ruse. »

Et toute la gent des poissons s'écarta avec mépris, fière de braver la méchanceté des hommes.

« On ne m'ôtera pas l'idée, dit seul le petit poisson, que c'est là le fameux et mystérieux grand serpent de mer. »

Ce n'est pas tout à fait cela, sans doute. C'est plutôt ce grand serpent de Midgard, annoncé par la mythologie du nord. Après avoir tué le mauvais loup Benrir, il enserrera tout le globe ; son venin est puissant et, à un moment fatal, il amènera la perte du monde. Mais, après le cataclysme, on verra renaître une nouvelle terre où règnera une félicité sans bornes. C'est là ce qu'ont prédit nos vieux scaldes scandinaves.

Arriva, d'un pas mesuré, un vieux phoque.

Il se trouvait à la même place qu'aujourd'hui...

CE QUE RACONTAIT

LA VIEILLE JEANNE

Le vent souffle à travers le vieux saule ; les branches frémissent et gémissent. On dirait entendre une triste complainte. Le vent chante, le saule dit le refrain. Tu ne comprends pas les paroles, va trouver la vieille Jeanne à l'hospice, elle te les dira ; elle est née ici dans la paroisse.

Il y a bien, bien des années, lorsque la grande route passait encore par le village, l'arbre était déjà grand, beau, bien touffu. Il se trouvait naturellement à la même place qu'aujourd'hui, en face de la proprette et blanche maison du tailleur, sur le bord de l'étang qui, alors, était si grand qu'on y menait boire et baigner les chevaux ; l'été les petits polissons venaient s'y ébattre tout nus, y barbotaient et se lançaient de l'eau au visage en poussant mille cris joyeux. Tout près de l'arbre se dressait une grande pierre milliaire ; aujourd'hui elle est renversée, couverte et presque cachée par les ronces et les broussailles.

Il arriva qu'on construisit la nouvelle grande route beaucoup au delà ; elle passe maintenant à côté de la ferme du plus riche paysan de l'endroit. L'ancienne devint un simple chemin de traverse. On creusa aussi un autre abreuvoir pour les bestiaux, et l'étang bientôt ne fut plus qu'une mare, couverte de plantes et d'herbes aquatiques, bordée de joncs et d'iris sauvages. Quand une grenouille y sautait, cela faisait un trou dans la verdure et on apercevait une eau noire et grasse.

La maison du tailleur, on n'en prit plus soin ; elle finit par s'affaisser sur le côté, les murailles se lézardèrent ; le toit était couvert de mousse et de jubarbe. Le pigeonnier, à moitié démoli, ne servait plus de demeure qu'aux sansonnets ; cependant les hirondelles continuaient à bâtir leurs nids en rangée serrée autour du toit, comme si c'était encore là, comme jadis, le séjour du bonheur.

Mais c'était aujourd'hui une solitude désolée ; Rasmus « le pauvre idiot, » comme on l'appelait, y végétait dans la misère. Il était né dans cette maison, il avait sauté et joué aux alentours avec les gamins du village ; avec eux il avait barbotté dans l'étang et grimpé tout en haut du saule.

L'arbre, lui, avait mieux résisté au temps ; ses longues branches retombaient toujours gracieusement en épais faisceaux ; cependant les tempêtes l'avaient un peu courbé, et par l'effet de l'âge son écorce s'était fendue par places ; la poussière s'y était accumulée, était devenue du terreau, et il y poussait de l'herbe, des fleurettes et même un petit églantier.

Lorsqu'au printemps arrivaient les hirondelles, et qu'elles avaient retrouvé leurs anciens nids, elles les réparaient et replâtraient convenablement. Mais Rasmus ne suivait pas leur exemple; il laissait son nid se détériorer et dépérir, sans lutter contre les dégâts du temps. « A quoi bon? » disait-il toujours, employant là un vilain adage, dont son père se servait aussi.

Les hirondelles allaient et venaient; en automne elles partaient pour leur grand voyage, mais au printemps elles revenaient fidèlement. Rasmus, lui, ne bougeait guère; il voyait sans chagrin ces gentils oiseaux s'envoler ; quand ils revenaient, faisant retentir les airs de leurs chants joyeux, il n'en éprouvait aucun plaisir. Même le gai sifflement des sansonnets le laissait insensible; autrefois il sifflait presque aussi bien qu'eux, et il s'amusait à les provoquer à qui sifflerait le plus longtemps; aujourd'hui leurs joyeux accents ne lui disaient plus rien.

Entends-tu de nouveau le vent souffler à travers le vieux saule? Ses branches frémissent et gémissent; on dirait une triste complainte. Si tu ne comprends pas ce chant, va trouver la vieille Jeanne à l'hospice, elle te récitera les paroles; elle connaît bien des histoires du temps jadis; elle est une chronique vivante des vieux souvenirs du pays. Voici ce qu'elle te racontera :

La maisonnette là-bas près du saule était toute neuve et coquette lorsque Ivar Oelsé le tailleur y vint s'établir avec Marie, sa femme. C'étaient de braves gens, travailleurs et honnêtes. La vieille Jeanne alors était encore une enfant; elle était la fille du sabotier, l'homme le plus pauvre du village. La pauvrette, souvent la bonne Marie, qui était à son aise, lui donna de grosses tartines, bien beurrées.

Marie était bien vue au château : elle était toujours gaie;

elle ne cessait guère de rire ; les petits ennuis de la vie, elle les avait vite oubliés. Elle causait gentiment et maniait la langue aussi bien que l'aiguille. Elle aidait son mari pour l'ouvrage tout en faisant marcher son ménage et en prenant soin de ses enfants ; elle en avait onze.

« Les pauvres ont toujours une nichée d'enfants, disait le châtelain ; si on pouvait les noyer comme les petits chats, et n'en garder que deux ou trois, les plus forts, alors il y aurait moins de misère dans ce monde.

— Que Dieu ait pitié de nous, s'écria la femme du tailleur, lorsqu'un jour elle entendit ce propos. Les enfants sont une bénédiction du bon Dieu ; c'est eux qui font toute la joie de la maison. Si on vient à se trouver un peu gêné parce qu'il faut nourrir beaucoup de ces petites bouches, eh bien, on n'a qu'à se donner un peu plus de mal. Le bon Dieu ne vous abandonne pas, si vous ne cessez pas d'avoir confiance en lui. »

La femme du châtelain approuvait Marie, et ne l'aimait que mieux en la voyant si vaillante. Elles se connaissaient depuis longtemps ; Marie avait été bonne d'enfants dans la maison des parents de la châtelaine, qu'elle avait souvent embrassée lorsqu'elle était toute petite.

Tous les ans, à Noël, arrivait du château toute une cargaison de provisions à la maisonnette du tailleur : une tonne de farine, une demi-tonne de beurre, un porc gras, deux belles oies bien dodues, des fromages, des pommes et des noix. Ivar Oelsé voyait d'un air souriant entrer chez lui ce beau présent ; mais, un instant après, on l'entendait répéter son stupide dicton : « A quoi bon ? » auquel il s'était bêtement habitué.

Et cependant il n'avait pas à se plaindre du sort. Sa demeure était riante et proprette du haut en bas; de beaux rideaux blancs ornaient les fenêtres, garnies de balsamines et d'œillets. Au dessous d'un beau meuble en noyer était accrochée, dans un cadre doré, la lettre par laquelle Marie s'était fiancée à Ivar; elle était très bien tournée et écrite en vers rimés. Ce n'était pas la seule pièce de poésie qu'elle eût composée. « Eh! voyez, disait-elle, quand j'arrive à écrire mon nom de *Oelsé* (soif) au bout d'un vers, je ne suis pas embarrassée à trouver la rime, il n'y en a qu'une : c'est *Poelsé* (saucisse) ; mais cela c'est une vraie distinction. Oui, cherchez : pour *Poelsé* vous ne trouverez d'autre rime que *Oelsé*; et comme les deux mots vont bien ensemble!... »

Et de rire. Car elle gardait toujours sa bonne humeur. Jamais elle ne disait comme son mari : « A quoi bon? » Sa devise était : « Fie-toi à toi-même, mais avant tout aie confiance dans le bon Dieu. »

Et elle agissait d'après sa devise, et, à force de labeur, elle parvint à nourrir et à bien élever ses enfants. Les dix premiers se dispersèrent à travers le monde, s'établirent et prospérèrent. Restait Rasmus, le plus jeune; c'était un charmant enfant, aux joues roses, au doux sourire. Un jour, le peintre le plus célèbre de la capitale, étant en visite au château, aperçut le petit Rasmus. La tournure et la figure du bambin lui plurent tant, qu'il pria Marie de le lui prêter, et il fit un ravissant tableau où l'on voyait le gamin, nu comme un petit ange, folâtrant joyeusement. La toile fut placée dans la galerie du palais du roi; c'est ce qu'on apprit par la châtelaine, qui, apercevant le tableau, reconnut le petit Rasmus, bien qu'il n'eût pas d'habits ni de chemise.

Survinrent des temps difficiles. Le tailleur fut pris de la goutte; la maladie lui donna de gros nœuds aux doigts et il ne pouvait presque plus travailler ; le docteur n'y pouvait rien, pas plus que Stina, la devineresse, qui passait cependant pour une habile sorcière.

« Il ne faut pas se désespérer, disait Marie, ni se lamenter ; cela ne sert à rien. Le père ne peut plus faire aller ses mains ; eh bien, les miennes feront le double d'ouvrage. Et nous

Souvent Rasmus et Jeanne jouaient près du grand saule...

allons avoir du renfort : voilà le petit Rasmus qui commence à savoir conduire l'aiguille. »

En effet, il s'installait à l'établi et il avait du goût pour le travail ; tout en cousant, il chantait et sifflait gaiement.

Mais sa mère ne le laissait pas assis là toute la journée ; elle l'envoyait dehors sauter et jouer pour que sa santé ne souffrît pas de trop d'immobilité.

La petite Jeanne était sa meilleure camarade de jeu. Elle n'était guère jolie et elle courait pieds nus ; ses vêtements n'étaient que des haillons ; sa mère n'était plus là pour les raccommoder, et, quant à Jeanne, elle les trouvait bien assez bons comme cela. C'était une enfant du bon Dieu, gaie et insouciante comme un petit oiseau.

Souvent Rasmus et Jeanne jouaient près du grand saule, devant la pierre milliaire.

Lui avait ses projets ambitieux; il voulait devenir un tailleur pour les messieurs, s'établir en ville, où les maîtres ont jusqu'à dix apprentis, comme lui avait dit son père. Quand il serait devenu maître lui-même, alors il ferait venir Jeanne et elle ferait la cuisine pour eux tous, lui et ses apprentis; et dans sa chambre elle aurait une belle glace et une pendule comme il y en avait au château.

Ces projets d'avenir amusaient Jeanne, mais elle n'osait pas trop croire qu'ils pourraient se réaliser; Rasmus, au contraire, en était sûr et certain.

L'année s'avançait, et le saule se dépouillait de ses feuilles; les vents et les pluies arrivèrent, et Rasmus ne pouvait plus aller jouer avec sa petite amie. « Les feuilles repousseront bientôt, » lui disait sa mère pour le consoler.

— A quoi bon? dit le père Ivar. La nouvelle année amènera de nouveaux soucis.

— Que dis-tu encore là? répliqua Marie. N'avons-nous pas l'office rempli de provisions que nous a envoyées la bonne châtelaine? Je suis en bonne santé, l'ouvrage va bien. C'est un péché que de se plaindre à propos de rien. »

Après la Noël, les châtelains se rendirent dans la capitale pour prendre part aux fêtes et réjouissances du grand monde; ils allaient à tous les bals de la cour.

La châtelaine se fit venir de Paris deux robes d'une étoffe si riche, si précieuse, d'une coupe et d'un travail si parfaits que Marie, qui n'avait jamais imaginé qu'il existât d'aussi splendides toilettes, en restait tout en extase, et demanda la permission d'amener son mari au château pour qu'il pût aussi admirer un si superbe ouvrage. Et, en effet, il fut stupéfait en voyant ces robes taillées et confectionnées avec un art merveilleux ; il ne put presque pas trouver de paroles pour exprimer son étonnement. Mais, rentré chez lui, il s'écria tout à coup : « Après tout, à quoi bon ? »

Cette fois il eut raison. A peine installé en ville, le châtelain, en sortant d'une fête, prit froid, s'alita et mourut ; et sa femme n'eut pas l'occasion de mettre une seule fois ces belles robes. Elle était maintenant vêtue de noir des pieds à la tête ; elle ne portait même pas une collerette blanche. Les domestiques étaient aussi en deuil, et le vieux carrosse de cérémonie fut recouvert de drap noir.

Ce fut une nuit d'hiver glaciale ; la lune et les étoiles brillaient lorsque le corbillard ramenant les restes mortels du châtelain arriva au château. L'intendant, le bourgmestre, toutes les autorités étaient rassemblées devant la porte de l'église, tenant des torches. Le temple était tout illuminé de cierges. Le pasteur s'avança au-devant du cercueil, qui, suivi de tout le village, fut porté dans le chœur. Le prêtre fit une oraison funèbre ; il dit beaucoup de bien du défunt ; ses éloges ne furent exagérés que de moitié, ce qui ne passe pas la permission. Puis on entonna un cantique. La veuve faisait peine à voir ; elle était accablée, anéantie par la douleur. Elle repartit dans le vieux carrosse, tout recouvert de drap noir ; chose qu'on n'avait jamais vue dans le village.

Aussi y parla-t-on encore longtemps de ce bel enterrement.

« On voit bien de quelle noble famille était notre châtelain, disaient les paysans ; il est venu au monde comme très haut et très bien né, et il est parti également avec tout l'appareil d'un personnage très haut et très bien né.

— A quoi bon tout cela? disait le tailleur Oelsé. Aujourd'hui, il n'a plus ni vie ni fortune ; nous, au moins, nous possédons encore un de ces deux biens.

— Ne dis donc pas de pareilles sottises, dit sa femme. Il est entré dans la vie éternelle au paradis.

— Qui t'a dit cela, Marie? répondit Ivar. Nous tous, pauvres gens, quand nous mourons, nos corps retournent à la terre et sont un bon engrais. Mais notre châtelain s'est cru trop haut placé pour avoir besoin d'être utile; il s'est fait embaumer, et son corps est là dans le caveau de famille et ne sert de rien.

— Tu deviens impie, interrompit Marie. Je te le répète, il est entré dans la vie éternelle.

— Et moi, je demande de nouveau qui t'a dit cela. »

Toute hors d'elle même, Marie, soulevant son tablier, en couvrit la tête du petit Rasmus pour qu'il n'entendît pas plus longtemps ces vilains propos; elle l'emporta dehors dans ses bras et se mit à pleurer.

« Écoute bien, cher enfant, dit-elle, les paroles que ton père vient de prononcer ne proviennent pas de ses pensées. C'est un méchant diable, qui passait dans la chambre, qui a parlé par sa bouche. Dis un *Pater*; je vais prier avec toi. »

Et, après avoir joint les mains de l'enfant, elle dit avec lui la sainte prière.

« Maintenant me voilà calmée, dit-elle. Écoute bien comment il faut se dire dans ce monde : J'ai confiance dans le bon Dieu et en moi-même. »

Les jours et les mois se passèrent, et l'année de deuil se trouva expirée pour la veuve du vieux châtelain; pour ses vêtements elle était en demi-deuil, mais, dans son cœur, il n'y avait plus de deuil du tout. On se chuchotait à l'oreille qu'elle allait se remarier.

En effet, au bout de quelque temps, le pasteur annonça les nouvelles fiançailles de la châtelaine; le futur, cette fois, n'était pas très haut et très bien né; c'était un sculpteur de

« Écoute bien, cher enfant, » dit-elle...

grand talent. Mais, à la campagne, où la gloire de Thorwaldsen n'avait pas encore rendu populaire l'art de la sculpture, on ne se rendait pas trop compte en quoi un sculpteur pouvait être utile à l'État.

Tous cependant convinrent que c'était un bel homme, lorsqu'il arriva après Pâques pour la noce. Le tailleur et sa femme qui étaient à l'église avec Rasmus, allèrent à la communion ; le petit resta sur son banc ; il n'était pas encore confirmé, bien qu'il portât déjà un habit noir, comme ceux qui s'approchent pour la première fois de la sainte table.

Ce vêtement, ainsi que l'habit de son père et la robe de sa mère, avait été taillé dans le drap qui avait recouvert le vieux carrosse pendant le deuil, et dont la châtelaine avait fait cadeau à Marie. Celle-ci l'avait accepté avec reconnaissance ; les affaires n'allaient pas trop bien, et elle avait été obligée de rapiécer et de retourner même les habits de son mari et de son fils.

La chose se répandit dans le village ; Stina la devineresse en augura mal ; elle annonça que les habits coupés dans un drap de deuil devaient donner la maladie. La petite Jeanne pleura lorsqu'elle entendit ces propos ; mais elle resta dans la rue, lorsque Rasmus aussi se mit à pleurer, et elle le consola. Comme l'avait prédit Stina, le tailleur s'alita, et, le premier dimanche après la Trinité il mourut.

Marie Oelsé restait seule avec son petit garçon ; elle ne perdit pas courage, et, comme elle travaillait presque aussi bien que son mari, on continua au village à faire faire les habits chez elle.

Un an après, Rasmus fut confirmé, et partit pour la ville. Il entra comme apprenti chez un tailleur, qui n'avait pas, il est vrai, comme Rasmus l'avait rêvé, dix apprentis autour de son établi, mais en avait trois ; du reste il savait bien son métier. Rasmus en quittant son village, était fier et content ; il pensait voir devant lui un bel avenir. Jeanne pleurait à chaudes larmes.

Ce fut à cette époque que la nouvelle grande route fut ouverte ; l'ancienne devint un chemin vicinal ; l'étang se dessécha, et il ne resta plus qu'une mare couverte de plantes et d'herbes. La pierre milliaire qui n'avait plus de raison d'être se renversa ; il n'y eut que le saule qui tint bon ; il poussait toujours de belles branches, et c'était tout un chant quand le vent soufflait à travers son épais feuillage.

A l'automne, les hirondelles partaient et les sansonnets également ; au printemps toute la bande revenait. C'était pour la quatrième fois qu'elles arrivaient de nouveau, lorsque Rasmus aussi rentra au nid. Il avait bien passé l'épreuve de compagnon, et était devenu un joli garçon, élancé, un peu trop mince cependant. Il voulait boucler sa valise, faire son tour de Danemark, et aller ensuite à l'étranger ; il avait toujours l'ambition de se perfectionner dans son métier. Mais sa mère le retint.

« Tous mes autres enfants sont dispersés au loin, dit-elle ; eu moins que toi, le plus jeune, tu restes auprès de moi ; tu sais bien que notre loi t'attribue la maison paternelle. Tu seras bien mieux soigné qu'au milieu des étrangers. L'ouvrage ne manque pas ; et si tu tiens tant à changer de place, eh bien ! va à droite, à gauche, dans les fermes des alentours, où l'on t'appellera pour réparer les habits de tout le monde et en confectionner de nouveaux. Quinze jours dans tel endroit, quinze jours dans tel autre, cela, c'est aussi voyager. »

Rasmus écouta les conseils de sa mère ; et de nouveau il allait, quand il se reposait, s'asseoir sous le vieux saule, écouter le chant des oiseaux et le bruissement des branches. Et il continuait à siffler aussi bien que les sansonnets ; mais il savait aussi de vraies chansons, des vieilles et des nouvelles. Son adresse à l'aiguille, sa bonne humeur, le faisaient bien venir dans les grandes fermes où on le retenait.

Nulle part on ne lui faisait meilleur accueil que chez Claus Hansen, qui pour la richesse était le second dans la paroisse. Sa fille, la gentille Elsé, ressemblait à une belle fleur qui vient de s'épanouir; c'était un plaisir que de la regarder. Toujours elle riait; il y avait quelques langues assez mauvaises pour prétendre que c'était par coquetterie, pour montrer ses belles dents. Il pouvait y avoir de cela; mais le fait est qu'elle était de son naturel gaie comme pinson; elle aimait même à faire des niches, et cela seyait fort bien à son petit air mutin.

Elle trouva Rasmus à son goût, et en retour elle lui plut infiniment; mais ni l'un ni l'autre ne s'en dirent rien. Cependant Rasmus sentait parfois poindre en lui la mélancolie; il tenait plus de son père que de sa mère, cela commençait à se montrer. Mais la joyeuse humeur reparaissait chez lui, lorsqu'il apercevait Elsé; ils devisaient alors tous deux, folâtraient, et s'amusaient à d'innocentes farces; bien que souvent l'occasion s'en présentât, il ne souffla pas un mot de son amour pour elle.

Déjà la devise de son père lui trottait dans la tête.

« A quoi bon? se disait-il. Ses parents ont du bien et tiennent à la richesse; je n'ai à lui offrir ni terres ni écus; le mieux serait que je m'éloignasse d'elle. »

Plusieurs fois par jour, il prenait la résolution de la fuir; et au premier prétexte, il courait à la ferme pour la voir. On aurait dit qu'Elsé le tenait attaché à la patte par un fil; il était pour elle comme un oiseau bien dressé : il chantait et sifflait à son commandement.

Jeanne, la fille du sabotier, servait à la ferme; on l'employait à de gros travaux, elle conduisait la voiture dans les prés, où elle allait aider à traire les vaches; quelquefois même quand il y avait presse, elle chargeait le fumier. Presque jamais elle n'avait accès à la grande salle d'honneur;

et elle ne voyait Rasmus et Elsé que rarement; mais elle entendait les autres filles dire entre elles, qu'ils étaient tous deux comme fiancés.

« Dieu merci ! se dit-elle. Alors Rasmus aura une belle fortune. Que j'en suis heureuse pour lui ! »

Mais en même temps ses yeux se mouillèrent, et cependant cela ne paraissait pas un sujet de larmes.

Arriva le temps de la foire. Claus Hansen et sa famille allèrent à la ville dans leur char à bancs ; Rasmus fut de la partie ; il était assis à côté d'Elsé en allant et en revenant. Il sentait combien il l'aimait, mais il n'en dit toujours pas un mot.

« C'est pourtant à lui de parler, pensait la jeune fille. Soit, s'il ne veut pas ouvrir la bouche, je saurai bien troubler sa placidité. »

Et bientôt on annonça au village que le plus riche fermier de la paroisse voisine avait demandé la main d'Elsé, et c'était la vérité ; mais personne ne savait ce que la jeune fille avait répondu.

Rasmus sentit sa tête se brouiller et son cœur se serrer, lorsqu'il entendit parler de cette démarche du riche fermier. Un soir il vit Elsé mettre à son doigt un anneau d'or; elle lui demnda d'un air malicieux ce que cela pouvait bien signifier :

« Des fiançailles ! dit-il.

— Et avec qui, penses-tu ? ajouta-t-elle.

— Mais, avec le riche paysan du village voisin ! répondit-il.

— Allons, tu as deviné ! » dit-elle en souriant toujours avec sa petite mine friponne, et elle s'esquiva et disparut.

Lui aussi il s'esquiva et s'en fut chez lui, tout bouleversé.

Il boucla sa valise et déclara à sa mère qu'il voulait voir absolument le monde, le vaste monde ; elle eut beau lui donner les meilleures raisons pour l'engager à rester auprès d'elle, cette fois elle ne réussit pas à le retenir.

Il coupa une branche du vieux saule, pour lui servir de bâton de voyage ; il se mit à siffler les airs les plus joyeux comme s'il était de l'humeur la plus gaie du monde à l'idée

« Ta résolution m'afflige beaucoup, » dit sa mère.

de voir toutes les merveilles dont parlent les livres de géographie.

« Ta résolution m'afflige beaucoup, dit sa mère. Enfin, c'est peut-être pour ton plus grand bien que tu quittes le pays pour quelque temps ; et je fais taire mon chagrin. Mais promets-moi une chose : Aie confiance en Dieu et en toi-même ! Si tu suis mon précepte, tu nous reviendras content et heureux. »

Rasmus quitta la maison paternelle et prit la nouvelle

grande route ; de loin il aperçut Jeanne qui conduisait sa voiture à lait. Il ne voulut pas qu'elle le vît et se cacha derrière une haie jusqu'à ce qu'elle fût passée.

Le voilà donc parti pour les pays étrangers ; il n'avait pas dit où il irait et il ne donna aucune nouvelle de lui.

« Dans un an et un jour il sera de retour, se disait Marie ; d'abord la nouveauté l'attirera et le distraira ; mais ensuite il éprouvera le besoin de retrouver sa mère, ses amis et connaissances. Malheureusement il tient un peu trop du caractère de son pauvre père. Enfin, le bon Dieu fera tout pour le mieux. »

Et elle attendit patiemment un an et un jour. Mais Elsé n'attendit qu'un mois ; puis, un soir d'hiver, elle alla trouver en secret la devineresse, qui savait jeter les cartes et prédire l'avenir à l'inspection du marc de café. La sorcière dit, après avoir bien examiné le marc, qu'elle voyait bien que Rasmus n'était plus en Danemark, mais à l'étranger dans une grande ville ; le nom de l'endroit, elle ne pouvait pas encore bien le distinguer ; ce qui était certain c'est que dans cette ville il y avait des soldats et des jolies filles, et que Rasmus était à réfléchir s'il s'engagerait parmi les soldats et prendrait le mousquet ou s'il épouserait une de ces jolies filles.

Ces paroles mirent Elsé hors d'elle-même ; et elle déclara qu'elle donnerait bien tout l'argent de ses épargnes pour racheter Rasmus s'il s'était déjà engagé, mais que Stina ne devait rien en dire à personne.

La vieille sorcière promit de le faire revenir par un artifice dangereux, mais infaillible quand on le pratiquait d'une main habile comme la sienne.

Donc elle alluma un grand feu et y plaça un chaudron magique : « Il faut maintenant, dit-elle, que ce que nous allons y mettre ne cesse de bouillir, et alors quoi qu'il en ait, Rasmus sera forcé de revenir; il résistera sans doute, pendant des mois entiers peut-être, mais finalement, pourvu qu'il reste en vie, il reprendra le chemin du pays, et alors il n'aura de repos nuit et jour jusqu'à ce qu'il soit de retour ici; ni vents, ni tempêtes, ni mers, ni montagnes, ni forêts n'arrêteront ses pas. C'est juste le moment de commencer l'opération; la lune

Donc elle alluma un grand feu et y plaça un chaudron magique.

entre dans son premier quartier; et de plus entends-tu l'orage et le tonnerre? C'est le meilleur présage. »

Stina sortit, et, guidée au milieu des ténèbres par des éclairs, elle atteignit le vieux saule, en coupa une branche, qu'elle tressa en plusieurs nœuds, selon la formule prescrite, pour attraper Rasmus par le cou et le ramener chez lui. Puis elle enleva de la mousse et de la jubarbe du toit de la maison du tailleur et mit le tout dans le chaudron. Elsé alors eut à arracher un feuillet d'un livre de cantiques; elle tira par hasard le dernier, qui contenait des fautes d'impression.

« Cela ne fait rien », dit Stina, et elle jeta le papier dans le chaudron.

Mais ce n'étaient pas les seuls ingrédients qu'il fallût pour ramener Rasmus. Le beau coq noir qui se promenait tout fier dans la cour de la sorcière dut donner sa belle crête rouge. Stina fourra encore dans le chaudron le bel anneau d'or qu'Elsé avait montré à Rasmus. « Tu ne le reverras jamais, dit Stina ; c'est cette vilaine bague qui est cause de tout le malheur. »

Et on mit encore dans le chaudron une foule d'objets très difficiles à se procurer et très chers, des herbes cueillies sur le coup de minuit dans la nuit de Noël sur le tombeau d'un enfant innocent, une larme versée par une jeune fille qui s'était jetée à l'eau en apprenant la mort de son fiancé, et ainsi de suite.

Il fallait entretenir sans cesse le feu ; le mélange ne devait pas cesser de bouillir si on voulait réussir et cela aussi coûtait beaucoup d'argent.

La lune passa par ses quatre quartiers, et toujours pas de nouvelles de Rasmus.

« Ne vois-tu pas s'il est en route pour revenir ? » dit Elsé un soir à la sorcière.

« Attends, répondit Stina, que je regarde bien avec attention. Ah ! le voilà ! O le pauvre garçon ; il est en route ; il vient de monter une haute montagne ; il est harassé et se repose un instant. Mais il a la fièvre, il désire te revoir. Le voilà qui repart, il s'engage dans une forêt sauvage, où il y a une bande de brigands.

— Non, non ! s'écria Elsé. Qu'il s'arrête, qu'il ne se jette pas au milieu des dangers ! cela me fait trop de peine !

— Je ne puis le retenir, répondit Stina. Maintenant qu'il

est attiré par ce qui bout dans le chaudron, s'il ne marchait pas sans cesse, il tomberait mort. »

Des mois encore s'écoulèrent; Elsé s'impatientait. Un soir, après un orage, la lune vint à sortir des nuages, et on vit un arc-en-ciel. Jamais Elsé n'avait aperçu ce rare phénomène.

« Tiens, regarde, s'écria Stina. C'est le signe que j'attendais. D'ici peu de jours, il sera de retour. »

Au bout d'une semaine, Rasmus était toujours absent. Elsé poussa encore quelques soupirs, mais elle ne retourna plus chez Stina, et un beau matin on apprit qu'elle était fiancée au riche fermier du village voisin. Claus Hansen avait été examiner en détail les terres, les granges, les étables de son futur gendre; tout était parfait et cossu.

Peu de temps après, la noce se fit; on en parlait encore bien des années après. Le festin dura trois jours; violons et clarinettes ne cessaient de jouer. Tout le village était invité; Marie Oelsé y était aussi. Lorsque le quatrième jour Claus Hansen remercia ses hôtes et que les musiciens eurent joué l'air des adieux, Elsé apporta à Marie un grand panier, tout chargé de bons reliefs du festin.

La veuve du tailleur arrive à sa maison; elle trouve la porte ouverte. Elle se précipite dans la chambre. Qui aperçoit-elle? Rasmus, son fils Rasmus. C'était là le moment qu'il avait choisi pour revenir!

Elle l'embrasse et le couvre de baisers; mais tout à coup elle recule effrayée, en voyant quelle triste mine il avait. Il était pâle et maigre, miné par le chagrin et par la maladie.

« Mon enfant, mon pauvre fils ! s'écria-t-elle. Comme tu as l'air malheureux ! Mais je vais bien te soigner et tu guériras. Ah! que je remercie donc le bon Dieu, puisqu'il m'a rendu mon fils! »

Elle lui servit un morceau de bon rôti qu'elle avait dans son panier et lui donna à goûter de la tarte de la noce. Il mangea, car il avait très faim; mais les bouchées avaient peine à passer, lorsqu'il apprit d'où venait ce régal.

Il raconta qu'il avait été dans bien des pays, qu'il avait vu de belles et grandes villes, mais que, dans ces derniers temps, l'idée de sa mère, de sa maison, du vieux saule, ne l'avait pas laissé tranquille. « Que de fois, dit-il, j'ai rêvé de cet arbre, et toujours, je voyais sous ses branches Jeanne, toute enfant, comme elle jouait alors avec moi. »

Il ne prononça pas le nom d'Elsé. Le lendemain, il se sentit plus malade et il s'alita. Elsé, quand elle l'apprit, se dit que c'était l'effet du chaudron magique, et elle en eut des remords; Stina aussi le crut, mais elle n'en eut pas de remords.

Rasmus fut pris d'une fièvre violente et contagieuse; personne n'entrait dans la maison, excepté Jeanne, la fille du pauvre sabotier. Comme elle pleura lorsqu'elle vit combien Rasmus avait l'air défait et misérable! Elle aidait Marie à le soigner. Le médecin prescrivit une drogue amère et répugnante au goût. Le malade ne voulait pas la prendre. « A quoi bon? disait-il à tout instant.

— Te voilà encore comme ton père, avec ce vilain propos, dit sa mère. Moi, j'ai confiance en Dieu; il te guérira, mais il faut que tu prennes la médecine. Que tu reviennes à la santé, et que tu chantes et siffles comme autrefois, et je donnerai volontiers ma vie en échange de la tienne. »

Et il fut fait comme demandait la sainte femme. Rasmus guérit; mais elle gagna la maladie et le bon Dieu l'appela au ciel.

La maison près du saule était maintenant bien déserte; la

pauvreté y entra peu à peu, l'ouvrage commença à se faire rare. « Il est usé, Rasmus, disaient les paysans; il ne sait plus manier l'aiguille. »

Il avait mené une vie désespérée pendant son voyage; c'est cela et non la mixture de la sorcière qui avait épuisé les forces de son corps et tari la source de sa gaieté. Il continua de même; il fréquentait plus le cabaret que l'église. Ses cheveux blanchirent; ses jambes commençaient à ne plus être solides; il n'avait plus de goût pour le travail. « A quoi bon se donner du mal? » disait-il.

Par une soirée d'automne, il rentrait du cabaret chez lui, il pleuvait et il faisait un grand vent, le chemin était rempli de boue. Il marchait péniblement; il se croyait seul dans la campagne; sa mère reposait au cimetière, les hirondelles et les sansonnets étaient loin. Mais Jeanne, la fille du sabotier, qui l'avait vu sortir se traînant difficilement, l'avait suivi et le rejoignit.

« Rasmus, dit-elle, reprends donc courage et ne te néglige pas ainsi.

— A quoi bon?

— Toujours ce refrain! Tu ne peux donc pas t'en déshabituer et dire comme ta mère : J'ai confiance en Dieu et en moi-même. Si tu te laisses aller, tu n'auras plus la moindre force pour agir, tu ne seras plus capable de rien.

Il ne répondit point. Jeanne le reconduisit jusqu'à sa porte, lui donnant de bons conseils, pour l'engager à surmonter son humeur noire; puis elle retourna à la ferme.

Rasmus ne se coucha pas, il sortit de la maison et alla s'asseoir sur la pierre milliaire qui gisait renversée près du vieux saule.

Le vent soufflait à travers le feuillage de l'arbre; Rasmus

crut distinguer dans ce bruit comme des paroles qui s'adressaient à lui; il y répondit tout haut, parla de sa jeunesse heureuse suivie d'une vie manquée, qui le rendait à charge à lui-même.

La pluie était venue et il se leva pour rentrer; il se sentait faible et transi. Dans l'obscurité, au lieu de se diriger sur la maison, il marcha vers la mare; il trébucha et tomba. Il

... Il alla s'asseoir sur la pierre milliaire...

n'eut pas la force de se relever et resta là accablé par un sommeil de plomb.

Le matin, les cris des corneilles le réveillèrent; des passants le ramassèrent et le portèrent chez lui; le bruit de ce qui lui était arrivé se répandit dans le village; Jeanne accourut et le veilla, jusqu'à ce qu'on l'eût mené à l'hôpital.

« Nous nous sommes connus depuis l'enfance, lui répondit-elle, lorsqu'il lui dit de ne pas s'occuper de lui; ta mère m'a souvent donné à manger quand j'avais faim, je ne l'oublierai jamais. Aie donc un peu de courage, tu guériras et tu pourras recommencer une nouvelle vie. »

S'il ne guérit pas complètement, au moins il vécut continuant à traîner une existence misérable. Sa maison se délabrait de plus en plus; il avait de moins en moins d'ouvrage, et il devint même plus pauvre que Jeanne.

« Tu as perdu la foi en Dieu, lui dit-elle un jour. Tu devrais t'approcher de la sainte table.

— A quoi bon? répondit-il.

Il resta là accablé par un sommeil de plomb.

— Si tu tiens toujours à ta devise funeste, alors il vaut mieux que tu n'ailles pas à l'église. Souviens-toi donc de ta mère, de tes premières années, lorsque tu étais un enfant pieux et gentil. Veux-tu que je te récite un cantique qui m'a souvent réconfortée au milieu de mes peines, qui étaient bien aussi dures que les tiennes.

— Tu es donc devenue une dévote? » dit Rasmus la regardant de ses yeux mornes et fatigués. Elle ne répondit pas, elle chanta le cantique. « Oui, dit-il, ce sont d'assez belles paroles; mais je n'ai pas pu en suivre le sens, tout se brouille dans ma tête. »

Rasmus vieillit ainsi tristement. Elsé aussi prenait de l'âge; il continuait à ne jamais prononcer son nom. Elle était devenue grand-mère; elle avait pour petite-fille une petite espiègle qui un jour jouait avec d'autres enfants près du vieux saule. Rasmus, appuyé sur son bâton, vint à passer et regarda d'un air pensif les ébats de cette jeunesse; ses yeux brillaient

Et les autres enfants crièrent derrière lui : Le voilà! Rasmus Misère!

de nouveau; il se souvenait du temps où, heureux et insouciant, il jouait en ce même endroit.

Tout à coup la gamine l'aperçoit et le montrant du doigt, le narguant, elle s'écrie : « Voyez-le donc! Rasmus Misère! »

Et les autres enfants crièrent de même : « Le voilà, le voilà! Rasmus Misère! »

Ce fut un dur moment pour lui. Les jours devinrent ensuite plus sombres, mais après le soleil reparut.

La Pentecôte était arrivée; l'église était tendue de branches vertes et remplie de fleurs. Les grands cierges étaient allumés; Jeanne s'approcha de la sainte table; Rasmus n'était pas dans l'église; le matin même le bon Dieu avait eu pitié de lui et l'avait rappelé de cette terre au ciel où règnent la grâce et la miséricorde.

Bien des années se sont passées depuis. La maison du tailleur est déserte et abandonnée; un fort coup de vent pourrait la faire écrouler. La mare est devenue toute verte. Le vent souffle à travers les branches du vieux saule; on dirait une complainte. Si tu n'en saisis pas les paroles, va trouver la vieille Jeanne à l'hospice.

Elle vit encore et chante souvent le cantique qu'elle a chanté un jour pour ranimer le cœur de Rasmus; elle pense à lui, cette brave et bonne âme, et elle prie Dieu pour lui. Elle te racontera, mieux que je n'ai pu le faire, cette histoire du temps jadis et de tous les temps.

... Vois-tu ce vieil arbre, dit-elle.

LE BRIQUET

Un soldat marchait sur la grande route : une, deux, une, deux. Il portait le sac au dos, et il avait son sabre au côté. Il avait été à la guerre et maintenant il rentrait chez lui.

Voilà que près d'un carrefour il rencontre une vieille sorcière; Dieu, qu'elle était affreuse! sa lèvre pendait jusque sur sa poitrine.

« Bonjour, brave soldat, dit-elle. Quel beau sabre tu as, et que ton sac est grand! Tu m'as l'air d'un vrai soldat; aussi vais-je te faire avoir autant d'argent que tu peux désirer. »

— Merci, vieille carabosse », dit-il.

— Vois-tu ce vieil arbre? reprit-elle, en montrant un marronnier à côté de la route. A l'intérieur il est tout à fait creux. Il te faudra monter jusqu'à la cime, là tu trouveras une ouverture, et tu descendras à l'intérieur jusqu'en bas. Tiens, voilà une corde, que tu t'attacheras autour du corps, pour t'aider à descendre, et avec laquelle je te remonterai, quand tu m'en donneras le signal.

— Et qu'ai-je à faire dans cet arbre? dit-il.

— Y prendre de l'argent, dit la sorcière. Quand tu seras arrivé au pied de l'arbre, tu verras un escalier qui te mènera à une grande salle voûtée, magnifiquement éclairée par plus de trois cents lampes, et sur laquelle s'ouvrent les portes de trois salles plus petites; la clef est dans la serrure et tu pourras les ouvrir.

« Dans la première salle tu apercevras par terre une grande caisse, sur laquelle est assis un chien; il a des yeux grands comme la soucoupe d'une tasse à thé. Mais ne t'effraye

— Et qu'ai-je à faire dans cet arbre? dit-il.

pas; tiens, voilà mon tablier à carreaux bleus; tu n'as qu'à l'étendre par terre, à vite empoigner le chien et à le mettre sur le tablier. Puis tu ouvriras la caisse sans qu'il songe à te mordre, et tu y trouveras des centaines de mille de shillings de cuivre; prends-en tant qu'il te plaira.

« Si tu préfères l'argent, passe dans la seconde salle; la caisse qui est au milieu est gardée par un chien dont les yeux sont comme des roues de moulin. Fais avec lui comme avec le premier : place-le sur mon tablier, et tu pourras puiser dans la caisse autant de couronnes d'argent que tu voudras.

« Veux-tu de l'or? alors rends-toi dans la dernière salle, et tu pourras prendre de ce bienheureux métal autant que ton cœur désire. Là le coffre-fort est surveillé par un chien féroce, qui a une paire d'yeux, qu'on prendrait chacun pour une grosse tour ronde. Mais ne recule pas; fais le même manège : attrape-le par les oreilles et mets-le sur le tablier; puis gorge toi d'or tant que tu pourras.

— Cela me va assez, ce que tu me proposes, dit le soldat. Mais qu'est-ce que tu demandes en retour? car je n'imagine pas qu'une vieille sorcière comme toi rende service à quelqu'un pour rien.

— C'est pourtant le cas, dit-elle. Je ne réclame pas pour moi un seul shilling. Seulement tu auras bien la complaisance de me rapporter un vieux briquet que ma grand'mère a oublié la dernière fois qu'elle descendit dans l'arbre.

— Cela, oui, répondit le soldat. Allons, attache-moi la corde autour du corps. »

C'est ce qu'elle fit, et elle lui donna aussi son tablier.

Le soldat, qui était agile de ses bras et de ses jambes, grimpa lestement sur l'arbre, atteignit le trou et se laissa glisser à l'intérieur du tronc. Ainsi que lui avait dit la vieille, il trouva en bas un escalier par lequel il arriva dans une magnifique salle éclairée d'une quantité de lampes.

Il ne s'arrêta pas à compter s'il y en avait juste trois cents comme avait dit la vieille; il se hâta d'ouvrir la première porte. « Ouh! » dit-il en apercevant le chien qui, avec des yeux grands comme une soucoupe, le regardait fixement.

« Allons, mon gaillard! » fit-il, et, saisissant brusquement la bête, il la mit sur le tablier de la sorcière, puis il remplit ses poches et son sac de shillings qu'il trouva dans la caisse; l'ayant refermée ensuite il y replaça le chien.

Il passa dans la seconde salle, et il se trouva en face du chien avec les yeux comme des roues de moulin.

« Comme tu te donnes de la peine pour me dévisager, lui dit-il; tu vas fatiguer tes beaux yeux! »

Il posa l'animal sur le tablier et il ouvrit la caisse. Quand il la vit pleine jusqu'au bord de belles couronnes d'argent toutes neuves, il jeta tout le cuivre dont il s'était chargé et prit en place cette monnaie blanche, qui brillait si agréablement.

Puis il entra dans la troisième salle; en effet le chien aux yeux comme de grosses tours était là; ils tournaient comme poussés par une mécanique : c'était affreux à voir.

Saisi par l'étrangeté du phénomène, le soldat, qui ne se démontait guère, porta la main à son schako pour saluer. Mais il se souvint aussitôt de ce qu'il avait à faire; il prit le chien par les oreilles, le coucha sur le tablier, puis il ouvrit la caisse.

Quel doux spectacle! elle était bondée de pièces d'or; jamais il n'avait imaginé qu'on pût réunir une pareille quantité de ces gentils jaunets.

« Me voilà riche pour la vie, se dit-il en dansant de joie. Quand je serai chez moi, je pourrai acheter toutes les pipes, tout le tabac, tout le vin de la ville, et faire encore cadeau à mon neveu de tous les soldats de plomb et de toutes les toupies qui seront chez les marchands de jouets. Allons, vite à l'ouvrage! »

Il jeta toutes les couronnes et entassa tant et plus de pièces d'or, dans toutes ses poches, dans son sac; il en mit même dans ses bottes et aussi dans son schako; il avait de la peine à marcher. Cependant il n'oublia pas de refermer la caisse et d'y replacer le chien.

Puis il remonta l'escalier et se mit à crier après la sorcière.

« Allons, tire-moi en l'air, dit-il.

— As-tu mon briquet? dit la vieille.

— Mille tonnerres, je l'ai oublié. Où est-il donc?

— A l'entrée de la grande salle.

Il descendit prendre l'objet; la vieille ensuite, tirant sur la corde avec toute sa force de sorcière, le souleva jusqu'en haut de l'arbre, et quelques instants après il était sur la grande route, palpant, contemplant son bel or.

« Eh bien, te voilà un fier richard, dit la vieille. Maintenant donne-moi mon briquet.

— Que veux-tu en faire? dit-il, quelque méchant maléfice!

— Cela ne te regarde pas, répondit-elle. Je t'ai gorgé d'or. Voyons, passe-moi le briquet.

— Pas de tout cela, dit-il. Dis-moi sur-le-champ à quoi tu veux employer ce briquet, dont tu n'as pas besoin pour ton usage ordinaire; ou sinon, regarde bien ce grand sabre; eh bien, je le prends et je te tranche la tête. On me saura gré de débarrasser la terre d'une coquine comme tu en as l'air.

— Tu ne sauras rien, mon petit », dit-elle, en s'apprêtant

à punir le soldat par quelque enchantement; mais prompt comme l'éclair, il lui coupa la tête et la poussa morte dans le fossé. Il prit son tablier, y fourra l'or qu'il avait dans ses bottes et son schako, et s'en fut droit à la ville voisine.

C'était une grande et belle ville; il entra dans l'hôtel le plus somptueux, demanda le plus bel appartement et se fit servir ses plats favoris. N'était-il pas riche? il pouvait donc se donner du bon temps.

Le garçon qui eut à cirer ses bottes trouva qu'elles étaient bien usées et qu'elles ne convenaient guère à un monsieur qui faisait tant de dépenses. Mais le lendemain le soldat s'habilla à neuf des pieds à la tête. Lorsqu'il eut de beaux habits, et qu'on sut qu'il avait de l'argent mignon, il eut aussitôt une foule d'amis et connaissances. On lui parla de toutes les belles choses que contenait la ville, et de la cour, et du roi, et de la charmante princesse sa fille.

« Sort-elle quelquefois, demanda-t-il, et peut-on l'apercevoir?

— Jamais, au grand jamais, lui répondit-on. Elle vit enfermée dans un château fort, flanqué de grosses tours et gardé par toute une garnison d'amazones; les murailles sont en cuivre massif. En fait d'hommes, il n'y a que le roi son père qui entre au château, parce qu'une fée a prédit qu'elle épouserait un simple soldat, et cela ne convient pas à Sa Majesté. »

Le soldat, lui, ne voyait rien d'extraordinaire à un pareil mariage et il n'aurait pas été gêné pour offrir sa main à la princesse, mais il avait autre chose à faire qu'à penser à elle.

Il courait les théâtres, les bals, les lieux d'amusements; il ne se privait de rien, mais il donnait aussi beaucoup aux pauvres; il se souvenait du temps où il avait été fort malheureux, n'ayant pas parfois un shilling en poche. Il aimait à régaler ses nouveaux amis qui chantaient partout ses louanges et disaient qu'il était un cavalier accompli. Ces flatteries le chatouillaient agréablement et il n'en traitait que mieux les flatteurs.

Il en fit tant que toutes ses pièces d'or y passèrent en peu de temps et qu'un jour il se trouva ne posséder plus que quelques pièces de monnaie. Il lui fallut quitter son splendide appartement et vendre ses beaux habits. Il alla habiter sous les toits dans une auberge; il eut à cirer ses bottes lui-même et à recoudre ses boutons. Ses amis ne le reconnaissaient plus dans la rue; aucun d'eux ne vint le visiter dans sa mansarde.

Il ne lui resta bientôt que quelques shillings; par économie il n'achetait même pas de chandelles, et il se couchait dans l'obscurité. Un soir qu'il faisait très sombre, et qu'il se trouvait dans sa chambrette, n'ayant pas envie de dormir, il se souvint avoir vu dans le fameux briquet de la sorcière un petit bout de chandelle; il le tira dehors et se mit à frotter le briquet. Au premier mouvement, la flamme sortit; en même temps la porte s'ouvrit comme d'elle-même, et le chien aux yeux grands comme des soucoupes fit son entrée; se dressant sur ses pattes de derrière, il dit en langage humain : « Que commande mon maître? »

— Qu'est-ce cela ? s'écria le soldat. Voilà un bijou de briquet; j'ai joliment bien fait de ne pas le rendre à la sorcière. C'est charmant; je peux donc de nouveau me procurer tout ce que je désire.

— Apporte-moi vite un peu de monnaie », dit-il au chien.

Ouipp! L'animal disparut comme un éclair. Ouipp! le voilà revenu, tenant dans sa gueule une bourse pleine de shillings de cuivre.

En expérimentant son briquet, le soldat eut bientôt découvert qu'en frottant une fois, il faisait apparaître le chien de la caisse aux shillings; si deux fois, alors venait le chien qui gardait les couronnes d'argent, et si trois fois, le chien qui veillait sur les pièces d'or. Il se fit par eux bien regarnir sa bourse, rentra dans un bel appartement et s'acheta de nouveau de beaux habits. Ses amis, qui l'avaient renié, accoururent aussitôt; comme il était de bonne composition, il ne leur tint pas rigueur et se mit à les régaler de plus belle.

Un soir qu'il se sentait un peu fatigué de plaisirs, il se mit à réfléchir que la ville ne lui offrait plus guère d'amusements nouveaux, et alors il lui vint à l'idée que ce serait cependant charmant s'il pouvait apercevoir la fille du roi qu'on disait être une merveille de beauté.

« Est-il donc impossible, se dit-il, de voir son visage? Mais j'y pense: où est mon briquet? Ah! le voilà. »

Il frotta une fois; le chien aux yeux comme des soucoupes se trouva devant lui.

« Voyons, mon brave toutou, dit-il; ne pourrais-tu pas m'amener la princesse pour un instant, que j'admire sa gentille figure? »

L'animal disparut pour revenir une minute après avec la princesse; elle était tout endormie, posée sur le dos du chien. Elle était délicieusement belle, et quand même elle n'eût pas été si richement habillée qu'elle l'était, tout le monde l'aurait reconnue pour une fille de roi. Le soldat ne put pas s'empêcher de déposer un léger baiser sur sa petite main mignonne, puis il la fit aussitôt ramener par le chien dans son palais de cuivre.

Le lendemain matin, lorsque la princesse se trouva au

déjeuner, en présence du roi et de la reine, elle raconta qu'elle avait eu la nuit un rêve bien singulier; qu'elle s'était vue emportée à travers la ville sur le dos d'un chien et qu'un soldat lui avait baisé le bout des doigts.

« Voilà une histoire bizarre », dit le roi, pensant aussitôt à la prédiction qui faisait son tourment.

L'animal disparut pour revenir avec la princesse...

Et il fit la nuit suivante rester une dame d'honneur auprès du lit de la princesse pour éclaircir la chose et voir si c'était bien seulement un rêve.

Pendant ce temps, le soldat ne songeait qu'à revoir la jolie princesse, et, la nuit venue, il commanda au chien d'aller la prendre. L'animal obéit; mais, comme la princesse ne semblait pas dormir très fort, il trotta plus doucement que d'habitude. Cela permit à la dame d'honneur, qui veillait et avait vu emporter la princesse, de les suivre jusqu'à une grande maison, où elle vit entrer le chien. Elle fit à la porte une croix avec un morceau de craie dont elle s'était munie; puis, fort satisfaite d'elle-même et de sa vigilance, elle rentra au château, où le chien ramena aussitôt la princesse. En s'en retournant, l'intelligent animal vit le signe tracé sur la porte, et il attrapa aussi un morceau de craie et fit des croix sur les portes de toutes les maisons de la ville.

Le tour réussit. Le lendemain, quand, conduites par la dame d'honneur, Leurs Majestés se mirent à parcourir les rues pour voir où la princesse avait été portée, le roi, à la première porte, s'écria : « C'est là.

— Pas du tout, » dit la reine, en montrant la porte à côté. Ils constatèrent que la ruse de la dame d'honneur avait été éventée et que les recherches, ce jour-là, n'aboutiraient à rien.

Mais la reine était une habile femme ; elle savait autre chose que de se tenir droite sur un trône, la couronne sur la tête, ou de se pavaner dans son carrosse de gala. Elle prit ses ciseaux d'or, coupa quelques morceaux de soie et en fit une bourse suffisamment grande pour tenir plusieurs poignées de fine farine de sarrazin, qu'elle y mit. Le soir, elle cousit au dos de sa fille cette bourse, après y avoir pratiqué une petite incision, par laquelle la farine devait passer au moindre mouvement de la princesse.

La nuit le chien revint la prendre et l'amena chez le soldat qui, tout en étant ravi de pouvoir admirer son gentil visage, se désolait de ne pas être prince pour l'épouser.

Le chien, cette fois, ne s'aperçut de rien ; il ne vit pas la légère traînée de farine qui allait du château à l'appartement du soldat. Le lendemain matin, le roi faisant l'inspection, sut à quoi s'en tenir ; il fit jeter le soldat en prison et ordonna de lui faire son procès.

Voilà donc le pauvre garçon au fond d'un cachot sombre et humide. Un homme maigre, au nez pointu, vêtu d'une longue robe noire, vint lui lire lentement la sentence qui le condamnait à être pendu. Cela lui était égal, mais ce qui le chagrinait, c'est qu'il avait oublié chez lui son briquet.

Le lendemain matin, par raffinement de cruauté, on l'amena dans une cellule au rez-de-chaussée, d'où, par les barreaux de fer de la fenêtre, il pouvait apercevoir les apprêts qui se faisaient sur la grande place où l'on allait le pendre.

La foule accourait de toutes parts voir dresser la potence; les gens d'armes et archers vinrent, tambour en tête, faire la haie. Le soldat remarqua, galopant plus fort que les autres, un petit apprenti cordonnier, qui se précipitait, n'ayant même pas pris le temps d'ôter son tablier de cuir. En courant le long de la prison, le polisson perdit une de ses savates et s'arrêta un instant pour la ramasser près de la fenêtre où se tenait le condamné.

« Dis donc, mon petit ami, dit le soldat, tu n'as pas besoin de tant te presser; ils ne pourront toujours pas commencer sans moi. Donc, tu as le temps de gagner les dix shillings que voici et que je te donnerai si tu veux aller me chercher, dans ma chambre, mon briquet que j'ai laissé sur la cheminée. »

Le galopin ne demanda pas mieux, alla prendre le briquet, le remit au soldat à travers les barreaux, et reçut ses dix shillings.

Maintenant faites attention à ce qui va suivre :

Les gens de justice vinrent chercher le condamné et le conduisirent au bas de la potence, entourée d'une garde qui retenait en arrière des milliers de spectateurs qui se pressaient sur la place. Le roi et la reine, assis sur un trône, se tenaient sur une estrade, où était rassemblée toute la cour. Tous voulaient se régaler du spectacle de la mort du téméraire par qui avait failli être accomplie la prédiction de la méchante fée.

Le pauvre soldat, qui avait ses mains liées, était déjà en

haut de l'échelle, et le bourreau allait lui mettre la corde autour du cou, lorsqu'il fit observer que les plus grands criminels, au moment d'être mis à mort, obtenaient, selon la coutume, la grâce de satisfaire quelque désir innocent; que lui, il ne demandait qu'une chose, c'était de fumer une dernière pipe de tabac.

Le roi, qu'on alla consulter, ne voulut pas déroger à l'usage; et le soldat, après qu'on lui eut délié les mains, reçut une pipe bien bourrée de bon tabac.

Il prit son briquet, et frotta : « Une; une, deux; et une, deux, trois. » Aussitôt les trois chiens, fidèles à l'appel, se trouvèrent à côté de lui. Les gardes épouvantés à la vue de ces bêtes aux yeux monstrueux, qui roulaient des flammes, reculèrent.

« Délivrez-moi, mes braves bêtes! » s'écria le soldat. A l'instant, les trois animaux, bousculant le bourreau, ses aides, les gardes, les archers, les curieux, les culbutèrent les uns sur les autres; le reste s'enfuit à la hâte.

« Qu'on amène du canon! » commanda le roi. Mais le chien aux yeux gros comme des tours sauta sur l'estrade et empoignant Sa Majesté, la lança en bas ainsi que la reine. Ils ne se tuèrent pas, parce qu'ils ne tombèrent pas sur le pavé, mais sur les spectateurs que les autres chiens avaient couchés par terre; mais ils perdirent le respect de leurs sujets et se virent immédiatement détrônés.

Sur l'ordre de leur maître, les chiens s'arrêtèrent; revenu un peu de son effroi, le peuple acclama le soldat et cria :

« Oh! vaillant homme! tu es digne de régner sur nous et d'épouser notre princesse. »

Et il monta dans le carrosse royal, et au galop, ses trois chiens courant devant, il s'en fut au château. Les polissons galopaient derrière, poussant des cris de joie. La garde présenta les armes et on baissa le pont-levis.

La princesse sortit de sa prison et la noce eut lieu aussitôt; elle dura quinze jours pleins; les braves chiens furent placés à la table d'honneur.

Le nouveau roi et la jeune reine furent très heureux en ménage, et le vieux roi, qui se consolait d'avoir perdu sa couronne en gâtant ses petits-enfants, reconnut qu'il avait eu tort de tant s'opposer à ce que la prédiction de la fée se réalisât.

L'eau emporta le frêle esquif.

L'INTRÉPIDE SOLDAT DE PLOMB

Il y avait une fois vingt-cinq soldats de plomb ; ils étaient tous frères, étant nés de la même vieille cuiller d'étain. Ils avaient l'arme au bras et regardaient droit devant eux : rouge et bleu, c'était là leur bel uniforme.

Les premières paroles qu'ils entendirent dans ce monde, lorsque fut enlevé le couvercle de la boîte, où ils étaient renfermés, ce fut : « Oh! les jolis soldats de plomb! »

C'était un petit garçon qui criait ainsi, en frappant des mains. On venait de lui faire ce cadeau ; c'était le jour de sa fête. Il rangea aussitôt ses chers soldats sur la table; l'un ressemblait à l'autre comme deux gouttes d'eau, sauf un seul, celui qui avait été fondu le dernier et pour lequel il n'y avait pas eu tout à fait assez d'étain ; on n'avait pu lui faire qu'une seule jambe, mais il s'y tenait aussi ferme que les autres sur leurs deux jambes, et de tous ce fut le seul qui eut des aventures mémorables.

Sur la table où fut placée toute la compagnie, se trouvaient beaucoup d'autres jouets ; mais ce qui attirait le plus les regards, c'était un amour de petit château de carton ; par devant il y avait une allée de beaux arbres qui menait à un miroir rond qui figurait un étang, sur lequel paraissaient s'ébattre des cygnes en cire ; à travers les fenêtres, on voyait l'intérieur des salles splendidement décorées et meublées avec luxe. Tout cela était travaillé avec un art exquis ; mais ce qu'il y avait de plus joli, c'était une charmante demoiselle qui se tenait au milieu du vestibule ; elle était aussi en carton, mais elle avait une robe en linon véritable et tout ce qu'il y a de plus fin ; autour du cou un ruban de soie bleu, et sur les épaules une écharpe rose, dans les cheveux une belle grosse rose en paillette. La gentille dame levait ses bras en rond : c'était une danseuse. L'une de ses jambes se trouvait pour le moment rejetée en arrière ; le pas qu'elle exécutait l'exigeait ainsi. Mais le soldat de plomb croyait tout bonnement qu'elle n'avait comme lui qu'une jambe unique, et c'est peut-être cela qui lui plaisait le plus en elle.

« Voilà la femme qui me conviendrait, pensa-t-il ; mais elle est de trop haute condition pour vouloir de moi ; elle habite un palais, et moi je n'ai pour demeure qu'une boîte en bois blanc, où nous sommes vingt-cinq ; ce n'est pas là un lieu convenable pour elle. Cependant peut-être arriverai-je à faire connaissance avec elle. »

Aussi comme il fut heureux, lorsque le petit garçon le plaça sur une tabatière qui était sur la table près du château ; de là il pouvait à son aise admirer l'attitude charmante de la belle demoiselle, qui continuait à se tenir vaillamment sur une jambe sans perdre l'équilibre.

C'est là qu'on l'oublia le soir, lorsqu'on replaça les autres soldats dans leur boîte. Tout le monde alla dormir. Vers minuit les jouets se mirent à s'amuser un peu pour leur propre distraction. Le polichinelle faisait ses gambades les plus folles, la toupie ronflait à plaisir; les soldats se trémoussaient dans leur boîte, et auraient bien voulu en sortir pour prendre part au sabbat; mais ils ne purent soulever le couvercle. Le tapage devint tel que le canari en fut réveillé; il lança quelques joyeuses roulades.

Les deux seuls êtres qui ne bougeaient pas de place, c'étaient le soldat de plomb et la danseuse; elle était toujours sur la pointe d'un pied, les bras tendus en rond; lui de même se tenait fixe sur sa jambe unique, ne quittant pas du regard sa voisine.

Voilà que la pendule sonne minuit. Pif, paf! le couvercle de la tabatière se lève par un ressort, et apparaît un petit gnome tout noir : ce n'était pas une vraie tabatière, c'était un jouet à ressort.

Le soldat fut lancé sur la table, mais il retomba sur son pied, et se remit à admirer la danseuse comme si de rien n'était.

« Petit myrmidon, dit le gnome, ne porte donc pas tes regards vers des personnes qui sont si haut placées au-dessus de ta sphère infime. »

Le soldat ne broncha pas, et ne répondit rien.

« Bien, bien, jeune téméraire, dit le gnome; demain tu verras ce qui t'arrivera. »

Le matin tout le monde se leva. La servante, en rangeant

la chambre, plaça pour un instant le soldat sur le bord de la fenêtre qui était ouverte ; tout à coup, je crois que c'est le gnome qui en fut l'auteur, un courant d'air vient à souffler, la fenêtre claque et notre soldat se trouve précipité la tête en avant du troisième étage dans la rue. Quel terrible voyage ! il vint piquer une tête entre deux pavés ; son schako et sa baïonnette, presque tout son corps disparurent dans la poussière ; il n'en sortait que sa jambe unique qu'il tenait fièrement toute droite.

La servante et le petit garçon descendirent aussitôt pour le rechercher ; l'enfant fut près de l'écraser, mais ils ne l'aperçurent pas. Le soldat pensa bien à crier : « Me voilà ! » mais il se souvint qu'il est défendu aux militaires de parler sous les armes.

Il commença à tomber des gouttes, puis ce fut une véritable averse qui rabattit toute la poussière. Lorsque le soleil reparut, deux polissons vinrent à passer.

« Tiens, dit l'un d'eux, voix donc ce soldat de plomb ; il a perdu une jambe à la guerre. Une idée ! nous allons le mettre dans notre bateau. »

Ils avaient confectionné une barque avec une vieille gazette ; ils la mirent dans le ruisseau et y placèrent le petit soldat. L'eau emporta le frêle esquif ; les deux gamins galopaient derrière ; tout joyeux, ils frappaient dans leurs mains.

La pluie avait grossi le ruisseau. Dieu, que le courant était fort ! quelles vagues il roulait ! la nacelle de papier se balançait, se penchait ; parfois elle tournoyait, on croyait qu'elle allait chavirer. Le soldat de plomb frémissait intérieurement, mais il n'en laissait rien voir ; il restait intrépide, et tenait ferme son fusil.

Voilà que le bateau s'engage sous une dalle, qui recouvrait le ruisseau. Qu'il faisait sombre là !

« Il ne fait pas plus noir dans ma boîte, pensa le soldat. Que vais-je devenir ? C'est ce maudit gnome qui m'a jeté un sort. Mais si la belle dame du château était à côté de moi, cela me serait bien égal qu'il fît plus noir encore. »

Tout à coup apparut un gros rat.

Tout à coup apparut un gros rat qui habitait dans un trou, sous la dalle.

« Montre ton passeport, s'écria-t-il. Allons vite, ton passeport. »

Le soldat n'ouvrit pas la bouche ; il savait qu'il devait à sa dignité de ne pas se commettre avec cette vilaine bête. La nacelle repartit ; le rat venait derrière, grinçant des dents et criant aux morceaux de bois et aux fétus de paille de retenir la barque :

« Halte, halte ! disait-il. Arrêtez-le, il n'a pas montré de passeport. »

Mais l'eau coulait toujours plus vite et emportait la nacelle ; de nouveau le soldat apercevait déjà le jour, et il se réjouissait de sortir bientôt de dessous la dalle. Mais tout à coup il distingua un bruit formidable, comme des roulements de tonnerre; il y avait là de quoi émouvoir les plus braves. Songez donc; là où cessait la dalle, le ruisseau venait aboutir à un canal dans lequel il se précipitait, sous forme d'une belle cascade.

Patatra! voilà la barque lancée en bas; le pauvre soldat de plomb fit bonne contenance; personne n'a jamais osé dire qu'il ait sourcillé, même dans ce moment terrible. La nacelle, ébranlée par le choc, tournoya trois, quatre fois sur elle-même, s'emplit d'eau jusqu'au bord et se mit à s'enfoncer. Le soldat n'avait déjà plus que la tête et sa baïonnette hors de l'eau; voilà que le papier de la nacelle se déchire, tout sombre, et le soldat descend au fond du canal.

Dans ce moment suprême il pensa à la jolie danseuse qu'il ne pourrait plus admirer. Autre chagrin : il aurait préféré une mort plus glorieuse, plus digne d'un soldat.

Au moment où il allait atteindre la vase et disparaître pour l'éternité, il se sentit happer par un gros poisson qui le prit pour un petit barbillon.

Dieu! qu'il faisait de nouveau noir dans l'estomac du poisson qui était un brochet, et qu'on s'y trouvait serré, plus à l'étroit encore que dans la boîte! Mais le petit soldat était habitué à se tenir immobile, en faction, l'arme au bras.

Le poisson nagea dans tous les sens; il remonta à la surface de l'eau. Tout à coup, il fit des mouvements, des contorsions affreuses. Puis plus rien. Quelques heures se passèrent. Voilà que le soldat éprouva comme l'effet d'un éclair; la lumière du jour apparut dans toute sa splendeur et une voix s'écria : « Le soldat de plomb! »

Voilà ce qui était advenu. Le brochet avait été pris, porté

au marché et vendu à une cuisinière, qui venait de l'ouvrir avec un grand couteau. Elle prit le soldat et le porta dans la chambre des enfants ; tous accoururent pour voir le soldat de plomb qui avait eu de si singulières aventures, jusqu'à se perdre dans l'estomac d'un poisson.

Le soldat n'était pas très fier de se voir ainsi dévisagé à cause de ses malheurs. Non! La cuisinière le plaça sur la table. Comme les choses parfois s'arrangent singulièrement! Notre brave soldat se retrouvait dans la même chambre d'où il était parti pour son grand voyage. Tous le reconnurent à sa jambe unique. Il revit la boîte où étaient enfermés ses frères, et aussi, spectacle délicieux! le beau château de carton et la gentille et mignonne danseuse, qui se tenait toujours sur une jambe; elle aussi était intrépide. Le petit soldat était touché au possible, il aurait volontiers pleuré, mais ses larmes auraient été de l'étain, et cela n'est pas dans les usages.

Voilà qu'un des enfants, un cruel garnement, attrapa le soldat et le lança brusquement dans la cheminée, avant que les autres aient pu le retenir. Plus tard il prétendit qu'il avait voulu voir si le soldat, qui s'était si bien tiré de l'eau, se tirerait aussi bien du feu. Mais moi je crois que cette mauvaise pensée lui fut soufflée par le vilain gnome noir.

Le soldat de plomb éprouva une terrible chaleur. Les belles couleurs de son uniforme disparurent; il regarda vers la petite danseuse pour voir quelle expression cela faisait sur elle; elle ne le perdait pas de vue, souriant toujours aussi gracieusement.

Il sentit qu'il commençait à fondre; mais il tenait toujours son fusil bien ferme. La porte s'ouvrit brusquement et un coup de vent emporta la danseuse, qui, traversant les airs comme une sylphide, vint tomber dans la cheminée à côté de son cher soldat de plomb; elle s'enflamma, et la voilà partie. Le soldat fondit entièrement, et lorsque le lendemain la servante retira les cendres, elle retrouva ses restes; ils avaient pris la forme d'un gentil petit cœur. De la charmante danseuse on ne revit que sa rose de paillettes; elle était devenue toute noire.

Il vole vers tous les endroits que l'enfant chérissait.

L'ANGE

« Chaque fois qu'un enfant sage vient à mourir, un Ange du Seigneur descend sur la terre, prend dans ses bras le petit être, et étendant ses grandes ailes blanches, il vole vers tous les endroits que l'enfant chérissait ; il y cueille une poignée de fleurs qu'il porte au ciel pour qu'elles y jettent encore plus d'éclat et de parfum que sur terre. Le bon Dieu les serre toutes sur son cœur, mais celle qui lui plaît le plus, il lui donne un baiser ; elle reçoit alors une voix, et elle prend part aux chants qui retentissent au milieu de la béatitude universelle ».

C'est là ce que racontait un Ange du Seigneur, qui portait au ciel un enfant qui venait de mourir, le petit être entendait comme dans un rêve. Ils passèrent au-dessus des lieux où l'enfant aimait à jouer, et ils arrivèrent à un jardin rempli de superbes fleurs.

« Lesquelles allons-nous prendre pour emporter au ciel? » demanda l'Ange.

Il y avait là un beau rosier, bien droit; mais un méchant garnement avait brisé sa couronne, qui avec les roses et les boutons pendait misérablement toute desséchée.

« Le pauvre rosier, dit l'enfant; emporte-le, pour que là-haut dans le paradis il puisse encore avoir des fleurs. »

L'Ange prit l'arbuste, et embrassa l'enfant pour le récompenser de sa bonne pensée; le petit ouvrit les yeux à moitié et sourit. Ils cueillirent des fleurs aux riches couleurs, des fleurs de serre; mais ils choisirent aussi des fleurs de chien si méprisées et de simples paquerettes des chemins.

« Maintenant nous avons notre bouquet », dit l'enfant. L'Ange fit signe que oui; mais il ne prit pas encore son vol vers les cieux. Il faisait nuit; la tranquillité régnait partout. Ils revinrent vers la ville, et se trouvèrent dans une rue étroite, remplie de cendres, de paille, de tessons, de haillons et autres vilaines vieilleries; ce jour avait été un jour de déménagement.

Au milieu de cet amas de débris, l'Ange tira un pot de fleurs à moitié brisé; la terre qu'il contenait était tenue ensemble par les racines d'une fleur des champs, desséchée et qu'on avait jetée pour cela dans la rue.

« Nous allons l'emporter, dit l'Ange, et en route je t'en dirai la raison ».

« Né dans cette ruelle étroite, dans un sous-sol bien bas, vivait un pauvre petit garçon, maladif depuis sa naissance; il ne quittait guère le lit : quelquefois, quand il se sentait un peu mieux, il faisait avec ses béquilles quelques tours dans la chambre, et c'était tout. En été parfois, les rayons du soleil pénétraient pendant une heure dans l'humide sous-sol; le

« Maintenant nous avons notre bouquet, dit l'enfant »... (P. 216.)

pauvre enfant était tout heureux de se laisser pénétrer par leur chaleur bienfaisante; il s'amusait à tenir sa main contre le soleil et à la voir d'un rose transparent. Le fils du voisin était son ami, et venait lui raconter comment étaient les prés, les champs et les bois, que le petit infirme n'avait jamais vus ; un jour il lui apporta une belle branche de hêtre; l'enfant la suspendit au-dessus de son lit, et la nuit il rêva qu'il se promenait sous les arbres feuillus et qu'il entendait chanter les oiselets.

« Une autre fois, le fils du voisin lui donna un bouquet de fleurs des champs ; parmi elles il y en avait par hasard une qui avait une racine; on la plaça dans un pot de fleurs qui fut mis sur la fenêtre, pas loin du lit de l'enfant. Elle reprit bien, grandit, et poussa de nouveaux rejetons qui fleurirent à leur tour. L'hiver on la rentra, et au printemps elle reverdit de plus belle. L'enfant était aussi heureux de cette simple plante que d'autres l'auraient été d'un beau jardin ; elle était devenue son trésor sur terre ; il l'arrosait, la soignait, et veillait à ce qu'elle reçût jusqu'au dernier tous les rayons de soleil qui venaient reluire dans le sous-sol. La fleur réjouissait ses regards, il en humait avec délices le parfum délicat, elle figurait toujours dans ses plus beaux rêves, et au moment où le Seigneur l'appela à lui, il tourna ses regards vers elle.

« Voilà un an maintenant qu'il est aux cieux ; depuis, la plante est restée sur la fenêtre, entièrement négligée ; elle a péri et s'est desséchée. Aussi hier, lors de l'entrée de nouveaux locataires dans le sous-sol, l'a-t-on jetée dans la rue parmi les balayures.

« C'est cette pauvre fleur honnie que nous avons là dans notre bouquet; elle a répandu autour d'elle plus de joies que la fleur la plus superbe, la plus rare des serres royales.

— D'où sais-tu donc toute cette histoire ? demanda l'enfant.

— C'est bien simple, répondit l'Ange. C'est moi qui étais le pauvre petit infirme qui marchait avec des béquilles ; j'ai bien reconnu ma fleur chérie. »

L'enfant ouvrit ses yeux tout à fait et regarda le beau visage de l'Ange, rayonnant d'une splendeur céleste. A ce moment ils entrèrent au paradis parmi les bienheureux. Le bon Dieu toucha l'enfant mort, qui, aussitôt animé de la vie éternelle, reçut des ailes et alla se mêler aux chœurs des autres petits anges. Le bon Dieu serra sur son cœur les fleurs du bouquet ; mais il ne donna un baiser qu'à la pauvre fleur des champs desséchée. La sève lui revint ; elle se mit à vibrer et à émettre un doux son harmonieux qui se joignit au concert des chants divins qu'entonnaient les anges autour du Seigneur. Et à travers toutes les sphères célestes retentissaient des accents de joie et d'amour ; les plus grands, comme les plus petits, le pauvre enfant, la fleur dédaignée, tous chantaient les louanges du Très Haut, et prenaient part à la béatitude universelle.

Celui-là est pour les enfants sages.

LE VIEUX FERME-L'ŒIL

Il n'y a personne dans le monde entier qui sache autant d'histoires que le vieux Ferme-l'Œil. Et comme il raconte bien !

C'est vers le soir, lorsque les enfants sont encore à table ou sur leurs petits bancs qu'il apparaît. Il monte l'escalier tout doucement, chaussé de babouches qui amortissent le bruit de ses pas, il ouvre la porte avec précaution et *housch!* avec sa petite seringue il lance aux enfants du lait sucré dans les yeux, un filet tout mince; mais il y en a assez pour qu'ils ne puissent plus tenir les yeux ouverts. Alors comme ils ne peuvent plus le voir, il entre, et, se glissant derrière eux, il leur souffle dans le cou. Leur tête devient lourde, mais cela ne leur fait pas de mal. Le vieux Ferme-l'Œil ne veut pas de mal aux enfants, au contraire; il désire seulement qu'ils se tiennent tranquilles, et ils ne le sont que lorsqu'ils sont au lit; il aime qu'ils soient en repos pour qu'il puisse leur conter ses histoires.

Quand maintenant ses petits amis dorment, il vient auprès du lit. Il porte de beaux habits; il est tout vêtu de soie, mais on ne saurait en dire la couleur, elle paraît verte, rouge, bleue, selon la façon dont il se tourne. Sous chaque bras il tient un parapluie : Sur l'étoffe de l'un sont imprimées toutes sortes de belles images; celui-là est pour les enfants sages; il l'étend au-dessus d'eux, et toute la nuit ils rêvent les plus jolies histoires. Sur l'étoffe de l'autre il n'y a rien du tout, il est destiné aux méchants enfants; ils dorment comme hébétés, et le lendemain, quand ils se réveillent, ils ne peuvent se souvenir du moindre rêve agréable.

Écoutez maintenant ce que tous les soirs, pendant une semaine, le vieux Ferme-l'OEil a raconté à un petit garçon qui s'appelait Hjalmar. Cela fera sept histoires, puisqu'il y a sept jours à la semaine.

LUNDI.

« Fais attention, dit le vieux gnome le premier soir lorsqu'il eut fait mettre Hjalmar au lit. Regarde un peu comme je vais décorer la chambre. »

Voilà que toutes les fleurs qui étaient sur la fenêtre dans les pots se mirent à grandir, grandir jusqu'à devenir des arbres qui étendaient leurs longues branches le long des murailles et sur tout le plafond ; la chambre avait l'air d'une merveilleuse serre. Ces branches à la fraîche verdure étaient couvertes de fleurs, chacune plus belle qu'une rose ; elles avaient un parfum délicieux, et quel bonheur ! on pouvait les manger et elles avaient le goût des plus fines confitures. Aux branches, pendaient aussi des fruits qui brillaient comme de l'or, et encore des gâteaux qui sentaient si bon ; ils étaient tout crevassés, tant ils étaient pleins de raisins.

Que tout cela était donc magnifique ! Mais en même temps qu'on était réjoui par ce spectacle, on entendait de terribles lamentations qui sortaient du tiroir où Hjalmar mettait ses cahiers d'école.

« Qu'est-ce donc que cela ? » dit le vieux Ferme-l'OEil ; et il alla vers la table et ouvrit le tiroir. C'était l'ardoise sur laquelle Hjalmar avait fait un problème d'arithmétique, et il y avait une grosse faute de calcul. L'ardoise en était toute malheureuse ; elle gémissait, se tordait, on aurait cru qu'elle allait se briser. Le petit crayon de touche qui y était attaché sautait et dansait d'impatience, tant il aurait voulu rectifier l'erreur, mais c'était au-dessus de ses moyens.

Puis on entendait aussi d'affreux cris de détresse, venant du cahier d'écriture, c'était à vous déchirer les oreilles. En haut de chaque page il y avait une ligne de modèle, une grande lettre en tête, puis des petites; en dessous étaient les lettres qu'avait tracées Hjalmar et qui auraient dû ressembler à celles du modèle; mais elles étaient les unes trop penchées, les autres trop droites; elles étaient maigres et chétives, c'était un vilain gribouillage.

« Attention! commanda le modèle. Regardez-moi, et voyez comment il faut vous tenir, toutes de même, un peu inclinées, mais avec grâce.

— Oh! nous voudrions bien, répondirent les lettres de Hjalmar, mais nous n'avons pas la force de remuer; nous n'avons pas eu à boire assez d'encre.

— Ah! vous êtes malades, dit le vieux Ferme-l'Œil, alors il faut vous purger.

— Non, non! » s'écrièrent les lettres, et, se dressant avec effort, elles se tinrent le plus droit qu'elles purent.

« Mon petit Hjalmar, reprit le vieux gnome, j'en suis fâché, mais aujourd'hui il n'y aura pas d'histoires ni d'aventures; il me faut faire faire l'exercice à ce petit monde. Allons, une, deux; une, deux. »

Et il fit marcher les lettres et les exerça à se tenir droites; elles finirent par avoir bonne tournure, comme celles du modèle.

Puis le vieux Ferme-l'Œil s'en alla. Le matin en se levant, Hjalmar courut à son tiroir et regarda son cahier; ses lettres avaient l'air aussi piteux et misérable qu'auparavant.

MARDI.

Dès que Hjalmar fut au lit, le vieux Ferme-l'OEil toucha de sa petite seringue enchantée tous les meubles de la chambre et ils se trouvèrent doués de la parole. Ils se mirent à causer tous à la fois ; chacun disait du bien de soi-même ; ils étaient pleins de leur sujet et ne parlaient que de cela. Le crachoir, lui, faisait bande à part, il disait du mal des autres, et trouvait que c'était de leur part une vanité ridicule que de chanter uniquement leurs propres louanges et de ne pas s'extasier sur son admirable modestie, qui le faisait se tenir à l'écart dans un coin.

Au-dessus de la commode était suspendu un grand tableau dans un cadre doré, cela représentait un paysage. On y voyait de grands arbres séculaires, de la mousse, de l'herbe avec des fleurs, au milieu une belle rivière, qui, longeant la forêt, passait à côté de beaucoup de vieux châteaux, pour aller se jeter dans l'Océan.

Le vieux gnome toucha aussi de sa seringue le tableau : voilà que tout s'y anima, les oiseaux se mirent à chanter, les branches d'arbre s'agitèrent ; les nuages entrèrent en mouvement, et on voyait visiblement leur ombre passer sur les prés.

Alors le vieux Ferme-l'OEil vint prendre Hjalmar, et le portant jusqu'au cadre, il lui mit les pieds dans l'herbe épaisse, et voilà que l'enfant fit partie du tableau ; les rayons du soleil, passant à travers les arbres, arrivaient droit sur lui.

Tout joyeux, il courut à la rivière et se mit dans une barquette qui était attachée au bord ; elle était peinte en rouge et en blanc, la voile brillait comme de l'argent. Six beaux cygnes la tiraient ; ils avaient autour du cou des colliers d'or, et sur la tête une étoile bleue toute scintillante. Ils menèrent la nacelle le long de la forêt verdoyante ; Hjalmar entendit les vieux arbres raconter des histoires terribles de brigands et de sorcières ; il frissonnait, mais il se calma lorsque les fleurettes lui contèrent les aventures des gentilles petites elfes et autres jolies histoires que les papillons leur avaient apprises.

De beaux gros poissons, aux écailles d'or et d'argent, suivaient la nacelle ; quelquefois ils faisaient un bond hors de l'eau, et c'était plaisir de les voir briller au soleil. Des milliers d'oiseaux, des bleus, des verts, des jaunes, et des rouges, étaient postés sur deux rangs et faisaient la haie au passage de la barquette. Les cousins et les demoiselles, aux ailes irisées, dansaient et folâtraient sur l'eau ; on vit aussi accourir une bande de hannetons qui bourdonnaient et faisaient un ramage ! chacun racontait une histoire différente.

Dieu ! quelle amusante promenade ! Tantôt les bois qui bordaient la rivière devenaient épais et sombres ; les branches des arbres s'étendaient sur l'eau, tout était obscurité et mystère. Puis le soleil reparaissait et l'on se trouvait au milieu des plus ravissants jardins, pleins de fleurs aux couleurs éclatantes. Sur le bord de la rivière s'élevaient des palais de cristal et de jaspe ; des princesses se tenaient sur les balcons : Hjalmar les reconnut bien, c'étaient des petites filles qui venaient jouer avec sa sœur et avec lui. Elles lui souriaient et lui montraient de ces beaux cœurs en sucre comme on n'en voit chez les confiseurs qu'à Noël. Hjalmar étendait la main pour attraper le bonbon ; mais les petites malignes ne le lâchaient pas.

Six beaux cygnes la tiraient... Ils menèrent la nacelle
le long de la forêt verdoyante... (P. 224.)

Hjalmar tirait et le cœur se brisait; Hjalmar avait toujours le plus gros morceau; quel goût délicieux cela avait!

Devant la porte des châteaux, la garde d'honneur était toute composée de petits princes qui brandissaient des sabres d'or. Puis apparaissaient des rois avec leurs couronnes, qui lançaient à Hjalmar des pains d'épice et des boîtes de soldats de plomb.

La barque s'arrêta devant la ville où demeurait la bonne qui l'avait porté lorsqu'il était tout petit enfant. Elle l'aimait beaucoup et lorsqu'elle l'aperçut, toute joyeuse, elle lui fit le plus gracieux signe de tête et lui chanta les vers qu'elle avait composés elle-même lorsqu'elle l'avait quitté, dès qu'il avait pu marcher seul :

> Que je pense à toi souvent
> Mon gentil Hjalmar, mon chéri!
> Que de baisers je t'ai donnés,
> Sur le front, la bouche, les paupières, quand tu dormais dans mes bras.
> C'est moi qui t'ai entendu bégayer ta première parole.
> Maintenant il faut donc nous quitter!
> Que le Seigneur te bénisse en tout lieu,
> Cher ange que j'aimais tant à serrer sur mon cœur.

Les oiseaux accompagnaient ce chant de leurs trilles les plus harmonieux ; les fleurs dansaient sur leurs tiges, et dans le lointain on voyait les vieux arbres secouer leurs branches pour montrer qu'ils prenaient part à la fête.

MERCREDI.

La pluie tombait à verse. Tout en dormant Hjalmar entendait le bruit qu'elle faisait sur le toit. Le vieux Ferme-l'OEil ouvrit la fenêtre; l'eau dans la rue montait, montait sans cesse; on aurait dit une véritable rivière. Bientôt ce fut un lac, et enfin une véritable mer. Un superbe navire vint à passer et s'arrêta devant la maison.

« Veux-tu venir avec moi faire un beau voyage, cher Hjalmar, dit le gnome; nous irons bien loin vers les pays étrangers, et au matin nous serons de retour. »

Tout à coup Hjalmar se trouva vêtu de ses beaux habits du dimanche, transporté sur le pont du navire. Le temps s'éclaircit aussitôt. Une légère brise enfla les voiles, et les voilà partis à travers les rues; après avoir doublé la grande cathédrale, les voilà lancés en plein Océan. Le vent fraîchit, le navire fila de plus en plus vite, et bientôt ils n'aperçurent plus nulle part la terre.

Tout à coup apparut une bande de cigognes qui à tire-d'aile volaient vers les chauds pays du sud; il y en avait une qui restait toujours derrière les autres; elle était fatiguée, harassée. Les autres avançaient toujours; le pauvre oiseau fit un violent effort pour les rattraper, mais ses ailes faiblirent de plus en plus, elles ne pouvaient plus le porter; il commença à descendre et enfin, rendu et essoufflé, il vint se percher sur le mât du navire; mais un brusque mouvement des vagues le jeta en bas, et boum! le voilà qui tombe sur le pont.

Un mousse la ramassa et la mit dans le grand poulailler

avec les poules, les canards et les dindons. La pauvre bête se sentait tout à fait interloquée au milieu de cette société.

« Oh! le vilain, le disgracieux animal ! » dirent les poules. Un dindon, se gonflant le plus qu'il put et prenant son air le plus majestueux, lui demanda d'où elle venait. Les canards, se reculant dédaigneusement, et se poussant l'un l'autre, criaient leurs *coin coin* les plus aigus.

La cigogne raconta qu'elle venait, comme eux, des parages du nord et quelle allait retrouver le soleil en Afrique; elle leur décrivit ce beau pays, le Nil, les pyramides, et leur parla du géant des oiseaux, l'autruche, qui court à travers le désert comme un cheval sauvage. Les autres ne voulurent pas croire un mot de ce qu'elle disait, et les canards, se poussant de nouveau et haussant les épaules, s'écrièrent :

« Qu'est-ce qu'elle nous raconte là? Allons, vous êtes bien tous d'accord que c'est une idiote.

— Oui certes, c'est une idiote, » dit le dindon, puis il poussa un *glou glou* strident.

La cigogne ne se défendit pas; elle se tut et se mit à rêver à son cher pays d'Égypte.

« Quels jolis fuseaux vous avez en guise de jambes ! reprit le dindon. Combien en coûte l'aune? »

Les canards trouvèrent la plaisanterie délicieuse, et éclatèrent en *coin coin* convulsifs.

La cigogne ne bronchait pas.

« Vous pourriez bien au moins sourire, dit le dindon; vous n'entendrez pas souvent un mot plus spirituel. Mais vous n'avez peut-être pas compris. Allons vous autres, laissons la seule se complaire dans sa sottise et ne nous occupons plus d'elle. »

Et il fit un superbe *glou glou*; les poules poussèrent des

gik gak, gik gak en fausset, tandis que les canards faisaient des *coin coin* de baryton. C'était un horrible charivari. Comme ils se moquaient sans pitié de la pauvre bête!

Mais Hjalmar à ces cris accourut près du poulailler, ouvrit la porte et appela la cigogne qui accourut en sautillant; ils remontèrent tous deux sur le pont. Hjalmar caressa doucement la brave bête, qui le remercia de tout cœur, baissant si bas la tête que son bec touchait le plancher. Elle se sentait bien reposée, elle déploya ses ailes et reprit son vol vers les contrées du soleil.

Le dindon, rouge de colère, en la voyant s'élever majestueusement dans les airs, lui envoya un dernier *glou glou*, gros d'injures; les canards poussaient des *coin coin* déchirants, et les poules faisaient un ramage enragé.

« Allez toujours, stupides bêtes, s'écria Hjalmar; demain on vous tordra le cou et on vous mettra à la broche! »

Dans sa colère, il s'agita, et le voilà qui se réveille et se retrouve dans son petit lit et non plus sur le beau navire.

C'était une fameuse expédition, que le vieux Ferme-l'OEil lui avait fait faire cette nuit-là.

JEUDI.

« Que je te prévienne, dit ce soir-là le vieux gnome ; ne va pas t'effrayer. Je t'amène une petite souris. »

Et il ouvrit sa main où se tenait une gentille amour de souricette.

« Elle est envoyée, reprit Ferme-l'OEil, pour t'inviter à la noce. Cette nuit un jeune souriceau célèbre son mariage avec une belle petite souris ; la cérémonie a lieu sous le plancher de l'office où ta mère range ses provisions. A ce qu'on dit dans la gent souricière, c'est un vrai palais.

— Oui, mais comment passerai-je sous le plancher? dit Hjalmar.

— Laisse-moi faire, répondit le vieux Ferme-l'OEil ; je te rendrai assez mince pour que tu puisses passer par un trou de souris. »

Il toucha l'enfant de sa seringue enchantée, aussitôt le corps de Hjalmar se mit à diminuer, à rapetisser, et finalement il devint long comme un doigt et à peine plus gros qu'une allumette.

« Maintenant, dit le gnome, mets les habits du général qui commande tes soldats de plomb ; je pense qu'ils t'iront parfaitement. Tu seras fort bien en uniforme. »

L'idée sourit fort à Hjalmar ; il endossa l'habit militaire et il se trouva avoir fort bonne tournure, mais il se sentit un peu serré aux épaules.

« Voudriez-vous avoir la bonté de vous placer dans le dé de madame votre mère? dit la souricette ; alors j'aurais l'honneur de m'atteler à votre carrosse et de vous mener où l'on vous attend. »

Hjalmar, par politesse, fit quelques difficultés; mais il finit par monter dans le dé et par se laisser traîner.

Arrivés à l'office, ils trouvèrent dans un coin un trou juste

Il finit par monter dans le dé et par se laisser traîner.

assez grand pour laisser passer le dé, il menait à un corridor qui était tout éclairé avec du bois pourri.

« Ne sentez-vous pas le délicieux parfum? dit la souricette; le corridor a été frotté partout de lard; toute une couenne y a passé. Humez donc la bonne odeur ! »

Puis ils entrèrent dans le grand salon. A droite se tenaient sur plusieurs rangées les dames souris; elles murmuraient et chuchotaient, c'était un ramage intarissable. A gauche étaient placés les messieurs de la société; de leur patte droite ils caressaient gracieusement leur moustache. Au milieu, les fiancés trônaient sous la croûte évidée d'une moitié de fromage de Hollande, qui faisait comme un dais au-dessus d'eux. Ils s'embrassaient fort tendrement et c'était touchant de voir combien ils s'aimaient.

Les invités continuaient à affluer, et la foule devint telle qu'ils commençaient à se bousculer les uns les autres et à se marcher sur les pattes.

Le salon avait été aussi frotté de lard ; comme festin il n'y eut pas autre chose que la bonne odeur qui s'en exhalait ; les hôtes la respiraient avec force et se pâmaient de plaisir. Au dessert, on montra un gros pois sur lequel une maîtresse souris avait, de ses dents aiguës, gravé les initiales des fiancés. C'était superbe, aussi personne ne demanda à ce qu'on croquât ce pois précieux.

Tous s'accordèrent à déclarer que c'était une noce magnifique et qu'on s'était amusé comme des dieux.

Puis chacun s'en retourna chez soi ; Hjalmar rentra dans son équipage, enchanté comme les autres ; son bel uniforme avait été fort remarqué ; à ce compte il ne regretta pas d'avoir été trop serré aux épaules.

VENDREDI.

« C'est incroyable, dit le vieux gnome, combien de gens âgés et même très âgés demandent que je laisse les enfants et que je vienne les trouver. Ce sont surtout ceux qui ont mal agi, qui m'appellent et qui disent :

« Brave petit gnome, viens donc à notre secours. Nous ne pouvons dormir de toute la nuit et nos mauvaises actions repassent sans cesse devant notre esprit ; des milliers de diablotins dansent sur notre lit et nous envoient de l'eau chaude dans les yeux. Arrive donc et chasse toute cette horrible bande. Nous te payerons bien pour la peine ; nous avons notre coffre-fort plein d'or. Si tu n'as pas confiance en nous, nous mettrons la somme qu'il te faut d'avance sur la fenêtre.

« Oui, mais, continua le vieux Ferme-l'OEil, ce n'est point pour de l'argent que je me dérange.

— Qu'allons-nous bien entreprendre cette nuit ? interrompit Hjalmar.

— Si cela ne t'ennuie pas d'aller une seconde fois à la noce, dit le gnome, nous irons à celle qui se prépare dans la chambre à côté. Hermann, ton grand polichinelle, doit se marier avec Bertha, la plus belle des poupées de ta sœur ; de plus, c'est la fête de la demoiselle, de sorte qu'elle recevra de magnifiques cadeaux que nous pouvons aller admirer.

— Oui, je sais, dit Hjalmar, toujours quand ma sœur pense que ses poupées ont besoin de nouvelles robes, elle dit que c'est leur fête ou qu'elles vont se marier ; c'est bien déjà arrivé cent fois.

— C'est parfaitement exact, dit Ferme-l'OEil, et cette nuit ce sera la cent et unième noce. Mais tu sais, après cent et un, tout est fini, comme dit notre proverbe. Donc, ce sera la dernière, aussi sera-t-elle superbe ; allons, partons. »

Ils entrèrent. Sur la table, au milieu du petit théâtre en carton, qui était magnifiquement éclairé, les fiancés étaient à côté l'un de l'autre, assis sur de beaux fauteuils dorés ; ils avaient l'air pensif et regardaient modestement par terre, comme il convient dans cette occasion. Sur le devant, une compagnie de soldats de plomb se tenait comme garde d'honneur.

Le vieux Ferme-l'OEil endossa le manteau de soie noire de la grand'mère et maria Hermann et Bertha. Aussitôt un chant d'hyménée fut entonné par tous les meubles sur l'air de la retraite aux flambeaux.

« Vivent les fiancés ! Voyez comme ils se tiennent droit, ils ont une fière tournure. Ils sont en cuir, ils sont aveugles, mais cela ne nuit pas quand on entre en ménage. Hourrah, hourrah ! que le vent porte au loin nos vives félicitations ! »

Puis vint le défilé des cadeaux, il y en avait de magnifiques : des bibelots, des œuvres d'art ; les fiancés avaient demandé qu'on ne leur offrît pas de victuailles : cela ferait tort, disaient-ils, à la poésie de leurs sentiments.

« Maintenant, dit le jeune marié, il nous faut partir pour notre voyage de noces. Mais où irons-nous ? »

On consulta une hirondelle qui avait beaucoup parcouru le monde et la vieille poule de la basse-cour, qui avait déjà eu cinq couvées de petits poussins. L'hirondelle leur conseilla d'aller dans les beaux pays du sud, où les raisins pendent en grosses grappes ; où le ciel a des couleurs magiques qu'on ne connaît pas dans nos contrées du nord.

« Oui, mais, interrompit la poule, ils n'ont pas là des choux rouges comme ici, de ces choux rouges qui sont le charme de l'existence. Tenez, l'été dernier j'étais avec mes poussins d'alors à la campagne, nous avions à notre disposition une carrière de sable, où nous pouvions gratter à notre aise; et ce qu'il y avait de charmant, c'est que par un trou de la haie nous pouvions pénétrer dans le potager et nous régaler de choux rouges; mes petits en raffolaient et les préféraient aux vers de terre.

— Soit, dit l'hirondelle, mais que de fois ici le temps est mauvais; il pleut la moitié de l'année.

— Cela fait pousser les choux rouges, répondit la poule. Du reste, nous ne manquons pas ici de chaleurs; souvenez-vous de l'été dernier : pendant six semaines on ne pouvait respirer, c'était comme sous les tropiques. Oui, je le dis bien haut : celui qui ne trouve pas que notre pays est la plus belle contrée de l'univers est un scélérat. Restez donc ici, monsieur et madame. Tenez, les voyages, cela n'a rien d'agréable; j'ai une fois, étant poulette, fait un trajet de douze lieues, dans une charette, enfermée dans un panier. Quels cahots, quels ennuis! Rien qu'en y pensant, j'ai la chair de poule bien réellement, et non au figuré comme disent nos maîtres.

— Cette poule me semble une personne bien raisonnable, dit la jeune madame Bertha. Moi non plus, je n'aime pas ces pays chauds. Le ciel y a des teintes si belles qu'elles éclipseraient peut-être mes ravissantes couleurs. Nous irons tout simplement ici près, à la campagne, où est ce potager avec les choux rouges. »

Le jeune marié, naturellement, fut de l'avis de sa femme et ils s'en furent bras dessus, bras dessous.

SAMEDI.

« Je suis un peu fatigué de toutes nos sorties des nuits dernières, dit Hjalmar, lorsque le vieux gnome fut près de son lit. Ne pourrais-tu pas me raconter aujourd'hui des histoires ?

— Ce soir, je n'en ai pas le temps, répondit le vieux Ferme-l'OEil, en ouvrant le plus beau de ses deux parapluies et en l'étendant au-dessus de l'enfant. Mais regarde-moi ces beaux Chinois. »

L'étoffe du parapluie faisait l'effet d'une grande coupe de porcelaine de Chine transparente ; on y voyait des arbres noirs au feuillage bleu, des pagodes dorées, des petits magots qui dodelinaient de la tête.

« Amuse-toi à regarder toutes ces étrangetés, reprit Ferme-l'OEil. Moi je dois aider à ranger et approprier l'univers, pour le jour de fête de demain, car c'est demain dimanche comme tu sais. Il me faut monter au clocher, pour voir si les petits gnomes de l'église ont bien nettoyé et poli la cloche, afin qu'elle donne un son pur et retentissant. Il me faut aller aux champs, veiller à ce que les vents soufflent la poussière qui ternit les fleurs et le gazon. Mais le plus dur, c'est que j'ai à descendre toutes les étoiles pour les récurer et les rendre brillantes. J'en prends un tas dans mon tablier, en ayant soin d'abord de les numéroter, et je fais de même des trous d'où je les décroche ; comme cela je puis remettre chacune à sa place, sinon elles ne tiendraient pas, et tout le firmament finirait par crouler.

— Écoutez donc, monsieur Ferme-l'OEil, dit tout à coup un vieux portrait qui pendait à la muraille. Je suis l'arrière-arrière-grand-père du petit Hjalmar. Je vous suis reconnaissant de ce que vous voulez bien distraire cet enfant; mais je vous prie en grâce : ne brouillez pas les notions scientifiques qu'il peut avoir. On ne saurait aller décrocher les étoiles pour les polir. Ce sont des globes comme notre terre; elles se meuvent à travers les espaces.

— Merci, vieil ancêtre, répondit le gnome, merci pour la bonne intention qui te fait vouloir rectifier mes idées. Mais songe que je suis joliment plus âgé que toi et que je puis me supposer plus de sagesse que tu n'en as, bien que tu n'en possèdes pas mal, n'étant pas de ce siècle. Moi je date du paganisme; les Romains et les Grecs m'appelaient Morphée, le dieu du sommeil. J'ai fréquenté les plus puissants génies, les plus hautes intelligences; et je pense que je sais ce que je dis; aux uns telle chose, aux autres le contraire. Mais puisque tu crois en savoir plus long que moi, je te cède la place. Raconte tes histoires, si Hjalmar veut les écouter. »

A ces mots, le gnome s'en alla, emportant son parapluie enchanté.

L'arrière-arrière-grand-père murmura dans sa barbe et allait peut-être dire quelque chose d'intéressant, mais, à ce moment, Hjalmar brusquement se réveilla.

DIMANCHE.

« Bonsoir, mon petit ami », dit le vieux Ferme-l'OEil.

Hjalmar lui répondit par un gracieux signe de tête, puis il sauta du lit, et retourna contre la muraille le portrait du vieil ancêtre, pour qu'il ne vînt pas, comme la veille, interrompre la conversation.

« Voyons, aujourd'hui que c'est dimanche, tu me conteras des histoires ; tiens, celle des cinq pois dans une cosse et celle du *shilling d'argent*, qui, longtemps déprécié, recouvra en rentrant dans son pays sa véritable valeur.

— Oh! des histoires, répondit le gnome, il y en a bien d'autres que moi qui pourront t'en dire ; moi j'aime mieux te faire voir des choses intéressantes. Tiens, je vais te montrer mon frère, il s'appelle comme moi, le vieux Ferme-l'OEil, mais il ne vient trouver personne plus d'une fois, et alors il vous prend sur son cheval et il vous conte une histoire. Il n'en connaît que deux, l'une ravissante et amusante plus qu'on ne peut s'imaginer, l'autre horrible et épouvantable. »

Le vieux gnome mena le petit Hjalmar à la fenêtre et, le soulevant dans ses bras, il lui dit :

« Vois-tu, là, celui qui passe au galop sur ce coursier rapide, c'est mon frère ; tu le connais de nom, les hommes l'appellent la Mort. Juges-en toi-même ; il n'a pas l'air si affreux qu'on le représente sur les livres d'images, où on le figure comme un vilain squelette. Il porte un bel uniforme de hussard, tout chamarré de broderies d'argent, un manteau de velours noir : quel cavalier cela fait, quel train il va ! »

Hjalmar regardait de tous ses yeux; le second Ferme-l'OEil passait comme le vent sur son cheval noir, enlevant à droite, à gauche, des vieillards, des jeunes gens, des enfants. A tous il leur demandait :

« Et votre livret de conduite, que dit-il?

— Rien que de bonnes choses, répondaient-ils tous.

— Laissez-moi voir moi-même! »

Et il prenait le livret. Ceux dont le livret portait *Très bien*, ou *Bien*, il les plaçait devant lui sur le cheval et il leur contait sa jolie histoire; ceux dont le certificat portait *Médiocre* ou *Mauvais*, il les mettait en croupe et il leur disait l'histoire épouvantable qui les faisait frissonner; ils gémissaient et essayaient de sauter en bas du cheval qui filait comme le vent; mais ils y étaient comme vissés et ne pouvaient bouger.

« Mais ton frère, s'écria Hjalmar, a vraiment meilleur air que toi. Ma foi, depuis que je l'ai vu, je n'ai plus peur de lui.

— Et tu as bien raison, répondit le vieux Ferme-l'OEil. Seulement veille bien à ce que ton livret soit en règle. »

Ici finit l'histoire du vieux Ferme-l'OEil, peut-être un soir viendra-t-il te la conter lui-même. Dans tous les cas, fais-en ton profit.

...Un petit pifferaro tient embrassé l'animal.

LE SANGLIER DE BRONZE

Dans la belle ville de Florence, non loin de la *Piazza del Granduca*, se trouve une petite rue latérale, je crois qu'on l'appelle *via rossa*; au bout, juste en face d'un marché aux légumes, on voit un sanglier en bronze, travaillé avec un art parfait[1]. Il sert de fontaine; une eau fraîche et limpide jaillit de la gueule de l'animal, qui, par le nombre des années, est recouvert d'une belle patine verte, sauf le groin qui brille et reluit comme s'il était poli avec soin ; cela pro-

1. Ce sanglier de bronze, qui est dans la *Via della porta rossa*, près du *Mercato nuovo*, a été coulé sur le modèle d'un célèbre sanglier antique en marbre qui est aux *Uffizi*. (*Note des traducteurs.*)

vient de ce que tous les jours des centaines d'enfants et de pauvres le saisissent de leurs mains, lorsqu'ils approchent leur bouche pour boire. C'est vraiment un groupe charmant quand un petit *pifferaro* au costume pittoresque tient embrassé l'animal, et a l'air de lui donner un baiser.

Si vous allez à Florence, et que mon histoire vous ait donné envie de voir cette fontaine, demandez au premier mendiant venu où est le *sanglier de métal (il porco di metallo)*, il vous l'indiquera sûrement.

C'était par une soirée d'hiver ; les monts des Apennins étaient couverts de neige ; mais dans la ville, l'air n'était que frais ; il faisait clair de lune et, dans ce pays du sud, on y voyait mieux cette nuit que chez nous pendant les sombres journées d'hiver où une nappe épaisse de nuages de plomb porte partout l'ombre et la tristesse.

Pendant toute la journée, un petit garçon, tout déguenillé, mais dont la gentille et souriante figure faisait plaisir à voir malgré le teint hâve de la misère, s'était tenu dans le jardin du grand-duc, sous les pins qui abritent les bosquets de rosiers, qui fleurissent même en hiver. Il avait faim ; il avait imploré la pitié des passants ; mais il avait l'âme ingénue, et ne connaissait pas l'art de bien mendier. Personne ne lui avait fait l'aumône, et, le soir venu, le gardien l'avait chassé du banc où il était allé se reposer.

Il s'en alla au hasard ; passant sur le pont de l'Arno, il s'accouda sur le parapet, et longtemps il regarda le reflet du firmament étoilé dans les eaux de la rivière. Puis il arriva au sanglier de bronze ; en l'apercevant, il se précipita, et, serrant le cou de l'animal dans ses bras, il approcha sa bouche et but à grands traits la bonne eau fraîche. Par terre gisaient quelques châtaignes qui s'étaient échappées du sac mal noué d'une vendeuse du marché ; il les ramassa ; ce fut tout son souper.

Il n'y avait pas une âme tout aux alentours. L'enfant grimpa sur le large dos du brave porc, qui l'avait abreuvé, s'y installa à son aise, reposant sa tête bouclée sur celle de l'animal, et, sans qu'il y prît garde, il s'endormit d'un profond sommeil.

Minuit sonna ; l'animal tressaillit et dit distinctement : « Petit, tiens-toi bien ; je vais prendre mon élan. » Et, en effet, il partit, et ce fut une singulière course. Ils arrivèrent d'abord à la *Piazza del Granduca ;* le cheval de bronze qui porte la statue du duc hennit en les voyant passer. Les voilà arrivés au palais des *Uffizi* ; la porte était toute grande ouverte. « Tiens-toi ferme, dit l'animal, nous allons monter l'escalier. » Et il s'engagea sous la voûte et traversa les galeries, toutes remplies de célèbres œuvres d'art, peintures et sculptures. L'enfant les avait déjà plusieurs fois contemplées ; mais par le clair de lune, elles lui parurent cent fois plus belles.

Ils pénétrèrent dans la salle où sont entassées les merveilles des merveilles, la *Vénus de Médicis,* les *Gladiateurs,* le *Rémouleur ;* et les peintures donc, les Titien, les Raphaël, les Léonard de Vinci ! L'animal se promenait à petits pas à travers ces splendeurs ; l'enfant, doué, comme tous les Italiens, du sentiment du beau, admirait confusément ; mais son regard ne s'attachait à rien en particulier, il ne fut touché que lorsqu'il se retrouva devant un tableau devant lequel il s'était plusieurs fois arrêté longuement ; on y voyait des enfants souriants, heureux, joyeux : c'est une œuvre remplie d'une poésie et d'un charme divin : la *Descente du Christ aux enfers.* Angiolino Bronzino en est l'auteur. Le Fils de Dieu est là, non au milieu des damnés, mais entouré des païens auxquels il apporte le salut. Ce sont les enfants surtout, dont l'expression de figure est délicieuse ; on voit à leurs traits qu'ils se croient déjà au Paradis. Deux tout petits s'embrassent de joie ; un autre, se désignant lui-même du doigt en regardant un autre, semble dire : « Moi aussi je vais entrer dans la vie éternelle. » Les plus âgés ne montrent pas la même assurance ; mais ils ont l'espérance et ils s'inclinent, en adorant, devant le Seigneur.

Le petit considérait le tableau comme s'il le voyait pour la première fois ; l'animal, pour lui plaire, s'était arrêté ; les figures peintes sur la toile semblèrent s'animer et le petit tendit ses mains vers les enfants souriants. Mais à ce moment l'animal reprit sa course et, redescendant l'escalier, sortit du palais.

« Merci, dit le petit en caressant doucement le cou de l'animal, merci, et sois béni de m'avoir fait voir ce beau spectacle que je n'oublierai de ma vie.

— C'est à moi de te remercier, dit le sanglier de bronze ; ce n'est que lorsque je porte sur mon dos un enfant innocent que j'ai le pouvoir de me mouvoir et de quitter mon ennuyeux socle. Oui, alors j'ai même le droit de laisser rejaillir sur moi la lumière de la lampe qui éclaire la sainte image de la Madone de l'église de *Santa-Croce*. Mais je ne puis entrer dans le sanctuaire, il me faut rester à la porte. Ne me quitte pas, cher enfant, sans cela je serai de nouveau inerte et sans vie, tel que tu as souvent pu me voir dans le jour.

— Ne crains rien, dit le petit, je me cramponne à ton dos. »

Et, au galop, les voilà qui parcourent les rues, et ils arrivent devant *Santa-Croce* : les portes s'ouvrent avec fracas, et la lueur des cierges et des lampes vient éclairer le parvis.

L'enfant aperçut les tombeaux du Dante, de Michel-Ange, de Machiavel, de Galilée, d'Alfieri, des plus hautes gloires de l'Italie ; leurs statues de marbre étaient comme vivantes. Le service religieux commença, les enfants de chœur balançaient l'encensoir, une musique céleste retentit. Le petit allait oublier sa promesse et descendre pour entrer dans l'église, lorsque l'animal repartit comme une flèche ; les portes de l'église se fermèrent avec un bruit de tonnerre. L'enfant s'éveilla en sursaut ; il se sentait tout étourdi ; il se trouva dans la rue de la *Porta rossa*, à moitié glissé en bas du sanglier de bronze, sur lequel il s'était endormi.

Le matin était venu, déjà le soleil luisait à l'horizon. Le souvenir de la réalité revint à l'enfant ; la crainte et l'angoisse remplirent son cœur. Il pensa à la femme méchante et hargneuse qu'il appelait sa mère, et qui, la veille, l'avait envoyé mendier. On ne lui avait pas donné la moindre pièce de monnaie ; il se sentait dévoré de faim.

Le cœur gros, il se dirigea vers le logis où on l'attendait ; mais avant de partir il caressa le dos du sanglier de bronze, lui baisa le groin et lui fit un petit signe d'amitié en mémoire des moments heureux qu'ils avaient passés ensemble.

Puis il s'engagea dans de vilaines et étroites ruelles ; arrivé devant une vieille masure, dont la porte de fer était ouverte, il entra, et montant, à l'aide d'une corde gluante, un mauvais escalier, aux marches branlantes, il passa par une galerie où pendaient toutes sortes de loques et de haillons ; on entendait le grincement d'une poulie rouillée ; c'était une vieille femme qui la faisait marcher, tirant un seau qu'elle avait descendu dans le puits. L'enfant monta un autre escalier encore plus misérable, et arriva devant une porte où se tenait une femme, aux cheveux noirs en désordre, aux vêtements sordides.

« Apportes-tu de l'argent, mauvais garnement, lui criat-elle. — Ne te fâche pas, mère », dit le pauvre petit, saisissant la main de la femme pour l'embrasser. « J'ai prié, supplié, personne ne m'a donné l'aumône. » Elle le poussa rudement dans la chambre, et prit, pour se réchauffer, un réchaud de terre, rempli de charbons ardents, tels qu'ils sont en usage en Italie, chez les pauvres qui n'ont ni poêles ni cheminées.

« Voyons, reprit-elle d'une voix aigre, donne-moi tout l'argent que tu as caché. » Le petit éclata en pleurs ; elle le secoua et le poussa violemment du pied ; il jeta un cri de douleur. « Veux-tu te taire, ou bien je cogne plus fort », dit-elle en brandissant le réchaud allumé.

L'enfant s'enfuit dans un coin, en sanglotant. Une voisine entra, tenant aussi sous son bras un réchaud. « Felicità, dit-elle, pourquoi maltraites-tu encore une fois ce malheureux petit être, qui est si doux, si gentil ? — C'est mon enfant, répondit la mégère, et je puis le tuer, si je veux, et toi par-dessus le marché, ma bonne Giannina ! »

En même temps elle avança son réchaud ; l'autre para avec le sien ; les deux vases s'entre-choquèrent et volèrent en éclats ; les charbons ardents roulèrent par terre. Les deux femmes hurlèrent de colère et de rage. L'enfant, tout effaré, se sauva, et, descendant à la hâte l'escalier, il se mit à courir aussi vite qu'il put, jusqu'à ce qu'il arrivât, tout essoufflé, devant l'église de *Santa-Croce*. Il y entra, attiré par le souvenir de ce qu'il y avait vu la nuit. Il se mit à genoux dans un endroit écarté, près du tombeau de Michel-Ange, et il pleura tout haut. Personne, pendant longtemps, ne le remarqua; la messe étant finie, le monde s'en alla. Un monsieur âgé vint à s'approcher, et vit le pauvre petit les mains jointes, les yeux tournés vers la Madone, faire une ardente prière ; il s'arrêta et observa. L'enfant, abattu par le chagrin et la faim, se leva et, se traînant, il alla se blottir dans le

Un monsieur âgé vint à s'approcher et vit le pauvre petit.

coin d'une chapelle pour dormir. Le monsieur âgé le suivit et lui frappa sur l'épaule. Le petit se leva en sursaut.

« Es-tu malade ? dit le monsieur. Que fais-tu là ? N'as-tu pas de parents ? »

L'enfant, enhardi par l'air de compassion du vieux monsieur, raconta sa triste histoire. Le monsieur l'emmena dans sa maison qui était dans une rue à côté ; c'était un gantier, on l'appelait le père Giuseppe. Lorsqu'ils entrèrent, sa femme, une bonne vieille, était en train de coudre. Une petite chienne loulou, qui était fraîchement tondue, au lieu d'aboyer comme d'habitude, accourut au-devant de l'enfant, agita sa queue et fit des bonds joyeux et mille gentillesses.

La brave femme aussi fit bon accueil à l'enfant, lorsque son mari l'eut mise au courant ; ce qui lui plaisait c'est que *Bellissima,* la petite chienne, l'avait si bien reçu. « Les deux innocents êtres se comprennent », dit-elle. Elle apporta à manger et à boire au petit, et quand il fut bien restauré, elle lui dit qu'il resterait chez eux jusqu'au lendemain et qu'alors le père Giuseppe irait parler à sa mère. Le soir on le mena dans une petite chambre, où était une couchette, une paillasse et une couverture. Mais à lui qui avait si souvent dormi sur la pierre, cette couchette parut un lit digne d'un roi : Et il dormit d'un sommeil profond et tranquille, rêvant de son cher sanglier de bronze et des merveilles du palais des *Uffizi.*

Le lendemain, le père Giuseppe sortit le matin de bonne heure ; ce fut un triste réveil pour l'enfant que de le voir partir ; sa mère voudrait peut-être qu'il rentrât dans l'affreuse masure ! L'enfant pleura ; la petite chienne vint sauter autour de lui comme pour le consoler : et, en effet, ses larmes cessèrent et il joua avec la gentille Bellissima et ce spectacle amusa beaucoup la vieille dame.

Le père Giuseppe revint et causa quelque temps à part avec sa femme ; elle l'approuva d'un signe de tête et, caressant la tête bouclée du petit garçon, elle dit : « Gianino est un brave et charmant enfant ; il deviendra un habile gantier, et il aura bonne façon comme toi, Giuseppe ; vois ses doigts, comme ils sont fins et flexibles. C'est la Madone qui nous l'envoie pour que nous en fassions un brave gantier. »

Gianino, aux anges, resta donc chez les bons vieux ; la dame lui apprit à coudre, et il se montrait bien docile et adroit. Il mangeait maintenant à sa faim et il oublia vite ses anciens chagrins ; il devint même gai et il se mit à taquiner

Bellissima ; mais cela ne plaisait pas du tout à la vieille dame, elle le menaça du doigt et finit par le gronder.

Cela lui alla droit au cœur, et, retiré le soir dans sa chambrette, il ne put s'endormir. Des pensées d'autrefois vinrent le hanter ; tout à coup, il entend un bruit étrange dans la ruelle, où on faisait sécher les peaux et sur laquelle donnait la fenêtre garnie de barreaux de fer. « Ne serait-ce pas ce cher sanglier de bronze ? se dit-il, moitié rêvant, moitié éveillé. S'il pouvait me reprendre sur son dos ! »

D'un bond il fut à la fenêtre ; mais il n'entendit plus rien.

« Tiens, prends la boîte à couleur du *signore* et porte-la-lui », dit le lendemain le père Giuseppe à Gianino.

Le *signore* était un jeune peintre qui demeurait dans la maison, et qui allait sortir, tenant sa boîte et une grande toile roulée. L'enfant obéit et suivit le peintre. Ils prirent le chemin du palais des Uffizi et montèrent l'escalier qui mène à la galerie où Gianino était venu la nuit avec le sanglier de bronze. Il reconnut les statues et la Madone célèbre, et saint Jean, son patron.

Voilà que le peintre s'arrête devant le tableau de Bronzino, la *Descente du Christ aux enfers*. Comme s'il ne l'avait jamais vu, Gianino restait en extase devant le Fils de Dieu entouré des enfants au sourire céleste, attendant le Paradis.

Lorsque le peintre eut arrangé son chevalet, il dit à Gianino : « Merci, mon petit ; maintenant retourne à la maison.

— Oh ! laissez-moi vous regarder peindre, dit l'enfant. Comment allez-vous mettre ces belles figures sur votre toile blanche ?

— Je ne vais pas encore peindre maintenant », répondit le jeune homme. Il prit de la craie, et, mesurant de l'œil les proportions du tableau, il se mit à tracer rapidement une esquisse.

L'enfant suivait tous ses mouvements. « Il faut cependant que tu rentres », dit le peintre. Gianino s'en fut tout pensif, et, arrivé à la maison, il prit l'aiguille et se mit à coudre.

Mais toute la journée il fut distrait, son esprit était dans la galerie; il se piqua les doigts, et fut maladroit; il ne pensait plus à agacer Bellissima. Le soir, la porte de la maison étant ouverte, il se glissa dehors. Il faisait assez froid, mais le ciel était clair et les étoiles brillaient. Gianino fit lentement quelques pas dans la rue, puis, poussé par une résolution subite, il se mit à marcher vite et, se faufilant par les rues désertes, il arriva auprès du sanglier de bronze. Tout joyeux, il l'embrassa sur son groin poli, et allait se hisser sur son dos. « Brave et chère bête, dit-il, combien il me tardait de te revoir. N'est-ce pas que nous allons faire cette nuit de nouveau une belle course? »

Il tendait les bras pour monter, lorsqu'il se sentit tiré par ses vêtements; il se retourne, qu'aperçoit-il? Bellissima, la petite chienne qui ne le boudait pas et qui avait suivi son compagnon de jeux. Gianino était comme frappé du tonnerre. Bellissima dehors par cette nuit froide, et sans son manteau qu'elle portait toujours quand elle sortait; on venait de la tondre il n'y avait pas longtemps. C'était un mantelet coquet, en peau d'agneau, orné de rubans roses et garni de petits grelots.

Bellissima qui allait s'enrhumer! que dirait madame! Adieu la course à travers les galeries des Uffizi. Cependant, avant de partir, Gianino embrassa son cher sanglier de bronze; puis il prit la petite chienne dans ses bras, elle grelottait de froid; aussi se mit-il à courir de toute la force de ses jambes.

« Où vas-tu comme cela si vite? s'écrièrent deux agents de police, contre lesquels il vint à se heurter. A qui as-tu volé cette jolie petite chienne? »

Il tendait les bras pour monter quand il se sentit tiré par ses vêtements.

Et en même temps ils lui enlevèrent Bellissima, qui cependant aboyait contre eux.

« Oh! mes bons messieurs, rendez-la-moi! » supplia-t-il.

— Non, non, répondirent-ils. Si tu ne l'as pas volée, tu

n'as qu'à dire chez toi qu'on vienne la chercher au corps de garde. »

Et ils s'en furent, emportant Bellissima qui cependant se démenait pour revenir près de Gianino.

L'infortuné ne bougeait pas, il était anéanti. Il se demandait s'il devait se jeter dans l'Arno ou bien aller à la maison raconter ce qui venait de se passer.

« Ils me tueront certainement, se dit-il. Mais alors, réfléchit-il, je serai mort et j'irai auprès du Christ rejoindre les enfants du tableau. Allons, à quelque chose malheur est bon; ils vont me tuer. »

Il trouva la porte fermée, et il était trop petit pour atteindre le marteau; il prit alors un caillou et le jeta contre la porte.

« Qui est là? cria le père Giuseppe.

— C'est moi, Gianino, dit-il. Bellissima est partie. Ouvrez et tuez-moi! »

Quelle affaire ce fut alors! Madame regarda aussitôt dans le tiroir où elle serrait le mantelet de la petite chienne; il y était.

« Bellissima au corps de garde! s'écria-t-elle, et sans sa fourrure! Oh! méchant enfant, tu l'as attirée dehors pour aller polissonner. Mais elle va être gelée! Courez vite, Giuseppe, la reprendre, cette mignonne, à ces brutaux d'agents de police. »

Le père Giuseppe partit à la hâte. Madame gémissait et se lamentait, Gianino sanglotait. Tout le monde dans la maison se rassembla, le peintre aussi accourut. Il prit l'enfant sur ses genoux, l'interrogea, et par fragments, entre deux torrents de larmes, il apprit toute l'histoire du sanglier de bronze et des Uffizi; elle n'était pas très claire ni facile à comprendre. Le jeune homme essaya de consoler Gianino et d'apaiser la brave dame; mais elle ne s'apaisa que lorsque le père Giuseppe revint avec la petite chienne saine et sauve, qui paraissait toute fière d'avoir été au milieu des soldats.

Alors ce fut une jubilation générale! Gianino et Bellissima sautaient à l'envi et, pour comble de joie, le peintre promit à l'enfant de belles images. Et le lendemain, il lui donna des gravures, des dessins, des paysages, des hommes à grande barbe, et, oh surprise! le sanglier de bronze lui-même, tracé en quelques traits, et toute la rue et le marché d'alentour.

« Quel bonheur de savoir dessiner, se dit Gianino, on peut avoir sans cesse autour de soi ceux qui vous sont chers, et même le monde entier. »

Et le lendemain, dès qu'il fut seul, il prit un crayon et, sur le revers blanc d'une de ses images, il essaya de reproduire son ami, le sanglier de bronze. Ma foi, on pouvait à peu près le reconnaître. L'animal était un peu de travers; une jambe était énorme, l'autre grêle; mais enfin tout n'était pas manqué et Gianino dansa de joie. Cependant il s'avoua que son œuvre était loin d'être parfaite; le lendemain, il recommença, ce fut déjà mieux; le surlendemain il y avait encore bien moins de défauts; le groin, d'où jaillissait l'eau, était même réussi.

Mais les progrès en couture se ralentissaient fort, et, lorsque Gianino allait porter en ville des commandes, il restait bien longtemps dehors. Pourtant il ne flânait pas; il dessinait d'abord le sanglier de bronze d'après nature, puis le cheval de la *Piazza di Granduca,* et puis la colonne de la *Piazza della Trinita,* avec la statue de la Justice qui tient ses balances.

Mais tout cela ce n'était que des objets inanimés. Un jour, Bellissima vint le trouver dans sa chambrette :

« Ah! s'écria-t-il, tu vas poser et te tenir bien tranquille.

Je te dessinerai et je ferai de toi un beau portrait, et comme cela tu seras toujours auprès de moi. »

Mais la petite chienne était venue pour folâtrer avec son ami, et elle ne restait pas en place ; alors Gianino l'attacha sur une chaise, par les pattes, par la tête. Elle se démena et aboya ; Gianino serra la ficelle.

A ce moment survint madame la gantière.

« Scélérat d'enfant ! s'écria-t-elle. Pauvre chérie ! » C'est tout ce qu'elle put dire pour l'instant, tant elle était suffoquée ; elle dégagea Bellissima et alors la parole lui revint. Elle maudit Gianino et le traita comme un misérable ingrat ; elle prit un bâton, elle le frappa et le chassa de la maison.

Le malheureux petit, écrasé par l'infortune, pâle et défait, descendait l'escalier, lorsque le peintre qui montait le rencontra : c'est à ce moment que le sort de Gianino se décida.

Voici maintenant la fin de l'histoire.

En 1834, il y avait une exposition à l'*Academia delle arti* de Florence. La foule affluait devant deux tableaux placés à côté l'un de l'autre. L'un représentait un gentil petit garçon qui essayait de dessiner une petite chienne loulou, attachée sur une chaise, mais qui se démenait de la façon la plus drôle pour se délivrer de ses liens. La scène était rendue dans la perfection : l'air sérieux et appliqué de l'enfant et les gigotements comiques de la petite bête. Le tableau était plein de vie et de charme.

On se racontait que cet enfant avait été trouvé abandonné dans les rues par une méchante mendiante qui le battait, mais qu'il avait été recueilli par un brave gantier ; qu'il avait appris tout seul à dessiner, et qu'un peintre, l'auteur du tableau, avait découvert son talent, lorsque l'enfant venait d'être chassé pour avoir attaché de force, pour qu'elle posât, la petite chienne, la favorite de la gantière.

L'enfant était devenu un grand peintre; c'est ce qu'on voyait par le second tableau, qui représentait le sanglier de bronze, bien connu de tout Florence. Sur le dos de l'animal reposait un jeune garçon qui dormait; la lueur de la lampe de la Madone venait éclairer son visage. Tout était parfait dans cette toile, le faire, le coloris, le dessin; mais ce qui attirait irrésistiblement les passants, c'était le sourire de l'enfant, perdu dans un rêve mystérieux; c'était aussi divin que le sourire des enfants de Bronzino.

Au bas du cadre était une couronne de laurier, le tableau avait eu le prix d'honneur de l'exposition; mais entre les feuilles on voyait un crêpe noir, le jeune artiste venait d'être emporté par une terrible épidémie vers le pays des rêves de son enfance.

Mais la petite chienne était venue pour folâtrer.

...L'enfant... soufflait des bulles grandes et petites.

LA COMÈTE

Un jour, sans qu'aucun almanach, aucun astronome l'eût annoncée, une comète apparut au firmament; elle était magnifique, elle traînait une longue queue de feu.

« Si elle tombe sur la terre, se disait-on, nous serons tous brûlés. »

La terrasse sur la tour du vieux château était noire de monde qui regardait le nouvel astre avec des lunettes d'approche, et de toutes les mansardes on voyait surgir des têtes de curieux. Dans les rues la foule était arrêtée, et tous tendaient le cou vers le ciel, et pendant ce temps, sur la grande route, un voyageur solitaire, bien qu'il fût déjà attardé, suspendait aussi sa marche pour admirer le phénomène. Et chacun avait ses idées particulières sur ce que l'apparition de l'astre pouvait présager.

Dans une chambrette écartée, une mère et son petit garçon étaient restés assis; ils n'avaient pas connaissance de la comète. Sur la table était une chandelle, la mèche avait pris la forme d'une pointe recourbée et elle était dirigée vers l'enfant. La mère en levant la tête s'en aperçut, elle tressaillit d'effroi; d'après ce qu'elle avait toujours entendu dire, cela signifiait que son fils devait bientôt mourir.

Le petit, lui, ne regardait pas la mèche, et si même on était venu lui parler de la comète, il n'aurait pas bougé. Devant lui était un vieux pot ébréché où se trouvait de l'eau de savon; l'enfant y plongeait une petite pipe en terre et soufflait des bulles grandes et petites. Elles s'élançaient dans l'air et y voltigeaient en tremblotant, jetant le plus bel éclat, d'abord jaunes et rouges, puis passant au lilas et au bleu pour deventr toutes vertes.

« Que le ciel, dit la mère, pour détruire le pronostic de la mèche, t'accorde autant d'années que tu souffles de bulles!

— Tant que cela! » dit le petit garçon.

Et il fit prestement aller sans s'arrêter sa pipe du pot à sa bouche, pour la replonger ensuite dans l'eau de savon et refaire une nouvelle bulle.

« Voilà une année, s'écriait-il tout joyeux, en voilà encore une, et puis une troisième. Regarde donc comme elles volent haut, et quelles belles couleurs elles ont. »

A ces mots, une grosse bulle vint à lui éclater dans l'œil, et cela le brûla et lui fit quelque peu mal; ses yeux pleurèrent.

« Arrivez donc voir la comète! s'écria une voisine. Toute la ville est dehors. Accourez donc! »

La mère prit le petit par la main. Il aurait volontiers continué ses bulles de savon, pour se souffler quelques années de plus; mais la voisine dit qu'il fallait absolument aller contempler la comète.

Le petit garçon ouvrit de grands yeux en apercevant la boule de feu et sa queue étincelante, qui mesurait bien dix aunes, pensait-il; mais on lui expliqua qu'elle était longue de plusieurs millions de lieues.

« Nous et nos enfants nous serons morts et enterrés quand elle reviendra, dit la voisine. »

Et, en effet, lorsque l'astre apparut de nouveau, la plupart de ceux qui l'avaient aperçu la première fois n'étaient plus de ce monde; pourtant le petit garçon qui, selon ce que croyait sa mère, devait mourir jeune parce que la mèche de la chandelle l'avait désigné au destin, vivait encore, mais il était bien vieux; il avait les cheveux tout blancs. Il était devenu maître d'école et, malgré son grand âge, il enseignait encore et les enfants écoutaient avec attention ce qu'il leur apprenait; il donnait de l'intérêt à tout, par les jolies histoires qu'il mêlait à ses leçons instructives.

Il aimait à parler des corps célestes et il expliquait à ses élèves que bientôt, d'après les calculs des astronomes, on reverrait une comète que, lui, avait déjà admirée étant petit garçon.

« Remarquez bien, leur disait-il, tout revient dans ce monde, les événements comme les personnages, et même les contes et les légendes.

« Tenez, vous connaissez bien l'histoire de Guillaume Tell, qui, devant abattre une pomme sur la tête de son fils, apprêta une seconde flèche pour en percer l'affreux Gessler, dans le cas où l'enfant aurait été tué. Cela se passait, dit-on, en

Suisse, au moyen âge. Eh bien, plusieurs siècles auparavant, en Danemark, Palnatoke, le héros, avait fait de même ; lui aussi, on lui ordonna d'enlever une pomme sur la tête de son fils ; lui aussi avait de la même façon préparé sa vengeance. Et plusieurs milliers d'années en arrière, sur les bords du Nil, du temps de Pharaon, on racontait déjà la même histoire d'un autre habile archer. »

C'est le vieux maître d'école dont je vous parle qui le premier eut l'idée d'apprendre aux enfants la géographie d'une façon saisissante et frappante. Son grand jardin, il l'avait fait diviser et arranger de manière qu'on y voyait toutes les îles du Danemark, et le Jutland, et le Slesvig représentés selon leur situation, leur configuration, avec leurs côtes, leurs baies, leurs montagnes et leurs rivières. Les villes étaient marquées par des sculptures sur bois, figurant leurs armes ou quelque trait de leur histoire. Le saint roi Canut avec le dragon, c'était Odensée ; l'évêque Absalon avec la crosse, c'était Soroë ; Aarhus était figuré par un bateau à rames. Comme cela les plus jeunes écoliers avaient vite appris la géographie de leur pays.

Donc on attendait le retour de la comète ; les jeunes s'en réjouissaient rien que pour l'amour d'un si beau spectacle ; les vieux, qui pensent plus loin, se flattaient qu'elle ramènerait une bonne année pour le vin.

Voilà la comète à l'horizon ; mais, ô malheur ! le ciel n'était que nuages et brouillards, il ne cessait de pleuvoir ; les astronomes ne fermaient plus l'œil ; ils passaient les nuits à côté de leurs télescopes, espérant toujours que le firmament allait s'éclaircir.

Un soir, le vieux maître d'école était assis dans sa chambre, guettant aussi le moment où les nuages se dissiperaient. Et il vit défiler devant lui l'image de ce qui lui était arrivé depuis le moment où sa mère lui avait dit qu'il vivrait autant d'années qu'il soufflerait alors de bulles de savon. Il n'en avait pas exactement retenu le nombre ; mais il lui semblait que le compte devait bientôt y être.

Il voyait donc, comme dans un rêve, passer les événements de sa vie, toute de travail et de vertus, lorsqu'une grande clarté se fit.

Le vent avait déchiré les nuages et la comète, plus brillante que jamais, resplendissait au firmament, déployant sa queue pareille à une gerbe d'étoiles étincelantes. Le vieillard la reconnut aussitôt ; il lui semblait être encore au moment où, tenant la main de sa mère, il voyait l'astre pour la première fois ; et cependant il y avait plus de soixante-dix ans d'intervalle entre les deux instants. Pendant ce temps de puissants empires avaient surgi dans l'histoire ; des royaumes prospères avaient été ruinés ; que d'événements, que de changements dans ce monde !

Mais le vieillard avait toujours l'esprit tourné vers le temps de son enfance et, après avoir contemplé et admiré la comète, il ouvrit l'antique clavecin qu'il avait hérité de sa mère, et il y joua l'air d'une chanson qu'on avait composée sur la comète, lorsqu'elle apparut pour la première fois. Il se sentait transporté d'un bonheur tranquille et ineffable.

Tout à coup une des cordes de l'instrument se brisa. Des voisins entrèrent dans la chambre appelant le vieillard, pour qu'il vînt sur le balcon afin de mieux contempler la comète. Il leur souriait, mais il ne bougeait pas. En même temps que la corde, son cœur s'était brisé.

La terrasse de la tour du château était de nouveau pleine de personnages de distinction, et les rues regorgeaient de curieux qui tendaient le cou vers l'astre brillant; le voyageur sur la route s'arrêtait pour la considérer. Mais l'âme du vieillard s'était envolée vers des espaces bien plus élevés que ceux que parcourait la comète, et elle admirait des splendeurs bien plus belles que l'éclat magique de cette gerbe de feu.

Quelle splendide clarté il y avait dans la chambrette.

LE GNOME ET L'ÉPICIER

Il y avait une fois un étudiant, mais un vrai : il habitait une mansarde, et ne possédait rien sur la terre. Il y avait aussi un épicier, également un vrai ; il demeurait au rez-de-chaussée, mais toute la belle maison, où l'étudiant demeurait dans les combles, lui appartenait.

Le gnome, l'esprit familier de la maison, tenait pour le propriétaire et faisait peu de cas de l'étudiant ; à chaque fête de Noël, l'épicier, observant l'antique usage, apprêtait pour le gnome un grand plat de riz au lait bien sucré avec un gros morceau de beurre frais au milieu : c'est là le plus grand régal des gnomes du nord ; si vous ne le savez pas, apprenez-le ; mais ce qui est encore plus instructif, c'est que le gnome, tout comme l'un de nous autres hommes, se laissait séduire par cette attention.

Un soir, l'étudiant entra dans la boutique d'épicerie pour acheter une chandelle et du fromage ; n'ayant personne à son service, il faisait ses commissions lui-même. On lui donna ce qu'il désirait, et il paya; l'épicier lui fit un petit signe de tête en guise de bonsoir ; Mme l'épicière fit de même, avec plus de grâce : du reste, elle s'entendait à autre chose encore qu'à faire des signes de tête : elle savait parler comme un orateur et bavarder comme une pie borgne.

L'étudiant salua à son tour de son mieux, et il s'en allait, lorsqu'il s'arrêta tout court, ayant jeté un coup d'œil sur le papier qui enveloppait son fromage. C'était un feuillet tiré d'un livre qu'on n'aurait jamais dû déchirer, d'un livre rempli de la plus admirable poésie.

« Ce papier vous plaît, dit l'épicier qui avait vu le mouvement ; il y en a là encore beaucoup de la sorte. J'ai à peine entamé le livre d'où je l'ai pris et que j'ai acheté à une vieille pour un quart de café. Donnez-moi deux shillings, et vous pourrez emporter le restant.

— Je n'ai pas deux shillings à dépenser pour des objets de luxe, répondit l'étudiant ; si vous voulez, je vous rendrai le fromage et je prendrai le livre. Je peux bien une fois manger une tartine sans fromage. Ce serait un meurtre que de mettre en lambeaux un pareil livre. Cela vous étonne ; sachez-le, vous êtes un excellent homme, un homme pratique, mais en fait de poésie, vous vous y entendez autant que ce tonneau là-bas. »

Il désignait un tonneau défoncé où l'on mettait les vieux journaux et autres papiers d'emballage. Ce qu'il disait n'était pas très poli, surtout à l'égard du tonneau. L'épicier, lui, ne s'en formalisa pas, il rit de bon cœur ; l'étudiant aussi en rit, et Mme l'épicière plus qu'eux deux. Mais le gnome se fâcha dans son coin ; il ne comprenait pas comment on pouvait dire de pareilles choses en face à un épicier qui avait le meilleur beurre de la ville.

Lorsque la nuit fut venue et que la boutique fut fermée, tout le monde étant couché, excepté l'étudiant, le gnome sortit de sa cachette, et alla prendre, dans la chambre à coucher, le râtelier de Mme l'épicière, qu'elle ôtait pour dormir, ce qui ne l'empêchait point de parler en rêve.

Le gnome, qui se connaissait en sorcellerie comme de juste, donna au râtelier cette vertu que l'objet auquel on l'adaptait en acquérait le don de la parole et s'exprimait aussi couramment, aussi éloquemment que madame l'épicière.

Il s'en retourna à la boutique et appliqua le râtelier au tonneau, en lui disant : « Est-il vrai que vous ne vous connaissiez pas en poésie ?

— Allons donc, fut la réponse. La poésie, c'est une chose qui se trouve souvent en feuilleton au bas des journaux ; parfois les âmes sensibles coupent ce morceau pour le garder. Dans les gazettes que je contiens, il reste encore plus de poésie que dans la tête de ce fat d'étudiant bien qu'il fasse profession de vivre dans les nuages. »

Le gnome alors adapta le râtelier au moulin à café qui le fit marcher, ma foi, encore un peu plus vite que madame l'épicière, puis au tonneau de beurre, à celui de pruneaux, à la caisse ; tous furent du même avis que le tonneau aux journaux : c'était donc un verdict infaillible.

« Je m'en vais chez l'étudiant, lui dire son fait », pensa

le gnome, et, montant l'escalier, il atteignit la mansarde où demeurait le jeune homme, qui avait encore de la lumière allumée. Le gnome regarda par le trou de la serrure et il vit l'étudiant enfoncé dans la lecture du livre déchiré qu'il venait d'acheter.

Quelle splendide clarté il y avait dans la chambrette ! elle ne provenait pas de la chandelle d'un demi-shilling. Du milieu du livre s'élançait un faisceau de tiges lumineuses qui supportaient comme une couronne un arbuste dont les branches retombaient gracieusement sur la tête de l'étudiant ; les feuilles brillaient de mille reflets aux couleurs magiques, chaque fleur était une adorable tête d'enfant ou de jeune fille, l'une aux yeux bleus de saphir, profonds et mélancoliques, l'autre aux yeux noirs, pleins de malice, lançant des flammes comme des escarboucles. Les fruits étaient comme des globes de feu ; sur les branches voletaient les plus jolis oiselets du monde, leur doux et harmonieux ramage formait un délicieux concert.

Non vraiment ! jamais dans son imagination cependant habituée au merveilleux, le petit gnome n'avait rêvé de splendeur pareille. Dressé sur la pointe des pieds, il resta à regarder, à admirer, jusqu'à ce que, la bougie étant entièrement brûlée, l'étudiant allât se coucher. Tout rentra dans l'obscurité ; mais les plus ravissantes mélodies continuèrent à retentir ; on aurait dit un chant de berceau exécuté par des anges.

« Que c'était donc beau ! se dit le gnome. Ma foi, je demeurerai volontiers ici, maintenant que je sais qu'on y voit d'aussi merveilleuses apparitions. Oui, je viendrai m'établir en ce lieu. »

Mais réfléchissant tout à coup, car tout gnome qu'il était,

il raisonnait et calculait comme un homme, il dit en souiprant : « Oui, mais il faudrait renoncer au riz au lait et à ce bon beurre. »

Et, tout perplexe, il redescendit dans la boutique ; il était temps. Le tonneau aux papiers, auquel il avait mis le râtelier, avait déjà débité, du commencement à la fin, tout ce que renfermaient les gazettes qu'il contenait et il allait le réciter à nouveau, cette fois de la fin au commencement. Le râtelier, à force de marcher, était prêt à se démantibuler ; le gnome l'enleva et alla le reporter à sa place. Le tonneau ne prononça plus une parole ; cela n'empêcha point que depuis il passa dans la boutique pour un puits de science et de sagesse.

Tous les soirs le gnome remontait se poster devant le trou de la serrure, quand il apercevait de la lumière dans la mansarde. Souvent l'étudiant lisait dans le livre ; et chaque fois c'étaient toujours des visions aussi splendides. Un soir le gnome vit un spectacle aussi beau que terrible : c'était comme la mer en fureur, agitée par la tempête ; le fracas des vagues et du tonnerre était si solennel et grandiose, que le gnome se sentit remué de fond en comble, comme s'il entendait la voix de la Divinité irritée ; il éclata en pleurs ; mais à ces larmes se joignait un étrange sentiment de délicieuse béatitude. Quel paradis ce serait donc, se dit de nouveau le gnome, que de reposer aussi sous cet arbre merveilleux. Mais alors il eût fallu abandonner les agréments de la boutique et le régal de Noël. Aussi se contentait-il de regarder par le trou de la serrure, exposé au vent coulis et au froid ; tant que durait l'apparition, il ne se repentait de rien ; mais quand l'obscurité de la nuit revenait, alors il grelottait et claquait des dents ; il courait vite se glisser dans son petit coin, bien abrité, pour s'y réchauffer. Il appréciait alors le bien-être qu'il y éprouvait. Et quand revint Noël et que le petit gnome se trouva attablé devant son festin de riz sucré et de beurre exquis, il s'écria : « Vive l'épicier ! je reste chez lui ! »

Voilà qu'une nuit il est éveillé par un bruit infernal ; de la rue on frappait avec rage contre les volets. Les veilleurs de nuit sonnaient du cor ; les cloches retentissaient : c'était un incendie. La rue tout éclairée de flammes était pleine de fumée.

Horreur et épouvante partout. Mme l'épicière dans son effroi, ne sachant plus ce qu'elle faisait, pensant à sauver ses belles boucles d'oreilles, les détacha de ses oreilles pour les mettre dans sa poche. L'épicier, moins troublé, sauta après ses obligations sur l'État ; la cuisinière attrapa son manteau de soie.

Chacun voulait sauver ce qu'il avait de plus précieux ; aussi le gnome, grimpant à la hâte vers la mansarde, s'y précipita pour empêcher le fameux livre de devenir la proie des flammes. Il vit l'étudiant regardant tranquillement par la fenêtre l'incendie qui dévorait la maison du voisin ; ne possédant rien, le jeune homme n'éprouvait aucune des angoisses qui déchiraient les autres.

Le gnome se jeta sur le livre qui était ouvert sur la table, et fourrant ce trésor, la chose la plus précieuse de la maison, dans son bonnet rouge, il le serra de ses deux mains et se hissa sur la cheminée du toit pour observer les progrès du feu et voir s'il fallait fuir ; mais déjà l'incendie diminuait de force.

Après d'aussi vives émotions, le petit gnome savait maintenant à quoi s'en tenir ; au fond, son cœur était acquis à l'étudiant, au propriétaire du livre merveilleux, à la poésie.

Mais le danger passé et le calme revenu dans son esprit, il se dit, un peu honteux cependant devant lui-même : « Il y a toujours ce maudit riz, ce festin de Noël... Que faire? Je demanderai au roi des gnomes la permission de me partager entre eux deux, l'épicier et l'étudiant. »

Et sur cette sage pensée, certes on aurait pu le naturaliser humain.

Quand le bisaïeul parlait sur ce thème, il s'animait...

LE BISAIEUL

Ce conte n'est pas de moi : je le tiens d'un de mes amis, à qui je donne la parole :

Notre bisaïeul était la bonté même ; il aimait à faire plaisir, il contait de jolies histoires ; il avait l'esprit droit, la tête solide. A vrai dire il n'était que mon grand-père ; mais lorsque le petit garçon de mon frère Frédéric vint au monde, il avança au grade de bisaïeul, et nous ne l'appelions plus qu'ainsi. Il nous chérissait tous et nous tenait en considération ; mais notre époque, il ne l'estimait guère. « Le vieux temps, disait-il, c'était le bon temps. Tout marchait alors avec une sage lenteur, sans précipitation ; aujourd'hui c'est une course universelle, une galopade échevelée ; c'est le monde renversé. La jeunesse parle plus haut que la vieillesse, elle blâme les autorités et censure même les rois. Le premier goujat venu insulte les gens d'honneur et on ne le met pas au pilori ! »

Quand le bisaïeul parlait sur ce thème, il s'animait à en devenir tout rouge ; puis il se calmait peu à peu et disait en souriant : « Enfin, peut-être me trompé-je. Peut-être est-ce ma faute si je ne me trouve pas à mon aise dans ce temps actuel avec mes habitudes du siècle dernier. Laissons agir la Providence, qui mène tout au mieux. »

Cependant il revenait toujours sur ce sujet, et comme il décrivait bien tout ce que l'ancien temps avait de pittoresque et de séduisant : les grands carrosses dorés et à glaces où trônaient les princes, les seigneurs, les châtelaines revêtues de splendides atours ; les corporations, chacune en costume différent, traversant les rues en joyeux cortège, bannières et musiques en tête ; chacun gardant son rang et ne jalousant pas les autres. Et les fêtes de Noël, comme elles étaient plus animées, plus brillantes qu'aujourd'hui, et le gai carnaval ! Le vieux temps avait aussi ses vilains côtés : la loi était dure, il y avait la potence, la roue ; mais ces horreurs avaient du caractère, provoquaient l'émotion. Et quant aux abus on savait alors les abolir généreusement : c'est au milieu de ces discussions que j'appris que ce fut la noblesse danoise qui la première affranchit spontanément les serfs et qu'un prince danois supprima dès le siècle dernier la traite des nègres.

Donc c'était un plaisir que d'entendre le bisaïeul raconter les histoires de l'époque de sa jeunesse, les aventures qu'il avait eues alors. « Mais, disait-il, le siècle d'avant était encore bien plus empreint de grandeur ; les hauts faits, les beaux caractères y abondaient.

— C'étaient des époques rudes et sauvages, interrompait alors mon frère Frédéric ; Dieu merci, nous ne vivons plus dans un temps pareil. »

Il disait cela au bisaïeul en face, et ce n'était pas trop gentil. Cependant il faut dire qu'il n'était plus un enfant ; c'était notre aîné ; il était sorti de l'Université après les examens les plus brillants. Ensuite notre père, qui avait une grande maison de commerce, l'avait pris dans ses bureaux et il était très content de son zèle et de son intelligence. Le bisaïeul avait tout l'air d'avoir un faible pour lui ; c'est avec lui surtout qu'il aimait à causer ; mais quand ils en arrivaient à ce sujet du bon vieux temps, cela finissait presque toujours par de vives discussions ; aucun d'eux ne cédait ; et cependant, quoique je ne fusse qu'un gamin, je remarquai bien qu'ils ne pouvaient pas se passer l'un de l'autre. Que de fois le bisaïeul écoutait l'oreille tendue, les yeux tout pleins de feu, ce que Frédéric racontait sur les découvertes merveilleuses de notre époque, sur des forces de la nature, jusqu'alors inconnues, employées aux inventions les plus étonnantes. « Oui, disait-il alors, les hommes deviennent plus savants, plus industrieux, mais non meilleurs. Quels épouvantables engins de destruction ils inventent pour s'entre-tuer ! — Les guerres n'en sont que plus vite finies, répondait Frédéric ; on n'attend plus sept ou même trente ans avant le retour de la paix. Du reste, des guerres il en faut toujours ; s'il n'y en avait pas eu depuis le commencement du monde, la terre serait aujourd'hui tellement peuplée que les hommes se dévoreraient les uns les autres. »

Un jour Frédéric nous apprit ce qui venait de se passer

dans une petite ville des environs. A l'hôtel de ville se trouvait une grande et antique horloge ; elle s'arrêtait parfois, puis retardait, pour ensuite avancer ; mais enfin telle quelle, elle servait à régler toutes les montres de la ville. Voilà qu'on se mit à construire un chemin de fer qui passa par cet endroit ; comme il faut que l'heure des trains soit indiquée d'une façon exacte, et la même sur toute la ligne et sur tous les chemins de fer de l'État, on plaça à la gare une horloge électrique qui ne variait jamais ; et depuis lors tout le monde réglait sa montre d'après la gare ; l'horloge de la maison de ville pouvait varier à son aise ; personne n'y faisait attention, ou plutôt on s'en moquait.

Je riais beaucoup de cette anecdote, mais le bisaïeul ne sourit même pas.

« C'est grave tout cela, dit-il d'un air très sérieux. Cela me fait penser à une bonne vieille horloge, la simple horloge comme on en fabrique à Bornholmy, qui était chez mes parents ; elle était enfermée dans un meuble en bois de chêne et marchait à l'aide de poids. Elle non plus n'allait pas toujours bien exactement ; mais on ne s'en préoccupait pas. Nous regardions le cadran et nous avions foi en lui. Nous n'apercevions que lui, et l'on ne voyait rien des roues et des poids.

« C'est de même que marchaient le gouvernement et la machine de l'État. On avait pleine confiance en elle et on ne regardait que le cadran. Aujourd'hui c'est devenu une horloge de verre ; le premier venu observe les mouvements des roues et y trouve à redire ; on entend le frottement des engrenages, on se demande si les ressorts ne sont pas usés et ne vont pas se briser. On n'a plus la foi ; c'est là la grande faiblesse du temps présent. »

Et le bisaïeul continua ainsi pendant longtemps jusqu'à ce

qu'il arrivât à se fâcher complètement, bien que Frédéric finît par ne plus le contredire. Cette fois, ils se quittèrent en se boudant presque; mais il n'en fut pas de même lorsque Frédéric s'embarqua pour l'Amérique où il devait aller veiller à de grands intérêts de notre maison. La séparation fut douloureuse; s'en aller si loin, au delà de l'Océan, braver flots et tempêtes. « Tranquillise-toi, dit Frédéric au bisaïeul qui retenait ses larmes; tous les quinze jours vous recevrez une lettre de moi, et je te réserve une surprise. Tu auras de mes nouvelles par le télégraphe; on vient de terminer la pose du câble transatlantique. »

En effet, lorsqu'il s'embarqua en Angleterre, une dépêche vint nous apprendre que son voyage se passait bien, et, au moment où il mit le pied sur le nouveau continent, un message de lui nous parvint traversant les mers plus rapidement que la foudre.

« Je n'en disconviendrai pas, dit le bisaïeul, cette invention renverse un peu mes idées; c'est une vraie bénédiction pour l'humanité, et c'est en Danemark qu'on a précisément découvert la force qui agit ainsi. Je l'ai connu, Jean-Christian OErstedt, qui a trouvé le principe de l'électro-magnétisme; il avait des yeux aussi doux, aussi profonds que ceux d'un enfant; il était bien digne de l'honneur que lui fit la nature en lui laissant deviner un de ses plus intimes secrets. »

Dix mois se passèrent, lorsque Frédéric nous manda qu'il s'était fiancé là-bas avec une charmante jeune fille; dans la lettre se trouvait une photographie. Comme nous l'examinâmes avec empressement! Le bisaïeul prit sa loupe et la regarda longtemps : ces images, on peut les considérer sous un verre grossissant; elles ne perdent rien, au contraire; mais il n'en est pas de même des tableaux des plus grands maîtres.

« Quel malheur, s'écria le bisaïeul, qu'on n'ait pas depuis longtemps connu cet art de reproduire les traits par le soleil ! nous pourrions voir face à face les grands hommes de l'histoire. Voyez donc quel charmant visage ; comme cette jeune fille est gracieuse ! Je la reconnaîtrai dès qu'elle passera notre seuil. »

C'est là ce qui faillit ne jamais arriver.

Le mariage de Frédéric eut lieu en Amérique ; les jeunes époux revinrent en Europe et atteignirent heureusement l'Angleterre d'où ils s'embarquèrent pour Copenhague. Ils étaient déjà en face des blanches dunes du Jutland, lorsque s'éleva un ouragan ; le navire, secoué, ballotté, tout fracassé, fut jeté à la côte. La nuit approchait, le vent faisait toujours rage ; impossible de mettre à la mer les chaloupes et on prévoyait que le matin le bâtiment serait en pièces.

Voilà qu'au milieu des ténèbres reluit une fusée ; elle amène un solide cordage ; les matelots s'en saisissent ; une communication s'établit entre les naufragés et la terre ferme. Le sauvetage commence et, malgré les vagues et la tempête, en quelques heures tout le monde est arrivé heureusement à terre.

A Copenhague nous dormions tous bien tranquillement, ne songeant ni aux dangers, ni aux chagrins. Lorsque le matin la famille se réunit, joyeuse d'avance de voir arriver le jeune couple, le journal nous apprend, par une dépêche, que la veille un navire anglais a fait naufrage sur la côte du Jutland. L'angoisse saisit tous les cœurs ; mon père court aux renseignements ; il revient bientôt encore plus vite nous apprendre que, d'après une seconde dépêche, tout le monde est sauvé et que les êtres chéris que nous attendons ne tarderont pas à être au milieu de nous.

Tous nous éclatâmes en pleurs; mais c'étaient de douces larmes; moi aussi, je pleurai, et le bisaïeul aussi; il joignit les mains et, j'en suis sûr, il bénit notre âge moderne. Et le même jour encore il envoya deux cents écus à la souscription pour le monument d'OErstedt.

Le soir, lorsque arriva Frédéric avec sa belle jeune femme, le bisaïeul lui dit ce qu'il avait fait; et ils s'embrassèrent de nouveau. Il y a de braves cœurs dans tous les temps.

Elle aperçut le cygne doré, le cygne du bonheur...

C'EST

LE RAYON DE SOLEIL QUI PARLE

« Je m'en vais vous conter quelque chose, dit le vent.

— Permettez, dit la pluie, le tour est à moi ; voilà assez longtemps que vous hurlez là au tournant de la rue.

— Ah! c'est comme cela, madame, répliqua le vent, que vous me savez gré des services que je vous rends en retournant, en brisant les parapluies par lesquels les gens cherchent à se garer de vous.

— C'est moi qui vais raconter, dit le rayon de soleil. Silence! »

Le ton était si solennel, si majestueux, que le vent se tut

et s'étendit à terre de toute sa longueur. Mais la pluie ne fut pas de si bonne composition.

« Ce tyran de soleil, toujours il faudrait faire à sa volonté. Il est le plus fort; mais le beau rôle sera pour nous, nous n'écouterons pas ses balivernes. Ces imbéciles d'humains disent « ennuyeux comme la pluie » ; ennuyeux comme le soleil, voilà comment il faut dire. »

Et le rayon commença :

« Un cygne, celui qui, autrefois, apportait le bonheur, planait au-dessus des flots roulants de la mer. Ses plumes resplendissaient comme de l'or ; il en tomba une sur un grand navire marchand, qui voguait à pleines voiles, et elle s'arrêta dans les cheveux bouclés d'un jeune homme qui avait soin des ballots : c'était le subrécargue. La bienheureuse plume toucha son front et lui inspira de magnifiques spéculations. Il devint un richissime négociant ; il avait, dans sa cave, toute une rangée de tonnes d'or.

« Le cygne vint à voler au-dessus d'une verte prairie où reposait, sous l'ombre d'un beau chêne, un jeune pâtre au milieu de ses moutons. L'oiseau frôla une des feuilles de l'arbre qui vint tomber dans la main de l'enfant qui se mit à la considérer avec attention, étudiant ses fibres, ses nervures délicates. Il en prit d'autres et les regarda avec le même soin ; puis il examina de près les autres merveilles de la nature. Il trouva un bienfaiteur qui le fit aller aux écoles et devint un savant célèbre.

« Le cygne arriva au-dessus d'une belle forêt; au milieu s'étendait un lac aux ondes bleues ; les bords en étaient couverts d'iris, de joncs et de saules. Le cygne vint s'y baigner.

« Une pauvre femme errait par là, cherchant du bois mort ;

elle portait son plus jeune enfant, qui était à la mamelle. Elle rentrait chez elle, lorsqu'elle aperçut le cygne doré, le cygne du bonheur sortir de l'eau et s'élancer dans les airs. Que vit-elle briller sur le bord du lac? un œuf d'or ; elle le prit et le plaça sur son sein.

« L'œuf était plein de vie, et on entendait qu'à l'intérieur cela faisait *tic-tac*. La coquille s'ouvrit et il en sortit un délicieux petit cygne, au plumage tout doré ; autour du cou il portait quatre anneaux d'or. La pauvre femme, qui avait encore trois petits garçons, outre le plus jeune, comprit que ces anneaux leur étaient destinés ; elle les prit délicatement. L'oiseau la laissa faire, puis s'envola.

« Elle baisa les anneaux, les plaça un instant sur le cœur des enfants, puis elle les leur mit au doigt, à chacun le sien.

« L'aîné était toujours à travailler dans la terre, dans l'argile ; il en formait les plus jolies choses, et devint un grand sculpteur ; sa plus belle œuvre est un *Jason à la conquête de la Toison d'or*.

« Le cadet courait les champs, les prairies, cueillant herbes et fleurs ; il en écrasait le suc colorant, et barbouillait toute espèce de figures ; il fut un peintre célèbre.

« Le troisième prit son anneau entre les dents et le fit vibrer ; cela résonna dans sa tête, et il en sortit des sons, des mélodies délicieuses, pleines de charme et de sentiment ; il devint un musicien fameux.

« Le quatrième était de constitution faible et chétive ; le sort le maltraita fort ; mais c'était un poète divin : ses pensers planaient par-dessus le monde de l'esprit d'un vol aussi majestueux que celui du cygne ; la Renommée s'attacha encore plus à lui qu'à ses frères, il devint immortel. »

Le rayon de soleil se tut et disparut.

« Elle m'a paru bien longue cette histoire, dit le vent.

— C'était un conte à dormir debout », dit la pluie.

Et vous, mes amis, qu'en pensez-vous? S'il vous a semblé ennuyeux, ne vous gênez pas pour me le faire dire; ce n'est pas moi qui l'ai conté, c'est le rayon de soleil.

Et il partit, les gazelles et les antilopes lui firent la conduite.

LA PIERRE PHILOSOPHALE

Bien loin, bien loin, derrière les grandes Indes, dans l'extrême Orient, au bout du monde s'élevait jadis l'arbre du soleil, un arbre splendide, comme ni vous ni moi n'en avons jamais vu et n'en verrons jamais. Sa couronne s'étendait en cercle à plusieurs lieues à la ronde; à vrai dire elle formait toute une grande forêt; ses branches n'étaient autres que des arbres. On voyait là les plus belles espèces, les palmiers, les pins, les hêtres, les platanes, les tilleuls et les chênes; toute cette végétation luxuriante poussait dans tous les sens les vastes gerbes d'une éternelle verdure. Entre les troncs de ces arbres puissants, qui s'élevaient à des hauteurs inconnues partout ailleurs, s'étendaient des vallées, des collines, couvertes de gazons, de mousses qui faisaient l'effet des plus magnifiques tapis, parsemés de fleurs aux couleurs éclatantes et cependant harmonieuses.

Là s'assemblaient les oiseaux de tous les continents, ceux des forêts vierges de l'Amérique, ceux des jardins de roses de Damas et des déserts de l'Afrique et encore les oiseaux du pôle ; la cigogne et l'hirondelle ne manquaient naturellement pas. De gentils animaux prenaient encore là leurs ébats : la gazelle, l'antilope, le daim, le cerf, l'écureuil et d'autres charmantes et gracieuses bêtes.

Sur l'extrême cime de la couronne de l'arbre du soleil s'étendait un vaste jardin, où les plus belles fleurs répandaient des parfums délicieux ; au milieu, sur une éminence formée par une touffe énorme de branches recourbées, se trouvait un palais tout de cristal, d'où l'on avait vue sur tous les pays de la terre. Il était garni de tours qui avaient la forme de la tige d'un lis ; à l'intérieur, un escalier menait à un balcon travaillé comme la fleur du lis, et au milieu du calice était une salle ronde resplendissante, qui avait pour plafond le ciel d'azur avec le soleil et les étoiles; jamais un nuage ne venait cacher le firmament.

Les autres appartements du palais étaient aussi magnifiques. Sur les murs transparents le monde entier venait se refléter ; on y voyait tout ce qui se passait sur notre globe; l'on n'avait pas besoin de gazette, puisque tous les événements qui arrivaient s'apercevaient comme des ombres chinoises passant sur la toile lumineuse ; quant aux inventions des gazetiers on s'en passait fort bien.

Il y avait dans ce spectacle de quoi s'amuser pendant des journées, et il y avait là également de quoi s'instruire ; aussi celui qui habitait le palais était-il l'homme le plus sage de la terre. Son nom est si difficile à prononcer que vous n'y parviendriez pas; je ne l'écrirai point, d'autant que je n'en connais pas bien l'orthographe. Il savait tout ce que l'homme sur terre peut et pourra jamais apprendre ; il connaissait toutes les inventions déjà faites ou qui devaient être faites; mais rien au delà, car tout dans le monde du fini a une limite.

Le roi Salomon ne possédait que la moitié de la sagesse qu'avait acquise le maître du palais ; et cependant il commandait aux forces de la nature et aux plus puissants esprits : la mort elle-même était obligée de lui présenter tous les matins la liste des humains qu'elle devait emporter dans la journée. Mais le roi Salomon lui-même était destiné à mourir; cette idée le préoccupait souvent, et il en était de même du maître du palais qui s'élevait dans l'arbre du soleil. Lui aussi, qui dominait l'univers par sa science et sa sagesse, il devait un jour tomber sous le coup de la mort ; il le savait, et il n'ignorait pas non plus que ses enfants, aujourd'hui si pleins de vie, se faneraient comme le feuillage de la forêt et deviendraient poussière.

Il voyait ainsi les hommes, de même que les feuilles d'un arbre, s'étioler, se faner, tomber et disparaître ; d'autres les remplaçaient; mais ni hommes ni feuilles une fois emportés ne revenaient; ils devenaient poussière et les éléments dont ils étaient formés passaient en d'autres corps.

« Que devient donc l'homme, se demandait souvent le sage, quand l'ange de la mort l'a touché ? Le corps entre en dissolution, cela je le vois bien. Mais l'âme ? Qu'est-ce que l'âme ? Où va-t-elle alors ? Elle entre dans la vie éternelle, dit la religion. Mais comment s'opère ce passage ? Vers quelles régions l'âme s'élance-t-elle ? Vers les cieux, répond-on, là-haut, tout là-haut. »

« Là-haut ! » reprit le sage, et il dirigea ses regards vers les astres. Il monta sur une des tours du palais qui était plus élevée que les plus hautes montagnes de la terre, et, planant ainsi sur le globe, il vit que le firmament au-dessus de lui était le même que le ciel qu'il apercevait tout en dessous vers les antipodes, et que ce ciel, qui d'en bas paraissait d'un si beau bleu, si transparent, était noir, sombre et triste ; le soleil semblait un effrayant globe de feu sans rayons. Le sage reconnut combien la puissance de son œil corporel était limitée ; combien aussi est courte la vue de l'esprit ; combien, malgré toute sa sagesse, les secrets qu'il nous importe le plus de connaître restaient obscurs pour lui.

Il se rendit alors dans le réduit le plus caché du palais, où était renfermé le plus précieux trésor de toute la terre : le *Livre de Vérité*. Il y en a des exemplaires répandus dans le monde, et il n'est pas trop difficile de les trouver. Mais il n'est pas donné aux hommes de le lire en entier ; presque tous n'en déchiffrent que quelques fragments. Pour les uns, les caractères du livre dansent et tremblent devant leurs yeux, et ils n'arrivent pas à former les mots ; aux autres, l'encre paraît si pâle, si effacée, qu'ils ne voient guère que des pages blanches.

Le sage, lui, parvenait à lire le livre presque tout entier ; pour les passages difficiles il réunissait la lumière du soleil, celle des astres, celles des forces cachées de la nature et les éclairs de l'esprit ; soumis à ce reflet, les caractères devenaient lisibles. Mais les dernières pages, qui contenaient le chapitre intitulé la *Vie après la mort*, il ne parvenait pas à en déchiffrer un mot. Cela le chagrinait, et il se mit à la recherche d'une lumière assez vive, assez forte pour lui permettre de lire ces pages du *Livre de Vérité*.

Comme le roi Salomon, il comprenait le langage des animaux, le chant des oiseaux; il connaissait les vertus des plantes et des métaux, il savait les remèdes qui combattent les maladies et retardent la mort; mais il n'en trouvait pas pour détruire la mort elle-même. Étudiant, scrutant toutes les choses de la création, il se mit en quête d'une lumière assez forte pour l'éclairer sur la vie éternelle; mais en vain. Les derniers feuillets du *Livre de Vérité* lui apparaissaient toujours comme blancs. Il trouvait bien dans la *Bible* la promesse de la vie éternelle; mais il voulait la voir dans l'autre livre, et il n'y parvenait pas.

Il avait cinq enfants, quatre fils, qui étaient instruits autant que peuvent l'être les enfants de l'homme le plus sage de la terre, et une fille; elle était belle, douce, pleine d'intelligence, mais aveugle; cela ne lui était pas une privation; son père et ses frères étaient ses yeux; leur affection voyait pour elle.

Jamais ses fils n'étaient allés hors du château plus loin que ne s'étendaient les branches de la couronne de l'arbre du soleil; leur sœur encore moins; ils étaient heureux dans le pays enchanté où ils vivaient. Comme tous les enfants ils aimaient les contes, et leur père leur racontait une foule de choses que les autres enfants n'auraient pas comprises. Il leur expliquait les événements qu'on voyait se refléter sur les murailles du palais en tableaux vivants; les faits et gestes des hommes, la marche de l'histoire dans tous les pays. Souvent les garçons exprimaient le désir de s'y mêler, de prendre part aux hauts faits de l'humanité; mais leur père leur exposa combien la vie sur terre est pénible et dure.

« Cependant, ajouta-t-il, le beau, le vrai et le bien s'y trouvent partout mêlés, mais cachés, écrasés sous un poids qui, les pressant, en forme une pierre précieuse d'une eau plus pure que celle du diamant, d'un éclat qui surpasse la lumière du soleil : c'est là la véritable pierre philosophale qu'on a tant cherchée. De même qu'en étudiant la création on arrive à reconnaître l'existence de Dieu, de même après avoir étudié l'humanité je me suis persuadé de l'existence de cette pierre. »

Tout cela intéressait extrêmement les enfants et ils interrogèrent leur père sur le beau, le vrai et le bien ; il leur expliqua l'essence de ces trois principes, et il leur dit encore que lorsque Dieu forma l'homme du limon, il lui fit cadeau de cinq dons qui sont nos cinq sens ; qui unissent le corps à l'âme et par lesquels nous pouvons saisir, comprendre, apprécier, admirer le beau, le vrai et le bien.

Les enfants réfléchirent nuit et jour à ces paroles du père. Voilà que l'aîné eut un rêve magnifique. Il partit, s'imagina-t-il, à la recherche de la pierre philosophale, et après avoir bien parcouru le monde il la découvrit ; il se l'attacha au front et elle lançait une lumière qui éclipsait la lune, les astres et même le soleil. Il revint au palais de son père, et faisant luire l'éclat de la pierre sur le *Livre de Vérité*, tout ce qui s'y trouve rapporté sur la vie après le tombeau devint visible en caractères que tout le monde pouvait lire.

Ses frères eurent absolument le même rêve ; mais leur sœur n'eut pas même en dormant l'idée de quitter le palais ; toutes ses affections, son père, ses frères s'y trouvaient, elle n'avait pas le plus léger désir de visiter le monde.

« Je m'en vais parcourir les empires de la terre, dit l'aîné, et me mêler aux humains. Je leur apprendrai à discerner le bien et le vrai ; le beau alors se trouvera tout seul. Oui, je m'en vais changer le cours des choses. »

Il avait la présomption de la jeunesse, qui pense tout bouleverser et transformer jusqu'à ce que le vent, la pluie, les épines et les pierres de la route aient calmé son ardeur.

De même que ses frères, il avait les cinq sens extrêmement fins et exercés ; mais chacun d'eux, en outre, possédait un de ces sens développé d'une façon tout extraordinaire. Chez l'ainé c'était la vue.

« Doué comme je le suis, se dit-il, mes yeux perceront à travers la terre, et découvriront les trésors enfouis ; je plongerai dans le cœur des hommes et j'y lirai tous leurs secrets. Comme cela je ne puis manquer de découvrir la fameuse pierre. »

Et il partit ; les gazelles et les antilopes lui firent la conduite jusqu'à la dernière branche de l'arbre ; là il s'élança sur un cygne sauvage qui le déposa sur la terre.

Quels yeux il ouvrit ! Que de choses il y avait à voir et comme elles se présentaient autrement que sur les murailles du palais de cristal ! Que d'étonnements lui étaient réservés ! C'était le cas de dire qu'il n'en croyait pas ses yeux, quels qu'excellents qu'ils fussent, quand il vit les choses les plus laides, des oripeaux de carnaval être admirés, encensés, comme représentant le Beau. Il put s'apercevoir que le Bien est rarement remarqué, que ce ne sont pas les hautes vertus, mais la médiocrité de caractère, qui attire l'approbation de la foule ; elle s'inquiète du nom et point du mérite de la personne ; elle considère l'habit et non l'homme.

Devant ce spectacle, qui se renouvelle depuis que le monde est monde, le fils du sage s'indigna et se dit : « Il est temps que je vienne changer tout cela. »

Auparavant il chercha comment les hommes avaient traité la Vérité. Mais alors survint le Diable, le père du Mensonge ;

il aurait volontiers crevé les deux yeux à cet être trop curieux; mais il n'en avait pas le pouvoir ; alors voici la ruse qu'il employa. Pendant que le hardi réformateur regardait de tous côtés pour apercevoir les traces de la Vérité, le Diable lui souffla dans les yeux, d'abord quelques légères pailles, puis d'autres plus fortes et ainsi de suite. Le fils du sage alors ne vit plus que tout de travers et finit par être presque aveugle ; il perdit la confiance en lui-même et il se mit à errer à travers le monde ne sachant comment regagner le palais paternel.

« C'est fini de lui » ; telle est la nouvelle que des cygnes sauvages, repassant près de l'arbre du soleil, annoncèrent aux hirondelles qui la rapportèrent à ses frères.

« Eh bien, dit le second, je m'en vais aller à sa recherche; là où la vue a échoué l'ouïe réussira mieux ; il est plus facile de la préserver. »

Chez lui ce sens était si subtil qu'il entendait pousser l'herbe. Il prit congé et, plein d'espoir, il monta comme l'aîné sur un cygne sauvage et vint se mêler à la foule des humains.

Qu'il se trouva mal à son aise! Et quel agacement, quel tourment cela fut pour lui d'avoir l'oreille si fine! Non seulement il entendait pousser les feuilles des arbres, mais encore il percevait les battements du cœur de tous les hommes, les uns lents, les autres précipités; le monde entier lui faisait l'effet d'un immense atelier d'horlogerie ; de tous côtés des *tic-tac, tic-tang,* mêlés de **ding-dong, ding-dong.** C'était une épouvantable cacophonie.

D'abord il fit des efforts pour se reconnaître au milieu de ces bruits discordants, mais voilà qu'il entendit des gens de plus de soixante ans pousser d'affreux cris comme des polissons; puis, dans toutes les maisons, dans les palais comme dans les chaumières, dans les rues, partout retentissaient, pareilles à des sifflements de serpents, les vilaines médisances, lesatro ces calomnies. C'était le Mensonge qui dominait ce fracas; les grelots de la Folie s'entendaient bien aussi et étouffaient le son des cloches d'église.

Le jeune homme n'en pouvant plus, sentant ses oreilles bourdonnantes, y mit ses doigts; mais il continua à percevoir les sons les plus aigus, des jurons, des blasphèmes, des injures, les notes fausses de l'imposture et de la diffamation. Il enfonça ses doigts plus avant et il finit par se crever le tympan.

Maintenant il n'entendait plus rien; adieu l'espoir de pouvoir distinguer le Vrai, le Bien, le Beau; même lorsqu'il avait l'ouïe si subtile, il lui aurait fallu des années d'efforts patients pour se reconnaître. Il devint taciturne et inquiet; il finit par perdre la confiance en lui-même et il désespéra de découvrir la pierre précieuse.

« Fini, c'est fini de lui. » Ce fut là ce que les cygnes passant à côté de l'arbre du soleil annoncèrent aux hirondelles qui rapportèrent au palais la triste nouvelle.

« A mon tour de tenter l'aventure », dit le troisième frère. Chez lui c'était l'odorat qui était d'une finesse extrême; c'est le sens particulier des gens nerveux; aussi était-il poète, un vrai poète; il savait dire en vers ce que d'autres ne pouvaient même pas exprimer en prose. Il avait l'esprit alerte et inventif.

« Le domaine du Beau, disait-il, se divise, selon l'avis des humains, par régions de parfums. L'un ne se trouve bien que dans l'atmosphère d'une guinguette, au milieu de l'odeur de l'eau-de-vie, du tabac et des quinquets fumants; l'autre aime avant tout la senteur stupéfiante du jasmin ou de l'œillet ; un troisième préfère l'odeur fraîche des plages de la mer ; le quatrième monte sur les cîmes les plus élevées des monts pour ne plus rien sentir du tout que l'air pur des glaciers. »

Il avait ainsi deviné le monde, sans cependant y avoir mis les pieds ; c'était là son privilège de poète.

Après avoir, dans de belles strophes retentissantes, dit ses adieux à son père, à sa sœur, à son dernier frère, au palais de cristal et à l'arbre du soleil, il monta sur une autruche qui le porta rapidement à l'extrémité de la couronne de l'arbre. Là, comme ses aînés, il s'élança sur un cygne sauvage qui, volant au-dessus des mers, des monts et des forêts, le déposa sur une terre civilisée.

Partout sur son passage les fleurs, les herbes, les arbustes et même les arbres exhalaient leurs plus doux parfums, leurs plus fraîches senteurs, sachant qu'ils avaient devant eux un ami capable de percevoir et d'apprécier les plus fines odeurs.

Il se trouva un vieux rosier tout racorni et calleux qui, en sa présence, rassemblant les restes de son ancienne vigueur, poussa une splendide rose aux pétales de velours et qui embaumait tout à la ronde d'une odeur délicieuse ; même une vilaine limace noire en fut frappée.

« Elle est belle cette fleur, dit-elle, mais il lui manque une dernière distinction ; je vais lui imprimer mon cachet. »

Et la limace lança sur la rose un jet de bave qui, en séchant, laissa une raie brillante qui parut à la bête le suprême de la splendeur.

« C'est là, se dit le poète, ce que dans ce monde il advient presque toujours du Beau. »

Et il composa sur ce sujet un charmant poème ; il le récita en plusieurs lieux ; personne n'y fit attention. Alors il donna quelque argent à un tambour, qu'il fit habiller en arlequin, avec des plumes de paon à son bonnet ; sur son instrument le tambour se mit à faire des *fla fla* sur une mesure baroque imaginée par le poète ; puis, sur un air de complainte, il chanta le poème de *la Rose et la Limace*. La foule accourut et trouva les vers sublimes.

Alors il donna quelque argent à un tambour qu'il fit habiller en arlequin.

Le poète, alors, composa d'autres poèmes où il chantait le Beau, le Vrai et le Bien. Et dans les champs, dans les palais, sur les plages, sur les montagnes, dans les cabarets enfumés même, les gens dressaient l'oreille et écoutaient ses vers. On pouvait croire qu'il aurait plus de chance que ses frères.

Mais cela ne faisait pas l'affaire du Diable. Il prépara avec soin une poudre d'encens, comme il sait en composer, et il brûla devant le poète assez de cassolettes pour l'entourer de tout un nuage de ces parfums qui portent à la tête. Le poète huma cet encens avec délices; il en oublia ses frères, et ne pensa plus à la pierre précieuse qu'il était venu chercher; il resta en admiration devant lui-même.

La noire limace devint encore plus noire par envie.

« C'est moi, dit-elle, qu'on aurait dû encenser; c'est moi qui ai donné à ce faiseur de vers l'idée de son fameux poème, *la Rose et la Limace,* qui a fait sa réputation. C'est moi qui ai bavé sur la fleur; j'en ai des témoins. »

Là-bas, dans l'arbre du soleil, on n'eut pas de nouvelles du poète; sur les murailles de cristal on ne pouvait voir son image puisqu'il disparaissait dans une nuée d'encens; et les cygnes, quand ils repassèrent près de l'arbre, étaient justement dans leur mue; à ce moment, vous le savez, ils n'ont pas de voix.

« Allons, dit le quatrième fils du sage, c'est donc moi qui suis destiné à trouver la pierre philosophale et à ramener mes frères; je m'en suis bien toujours douté un peu. »

Il faisait grand cas, en effet, du don particulier qu'il avait reçu; il avait le goût exercé, autant que possible, au physique comme au moral.

« Le vulgaire, se disait-il, regarde comme des sens principaux la vue et l'ouïe; mais le goût pénètre bien plus avant dans la connaissance de l'essence intime de la matière; et c'est encore lui qui règne sur les choses de l'esprit. Quand je serai sur la terre, tout être humain, je m'imagine, sera devant moi comme une marmite où je verrai bouillir les idées, les sentiments les plus divers; mais je n'aurai qu'à goûter la sauce pour m'y reconnaître. Je me figure chaque pays comme une immense cuisine; je m'y trouverai à mon aise et, avec un peu d'attention, je découvrirai bien la pierre philosophale ; je devine d'avance quel goût elle doit avoir. »

Comme vous le voyez il avait l'esprit humoristique ; lui et son frère le poète fournissaient le palais de gaieté.

« Je pars donc, dit-il à son père, mais je voudrais bien voyager par un autre moyen que mes frères. Les ballons sont-ils déjà inventés ? »

Le sage, qui connaissait toutes les découvertes qui étaient déjà faites et celles qu'on devait faire dans l'avenir, lui répondit que ni ballons, ni chemins de fer, ni bateaux à vapeur n'étaient encore inventés.

« Tant mieux, dit-il, je m'en irai dans un ballon que tu me confectionneras. Les humains croiront voir un météore. Pour qu'il ne tombe pas entre leurs mains et qu'ils ne fassent pas l'invention avant le temps fixé, je le brûlerai. Pour cela, tu me donneras quelques-unes de ces allumettes qui ne sont pas encore inventées non plus. »

Il fut fait selon son désir et le voilà voguant majestueusement dans les airs. Les cygnes sauvages l'entourèrent croyant voir un oiseau d'une nouvelle espèce ; les cigognes aussi arrivèrent en bandes, pour le considérer, et les hirondelles également. La troupe de volatiles, qui lui donnait la conduite, devint si nombreuse que le ciel en fut tout obscurci ; sur terre, on était dans les transes ; on pensait qu'une nuée innombrable de sauterelles allait venir se précipiter sur les moissons.

Le ballon finit par descendre au dessus d'une grande ville et il s'arrêta au clocher de la cathédrale. Le fils du sage en descendit ; le ballon repartit brusquement dans les airs : ce qu'il est devenu, personne ne l'a jamais su.

Voilà donc le jeune homme installé à cheval sur le coq

du clocher. Il voyait la fumée sortir de toutes les cheminées de la ville.

Le ballon repartit brusquement dans les airs.

Le Diable, qui le guettait, s'approcha et lui dit :

« Ces fumées sortent en ton honneur des cuisines dont tu es le dieu ; ce sont des autels qui te sont dressés. »

Le jeune homme, délicieusement chatouillé par cette flatterie, considéra fièrement les gens qui passaient sur la place. Il vit les uns se donner beaucoup de mal pour marcher raides et guindés parce qu'ils possédaient des tonnes d'or ; d'autres se rengorgeaient parce qu'ils portaient, dans le dos, une clef de chambellan qui ne sert, cependant, à ouvrir aucune serrure ; d'autres tiraient orgueil de leurs beaux habits que les mites allaient commencer à dévorer.

« Tout cela est du plus mauvais goût, dit-il. Il est temps que je vienne réformer l'humanité de fond en comble. Mais la tâche sera ardue et longue ; aussi vais-je encore, avant de l'entreprendre, un peu me reposer de mon voyage. Quel vent frais et agréable me souffle dans le dos ! »

Là-dessus il tomba dans un doux assoupissement. Le vent changea, mais en même temps le coq vira et le jeune homme sentait toujours le vent lui caresser le dos. Il n'éprouva nullement le besoin de quitter cette position ; quant à sa nourriture les fumets qui montaient des cuisines lui suffisaient.

C'est ainsi que, se complaisant dans sa présomption, il ne commença même pas la recherche que ses frères avaient au moins tentée.

Pendant ce temps la solitude et la tristesse étaient entrées dans le palais de cristal.

« Mes fils sont perdus pour moi, se disait le sage ; jamais ils ne me rapporteront la pierre précieuse que j'ai tant désirée. »

Il se remit à contempler les pages du *Livre de Vérité*, où était le chapitre sur la vie éternelle ; il y appliqua toutes les forces de sa vue, mais il continua à ne rien distinguer.

Sa fille aveugle était sa consolation et son unique joie ; elle l'aimait avec le plus ardent dévouement ; elle était prête à donner sa vie pour lui faire avoir la pierre précieuse et ramener ses frères chéris. Elle ne cessait de penser à eux. Une nuit, au milieu de son sommeil, il lui sembla entendre leurs voix qui l'appelaient. Elle rêva qu'elle partait à son tour et qu'elle parcourait le monde à leur recherche. Elle ne les trouva pas, mais elle sentit tout à coup dans sa main comme un feu doux ; c'était la fameuse pierre philosophale. Et elle courut la porter à son père.

A ce moment elle s'éveilla. Aussitôt elle fut toute décidée ; son rêve, elle voulait le réaliser. Elle saisit sa quenouille et se mit à filer sans relâche le lin le plus fin, qu'elle mouillait de ses larmes ; elle en obtint un long, immense fil, qui, tout en étant si mince qu'il était invisible pour des yeux humains, était fort comme un câble de navire.

Une nuit, après avoir couvert de baisers la main de son père qui dormait, elle quitta le palais, emportant roulé autour de sa quenouille le fil qu'elle attacha solidement à une branche de l'arbre du soleil ; il devait lui servir à retrouver son chemin avec l'aide de Dieu. Elle prit quatre feuilles de l'arbre, pensant les confier aux vents pour les porter à ses frères, si elle ne les découvrait pas, afin qu'à ce souvenir ils revinssent trouver leur père et leur sœur.

Arrivée à l'extrémité de la couronne de l'arbre elle sentit son cœur tressaillir, mais un instant seulement. Elle reprit pleine confiance ; n'avait-elle pas le premier don de tous, l'affection, l'amour, le dévouement ? les yeux les plus perçants ne l'auraient pas mieux guidée.

Les gazelles, les antilopes, les hirondelles avaient accompagné jusqu'au bout leur douce maîtresse chérie. Les cygnes sauvages étaient prêts à l'emporter ; mais elle passa sur un splendide arc-en-ciel qui, comme un pont entre le ciel et la terre, se trouvait là pour la recevoir.

Arrivée sur la terre, elle marcha sereine et tranquille, tenant toujours son fil conducteur, au milieu du tourbillon et du fracas du monde. Sa bonté, sa piété lui faisaient percevoir, deviner tout avec une finesse extrême ; elle distinguait et recueillait avec soin tous les grains de Vérité comme aussi tous les reflets du Beau et les mouvements du Bien qu'elle rencontrait.

Et lorsqu'elle se trouvait au milieu des humains, vieillards, enfants, hommes et femmes, tous sentaient poindre dans leur âme la connaissance du Vrai, du Beau et du Bien. Partout où elle apparaissait dans les salons des riches et des grands de la terre, au milieu du brouhaha des fabriques, dans l'atelier des artistes, dans les palais, dans les chaumières, partout on croyait sentir pénétrer un chaud et bienfaisant rayon de soleil; on entendait des harmonies divines; des senteurs délicieuses se répandaient dans les airs.

Cela ne faisait guère l'affaire du Diable; mais il est plus malin que dix mille hommes d'esprit réunis, et voici ce qu'il inventa pour conserver son empire.

Il alla puiser à une mare, où pourrissaient toutes les fausses vertus, une eau nauséabonde; il y mêla des oraisons funèbres mensongères, des cantates payées et autres ingrédients de même sorte; de tout cela il fit une pâte à laquelle il ajouta des larmes versées par l'envie, le fard des vices, et il en forma une jeune fille qui ressemblait à s'y méprendre, de figure et d'attitude, à la charmante aveugle, à cet ange pur de l'affection, qui entraînait tous les cœurs et commençait à leur donner l'intelligence du Vrai, du Beau et du Bien. Les hommes restèrent ébahis, perplexes; ils ne savaient pas distinguer laquelle des deux jeunes filles ils devaient écouter; et le Diable eut jeu gagné.

La fille du sage ne rencontra pas ses frères, elle abandonna alors aux vents, après y avoir imprimé un baiser, les quatre feuilles de l'arbre du soleil qu'elle avait emportées.

Et dans sa main fermée elle sentait un doux feu, qui animait tout son être d'une vie extraordinaire. Roulant de nouveau sur sa quenouille son fil conducteur, elle se retrouva vite transportée sur les ailes des cygnes dans l'arbre du soleil. Les gazelles et les hirondelles l'attendaient et guidèrent ses pas vers le palais de cristal.

« Père, dit-elle, je ne rapporte pas entier le diamant de la pierre philosophale; mais j'ai la main pleine de sa poussière. Je tiens là les grains de Vérité, jusqu'aux plus menus, que j'ai recueillis; je les ai laissés se pénétrer des reflets du Beau, et vibrer aux mouvements du Bien, que produisait le cœur des humains vertueux. Allons dans le sanctuaire où se trouve le *Livre de Vérité*. »

Roulant de nouveau sur sa quenouille son fil conducteur.

Lorsque le sage eut ouvert le livre au feuillet de la vie éternelle, la jeune fille ouvrit la main; aussitôt les puissances infernales firent pénétrer à travers la porte que le sage, dans l'ardeur de l'attente, avait laissée ouverte, un ouragan terrible, qui devait disperser à tous les vents la précieuse poussière. Mais leur effort fut impuissant contre la vertu de l'enfant; pas un grain ne fut perdu. Une lumière céleste sortit de sa main et vint éclairer le feuillet du livre. Le sage y lut ces seuls mots :

« Ayez la foi et l'espérance ; elles ne vous tromperont pas. »

Et pendant qu'il restait là en contemplation muette devant ces caractères qui flamboyaient d'une lueur plus vive que la colonne de feu qui conduisit le peuple de Moïse au pays de Canaan, les quatre fils, ramenés par le moyen des feuilles de l'arbre du soleil, entrèrent et s'agenouillèrent devant cette révélation divine, qui depuis longtemps déjà avait été accordée à la jeune aveugle.

Le bonhomme avait un jardinet.

LE BONHEUR DANS UNE BRANCHE

Je vais vous conter une histoire sur les jeux de la fortune et du sort.

Nous connaissons tous le bonheur; les uns le voient chaque jour, comme s'il était attaché à leurs pas, les autres l'aperçoivent certaines années, certains jours; quelques-uns ne l'entrevoient qu'un seul jour dans leur vie; mais enfin personne ne reste sans faire connaissance avec lui.

Vous ne savez peut-être pas, mais cependant c'est la vérité, qu'à chaque petit enfant qui vient de naître, le bon Dieu fait un don; il ne le place pas à côté du berceau, mais dans un endroit secret où l'on songe le moins à le chercher; aussi lorsqu'on le découvre dans cette cachette est-on bien agréablement surpris.

Ce don, par exemple, peut être dans une pomme; ce fut là le cas du fameux Newton. Il vit une pomme tomber d'un arbre, et sa fortune fut faite. Si vous ne connaissez pas cette histoire, demandez à quelque personne instruite de vous l'apprendre. Moi j'ai à vous conter l'histoire d'une poire.

Il y avait une fois un brave homme né dans la misère; il était, malgré son courage, resté toujours pauvre. Tourneur de sa profession, il faisait surtout des manches de parapluies. Il s'était marié, sa femme était bien travailleuse; mais tout ce qu'ils gagnaient à eux deux ne suffisait qu'à peine à les nourrir eux et leurs enfants au jour le jour.

« Jamais je n'aurai de chance », disait-il; il avait fini par en prendre son parti, et il ne murmurait pas contre la Providence, comme l'auraient fait tant d'autres.

Ce que je vous raconte est une histoire véritable, et je pourrais nommer le pays et l'endroit où elle s'est passée; mais cela ne fait rien à la chose.

Le brave homme avait un jardinet où poussaient quelques cerisiers sauvages, dont les fruits aigres étaient un régal pour les moineaux, et aussi un beau poirier; mais il était stérile, jamais il n'avait porté de poires; il ne servait qu'à donner de l'ombre. Toutefois attendez ce qui suit :

Une nuit, il y eut une tempête épouvantable. Le lendemain on put lire dans les gazettes que la grosse diligence avait été soulevée par l'ouragan et lancée comme une balle d'enfant dans le fossé. Donc ne vous étonnez pas si le vent abattit une grosse branche du poirier.

On l'apporta à l'atelier, et par plaisanterie le brave ouvrier en tourna une grosse poire, puis une plus petite et enfin quelques-unes qui étaient comme de petites poires du pays de Lilliput. Il les donna comme joujoux à ses enfants en disant : « Comme cela il ne sera pas dit que cet arbre obstiné n'aura jamais produit de poires. »

Je n'ai pas eu encore occasion de vous dire que dans ce pays il pleuvait très souvent ; c'est pourquoi notre brave homme pouvait vivoter en confectionnant des manches de parapluies. Dans la maison il y avait un parapluie, un seul, mais un grand parapluie de famille. Il était quelque peu rapiécé et rafistolé ; plusieurs fois le vent l'avait retourné avec violence. Le manche avait aussi été endommagé ; le brave homme l'avait réparé facilement ; mais ce qui le fâchait et l'irritait, c'est que l'anneau qui serrait l'étoffe quand il ne pleuvait pas tenait fort mal ; parfois l'anneau se brisait, parfois le bouton auquel on l'accrochait partait.

Un jour que ce dernier accident s'était encore produit, le brave homme chercha partout par terre après le bouton ; mais il ne trouva qu'une des gentilles petites poires qu'il avait tournée et que les enfants avaient perdue en jouant.

« Tiens, se dit-il, cela fera peut-être l'affaire. » Aussitôt dit, aussitôt fait. Il perça la petite poire, y passa un cordon, l'adapta à ce qui restait de l'anneau, et ma foi l'étoffe était parfaitement serrée, bien mieux qu'auparavant.

Aussi, lorsque quelque temps après il envoya à un marchand de la capitale une commande de manches de parapluies, il y ajouta quelques-unes de ces petites poires ainsi façonnées pour cet usage. Dans la ville on ne voulut pas s'en servir, mais une de ces petites poires parvint jusqu'en Amérique, et là on reconnut tout de suite qu'elle valait mieux que tous les boutons du monde pour tenir l'étoffe des parapluies, et l'on écrivit au marchand de munir de ces petites poires tous les parapluies qu'il enverrait.

C'est alors qu'il y eut du travail à abattre chez notre brave tourneur; c'est par milliers qu'il eut à fabriquer des petites poires ; comme elles avaient été reconnues d'un usage pratique en Amérique, maintenant les gens qui d'abord n'y avaient pas fait attention ne voulaient plus autre chose.

Toute la branche y passa et ensuite tout le poirier. Les shillings, puis les écus s'amoncelèrent dans la bourse du brave tourneur, qui prit un grand atelier et eut des compagnons et des apprentis qui, avec lui tournaient, tournaient toujours des petites poires. Et, devenu riche, il avait coutume de dire en souriant : « Mon bonheur était caché dans une branche. »

C'est ce que je dis aussi, moi qui vous raconte cette histoire.

Vous ne savez peut-être pas que chez nous, en Danemark, il y a un dicton qui dit : « Si tu trouves une branche à l'écorce blanche, prends-la dans ta bouche et tu seras invisible. »

J'ai trouvé une de ces branches et j'arrive ainsi sans être vu parmi les enfants quand papa ou maman, ou la sœur aînée leur lit mes contes. Je reste là, invisible, la branche enchantée dans la bouche, et quand je vois que ces chers petits s'amusent et se divertissent en entendant mes récits, que leurs yeux s'animent et que leur petit cœur est touché, alors je suis heureux et je me dis : « A moi aussi mon bonheur est dans une branche. »

Il avait été salué par les cris de joie de toute une bande d'écoliers.

L'HOMME DE NEIGE

« Quel froid délicieux il fait donc aujourd'hui, dit l'homme de neige ; tout mon corps en craque d'aise. Et ce vent du nord ! je m'en sens agréablement transi...

« Il n'y a que cette grosse boule brillante qui m'ennuie, ajouta-t-il, désignant ainsi le soleil qui se couchait. Elle est toujours à me regarder ; mais elle ne me fera pas baisser les yeux. »

Et en effet les deux morceaux de charbon en forme de triangle qu'il avait des deux côtés du nez ne bougèrent pas ; il continua à montrer les dents ; comme bouche il avait les restes d'un vieux râteau. Lorsqu'il était venu au monde, il avait été salué par les cris de joie de toute une bande d'écoliers, en même temps que retentissaient les grelots des chevaux qui tiraient les traîneaux et les coups de fouet des jeunes fous qui les faisaient galoper.

Le soleil se coucha; la pleine lune parut; belle et claire elle resplendissait au milieu du firmament bleu.

« Voilà de nouveau la grosse boule, dit l'homme de neige; elle a passé par derrière. Je lui ai appris à ne plus me regarder si obstinément. Maintenant elle ne me gêne plus, au contraire; sa lueur fait valoir tous mes avantages. Une chose cependant me chiffonne. Cette boule stupide sait se mouvoir dans l'espace, et moi je ne puis changer de place. Et cependant que j'irais volontiers m'ébattre sur la glace et m'amuser à des glissades, comme les gamins faisaient tantôt!

— Ouais, ouais! aboya le vieux chien qui était à l'attache (il avait pris de l'enrouement depuis qu'il était relégué dans la cour et il ne pouvait plus dire : Ouah, ouah!) Ouais! le soleil t'apprendra bien assez tôt à marcher et même à courir. Tous les ans jusqu'ici j'ai vu filer tes prédécesseurs : Ouais, ouais! tous ils sont partis.

— Je ne te comprends pas, camarade, dit l'homme de neige. Ce serait cette boule là-haut qui m'enseignerait à me mouvoir, tandis que c'est moi au contraire qui l'ai fait filer doux tantôt, lorsqu'elle me fixait avec impudence; elle a roulé un peu vite, et c'est en tapinois qu'elle est revenue par derrière.

— Comme on voit bien que tu n'es né que d'hier, répondit le chien, bien que tu aies une grosse pipe dans la bouche, comme un vieux. Sache donc que la boule qui est là suspendue au ciel, c'est la lune; celle de tantôt, c'était le soleil. Il reviendra demain, et je t'en réponds, il finira par te faire dévaler dans le fossé. Tiens, ce sera peut-être pour bientôt ; car nous allons avoir quelque changement de temps, je le sens à ma jambe gauche de derrière ; cela me lance, cela me démange ! Ouais, ouais ! »

Et le chien se tourna trois fois dans sa paille, et se mit en rond pour dormir.

« Je ne saisis pas bien ce qu'il m'annonce, se dit l'homme de neige, mais c'est quelque chose de désagréable. Dans tous les cas, je vois que je ne m'étais pas trompé en traitant en ennemie la grosse boule de tantôt. »

Le temps en effet changea. Vers le matin toute la contrée était couvert d' un épais brouillard humide ; puis survint un vent glacial ; la gelée redoubla. Lorsque le soleil se leva, quelle splendeur ! Arbres et bosquets étaient recouverts de givre. D'une part on aurait dit une immense toile d'araignée, d'autre part on voyait comme un banc de corail, aux branches curieusement enchevêtrées ; puis venait comme un parterre de fleurs, d'une blancheur plus pure que celle du lis, aux filaments plus fins que de la dentelle. Ce qui était encore ravissant, c'était de voir les bouleaux aux branches tombantes toutes enduites de givre se balancer doucement au gré du vent ; cela faisait les reflets les plus jolis et les plus changeants. Tout étincelait et reluisait à la lumière du soleil ; on aurait dit que la terre était recouverte de poudre de diamant ; puis on voyait comme des saphirs, des gros rubis ; plus loin une nappe de neige qui brillait comme des millions de bougies.

« Quel magnifique spectacle ! s'écria une jeune fille qui se promenait dans le jardin avec un jeune homme. Vraiment en été on ne voit pas de merveilles pareilles.

— Et de plus, dit le jeune homme en désignant l'homme

de neige, alors on ne peut pas se réjouir à la vue d'un gaillard comme celui-ci. Il est vraiment parfait dans son genre. Il ne lui manque qu'une chose, c'est que sa pipe soit allumée. »

La jeune fille lança une fusée de rires joyeux, fit un gracieux signe de tête à l'homme de neige, puis un salut en règle; ensuite elle pirouetta gentiment, et l'aimable couple continua sa promenade; la neige durcie craquait sous leurs pas comme de l'amidon qu'on écrase.

« Qui sont donc ces deux personnages ? dit l'homme de neige au chien de garde. Ils n'ont pas l'air méchant, mais je ne les trouve pas trop respectueux. Les connais-tu, toi qui es ici depuis si longtemps à ce que tu dis?

— Si je les connais ! répondit le chien. Elle me caresse souvent, et lui il m'a plus d'une fois jeté de bons os succulents. Pas de danger que je les morde. C'est la demoiselle de la maison et son fiancé. On construit là-bas la hutte où ils iront demeurer ensemble.

— Là-bas, là-bas, je ne vois rien qui ressemble à une hutte, répondit l'homme de neige; c'est sans doute derrière moi, et je ne puis tourner la tête. Mais, dis-moi, sont-ce des gens, comme toi et moi ?

— Mon bon ami, répliqua l'animal, quelles sottes questions tu fais! Comme on s'aperçoit que tu n'es né que d'hier ! Ils sont de la famille des maîtres, te dis-je. Mais encore une fois, on ne connaît guère le monde quand on est si jeune. Moi j'ai de l'âge et de l'expérience et je sais bien tout ce qui se passe dans la maison. Il y avait un temps où je n'étais pas dans la cour au froid, attaché à la chaîne. Ouais, ouais!

— Quant au froid, dit l'homme de neige, n'en dis pas de mal; c'est ce qu'il y a de plus délicieux au monde. La chaîne, je ne dis pas, elle ne doit pas être agréable ; rien que le bruit m'en est antipathique. Mais raconte-moi donc un peu ta vie et tes aventures.

— Ouais, ouais! reprit le chien. Lorsque j'étais tout petit, ils me trouvaient tous gentil et mignon. Je restais là-haut avec les maîtres, dans les plus beaux appartements ; souvent je reposais sur un fauteuil doré, garni de velours ; et madame et les demoiselles m'embrassaient sur mon museau rose, et elles m'époussetaient mes pattes avec des mouchoirs brodés, en m'appelant : « Ami, ami, mon doux ami, ami chéri.

« Voilà qu'un beau jour on déclara que je devenais trop gros, trop pataud, et on me donna en cadeau à la femme de charge. Je vins demeurer dans le sous-sol ; tiens, de là où tu es tu peux voir à travers la fenêtre la chambre où j'ai été à mon tour le maître ; oui, la brave femme de charge m'aimait et me gâtait. Ce n'était pas aussi luxueux qu'au salon ; mais je m'y trouvais bien mieux ; les enfants ne venaient pas sans cesse, comme là-haut, me tirailler, jouer avec moi, me mettre un bonnet de nuit, et faire mille farces déplacées. Mon manger aussi était meilleur. J'avais mon coussin à moi, et il y avait là un poêle, sous lequel je pouvais me glisser ; c'est là que j'ai passé les heures les plus douces de mon existence. Souvent encore, je rêve de ce poêle. Ouais, ouais !

— Est-ce donc quelque chose de si beau, qu'un poêle ? interrompit l'homme de neige. Cela a-t-il quelque ressemblance avec moi ?

— C'est juste le contraire. Un poêle est noir comme un corbeau, et il a un long cou avec un cercle en cuivre. Et il mange du bois, il en mange tant que le feu lui en sort par la bouche. Mais du reste, tu n'as qu'à bien regarder, tu l'apercevras, ce cher poêle de mes rêves. »

L'homme de neige en effet distingua dans le sous-sol un objet poli, reluisant; une vive lueur sortait de sa bouche. L'homme de neige à cette vue se sentit tout drôle, moitié peur, moitié attraction.

« Et pourquoi la quittas-tu? » dit-il. Il pensait qu'un être qu'on regrettait ainsi, et qui avait une apparence si propre, si apprêtée, devait être du sexe féminin.

« Il me fallut bien m'en séparer, répondit le chien. Un jour le plus jeune fils de la maison, un mauvais polisson, voulut m'enlever un os que je venais seulement d'entamer; ma foi, je le mordis jusqu'au sang. Il beugla tant qu'on me mit en pénitence à l'attache dans la cour, et ma protectrice, la femme de charge, étant peu de jours après venue à mourir, on m'y laissa depuis. C'est ici, au milieu des intempéries, que j'ai perdu ma belle voix; je ne peux plus aboyer que : « Ouais, ouais! » Je suis vieux et enroué; mais malgré tout je ne changerais pas mon sort contre le tien. »

Mais l'homme de neige ne l'écoutait plus depuis un bon moment; il ne cessait de considérer le poêle qui, campé sur ses quatre pieds, était de la même hauteur que lui.

« Que je voudrais bien pénétrer dans ce sous-sol, dit-il, et faire plus intime connaissance avec ce poêle! tout mon corps en craque d'envie; que je voudrais donc m'appuyer contre lui!

— Jamais tu n'entreras là, dit le chien, et c'est pour ton plus grand bien; car si tu approchais seulement du poêle, ce serait fait de toi. Ouais, ouais! Mais, voilà, quand on est jeune, on a toujours des désirs insensés. »

L'homme de neige ne se laissa pas persuader. Toute la journée il ne fit que contempler le poêle, et lorsque vint le soir, il en trouva la lueur douce et délicieuse; il jubilait, quand la flamme sortait par la petite porte, et lorsqu'on ouvrit un instant la fenêtre et que le feu se refléta en rouge sur la blanche poitrine de l'homme de neige, il s'écria : « Non, c'est trop de bonheur, je ne me sens plus, je vais mourir. »

La nuit fut longue; mais elle ne parut pas telle à l'homme de neige; il était absorbé dans ses pensers d'avenir. Le lendemain matin la fenêtre du sous-sol était gelée et couverte des plus jolies fleurs et arabesques; mais l'homme de neige était de méchante humeur; les beaux dessins lui cachaient son cher poêle.

« C'est mauvais signe pour toi, lui dit le chien, si tu songes sans cesse à ce que tu pourrais rencontrer de pire. Ouais! voilà encore le temps qui change; c'est ma patte de droite maintenant, où je sens des élancements! » .

Le lendemain, en effet, le dégel arriva. Le froid diminua, et l'homme de neige aussi; il déclinait; sa belle prestance se changea en maigreur; il ne se plaignait pas cependant, et c'était là un fâcheux symptôme. Un matin il s'affaissa sur lui même. Que vit-on apparaître? un manche à balai, surmonté d'un vieux fourgon, autour duquel des gamins avaient amoncelé la neige.

« Je comprends maintenant, dit le chien, pourquoi il avait tant de tendresse pour le poêle; c'est ce fourgon. Enfin sa destinée s'est accomplie! Ouais, ouais! »

Et l'on vit les mêmes enfants qui, en folâtrant, avaient fabriqué l'homme de neige, sauter et danser en chantant : « Ohé, ohé, l'hiver a fui, vive le printemps! — Oui, vite! oui, vite! » dit l'alouette. Le coucou chantait dans les bois : « Vive le printemps, vive le soleil! — Oui, vite! oui, vite! »

Aucun d'eux ne pensait plus à l'homme de neige.

Je soulevai pieusement le linge, le visage du mort respirait une profonde tranquillité.

LE LIVRE MUET

Au milieu du bois, tout contre la route, près d'une clairière, se trouve une maison de paysan isolée. C'était un matin dans la belle saison, le soleil brillait, la nature était en joie; la vie et l'animation régnaient dans la maison.

Dans la cour, sous un grand sureau en fleurs, était un cercueil ouvert; dans une heure on devait le porter au cimetière. Personne ne se tenait auprès, personne ne versait une larme sur le mort, un homme dans la force de l'âge. Son visage était recouvert d'un mouchoir blanc; sa tête reposait sur un gros livre, dont les feuillets en papier buvard ne contenaient rien d'écrit ni d'imprimé; mais entre eux se trouvaient des fleurs, des plantes séchées; c'était un herbier; en mourant il avait prié qu'on le plaçât avec ses restes dans la tombe. Chaque fleur représentait un chapitre de sa vie.

Ce jour-là je traversai la forêt et je demandai qui était le défunt.

« C'est un vieil étudiant, me répondit le paysan. Il savait une foule de choses, le latin, le grec, et dans sa jeunesse il était plein de gaieté et d'entrain; il aimait à chanter et composait lui-même des chansons. Mais tout à coup il lui survint un terrible malheur. Quoi? il ne me l'a jamais dit. Son caractère changea brusquement; il se mit à boire de l'eau-de-vie, il en perdit la santé; toute sa carrière fut brisée, il ne termina pas ses études, et tomba dans la misère. Enfin quelqu'un de sa famille eut pitié de lui et le mit chez moi en pension. Il était doux comme un enfant; quelquefois cependant les souvenirs, les mauvaises pensées le mettaient hors de lui, et il courait la forêt comme un loup traqué par la meute. Il nous fallait le ramener de force à la maison; mais pour le calmer, il suffisait de lui mettre sous les yeux le livre avec les plantes séchées. Il restait souvent des journées entières à le feuilleter, à contempler longuement telle ou telle fleur : Dieu sait quels souvenirs cela lui rappelait; parfois les larmes descendaient lentement sur ses joues.

« Ce livre qui était son seul plaisir, sa seule consolation, il nous a supplié de ne pas oublier de le mettre dans son cercueil.

« Dans quelques instants le menuisier va venir clouer le couvercle, et on le portera en terre, et le pauvre homme goûtera enfin la paix et le repos. »

Je soulevai pieusement le linge; le visage du mort respirait une profonde tranquillité, un doux sourire errait sur ses lèvres. Un rayon de soleil vint mettre en lumière son front qui était élevé et beau. Une hirondelle qui voltigeait autour du sureau effleura de l'aile sa chevelure et s'échappa dans les airs lançant un joyeux cri.

J'appris que bien des fois il avait considéré dans son livre une feuille de chêne ; elle lui venait d'un camarade de l'université. Un jour dans la forêt ils s'étaient juré amitié pour la vie ; et ils avaient, en mémoire de ce pacte éternel, attaché à leurs bérets des feuilles de l'arbre qui symbolise la force et la durée. La feuille est restée ; mais l'amitié, il y a longtemps qu'il n'en subsiste qu'un pâle souvenir.

Il y avait encore dans l'herbier une délicate fleur qui dans nos climats du nord ne vient que dans les serres ; c'était la gentille demoiselle, la fille du châtelain, qui la lui avait offerte.

Puis venait une rose, qu'il avait cueillie lui-même ; il n'avait jamais osé la lui présenter ; que de larmes il avait versées sur elle ! Et cette ortie ! à quel événement pouvait-elle bien se rapporter ? Il y avait encore des bouquets de muguet, des branches de lierre et même de simples brins d'herbe.

Une douce brise penchait les branches fleuries du sureau sur le cercueil ; l'hirondelle repasse en volant, et fait entendre son petit cri. Les hommes noirs arrivent avec clous et marteau, ils ferment le cercueil. Le mort repose dans la tombe, la tête sur son livre de souvenirs. Tout ce qui restait de cette existence manquée a disparu pour toujours.

Pip, pip! dit l'un d'eux, voilà cette nouvelle année.

L'HISTOIRE DE L'ANNÉE

C'était en plein mois de janvier ; une terrible tempête de neige faisait rage ; la neige tourbillonnait dans les rues ; des toits qui en étaient surchargés, elle tombait par paquets. Les rares passants qui couraient pour retrouver leur logis, aveuglés par la tourmente, se heurtaient les uns contre les autres; les plus avisés s'abritaient derrière les voitures qui, la diligence y comprise, avançaient lentement au pas.

Enfin, l'ouragan se calma; on pratiqua le long des maisons un petit sentier au milieu de la neige. Quand deux personnes s'y rencontraient face à face, elles commençaient par se toiser d'un air courroucé; aucune ne voulait céder le pas; elles se regardaient ainsi fixement pendant quelque temps; enfin, haussant les épaules, chacune plongeait une jambe dans la neige, et elles passaient à côté l'une de l'autre, se jetant mutuellement un dernier regard de colère.

Vers le soir, le vent cessa tout à fait; le ciel paraissait avoir été nettoyé à fond; il était d'une transparence extrême et semblait plus élevé que d'ordinaire. Les étoiles, on aurait dit qu'elles avaient été récurées et frottées; elles brillaient et scintillaient tellement qu'on oubliait presque le froid à les admirer. Et cependant il gelait bien fort; le matin, la première couche de neige était durcie au point qu'elle pouvait porter les pauvres moineaux qui sautillaient çà et là, cherchant un peu de nourriture.

« Pip, pip! dit l'un d'eux. Voilà cette nouvelle année qu'ils viennent de fêter, ces humains! Mais elle est bien pire que celle qui vient de s'écouler. Coquin de sort! Brou! quel froid! et je n'ai rien mis sous mon bec depuis hier.

— Oui, dit un petit moineau tout enroué, vous souvenez-vous de toutes leurs réjouissances lorsqu'ils ont célébré ce qu'ils appellent la nouvelle année? Ils tiraient le canon, les pétards partaient de tous côtés; ils dansaient comme des écervelés, et faisaient mille folies. Et moi, qui croyais, à voir toutes ces réjouissances, que nous allions avoir un peu de chaleur; pas du tout, il fait plus froid qu'auparavant.

Ils se sont trompés dans leurs calculs, les sots humains.

— C'est bien cela, dit un vieux moineau au plumage hérissé par l'âge. Ils ont inventé ce qu'ils appellent le calendrier, et ils veulent que tout se règle à leur idée. Quelle outrecuidance! la nature se moque bien d'eux : l'année commence avec le printemps, voilà qui est rationnel, c'est là le cours des choses et je m'y tiens, moi. Pip, pip !

— Mais quand vient-il, le printemps? demanda le petit, tout grelottant.

— Il arrive quand les cigognes sont de retour. Mais elles ne viennent pas à jour fixe, m'a-t-il toujours semblé. Du reste, ici, en ville, on ne sait guère ce qu'il en est. Si nous allions nous informer à la campagne. Les paysans se connaissent mieux au temps.

— Allez, si bon vous semble, dit un nouveau venu, qui avait meilleure mine que les autres et qui sautait avec plus de gravité. Moi j'ai trouvé ici un abri que je n'aurais pas au village. Dans le voisinage, les enfants d'un homme sage ont eu l'excellente idée de fixer contre le mur quelques pots de fleurs vides. Dans l'un d'eux, moi et ma femelle nous nous faufilons par le trou du fond, et nous y avons bâti notre nid ; nous y sommes tout à fait à notre aise. Maintenant si les enfants ont eu pour nous cette attention, c'est par égoïsme, c'est qu'ils prennent plaisir à nos gentillesses ; aussi ne leur en savons-nous aucun gré. De même, c'est encore pour nous voir danser et s'amuser de notre ramage qu'ils nous jettent des miettes de pain. Mais nous profitons de cette bonne aubaine, au milieu de la disette, et nous resterons en ville. »

Les autres s'envolèrent en bande, et allèrent aux champs voir si le printemps n'était pas proche. Mais à la campagne il gelait encore plus fort qu'à la ville ; un vent glacial sifflait à travers la plaine toute blanche de neige. Un paysan, les mains recouvertes d'énormes gants de fourrure, était assis sur un traîneau ; il se frappait la poitrine de ses bras, en les croisant, pour un peu se réchauffer ; les chevaux maigres couraient au galop, enveloppés de la vapeur de leur sueur ; sous leurs pas la neige craquait.

Les moineaux sautillaient dans les traces du traîneau, en quête de quelques bribes de nourriture. Voilà qu'ils aperçurent sur une colline, assis sur un énorme tas de neige, un grand vieillard, habillé d'un vêtement de laine blanche et épaisse ; il avait de longs cheveux blancs, son visage était pâle, ses yeux grands et profonds.

« Qui est-ce ? se demandèrent-ils.

— Je vais vous l'apprendre, dit un vieux corbeau, qui était perché sur une branche de bouleau. Voilà bientôt deux cents ans que je le connais : c'est l'Hiver, le vieux père Hiver. Vous vous êtes peut-être posés sur sa statue dans le grand parc près de la ville ; vous voyez qu'elle n'est guère ressemblante. Comme il trône avec une dignité sévère ! il gouverne le temps, comme tuteur du petit prince qui va venir, le gentil Printemps : quand il sera là, tout renaîtra à la vie. Allons, du courage ! ne frissonnez pas si lamentablement ; la chaleur reviendra : croyez-en mon expérience de bientôt deux siècles.

— Pip, s'écria l'un des moineaux ; que disions-nous ? que le calendrier n'est qu'une invention des humains ; mais la nature se moque bien d'eux et l'année commence toujours au printemps. »

Une semaine se passa, puis plusieurs autres. Le grand lac était gelé jusqu'au fond et ressemblait à du plomb fondu ; les campagnes étaient couvertes d'épais brouillards. Les corneilles

Le petit prince Printemps et sa mignonne fiancée étaient assis sur un trône... (P. 321.)

s'envolaient par bandes; mais elles, si babillardes d'ordinaire, semblaient avoir perdu la voix; elles étaient aussi engourdies par les frimas.

Voilà qu'un rayon de soleil vint à glisser sur le grand lac qui apparut alors comme de l'étain fondu. La couche de neige ne resplendissait plus autant, elle s'affaissait et, par-ci, par-là, disparaissait sous terre; par places la verdure se montrait; aussitôt les moineaux s'y précipitaient et picoraient avec rage.

Le vieillard sur la colline avait l'air de ne pas faire attention à ce qui se passait; il avait le regard fixé vers le sud.

« Quivit! quivit! »

Ce joyeux cri retentit tout à coup dans les airs. Des bruits confus s'élevèrent dans les champs, dans les forêts; en écoutant avec attention, on distinguait ces mots : « Le Printemps, voilà le Printemps! »

Les deux premières cigognes firent leur apparition, chacune portait un délicieux petit enfant : c'étaient un garçon et une fille. Arrivés à terre, ces charmantes créatures descendirent en bas de leurs coursiers ailés, et embrassèrent la terre en guise de salut; là où ils posaient le pied, sortaient des perce-neige. La main dans la main, ils se rendirent auprès du vieillard sur la colline, et ils vinrent se blottir gracieusement contre sa poitrine.

Tout à coup un brouillard, dense et humide, s'étendant sur toute la plaine, les déroba à tous les regards; puis le vent s'éleva et, soufflant de plus en plus fort, déchira le brouillard et le poussa devant lui. Le soleil, brillant avec éclat, inondait toute la nature de ses rayons chauds et bienfaisants. Le père Hiver avait disparu : les deux ravissants enfants, le petit prince Printemps et sa mignonne fiancée, étaient assis sur un trône et avaient pris le gouvernement de l'année.

« Vive l'an neuf ! Pip, pip ! s'écrièrent les moineaux. Enfin nos souffrances ont pris fin. Picorons, picorons, rattrapons le temps perdu ! »

Là où les deux enfants tournaient leurs regards, des boutons surgissaient aux arbres et aux buissons, l'herbe poussait et les champs verdissaient. Ils se levèrent et parcoururent leur royaume. La petite fille lançait de tous côtés par milliers les plus belles fleurs, qu'elle tirait de son beau tablier de soie dorée, qu'elle tenait retroussé. Plus elle en jetait, plus il en revenait ; elle en envoyait de toutes parts des poignées pleines, et, sans y prendre garde, elle en couvrait les cerisiers, les pêchers, avant qu'ils eussent des feuilles.

Et joyeusement, en voyant toutes ces merveilles, elle frappa dans ses mains, et le petit garçon fit de même ; et à ce bruit des bandes innombrables d'oiseaux accoururent, chantant chacun dans son ramage : « Le Printemps, voilà le Printemps ! »

Les hommes se réjouissaient de ce spectacle. D'une cabane on vit sortir une vieille, vieille aïeule, toute courbée ; elle s'assit sur sa porte et contempla toute cette belle floraison : son regard s'anima, un doux sourire se dessina sur son visage au souvenir des printemps de ses jeunes années. Et voyant ses arrière-petits-enfants folâtrer autour d'elle et prendre part à la joie universelle, elle se dit : « Il y a encore pour moi des jours heureux ! »

Les feuilles des arbres de la forêt n'étaient pas encore écloses ; elle avait gardé une teinte sombre ; mais au milieu de l'épaisse mousse qui en tapissait le sol, se pressaient en masse des anémones, des violettes, des muguets et cent autres fleurettes qui embaumaient l'air.

Les deux enfants, qui grandissaient presque à vue d'œil,

vinrent s'asseoir là ; ils étaient heureux de la félicité qu'ils répandaient ; la petite fille entonna une joyeuse ronde des anciens temps ; son compagnon, tout souriant, chantait le refrain.

Une douce pluie vint à tomber ; ils ne s'en aperçurent pas ; les gouttes qui tombaient des branches, ils les confondirent avec les larmes de joie qu'ils versaient. Ils s'embrassèrent ; au même moment le soleil reparut, et la forêt s'était couverte de verdure.

La main dans la main, le jeune couple traversa les fraîches allées des bois, aspirant les bouffées d'air embaumé que leur apportait la brise. Elle agitait les joncs qui bordaient les bords du ruisseau, dont le murmure faisait comme la basse continue du concert où l'on entendait le gazouillement des mésanges, les airs de bravoure des pinsons et des fauvettes, les roulades du rossignol, les cris des hirondelles ; puis tout se taisait ; et alors retentissait le point d'orgue répété du coucou.

Des jours se passèrent, puis des semaines. Des flots d'air chaud roulaient à travers les campagnes ; sur leur passage les blés jaunissaient. Le nénufar étendait ses grandes feuilles à la surface des lacs et les poissons venaient se jouer dans leur ombre. Sur la lisière de la forêt, au milieu d'un opulent verger, dont les cerisiers étaient tout couverts de fruits rouges et noirs et qui se terminait par un champ de roses, se tenait une jeune femme, grande et belle : c'était la petite fille, la fiancée du printemps ; lui, le petit prince était devenu un homme fort, plein de vigueur ; il était roi et s'appelait l'Été.

Il reposait sur son trône à côté de son épouse ; brandissant son sceptre, il fit naître à l'horizon d'épais nuages sombres, qui, se rassemblant lentement de trois côtés, s'arrêtèrent tout à coup; on aurait dit une immense chaîne de hautes montagnes du plus noir granit. L'air était obscurci; tout, jusqu'aux oiseaux les plus babillards, s'était tu comme par enchantement; il n'y avait pas un souffle de vent; une attente inquiète régnait partout; sur les routes les voyageurs se pressaient pour trouver un abri.

Tout à coup reluit une flamme plus brillante que le soleil dans sa plus vive splendeur; puis tout retombe dans une profonde obscurité; mais un terrible fracas retentit, et l'eau du ciel commence à tomber à torrents. L'éclair reparaît, suivi des grondements de plus en plus rapprochés du tonnerre. L'ouragan fait rage et courbe les arbres les plus robustes de la forêt qui gémit sous l'étreinte de la tempête. Les foins, les blés se couchent sous le poids du déluge qui inonde les champs.

L'orage diminue, la pluie ne tombe plus que lentement par petites gouttes; les nuées se dispersent, le soleil reparaît, un arc-en-ciel splendide unit le ciel et la terre, symbole de la paix rétablie entre les éléments. Des milliers de perles aux couleurs changeantes reluisent sur les prés, sur les fleurs. Des myriades de mouches et d'insectes agiles tourbillonnent dans les airs. Les oiseaux entonnent leurs chants les plus gais; la nature rajeunie resplendit dans toute sa force.

L'Été sur son trône embrasse son œuvre merveilleuse d'un regard plein d'orgueil.

Quels parfums pénétrants s'élèvent des champs de trèfle, des prairies! Sur la bruyère, dans ce lieu sacré où nos ancêtres rendaient la justice en plein air, les abeilles bourdonnent au milieu des genêts, et autour de l'antique autel du sacrifice, pierre énorme qu'on voit reluire toute blanche sur le sommet de la colline, grimpent le lierre et les ronces noires de mûres. Un vieux chêne abrite la pierre; dans le creux de son tronc la reine des abeilles a établi son palais; elle fait préparer la cire qui doit servir au culte de Celui qui est au-dessus des saisons.

Le soir approche et répand au loin ses reflets dorés; la colline resplendit avec plus d'éclat que les coupoles du Kremlin. La nuit survient, douce, pure, étoilée, éclairée par une lune magnifique; une délicieuse extase s'épand sur toute la création.

Des jours se passèrent, puis des semaines. Les faucilles des moissonneurs brillaient dans les blés; les branches des pommiers pliaient sous le poids des fruits rouges et dorés; le houblon pendait en touffes épaisses. L'Été et son épouse, devenus plus graves dans leur maturité, se tenaient silencieux à l'ombre d'un bosquet de noisetiers; ils sentaient la métamorphose qui s'opérait en eux.

« Quelles richesses sont étendues devant nous! dit enfin la reine. La Providence a béni notre règne. Le bonheur et la joie sont partout, et cependant j'éprouve dans ma félicité un besoin de repos, je dirais presque d'anéantissement.

« Voilà là-bas des hommes qui déjà labourent les champs à peine débarrassés de leurs produits. Ils sont insatiables ces humains; ils n'aspirent pas, eux, à la douce quiétude. Tiens, derrière eux marche gravement une bande de cigognes; ces chers oiseaux qui, à travers les airs, nous ont apportés d'Égypte en ces lieux. Te souviens-tu du temps où nous arrivâmes, tout enfants, dans ces pays du nord? Te rappelles-tu des milliards de fleurs que j'ai répandues alors, tandis que tu faisais reverdir les forêts? La bise commence à dessécher, à pâlir mes chères fleurettes.

— Mais regarde donc par ici, » dit l'Automne. La transformation venait de s'opérer autour d'eux. Et de son sceptre il montrait le feuillage des bois, aux milles teintes agréables à l'œil, le rouge éclatant, le jaune doré, alternant avec le vert sombre et l'orange clair. Sur la lisière, des bosquets d'églantiers étaient couverts de fruits d'un pur incarnat; les sureaux portaient de gracieuses grappes d'un noir brillant; une légère brise apportait les senteurs des dernières violettes.

Des journées se passèrent et puis des semaines. La reine de l'année devenait toujours plus silencieuse; sa belle chevelure avait blanchi.

« Que le vent est aigre ! dit-elle ; quels brouillards humides nous apportent les nuits déjà si longues ! Comme j'aspire après le pays de mon enfance où jamais on n'est atteint par le froid, où en tout temps les palmiers verdissent ! »

Et elle vit les cigognes s'envoler l'une après l'autre vers les contrées du sud ; elle tendit vers elles ses bras comme si elle eût espéré que les oiseaux d'Égypte l'emmèneraient, comme elles l'avaient apportée jadis.

Les moineaux, toujours curieux et indiscrets, pénétrèrent dans les nids déserts des cigognes.

« Pip, pip, dit le petit que nous connaissons et qui était devenu gros et pansu, ils sont vraiment partis ces grands oiseaux qui font tant les fiers. Voyez-vous avec leurs grands airs, ils ne peuvent supporter ni le vent ni la froidure. Allons, bon voyage ! »

Le feuillage des bois jaunit de plus en plus et commença à tomber ; les tempêtes de l'arrière-saison emportaient au loin la dépouille des arbres.

Cependant il y avait encore quelques belles journées. La

reine de l'année, reposant sur un lit de feuilles, jetait un regard

... Elle tendit vers elles ses bras.

doux et mélancolique sur les campagnes enveloppées d'une légère brume transparente; puis elle serra avec tendresse la main de son époux qui, toujours grand et majestueux, mais ridé et blanchi, se tenait près d'elle. Tout à coup le ciel s'obscurcit ; un terrible coup de vent survint et au milieu d'un tourbillon de poussière passa un pauvre papillon, le dernier survivant de l'été. Le calme se rétablit, la reine de l'année avait disparu ; elle était ensevelie sous les feuilles ; elle ne se réveilla pas de son sommeil ; on ne revit plus son gai sourire.

Les brouillards s'amoncelaient, le vent devenait glacial, les nuits sombres et tristes. Le roi de l'année contemplait en silence les ravages du temps ; sa longue barbe, encore allongée par des glaçons, était aussi blanche que la neige qui commençait à tomber.

Noël approchait et les cloches sonnaient à toute volée.

« Elles annoncent la naissance du Christ, dit le roi de l'année, et aussi celle du jeune couple qui va venir régner sur la nature et me remplacer pour que je puisse aller rejoindre mon épouse dans l'étoile brillante où nous devons goûter le repos éternel. »

Dans la verte forêt de sapins un ange bénissait les jeunes arbres qu'on devait couper pour célébrer la fête.

« Que les enfants vont recevoir de beaux jouets ! dit le roi de l'année ; là-bas on va donner le sceptre et la couronne au jeune couple qui, après moi, doit régner sur la nature. Pourquoi ne sont-ils pas déjà là ? Je suis vieux et cassé et l'on ne m'aime guère. N'ai-je donc pas encore rempli mon œuvre ?

— Non, dit l'ange, tu as encore à exercer ton pouvoir ; tu dois maintenir au repos la nature fatiguée. Quel plus beau couronnement de ton règne, que d'être méconnu, détesté et cependant de faire le bien et de veiller au salut de tous ? Que cette noble pensée te fasse prendre patience. »

Le vieux roi alla se placer sur la colline couverte de neige, où se tenait son frère de l'an dernier ; il regardait vers le sud, dans l'attente du printemps.

La neige craquait sous les pas des loups ; les patineurs tournoyaient sur la glace des lacs ; au milieu du tapis blanc qui recouvrait toute la campagne, se détachaient des bandes de noirs corbeaux. De lourds chariots passaient sur la mer gelée. On vit de nouveau apparaître les moineaux de la ville ; ils aperçurent le beau vieillard, qui se tenait sur la colline, immobile, plein de majesté.

Ils avaient la tête légère et peu de mémoire, comme il convient à des moineaux ; aussi demandèrent-ils, comme un an auparavant : « Qui est ce vieux à barbe blanche ? »

Ce fut le même corbeau qui leur répondit :

« C'est le père Hiver, le tuteur du Printemps qui approche. C'est lui, vous savez bien, que les humains, dans leur sot calendrier, mettent en tête de l'année. »

La nature s'engourdit de plus en plus sous les frimas. L'Hiver lui-même ferma les yeux et rêva des jours de sa belle et verte jeunesse et des temps heureux de son âge mûr. Lorsqu'il se réveilla, il vit les arbres de la forêt couverts de givre resplendir et scintiller au soleil, et ce merveilleux spectacle lui fut une douce consolation.

Les rayons de soleil prenaient de la force, la neige commençait à fondre ; les oiselets gazouillaient gaiement.

Tout en haut, dans les airs, apparut la première cigogne ; la seconde la suivait ; elles déposèrent à terre deux ravissants enfants, un petit prince, une petite princesse.

Ils montèrent sur les genoux du vieillard et l'embrassèrent. Et, au milieu d'un épais brouillard, le vieillard disparut, comme Moïse sur la montagne.

L'histoire de l'année était terminée.

Bientôt il vit devant lui une grande caverne tout illuminée par un immense feu.

LE JARDIN DU PARADIS

Il y avait une fois le fils d'un grand et puissant roi; personne n'avait d'aussi beaux livres que lui; ils étaient tout pleins de gravures magnifiques qui représentaient tout ce qui existe sur la terre.

Le texte donnait la description de tous les pays et de tous les peuples du globe; de toutes les villes et même des moindres hameaux. Il n'y avait qu'un seul lieu sur lequel il ne fournît aucun renseignement; il n'indiquait pas où se trouvait le jardin du paradis et c'était cela justement ce que le prince aurait surtout désiré savoir.

Lorsqu'il était encore enfant et qu'il commença à aller à

l'école, sa grand'mère lui conta que sur les pétales des belles fleurs qui ornent le jardin du paradis, se trouvent des tables de multiplication, la série chronologique de tous les rois de la terre, des cartes de géographie, les règles de la grammaire, et qu'il suffit de manger ces fleurs, qui ont le goût des gâteaux les plus exquis et des plus fines confitures, pour savoir aussitôt, dans la perfection, ses leçons d'arithmétque, d'histoire et de géographie.

Alors il avait pleinement foi dans le récit de sa grand'mère ; mais lorsqu'il devint plus âgé et qu'il se mit à réfléchir, il pensa que dans ce fameux jardin il devait y avoir des magnificences d'une tout autre espèce.

« Oh! s'écria-t-il un jour, pourquoi Ève a-t-elle cueilli la pomme de l'arbre de la science? pourquoi Adam en a-t-il mangé? Ce n'est pas moi qui aurais fait cette sottise. J'aurais obéi au précepte divin, et le péché ne serait pas entré dans ce monde. »

Il continua à grandir et il arriva à ses dix-huit ans ; mais le jardin du paradis préoccupait toujours son imagination.

Un jour, il alla dans la forêt voisine se promener seul, comme il aimait à le faire. Il s'égara et la nuit survint sans qu'il eût pu retrouver son chemin. Les nuages s'étaient amoncelés ; une tempête éclata et la pluie se mit à tomber comme si toutes les cataractes du ciel avaient été ouvertes ; il faisait noir comme dans le plus sombre caveau. Le prince s'avançait à tâtons, ce qui ne l'empêchait pas de glisser et de s'étendre sur la mousse humide ou, d'autres fois, sur de grosses pierres.

Le pauvre prince fut bientôt percé jusqu'aux os ; il marchait dans l'eau jusqu'aux genoux et quand les rafales agitaient les branches, il était inondé des pieds à la tête. Il n'en pouvait plus de fatigue; découragé et harassé, il était sur le point de tomber faible, lorsqu'il entendit un singulier ronflement qui, parfois, augmentait de force et soufflait comme une bourrasque, pour ensuite diminuer et devenir comme un léger susurrement.

Il se remit en marche et, bientôt, il vit devant lui une grande caverne tout illuminée par un immense feu devant lequel, comme on dit, on aurait pu rôtir un bœuf. Aussi y avait-on placé un magnifique cerf tout entier qui, mis à la broche et tenu par deux troncs de sapins, tournait lentement devant les flammes ardentes.

Une femme âgée, mais grande et forte, qu'on aurait facilement prise pour un homme déguisé, se tenait près du feu, y jetait, de temps à autre, des blocs de bois et surveillait la cuisson de la bête.

« N'aie pas peur, dit-elle au prince, approche et viens sécher tes habits au feu. »

Le prince entra et s'assit sur un tas de bois.

« J'ai bien chaud par devant, dit-il, mais, par derrière, houh! quel courant d'air!

— Ce n'est rien encore, dit la femme, ce sera bien autre chose quand mes fils vont être de retour. Car il faut que tu saches que c'est ici l'antre des vents; mes fils sont les quatre grands vents qui règnent sur les airs.

— Où sont-ils donc maintenant? demanda le prince.

— Quelle sotte question! répondit la femme. Comment veux-tu que je sache au juste où se trouvent des gaillards aussi remuants et qui font des enjambées aussi larges. Il se pourrait, cependant, qu'ils fussent là-haut, dans la grande salle des cieux, à jouer aux raquettes avec des nuages.

— Vous avez le caractère un peu rude, dit le prince;

aucune femme ne m'a jamais parlé aussi brusquement que vous.

— Je ne dis pas non, répondit la femme, mais pour tenir en respect mes gamins, qui ne sont guère dociles, il me faut de la poigne et, même en paroles, je dois être dure et brutale. Mais je viens à bout de les mater : vois-tu, là, pendre à la paroi ces quatre sacs? Ils les redoutent plus que tu n'as craint dans le temps les verges de ton précepteur. D'un tour de main je vous les attrape et je les fourre dans ces sacs, sans autre façon. Et ils y restent à se morfondre jusqu'à ce qu'il me plaise de les relâcher. Tiens, en voilà un qui arrive. »

En effet, c'était le Vent du nord qui entrait, amenant avec lui un froid glacial. Il était vêtu d'une culotte et d'un manteau de peau d'ours; un grand bonnet de peau de phoque lui pendait jusque au-dessous des oreilles. De gros glaçons descendaient le long de sa barbe épaisse; les boutons de ses habits étaient d'énormes grêlons; quand il éternuait il lançait des bouffées de flocons de neige.

En effet, c'était le Vent du nord...

« N'allez pas si vite auprès du feu, lui dit le prince ; sinon, votre nez et vos mains pourraient bien geler.

— Geler ! répondit le Vent du nord, en se tordant de rire. Geler, mais c'est mon plus grand plaisir. A propos, d'où viens-tu donc, infime petit paltoquet ? Comment as-tu osé t'aventurer dans l'antre des vents ?

— Il est mon hôte, s'écria la femme, et je te prie de le respecter. Sinon, gare le sac ! Tu m'entends ? »

Le Vent aussitôt se calma, et, changeant de conversation, il se mit à raconter ses aventures depuis qu'il avait quitté sa mère.

« J'arrive en droite ligne des mers polaires où j'ai été faire une partie de plaisir. Je me suis bien amusé près du Groenland avec des Russes qui chassaient le morse. Je les ai rencontrés en mer, et comme j'étais fatigué, je me suis reposé sur leur navire. Je m'endormis près du gouvernail. Voilà que l'oiseau des tempêtes vint me frôler le visage. Singulier animal ! Il donne quelques coups d'aile, puis il les étend immobiles et il glisse dans les airs.

— Allons, abrège, dit sa mère. Mais je voudrais bien savoir si tu es allé dans l'île aux ours.

— Je crois bien, reprit le Vent, j'y ai même fait un assez long séjour. La mer tout autour est gelée, unie comme un miroir. Comme on doit y bien danser ! Puis je vis une maigre mousse émergeant çà et là de la neige qui couvre les pierres et les rochers ; je n'ai pas aperçu le moindre rayon de soleil ; je ne sais si jamais il luit dans ce lieu que les hommes appellent lugubre. Des tas de squelettes de morses, d'ossements d'ours blancs s'élèvent de tous côtés. Un brouillard épais s'étendait sur l'île ; je soufflai un peu pour le dissiper et je vis apparaître une hutte construite avec les planches d'un navire que des naufragés avaient recouvertes de peaux de bêtes, pour empêcher mon haleine de pénétrer par les interstices : cela ne les a pas empêchés de mourir de froid et de faim. Sur le toit, pour le moment, se tenait un ours blanc ; je lui caressai l'échine, il répondit par d'affreux grognements. Je m'en retournai sur les falaises, où je découvris d'innombrables nids d'oiseaux ; des milliers de jeunes ouvraient le bec et piaillaient, trouvant que les parents restaient longtemps à leur apporter du poisson frais. Attendez, me dis-je, mes petits amis, je m'en vais bien vous faire taire. Je poussai un souffle pas trop fort cependant ; mais ils ne furent pas longtemps à fermer leur bec et à se blottir au fond de leurs nids. Dans le sable se traînaient des bandes de morses ; ce sont d'assez vilaines bêtes ; on dirait une chenille gigantesque, au bout une tête de porc avec des dents longues d'une aune. Cependant elles ne font de mal à personne.

— Continue, mon fils, interrompit la mère. Ton récit commence à m'intéresser ; j'espère qu'il va devenir un peu plus dramatique.

— Je pense bien, dit le Vent. Les chasseurs russes arrivèrent devant l'île et lancèrent leurs harpons sur les pauvres morses ; un jet de sang s'éleva et vint retomber sur la glace qui en fut toute rougie. Les chasseurs avaient l'air de se divertir beaucoup à ce jeu cruel. Cela me mit en train et je me dis qu'il me fallait aussi m'amuser un brin.

« Je soufflai cette fois un peu fort ; je poussai des montagnes de glace contre leur navire. Ce fut à leur tour de crier et de gémir ; pressés par les *icebergs* hauts comme des maisons, ils jettèrent par-dessus bord tout le produit de leur chasse, défenses de morses, tonneaux d'huile. Je soufflai de nouveau, et lançai sur eux des tourbillons de neige. Leurs mains engourdies par le froid ne pouvaient plus diriger la manœuvre. Je lâchai un petit sifflement sec ; voilà leur navire qui craque, et, écrasé par la glace, il se brise de toute part. Les débris sont emportés vers le sud par les icebergs ; les chasseurs boivent à la grande tasse, comme ils disent ; jamais plus ils ne reviendront à l'île des ours.

— Mais ce n'est pas bien ce que tu as fait là, dit sa mère ; c'est même une pure méchanceté.

— En effet, répondit le Vent du nord. Mais j'ai aussi fait parfois de bonnes actions ; seulement, j'aime mieux que d'autres les racontent que moi. Voyez qui arrive, c'est mon frère de l'ouest : c'est celui que je préfère ; il répand une bonne senteur marine, et il est presque toujours délicieusement froid.

— Serait-ce là le petit Zéphyr ? demanda le prince.

— Oui, dit la mère, c'est bien mon brave Zéphyr ; mais il n'est plus petit et mignon comme du temps des anciens ; c'est maintenant un garçon robuste qui connaît sa force. »

Le Vent de l'ouest entra dans la caverne ; il était habillé comme un sauvage, il était tout barbu et avait l'air farouche ; de la main droite, il tenait une grosse massue, coupée d'un acajoutier des forêts d'Amérique : c'était là un fier bâton.

« D'où viens-tu ? lui dit sa mère.

— J'arrive des forêts sauvages, répondit-il, où les serpents et les crocodiles grouillent dans les marécages, où jamais l'homme n'a pénétré.

— Quel plaisir trouvais-tu là ? dit-elle.

— Je m'amusais à contempler le cours rapide du plus grand fleuve du monde ; je regardais tomber en bas des roches ses eaux réduites en une fine poussière qui, sous les rayons du soleil, formaient un immense et splendide arc-en-ciel. Des buffles, des hippopotames nageaient au milieu du fleuve avec des bandes de canards et d'autres oiseaux sauvages; tout à coup le courant les saisit et les entraîna tous vers les cataractes. Les oiseaux s'envolèrent et se sauvèrent; mais les buffles et les hippopotames furent lancés dans le précipice et broyés comme verre. Ce spectacle me divertit et me mit en belle humeur. Je soufflai gaiement; un ouragan s'éleva, renversa par milliers les arbres séculaires, hauts comme des cathédrales, et les réduisit en copeaux.

Je m'amusais à contempler le cours rapide du plus grand fleuve...

« Puis je m'en fus dans les savanes, où je m'amusai à faire la culbute et la roue pendant des centaines de lieues; en passant je secouai les cocotiers; leurs fruits tombaient avec fracas, effrayant des troupeaux de chevaux sauvages qui partaient comme le vent, auraient dit les hommes ; mais il y avait loin du compte. J'ai encore eu bien des aventures, mais il ne faut pas trop parler de soi en société ; c'est toi-même qui me l'as recommandé, bonne mère. »

Et il embrassa la vieille et la serra dans ses bras si fortement qu'elle faillit tomber à la renverse : c'était ma foi un brutal gaillard.

Survint le Vent du sud ; il était vêtu d'un burnous de bédouin aux larges plis flottants, et coiffé d'un turban.

« Diantre, qu'il fait froid ici ! s'écria-t-il, et il jeta dans le feu bien une charretée de bois. On sent bien que mon frère du nord est ici.

— Allons donc, c'est une fournaise, dit le Vent du nord ; il fait une chaleur à fondre toutes les glaces du pôle et à rôtir d'un coup tous les ours blancs.

— Ours toi-même, dit l'autre.

— Voulez-vous bien ne pas vous quereller, dit la mère. Vous voyez bien les sacs, n'est-ce pas ? eh bien, restez sages. Assieds-toi sur ce roc, mon fils du sud, et conte-nous gentiment ce qui t'est arrivé dans ta dernière tournée.

— Je suis allé me promener en Afrique, répondit-il. J'ai d'abord regardé les Hottentots chasser les lions. Quand j'arrivai, la plaine était verdoyante, comme une vaste prairie : je respirai un peu fortement, et mon haleine desséch a tout. Je m'en allai à travers les sables ; l'autruche ne voulut-elle pas me défier à la course ; en quelques bonds je l'eus dépassée.

« Je parcourus le vaste désert ; je rencontrai une caravane égarée ; ils venaient de sacrifier leur dernier chameau pour avoir de quoi étancher la soif qui les dévorait. Au-dessus de leurs têtes le soleil brûlait, et le sable brûlait sous leurs pieds.

C'était fort monotone, et, pour me distraire, je soulevai des tourbillons de sable ; puis j'en fis des vagues, hautes comme des dunes ; elles roulaient les unes sur les autres ; c'était un plaisir de les voir. Les gens de la caravane n'étaient pas à leur aise ; ils s'étaient couvert le visage de leurs caftans pour ne pas être étouffés ; ils se prosternèrent, et invoquèrent le secours d'Allah. Je soufflai une dernière fois ; une pyramide de sable s'éleva et vint les ensevelir. Quand je repasserai par là, je la ferai crouler et alors apparaîtront leurs ossements blanchis. Les voyageurs pourront recueillir leurs richesses, éparses dans le sable ; ils se croiront un instant heureux ; mais je leur jouerai un bon tour de ma façon, et je les écraserai sous une pyramide encore plus haute.

.. Pour me distraire, je soulevai des tourbillons de sable...

— Tu ne penses qu'à des méchancetés, dit la mère. Allons, marche, dans le sac! »

Et avant qu'il pût se garer, elle le saisit à mi-corps et l'enferma dans son sac. Il se démena et s'agita avec fureur ; mais elle saisit un tronc d'arbre et le fustigea jusqu'à ce qu'il ne bougeât plus.

« En effet, dit le prince, tu ne m'avais pas trompé ; ce sont de fiers garnements que tes fils.

— Oui, répondit-elle, mais tu vois que je sais les corriger. Ah! voilà le quatrième. »

Le Vent de l'est entra d'un pas plus composé que les autres ; il était vêtu comme un Chinois.

« Tiens, tu viens du pays des gens à longue queue, dit sa mère. Je pensais que tu avais été au Jardin du Paradis.

— Ce n'est que demain que je m'y rends, répondit-il ; il y aura juste cent ans demain que j'y suis allé. Maintenant je viens en effet de Chine ; j'ai été faire carillonner les cloches de la tour de porcelaine. On amena toute une bande de mandarins, habillés de soie jaune, décorés du bouton bleu, du bouton d'or et de la plume de paon ; et on les fustigea, on leur cassa sur les épaules des rotins de bambou. A chaque coup, ils remuaient la tête, comme les magots de leur pays, et disaient : « Grand merci! qui aime bien, châtie bien. » Mais ils ne parlaient pas du fond du cœur ; moi, pour les narguer, j'eus l'air de les prendre au mot et, comme ils se déclaraient contents, je fis retentir encore plus fort mon joyeux carillon : *Tsing, Tsang, Tsou.*

— Tu es un farceur, dit la mère. Cela m'étonne que tu ne sois pas plus raisonnable, toi qui as été déjà si souvent dans le Jardin du Paradis. Quand tu iras là demain, tu feras bien de boire un bon coup à la Fontaine de la Sagesse ; dans tous les cas apporte-moi une fiole de son eau merveilleuse.

— Oui, mère, dit le Vent de l'est, j'y penserai. Mais pourquoi as-tu fourré dans le sac mon frère du sud. Délivre-le, je t'en prie. Je voudrais bien qu'il me racontât l'histoire de l'oiseau phénix; chaque fois que tous les cent ans je vais au Jardin du Paradis, la princesse me demande de la lui apprendre et je ne [la sais pas bien. Voyons, petite maman, ouvre le sac; je te donnerai dix poignées de feuilles de thé, toutes fraîches, que je viens de cueillir sur les arbres qui sont réservés uniquement pour l'empereur de Chine; jamais il n'en est encore venu un brin dans ce pays.

— Ah! petit scélérat, dit la vieille, tu me prends par mon faible; enfin puisque tu es mon favori, je m'en vais relâcher ton polisson de frère. »

Elle ouvrit le sac; le Vent du sud en sortit; il était un peu honteux que le prince étranger eût vu comment il avait été durement corrigé.

Maintenant, je reviens, en effet, de Chine.

« Tiens, dit-il à son frère, voici une feuille de palmier pour ta princesse. C'est le phénix lui-même, cet oiseau unique dans le monde, qui m'en a fait cadeau. Il y a, avec son bec, écrit toute son histoire pendant le dernier siècle de son existence miraculeuse. La princesse pourra lire comment il a mis le feu à son nid, après s'y être installé. Il resta impassible au milieu des flammes et de la fumée ; les branches vertes de palmier craquaient et lançaient des gerbes d'étincelles. Le vieux phénix fut brûlé, comme une veuve indienne sur son bûcher, et il fut réduit en cendre. Mais au milieu des flammes gisait un œuf, rouge comme une boule de fer surchauffée; il éclata avec un grand fracas, et un jeune oiseau en sortit. C'était le phénix rajeuni, qui pendant un siècle doit être le roi des oiseaux. Tout cela est écrit et détaillé en beau style sur la feuille de palmier.

— Assez causé maintenant, dit la mère ; il est temps de souper. »

Et ils s'assirent tous autour d'un quartier de roche et on servit le cerf, qui était rôti à point. Le jeune prince se trouva à côté du Vent de l'est et ils devinrent bientôt bons amis.

« Quelle est donc, dit le prince, cette princesse dont vous venez de parler, et où se trouve situé le Jardin du Paradis ?

— Tiens, cela t'intéresse, dit le Vent de l'est. Voudrais-tu aller dans ce jardin ? Je puis t'y conduire demain. Tu sais bien que depuis le temps d'Adam et d'Ève, pas un être humain n'y a mis les pieds. Lorsque tes premiers parents en furent chassés, le Jardin du Paradis s'enfonça dans le sein de la terre ; mais il y fait toujours clair comme si le plus beau soleil y luisait. L'air est délicieux et embaumé. C'est là que demeure la reine des fées, au milieu de l'île de la Félicité, séjour enchanteur, où jamais n'apparaît la Mort. Donc si le cœur t'en dit, demain tu te mettras sur mon dos, et je t'emmènerai. Je pense bien qu'on te laissera entrer. Mais maintenant, reposons-nous ; je voudrais bien dormir un peu, avant de commencer ce long voyage. »

Bientôt tous furent plongés dans un profond sommeil.

Le matin, de très bonne heure, le prince s'éveilla. Quel ne fut pas son étonnement de se voir bien haut dans les airs, au-dessus des nuages, perché sur le dos du Vent de l'est, qui le retenait d'une main pour qu'il ne tombât pas. En bas,

... Au-dessus des nuages, perché sur le dos du Vent de l'est.

sur la terre, les fleuves, les lacs, les plaines et les forêts n'apparaissaient guère plus grands qu'on ne les voit sur les cartes de géographie.

« Bonjour, dit le Vent. Tu ferais peut-être bien de continuer ton somme; il n'y a pas de bien belles choses à voir dans ces régions de plaines; à moins que tu n'aies envie de compter les clochers. Les distingues-tu? ils n'ont pas l'air plus hauts que les quilles avec lesquelles jouent les enfants.

— Pourquoi ne m'as-tu pas réveillé, dit le prince, pour que je prisse congé de ta mère et de tes frères? Que va-t-on penser de moi?

— Oh! mes frères ronflaient si fort, qu'il aurait été dommage de les déranger, » dit le Vent, et il reprit son vol en redoublant de rapidité ; sur son passage les branches et les feuilles s'agitaient, c'était un vaste bruissement ; sur l'Océan, les vagues montaient et s'entre-choquaient avec fracas ; les plus gros navires étaient secoués avec violence, et inclinaient leurs mâts jusque dans la mer.

Vers le soir, dans l'obscurité, les lumières des grandes villes étaient amusantes à voir ; il en surgissait tantôt ici, tantôt là : c'était comme un morceau de papier qui est à moitié brûlé, et qui lance par-ci par-là de petites étincelles qui disparaissent l'une après l'autre. Le prince se divertissait beaucoup de ce spectacle, et ne voilà-t-il pas que de joie il se mit à frapper dans ses mains comme pour applaudir. Mais le Vent lui dit de modérer ses transports, et de se servir de ses mains pour bien se tenir, s'il ne voulait pas être précipité et rester embroché sur quelque pointe de clocher.

Le Vent fila encore plus vite ; le prince avait quelque peine à respirer ; il pouvait juger de la vélocité de leur marche en voyant combien il leur fallait peu de temps pour dépasser les grands aigles et les plus agiles coursiers.

Le lendemain, vers le matin, le Vent s'abaissa vers la terre.

« Vois-tu cette masse immense de roches, de glace et de neige? dit-il ; c'est la chaîne des monts de l'Himalaya ; nous ne sommes plus loin maintenant du but de notre voyage. »

Puis il obliqua un peu vers le sud. Les fleurs et les arbres à épices remplissaient l'air de parfums enivrants ; les figuiers, les grenadiers, les orangers poussaient à l'état sauvage ; la vigne grimpait de tous côtés aux arbres, laissant pendre d'énormes grappes. Le Vent s'arrêta dans ce site enchanteur ; ainsi que le prince, il s'étendit sur le frais et tendre gazon qu'émaillaient des touffes de fleurs gracieuses, aux couleurs ravissantes, qui s'inclinaient doucement comme si elles voulaient leur souhaiter la bienvenue.

« Sommes-nous ici dans le Jardin du Paradis? demanda le prince.

— Non certes, répondit le Vent, mais nous ne tarderons pas à y arriver. Vois-tu là-bas cette haute muraille de roches? Là où la vigne pend, haute et épaisse, comme une grande tapisserie, se trouve une ouverture qui mène à une caverne. C'est là qu'il nous faut passer. Enveloppe-toi bien dans ton manteau; ici le soleil brûle, mais un pas plus loin il fait un froid glacial. L'oiseau qui frôle l'entrée de la caverne se trouve avoir une aile dans le climat de l'été et l'autre dans celui de l'hiver. »

Ils pénétrèrent dans la caverne. Brou, qu'il y faisait froid, qu'il y faisait noir! Mais cela changea bientôt. Le Vent de l'est étendit ses ailes; il en jaillit une vive lumière, et il se répandit une chaleur bienfaisante. Mais quelle caverne! D'énormes stalactites aux formes les plus bizarres pendaient au plafond; tantôt l'espace se resserrait, au point qu'il leur fallait se traîner à plat ventre sur leurs mains, tantôt il devenait vaste et élevé comme une cathédrale; sur les côtés on apercevait des enfoncements qui ressemblaient à des chapelles, et dans le haut on voyait des stalactites juxtaposées en forme de tuyaux; on aurait dit un orgue. L'impression était lugubre et l'on se sentait le cœur oppressé; on ne découvrait rien de vivant, pas une mousse.

« Mais c'est le chemin de la mort que nous prenons pour aller au Jardin du Paradis! » s'écria le prince.

Le Vent ne répondit rien, de la main il montra en avant dans le lointain une lumière bleue. Au-dessus d'eux, les blocs de roc disparurent, et firent place d'abord à un léger brouil-

Les arbres étaient si grands, qu'on avait de la peine à en distinguer la cime.

lard, puis à des nuages blancs comme neige qu'on aurait cru éclairés par la lune. L'air devint doux et délicieux, frais comme celui des montagnes, parfumé comme celui qui se dégage d'un parterre de roses et de violettes.

Ils remontèrent une rivière dont l'eau était limpide comme l'air ; les poissons qui s'y jouaient semblaient être d'or et d'argent ; des anguilles rouges comme de la pourpre folâtraient au fond de l'eau ; à chaque mouvement elles dégageaient des traînées d'une lumière verdâtre. Les nénufars qui poussaient là avaient de larges feuilles aux couleurs de l'arc-en-ciel ; les fleurs en ressemblaient à une flamme rouge et étincelante.

Sur la rivière s'élevait un pont de marbre, travaillé avec tant d'art et de légèreté, qu'on aurait dit une véritable dentelle ; au moindre souffle il se balançait ; il conduisait à l'île de la Félicité, où fleurit le Jardin du Paradis.

Le vent prit le prince dans ses bras et le porta de l'autre côté du pont ; il lui fallut toute sa légèreté pour pouvoir passer ; tout autre aurait fait osciller et basculer le pont. Les fleurs et les feuilles des nénufars, doucement agitées au passage du vent firent retentir une délicieuse harmonie ; le prince crut y reconnaître les plus belles mélodies qu'il eût entendues dans son enfance ; mais jamais il n'avait ouï des voies humaines émettre des sons aussi pénétrants, aussi enivrants.

Sur l'autre bord de la rivière s'élevaient des plantes aquatiques, hautes comme des palmiers, et portant un feuillage gigantesque. Les arbres étaient si grands, qu'on avait de la peine à en distinguer la cime ; leurs troncs étaient gros comme des tours. Dans leurs branches, des plantes grimpantes pendaient en ravissantes guirlandes qui faisaient l'effet du plus merveilleux assemblage de fleurs, d'oiseaux, et formaient des arabesques aux couleurs vives et attrayantes, telles qu'on en voit en petit dans les beaux manuscrits de nos artistes du moyen âge.

De vastes pelouses, du vert le plus tendre, s'étendaient au loin, coupées de la façon la plus gracieuse par des parterres de magnifiques fleurs. Çà et là on voyait comme un groupe de paons rangés en cercle et faisant la roue. Quelle splendeur de couleurs éclatantes! Le prince approcha pour mieux admirer; ce n'étaient pas des oiseaux, c'étaient des fougères qui avaient cette forme et ces teintes superbes.

Sous des bosquets, qui répandaient des senteurs délicieuses, mélange de parfums d'oranger, de jasmin, de rose et d'héliotrope, tout à coup bondissaient joyeusement des lions et des tigres; ils étaient doux comme des agneaux; des ramiers, au plumage resplendissant, venaient se poser sur la crinière des lions; des antilopes et des gazelles jouaient et folâtraient avec des tigres et des léopards.

Tout à coup parut la fée du paradis. Ses vêtements jetaient un éclat pareil à celui du soleil; ses traits, divinement beaux, rayonnaient de ce sourire enchanteur qu'on aperçoit sur le visage d'une mère à laquelle son enfant fait éprouver une grande joie. Elle paraissait être dans tout l'épanouissement de la jeunesse; autour d'elle se tenait un cortège de suivantes, de ravissantes jeunes filles, ayant chacune dans les cheveux un diamant, plus gros que le poing, étincelant comme une étoile.

Le Vent de l'est présenta à la fée la feuille de palmier, présent du phénix; elle la prit, lut d'un coup d'œil tout ce qui s'y trouvait écrit : ses yeux brillèrent de joie et de contentement. Elle prit le prince par la main et le conduisit dans un palais dont les murs avaient les splendides couleurs que l'on voit lorsque l'on tient contre le soleil une belle feuille de tulipe. Le toit avait la forme d'une grande fleur aux pétales transparents, aux teintes ravissantes.

Le prince approcha d'une fenêtre et regarda à travers les vitres qui étaient du plus pur cristal. Que vit-il ? A côté de l'arbre de la science se tenaient Adam et Ève. Ève venait de mordre dans la pomme et la tendait à Adam qui avançait la main pour la prendre.

« Comment, s'écria le prince, nos premiers parents n'ont-ils pas été chassés de ce jardin ? »

La fée en souriant lui dit que le spectacle qu'il apercevait était simplement gravé sur les vitres, mais par l'Histoire elle-même qui avait mis de la vie et du mouvement dans ces images des événements du monde, qu'on voyait se dérouler fidèlement comme ils s'étaient passés en réalité. Les hommes, les animaux allaient, venaient ; on voyait, comme dans une merveilleuse chambre claire, tout le développement de l'humanité. Le prince regarda par un autre carreau et il aperçut le songe de Jacob, l'échelle qui montait jusqu'au ciel ; les anges, agitant leurs grandes ailes, montaient et descendaient.

Il serait resté là des journées, des années à contempler ce spectacle unique ; mais la fée l'emmena et le conduisit dans une grande et haute salle, dont les parois en opale étaient toutes transparentes ; on y voyait les figures des bienheureux, il y en avait par millions ; les visages n'étaient pas plus grands qu'une rose de mai, et cependant on y distinguait parfaitement le sourire de béatitude céleste, les traits d'une beauté surnaturelle. On entendait une délicieuse mélodie, écho des chants que les bienheureux entonnent devant le trône de l'Éternel.

Au milieu de la salle se trouvait un grand et bel arbre, au feuillage opulent, du vert le plus foncé et dont les branches, qui pendaient gracieusement presque à terre, portaient des pommes dorées, des grandes et des petites : c'était là l'arbre de la science, cette fois en réalité, le même que celui dont Adam et Ève avaient goûté le fruit. A chaque feuille pendait une goutte de rosée qui ressemblait à un magnifique rubis ; on aurait dit que l'arbre pleurait des larmes de sang pour avoir été l'occasion du premier péché.

Ils sortirent du palais et arrivèrent à un lac dont l'eau avait les reflets du plus pur diamant ; ils entrèrent dans une gondole qui, poussée par la brise, se mit à voguer légèrement et à se balancer comme un hamac. Lorsqu'ils furent arrivés vers le milieu du lac, la fée dit au prince :

« Regarde un peu vers les bords et tu verras défiler les plus beaux sites de l'univers. »

Et, en effet, le prince aperçut d'abord les Alpes, couvertes de neiges éternelles et de sombres forêts de sapins ; leurs hautes cimes, que jamais les nuées n'atteignent, brillaient au soleil d'un éclat éblouissant ; on percevait dans le lointain les sons mélancoliques du cor ; un instant après un berger et une bergère faisaient entendre les accents d'un joyeux duo dont l'écho répétait sept fois le refrain.

Puis parut un riche paysage des Indes ; des temples magnifiques entourés de palmiers, de bananiers aux longues branches pendantes ; par devant s'avançait un cortège de guerriers, aux armures éclatantes d'or et de pierreries, montés sur des éléphants richement caparaçonnés.

Ensuite vint une contrée étrange ; les arbres avaient des feuilles bleuâtres ; les animaux étaient de formes singulières ; les fleurs ne ressemblaient à rien de ce qu'on voit dans l'ancien continent ; c'était l'Australie ; il parut une bande de sauvages noirs, tatoués de blanc, qui, au son des tambours et des fifres aigus, exécutaient, au clair de la lune, des danses échevelées.

La scène changea de nouveau et le prince émerveillé vit défiler lentement les pyramides, le Nil, les obélisques, les milliers de temples et les palais splendides qui ornaient l'Égypte au temps des pharaons.

Puis apparut un magnifique paysage du nord ; une immense étendue de glace brillant aux lueurs éclatantes d'un volcan en éruption et aux feux d'une aurore boréale ; jamais l'industrie des hommes n'atteignit la splendeur d'un pareil feu d'artifice.

Le prince était dans le ravissement ; il vit encore passer par centaines les plus merveilleux sites.

« Et je vais pouvoir rester toujours dans ces lieux enchantés ? s'écria-t-il.

— Cela dépendra de toi, répondit la Fée. Si tu ne te laisses pas, comme Adam, entraîner à outrepasser une défense, tu pourras séjourner ici tant qu'il te plaira.

— Oh ! je ne toucherai certes pas aux pommes de l'arbre de la science, dit le prince. Je vois là une foule de fruits qui sont plus beaux et qui paraissent plus savoureux.

— Consulte-toi bien, reprit la Fée, et, si tu ne te sens pas assez fort, retourne plutôt avec le Vent d'est qui t'a amené. Il va repartir pour ne revenir que dans cent ans. Si tu restes, ce siècle ne te semblera pas plus long que cent heures ; mais ce sera un temps suffisamment long pour te permettre de céder à la tentation.

« Tous les soirs, quand je te quitterai, je te dirai : Accompagne-moi. » Je me retournerai et, de la main, je t'engagerai à me suivre. Garde-toi bien d'en rien faire ; ne bouge pas ; à chaque pas que tu ferais tu serais moins fort pour résister à mon appel. Cependant, si tu suis mes pas, tout n'est pas encore perdu. Tu arriveras dans la salle où se trouve l'arbre de la science ; je repose la nuit sous ses branches odorantes dont le parfum enivre. Tu contempleras mon visage et je te sourirai ; mais, de grâce, aie le courage de ne pas m'approcher, de ne pas me toucher si légèrement que ce soit. Aussitôt le jardin du paradis disparaîtrait et tu en serais banni, comme tes premiers parents ; tu te trouverais dans une solitude déserte, au milieu de la tempête et de la pluie ; le chagrin et la peine deviendraient alors ton partage.

— Je resterai, dit le prince, et je me tirerai de l'épreuve à mon honneur.

— Sois fort et courageux, lui dit le Vent de l'est en l'embrassant sur le front, et dans cent ans nous nous reverrons. Adieu, que ton cœur reste ferme ; adieu ! »

Le Vent étendit ses ailes et elles jetèrent un éclat éblouissant comme les éclairs qui, les soirs d'été, illuminent et embrasent tout l'horizon.

Et de toutes parts sur son passage, arbres et fleurs frémissaient, et on entendait un doux susurrement, où l'on distinguait comme ces mots : « Adieu, adieu ! » Tout un long cortège de cigognes, d'hirondelles et de cygnes l'accompagnèrent jusqu'à la rivière qui entourait l'île de Félicité ; puis il disparut.

« Maintenant allons nous divertir, dit la Fée, allons danser joyeusement. Au dernier tour, quand le crépuscule commencera, je te quitterai, t'ai-je dit ; mais en même temps je t'appellerai et je t'engagerai de mon plus doux sourire à me suivre. Encore une fois, ne m'écoute pas. Tous les soirs, pendant cent ans, je ferai de même ; chaque fois que tu auras résisté à mes fascinations, ta force augmentera et bientôt tu ne songeras même plus à outrepasser la défense. Maintenant te voilà averti ; l'épreuve commencera ce soir même. »

La Fée le conduisit dans une nouvelle salle splendide, dont les parois étaient formées de lis blancs, transparents, entrelacés ; leurs étamines formaient comme des harpes d'or, qui résonnaient délicieusement ; on aurait dit une musique de flûtes et de mandolines. Des jeunes filles idéalement belles, des statues animées, revêtues de soie, de gaze et de dentelles, exécutaient des danses des plus gracieuses ; elles chantaient le plaisir de vivre dans ce jardin du paradis où tout est immortel.

La lumière du jour déclinait, le ciel devint d'un pourpre intense qui colorait du plus beau rose les lis qui entouraient la salle. Les jeunes filles vinrent présenter au prince une coupe, taillée dans un seul diamant et remplie d'un vin écumeux ; le prince but ce nectar et il se sentit comme noyé dans une mer de félicité. Le fond de la salle s'entrouvrit et il aperçut dans le lointain l'arbre de la science, dont les fruits jetaient un éclat qui éblouissait ses regards. Une musique ravissante retentit ; le prince crut entendre la voix de sa mère, qui disait : « Mon enfant, mon enfant chéri, prends garde ! »

Mais voilà que la Fée part, en lui disant de l'accent le plus charmant, le plus tendre : « Viens avec moi, viens ! »

Et il courut sur ses pas, oubliant résolutions et promesses ; elle se retourna et lui sourit, et il la suivit, sans une hésitation, sans un remords.

L'air se remplit de parfums enivrants ; une musique entraînante retentit. Arrivé dans la salle où se trouvait l'arbre de la science, le prince crut voir des figures de bienheureux lui sourire ; il entendit des voix qui disaient : « Il faut tout connaître; l'homme est le maître de la création. » Les rubis qui pendaient aux feuilles de l'arbre éclairaient la salle d'une lueur magique.

« Viens avec moi, viens! » dit la Fée, regardant le prince avec un sourire enchanteur. Lui sentait son cœur battre à se rompre, et pressait fiévreusement le pas. « Pourquoi ne la

Repoussant les branches, il aperçut la fée déjà sommeillant...

suivrais-je pas? se disait-il; pourquoi ne pourrais-je pas l'admirer? Cela ne m'est pas défendu, pourvu que je n'approche point d'elle. Cela je ne le ferai point; ma volonté est ferme et arrêtée; je résisterai à la tentation; je le jure. »

La Fée, écartant les branches de l'arbre, se glissa dessous, et le feuillage la déroba aux yeux du prince.

« Je puis encore la revoir, dit-il, cela ne m'est pas interdit. »

Repoussant les branches, il aperçut la Fée déjà sommeillant: elle semblait rêver et sur son visage était répandu un divin sourire; mais entre ses paupières on aurait cru voir trembler une larme.

« Pleures-tu sur moi? murmura-t-il. Mais ce n'est que maintenant que je ressens toutes les joies de ce paradis. La vie éternelle pénètre mon corps et mon âme ; j'ai la force des chérubins ; mes pensées dominent l'univers entier. Du reste toute mon existence, je la donnerais pour une minute des délices que j'éprouve. »

Et tremblant, éperdu, il saisit la main de la Fée pour la porter à ses lèvres.

Un terrible coup de tonnerre retentit ; on aurait cru que ciel et terre s'écroulaient. Et en effet l'arbre de Science, la Fée, le jardin du paradis, tout s'enfonça rapidement ; le prince vit disparaître dans la nuit sombre toutes ces splendeurs ; il n'en resta plus que dans le lointain, à des millions de lieues, comme un point lumineux, une petite étoile fixée au firmament.

Le prince sentit comme le frisson de la mort ; ses yeux se fermèrent, et il tomba évanoui.

Une pluie froide vint lui battre le visage ; le vent soufflait avec force. Le prince se réveilla et le souvenir lui revint.

« Qu'ai-je fait ? s'écria-t-il. J'ai péché comme Adam et Ève. Je suis chassé du paradis. »

Levant les yeux, il aperçut au ciel la petite étoile, la dernière étincelle de tout cet éclat brillant qui l'entourait il y avait quelques instants : c'était l'astre du matin.

Il se souleva et reconnut qu'il était dans la forêt comme la veille, devant l'antre des Vents ; leur mère se tenait à côté de lui, le regardant d'un air indigné et menaçant.

« Dès le premier soir tu as donc succombé ! dit-elle. Si tu étais mon fils, je t'aurais déjà fourré dans le sac.

— Je l'y mettrai, moi, » dit l'Ange de la Mort qui venait de descendre des cieux, porté sur ses grandes ailes noires ; il tenait en main sa terrible faux.

« Oui, reprit-il, je le placerai dans un sac, pas encore sur-le-champ; je vais seulement le marquer pour le retrouver; je lui laisserai un peu de répit, afin qu'il se repente et qu'il ait le temps de s'amender. Mais il ne m'échappera pas ; au moment où il s'y attendra le moins, je le saisirai et je le fourrerai dans le noir cercueil pour le porter vers l'étoile qui brille encore là-haut. Là se trouve maintenant le jardin du Paradis. S'il a fait pénitence, il y entrera. Que si son cœur est resté attaché au péché, je l'enfoncerai dans la nuit sombre et horrible à des millions de lieues; tous les mille ans je viendrai le reprendre, pour l'enfoncer encore plus profondément dans les lieux où règne la plus profonde désolation; mais si enfin ses pensées retournent vers le bien, alors je le mènerai vers l'étoile où il retrouvera le paradis. »

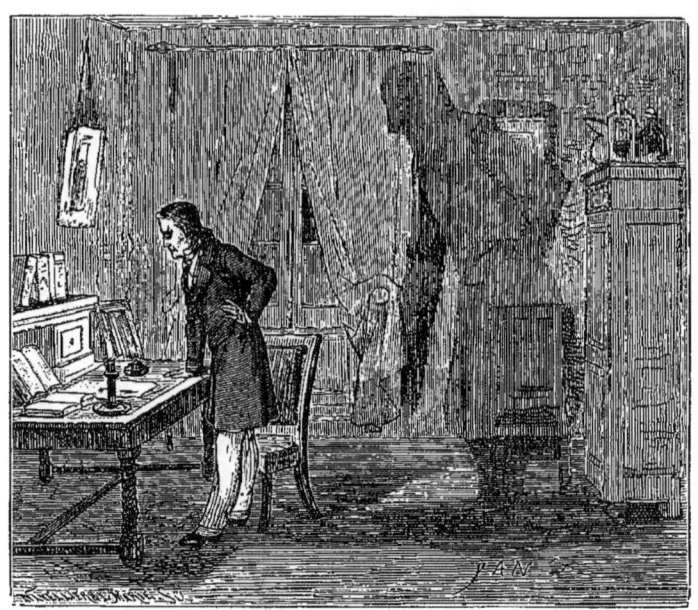

Le savant homme se sentait aussi revivre...

L'OMBRE

Dans les pays du Sud, le soleil est si brûlant que les gens y prennent un teint brun comme du vieil acajou ; il y a même, comme vous savez, des contrées si chaudes que les habitants y sont tous nègres.

Un jour, un savant homme des pays froids arriva dans une contrée du Sud ; il s'était longtemps réjoui d'avance de pouvoir admirer à son aise les beautés de la nature que développe dans ces régions un climat fortuné ; mais quelle déception l'attendait ! Il lui fallut rester toute la journée comme prisonnier à la maison, portes et fenêtres fermées ; et encore était-on bien accablé; personne ne bougeait; on aurait dit que tout le monde dormait dans la maison, ou qu'elle était déserte. Tout le jour, le soleil dardait ses flammes sur la terrasse qui formait le toit; l'air était lourd, on se serait cru dans une fournaise : enfin, c'était insupportable.

Le savant homme des pays froids était jeune et robuste ; mais sous ce soleil torride, son corps se desséchait et maigrissait à vue d'œil; son ombre même se rétrécit et rapetissa, et elle ne reprenait de la vie et de la force que lorsque le soleil avait disparu. C'était un plaisir alors de voir, dès qu'on apportait la lumière dans la chambre, cette pauvre ombre se détirer, s'étendre le long de la muraille et grandir jusqu'à atteindre le plafond.

Le savant homme à ce moment se sentait aussi revivre ; il se promenait dans sa chambre pour ranimer ses jambes engourdies et allait sur son balcon admirer le firmament étoilé. Sur tous ces balcons (il y en a dans ces pays à toutes les fenêtres), il voyait apparaître des gens qui venaient respirer l'air frais, ce qui est toujours agréable même à ceux qui ont le teint calciné par le soleil. La rue aussi commençait à s'animer; les bourgeois s'installaient devant leurs portes; des milliers de lumières scintillaient de toutes parts. Les uns jasaient, babillaient comme des pies; les autres chantaient de gais refrains; puis les voitures commençaient à rouler, conduisant à la promenade de belles dames. Des bandes de mules passaient au trot; leurs grelots faisaient *tringeling geling*. Tout à coup on voit s'avancer un cortège de gens, couverts de cagoules, portant des torches et chantant des psaumes : c'est un enterrement. Un instant après retentit une joyeuse musique de danse; partout règne la plus vive animation.

Il n'y avait qu'une maison où continuât à régner un complet silence; c'était celle en face de la demeure du savant étranger. Elle n'était pas inhabitée cependant; sur le balcon verdissaient et fleurissaient de belles plantes; il fallait que quelqu'un les arrosât, le soleil sans cela les aurait aussitôt desséchées.

La soirée s'avançait; voilà que la fenêtre du balcon s'entr'ouvrit un peu; la chambre resta sombre; de l'intérieur arrivèrent de doux sons d'une musique que le savant étranger trouva délicieuse, ravissante. Il faut dire que tout dans le pays lui semblait enchanteur, sauf l'ardeur du soleil. Il alla demander à son propriétaire quelles étaient les personnes qui demeuraient en face; le brave homme lui répondit qu'il n'en savait rien; quant à la musique, il la déclara mortellement ennuyeuse.

« C'est toujours le même morceau qu'on exécute, dit-il, et on ne le joue pas mieux qu'on ne le faisait dans les commencements. »

Une nuit, le savant étranger s'éveilla en sursaut; il avait, le soir, laissé la fenêtre de son balcon ouverte; il regarda de ce côté et il crut apercevoir une lueur extraordinaire et magique rayonner du balcon de la maison d'en face : les fleurs paraissaient briller comme de magnifiques flammes de couleur, et au milieu d'elles se tenait une jeune fille d'une beauté merveilleuse; elle semblait un être éthéré, tout de feu.

Le savant étranger en eut les yeux éblouis, il se leva brusquement et tout doucement se glissa derrière le rideau de sa fenêtre. La jeune fille avait disparu; il n'y avait plus un seul rayon de lumière : les fleurs étaient toujours sur le balcon; elles étaient fort belles, mais elles ne brillaient plus.

La fenêtre était entr'ouverte, et de l'intérieur retentissait une musique enivrante qui berçait doucement l'âme et faisait tressaillir délicieusement le cœur. C'était un pur enchantement. Qui pouvait donc demeurer là ? Par où entrait-on dans cette singulière maison ? Sur la rue, on ne voyait pas de porte, rien que des fenêtres aux volets fermés.

Un autre soir, le savant étranger reposait sur son balcon ; derrière lui, dans la chambre, brûlait une lumière, et, chose naturelle, il en résultait que son Ombre apparaissait sur la muraille de la maison d'en face ; l'étranger remua, l'Ombre bougea également et la voilà qui se trouve juste entre les fleurs du balcon d'en face.

« Je crois, dit le savant étranger, que mon Ombre est en ce moment le seul être vivant de cette mystérieuse maison. Tiens, la fenêtre du balcon est de nouveau un peu entr'ouverte. Une idée ! Si mon Ombre avait assez d'esprit pour entrer voir ce qui se passe à l'intérieur et venir me le redire.

« Oui, continua-t-il, en s'adressant par plaisanterie à l'Ombre, fais-moi donc le plaisir d'entrer là. Voyons, cela te va-t-il ? »

Et en même temps, il fit un mouvement de tête que l'Ombre répéta comme si elle disait : « oui. »

« Eh bien, c'est cela, reprit en riant l'étranger ; mais ne t'oublie pas et reviens me trouver. »

A ces mots, il se leva, rentra dans la chambre et laissa retomber le rideau. Alors, si quelqu'un s'était trouvé là, il aurait vu distinctement l'Ombre pénétrer lestement par la fenêtre entr'ouverte d'en face et disparaître dans l'intérieur.

Le lendemain, comme il ne faisait plus si chaud, le savant étranger sortit pour aller à la bibliothèque. Le ciel était couvert de nuages ; mais voilà qu'ils se dissipent, le soleil reparaît.

« Qu'est cela? s'écrie l'étranger qui venait de se retourner pour considérer un monument. Mais c'est affreux! Comment, je n'ai plus mon Ombre! Elle m'a pris au mot; elle m'a quitté hier soir. Que vais-je devenir? Je serai la fable de la ville; comme si on ne s'y moquait pas déjà assez des étrangers! »

Ce qui le vexait le plus, ce n'était pas tant que son Ombre l'eût délaissé; mais c'est qu'il existait déjà une histoire d'un homme qui avait perdu son ombre. Sinon, son cas aurait été unique, et la rareté de l'aventure aurait pu le consoler; mais comme cela, ce n'était qu'une seconde édition et le fait n'était plus que simplement ennuyeux. Aussi l'étranger résolut-il de n'en parler à personne et provisoirement de ne plus sortir de chez lui le jour.

Le soir, il se remit sur son balcon, la lumière derrière lui; il se dressa de tout son haut, se baissa jusque par terre, fit mille contorsions; puis il appela *hum hum,* et *pstt, pstt;* l'Ombre ne reparut pas.

Décidément ce n'était pas gai. Mais dans les pays chauds, la végétation est bien puissante; tout y pousse et prospère à merveille, et au bout de huit jours, l'étranger aperçut, à la lueur de sa lampe, un petit filet d'ombre derrière lui. « Quelle chance! se dit-il. La racine était restée. »

La nouvelle ombre grandit assez vite; au bout de trois semaines, l'étranger s'enhardit à se montrer de jour en public, et lorsqu'il repartit pour le Nord, sa patrie, on ne remarquait plus chez lui rien d'extraordinaire.

De retour dans son pays, le savant homme écrivit des livres sur les vérités qu'il avait découvertes et sur ce qu'il avait vu de beau et de bien dans ce monde méridional. Des mois se passèrent, puis des années, beaucoup d'années.

Un soir qu'il était dans sa chambre à méditer, il entend

frapper doucement à sa porte. « Entrez ! » dit-il. Personne ne vint. Alors, il alla ouvrir lui-même la porte, et devant lui se trouva un homme d'une extrême maigreur ; mais il était habillé à la dernière mode : ce devait être un personnage de distinction.

« A qui ai-je l'honneur de parler? dit le savant.

— Oui, je le pensais bien, que vous ne me reconnaîtriez pas, répondit l'autre. Je ne suis pas bien gros, j'ai cependant maintenant un corps véritable en chair et en os. Vous ne vous êtes jamais imaginé que vous me reverriez dans cet état. Vous continuez à ne point me remettre ? Mais, je suis votre ancienne Ombre. Depuis que je vous ai quitté, je n'ai cessé d'avoir toutes les chances, et je me suis acquis une belle fortune. C'est ce qui me permettra de me racheter du servage où je me trouve toujours vis-à-vis de vous. »

Et en même temps, il agita les précieuses breloques qui pendaient à la grosse chaîne d'or qu'il portait autour du cou ; ses doigts étaient tout couverts de gros brillants qui jetaient des feux magnifiques : ce n'était pas de l'imitation.

« Non, permettez que je revienne de ma surprise, s'écria le savant. Voyons, vous ne vous moquez pas de moi ?

— Du tout, répondit l'Ombre. Mon histoire n'est pas de celles qui se passent tous les jours ; mais vous non plus, dont j'émane, vous n'êtes pas un homme ordinaire. Lorsque vous m'avez autorisée à vous quitter, j'en ai profité comme vous le savez. Je me trouve, je vous le répète, dans une situation brillante. Cependant, au milieu de mon bonheur, j'ai éprouvé le désir de vous revoir encore une fois avant votre mort, ainsi que ce pays où j'ai vu le jour. Je sais que vous avez une nouvelle ombre. Ai-je à lui payer quelque chose parce qu'elle remplit mon service, et à vous combien devrai-je si je veux me racheter?

— Comment, c'est vraiment toi? dit le savant. Jamais, même en rêve, je n'aurais eu l'idée qu'on pouvait retrouver son Ombre sous la forme d'un être humain.

— Je vous demande pardon si j'insiste, reprit l'Ombre. Quelle somme ai-je à vous verser pour que vous renonciez à l'autorité que vous avez toujours sur moi?

— Laisse donc ces sornettes, dit le savant. Comment peut-il être question d'argent entre nous. Je t'affranchis et je te fais libre comme l'air. Je suis enchanté d'apprendre que tu as si bien fait ton chemin dans ce monde. Seulement je te prie d'une chose; raconte-moi tes aventures depuis le moment où tu t'es faufilée par la fenêtre du balcon dans la maison en face de celle que nous habitions.

— Je veux bien vous en faire le récit, dit l'Ombre; mais promettez-moi auparavant de n'en rien révéler, de ne pas apprendre aux gens que je n'ai été qu'un être impalpable. Il me peut venir l'idée de me marier, et je ne tiens pas à ce qu'on me suppose léger et sans consistance.

— C'est entendu, dit le savant. Je ne redirai rien à personne de ton histoire. »

Avant de commencer, l'Ombre s'installa à son aise. Elle était toute vêtue de noir, ses vêtements étaient du drap le plus fin, ses bottes en vernis; elle portait un chapeau à claque, dont par un ressort on pouvait faire une simple galette: on venait d'inventer ce genre de coiffure, qui n'était encore d'usage que dans la plus haute société. Donc l'Ombre était habillée à la dernière mode: c'est même cela qui faisait le plus en elle supposer qu'elle appartenait au genre humain.

Elle s'assit et posa ses bottes vernies sur la tête de la nous velle ombre qui lui avait succédé et qui se tenait comme un fidèle caniche aux pieds du savant; celle-ci ne parut pas ressentir l'humiliation et ne bougea pas, voulant écouter attentivement comment la première s'y était prise pour se dégager de son esclavage.

« Vous ignorez encore, commença l'Ombre parvenue, qui demeurait dans la fameuse maison d'en face, qui vous intriguait là-bas dans les pays chauds. C'était ce qu'il y a de plus sublime au monde : la Poésie en personne. Je ne restai que trois semaines auprès d'elle, et j'appris dans ces quelques jours sur les secrets de l'univers et le cours du monde plus que si j'avais vécu autre part trois mille ans, lisant même tous les livres de tous les siècles, écrits en toutes les langues. Et aujourd'hui je puis dire sans craindre d'être mise à l'épreuve : je sais tout, j'ai tout vu.

— La Poésie! s'écria le savant. Comment n'y ai-je pas pensé? Mais oui, dans les grandes villes, elle vit dans l'isolement, toute solitaire; bien peu s'intéressent à elle. Je ne l'ai aperçue qu'un instant, et encore n'étais-je qu'à moitié éveillé. Elle se tenait sur le balcon; autour d'elle une auréole brillait comme une de nos aurores boréales; elle était au milieu d'un parterre de fleurs qu'on aurait prises pour des flammes. Mais continue, continue : Donc tu entras par la fenêtre du balcon, et alors...

— Je me trouvai dans une antichambre où régnait comme une sorte de crépuscule; la porte qui était ouverte donnait sur une longue enfilade de superbes appartements qui communiquaient tous ensemble; la lumière y était éblouissante, et m'aurait infailliblement tuée si je m'y étais aventurée. Mais provenant de vous, j'avais déjà suffisamment de votre sagesse pour rester à l'abri et tout observer de mon petit coin. Tout dans le fond je vis la Poésie, la divine vierge assise sur son trône.

— Et ensuite? interrompit le savant. Dis vite et ne me fais pas languir.

— Je vous l'ai déjà dit, reprit l'Ombre, j'ai, comme dans la chambre claire, vu défiler devant moi tout ce qui existe : le passé et une partie de l'avenir. Mais, par parenthèse, je vous demanderai s'il n'est pas convenable que vous cessiez de me tutoyer. J'en fais l'observation, non par orgueil, mais en raison de ma science maintenant si supérieure à la vôtre et surtout à cause de ma situation de fortune, chose qui ici-bas règle partout les relations de société.

— Vous avez parfaitement raison, dit le savant. Excusez-moi de ne pas y avoir songé de moi-même, et d'avoir conservé mon ancienne habitude. Mais continuez, je vous prie.

— Je ne puis, reprit l'Ombre, que vous répéter : j'ai tout vu et je sais tout.

— Mais enfin, dit le savant, ces magnifiques appartements, comment étaient-ils? Était-ce comme un temple sacré? ou bien s'y serait-on cru sous le ciel étoilé? ou bien encore dans une forêt mystérieuse? Ce sont là les lieux où nous aimons à supposer que demeure la Poésie.

— Maintenant que j'ai tout vu et que je connais tout, dit l'Ombre, il m'est pénible d'entrer dans les menus détails.

— Apprenez-moi au moins, dit le savant, si dans ces splendides salles vous avez aperçu les dieux des temps antiques, les héros des âges passés? Les sylphides, les gentilles elfes n'y dansaient-elles pas des rondes?

— Vous ne voulez donc pas comprendre que je ne puis

vous en dire plus. Si vous aviez été à ma place, dans ce séjour enchanté, vous seriez passé à l'état d'être supérieur à l'homme ; moi qui n'étais qu'une ombre, j'ai avancé jusqu'à la condition d'homme. Or, le propre de l'humanité c'est de faire l'important, c'est de se prévaloir à l'excès de ses avantages. Donc il est tout naturel qu'ayant tout vu, je ne vous communique rien de ma science.

« J'ai d'autant plus de raison de montrer quelque hauteur, qu'étant là dans l'antichambre du palais, j'ai pour la première fois saisi la ressemblance de mon être intime avec la Poésie : tous deux nous sommes des reflets. Et rappelez-vous que souvent j'étais plus grande que vous ; au clair de la lune, j'apparaissais bien plus distinctement que vous-même.

« Lorsque, devenue homme, j'abandonnai la demeure de la Poésie, vous aviez quitté la ville. Je me trouvai un matin, dans les rues, richement habillée comme un prince. D'abord, l'étrangeté de ma nouvelle situation me fit un singulier effet ; et je me blottis tout le jour dans le coin d'une ruelle écartée.

« Le soir je parcourus les rues au clair de lune : je grimpai tout en haut des murailles, jusqu'au faîte des toits et je regardai dans les maisons, à travers les fenêtres des beaux salons et des humbles mansardes. Personne ne se défiait de moi, et je découvris toutes les vilaines choses que disent et que font les hommes quand ils se croient à l'abri de tout regard observateur. Oh ! que le monde est pervers au fond ! J'eus honte réellement de faire partie des humains.

« Pénétrant par les plus petites fentes, je voyais combien les enfants eux-mêmes, qu'on dirait si doux, si gentils, sont souvent méchants. Si j'avais mis dans une gazette toutes les noirceurs, les indignités, les intrigues, les petitesses que je découvrais, on n'aurait plus lu que ce journal dans tout l'univers. Mais quels ennemis cela m'aurait procurés! Je préférai profiter de ma clairvoyance, et je fis par lettre particulière connaître aux gens que je savais leurs méfaits. Partout où je passais, on vivait dans des transes terribles; on me dé-

Le soir je parcourus les rues...

testait comme la mort, mais en face on me choyait, on me faisait fête, on m'accablait de magnifiques cadeaux et d'honneurs. Les académiciens me nommaient un des leurs, les tailleurs m'habillaient pour rien, les fournisseurs me donnaient ce qu'ils avaient de mieux pour m'obliger à taire leurs fraudes; les financiers me bourraient d'or; les femmes disaient qu'on ne pouvait imaginer un plus bel homme que moi. Et ainsi de suite. Je me laissais faire, et c'est ainsi que je suis devenue le personnage que vous voyez.

« Maintenant je vous quitte pour aller à mes affaires. Au revoir. Voici ma carte. Je demeure du côté du soleil; quand il pleut, vous me trouverez toujours chez moi. Mais je vous préviens que je pars demain pour faire mon tour du globe. Adieu. »

L'Ombre s'en fut. Le savant resta toute la journée absorbé dans ses réflexions sur cette étrange aventure. Des années se passèrent. Un beau jour l'Ombre reparut.

« Comment allez-vous, dit-elle.

— Pas trop bien, dit le savant. J'écris de mon mieux sur le Vrai, le Beau et le Bien ; mais mes livres n'intéressent presque personne, et j'ai la faiblesse de m'en affecter. Vous me voyez tout désespéré.

— Ce n'est guère mon cas, dit l'Ombre. Voyez comme j'engraisse et comme j'ai bonne mine. C'est là le vrai but de la vie ; vous ne savez pas prendre le monde tel qu'il est, et exploiter ses défauts. Cela vous ferait du bien de voyager un peu. Justement, je vais repartir pour un autre continent : voulez-vous m'accompagner? je vous défraierai de tout ; nous aurons un train de grands seigneurs. Mais il y a une condition. Vous savez, je n'ai pas d'ombre, moi : eh bien, vous remplirez cet emploi auprès de moi.

— C'est trop fort ce que vous me proposez là, dit le savant ; c'est presque de l'impudence. Comment, je vous ai affranchie, sans rien vous demander, et vous voulez faire de moi votre esclave?

— C'est le cours de ce monde, répondit l'Ombre. Il y a des hauts et des bas : les maîtres deviennent des valets ; et quand les valets commandent ils font les tyrans. Cela a toujours été ainsi et restera jusqu'à la consommation des siècles ; vous ne voulez pas accepter ; à votre aise ! »

L'Ombre repartit de nouveau.

Le pauvre savant alla de mal en pis ; les peines et les chagrins vinrent le harceler. Moins que jamais on faisait attention à ce qu'il écrivait sur le Vrai, le Beau et le Bien. Il finit par tomber malade.

« Mais comme vous maigrissez, lui dit un de ses amis, vous avez l'air d'une ombre ! »

Ces mots involontairement cruels firent tressaillir l'infortuné savant.

« Il vous faut aller aux eaux, lui dit l'Ombre qui revint lui faire une visite. Il n'y a pas d'autre remède pour votre santé. Vous avez dans le temps refusé l'offre que je vous faisais de vous prendre pour mon ombre. Je vous la réitère en raison de nos anciennes relations. C'est moi qui paye les frais de voyage; je suis aussi obligée d'aller aux eaux afin de faire pousser ma barbe qui ne veut pas croître suffisamment pour que j'aie l'air de dignité qui convient à ma position. Donc vous serez mon compagnon. Vous écrirez la relation de nos pérégrinations et vous me la lirez le soir pour me distraire. Soyez cette fois raisonnable et ne repoussez pas ma proposition. »

Le savant, pressé par la nécessité, fit taire sa fierté et ils partirent. L'Ombre avait toujours la place d'honneur ; selon le soleil le savant avait à virer et à tourner, de façon à bien figurer une ombre. Cela ne le peinait ni ne l'affectait même pas ; il avait très bon cœur, il était très doux et aimable et il se disait que si cette fantaisie faisait plaisir à l'Ombre, autant valait la satisfaire. Un jour il lui dit dans sa naïveté : « Maintenant que nous voilà redevenus intimes comme autrefois, ne serait-il pas mieux de nous tutoyer de nouveau ?

— Votre proposition est très flatteuse, répondit l'Ombre d'un air pincé qui convenait à sa qualité de maître ; mais comprenez bien ceci que je vais vous dire en toute franchise. Vous qui êtes un si savant homme, vous n'ignorez pas combien les hommes sont singuliers, sujets à s'impressionner de rien. Les uns tombent presque mal en apercevant une souris ou une araignée; d'autres frissonnent ou grincent des dents quand avec un clou on gratte sur un carreau de vitre. Moi, pour ma part, je me sentirais tout bouleversé, si vous veniez me tutoyer de nouveau; cela me rapellerait trop mon ancienne position subalterne. Mais je veux bien, moi, vous tutoyer : de la sorte votre désir sera accompli au moins à moitié. »

Et ainsi fut fait. Le brave savant ne protesta pas, mais intérieurement il trouva que c'était un peu violent que cet être qui lui devait l'existence le traitât familièrement, tandis que lui devait l'appeler *vous*, gros comme le bras.

« Il paraît que c'est le cours du monde », se dit-il, et il n'y pensa plus.

Ils s'installèrent dans une ville d'eaux où il y avait beaucoup d'étrangers de distinction et entre autres la fille d'un roi, merveilleusement belle; elle était venue pour se faire guérir d'une grave maladie : sa vue était trop perçante; elle voyait les choses trop distinctement et cela lui enlevait toute illusion.

Aussitôt elle remarqua que le seigneur nouvellement arrivé n'était pas un seigneur ordinaire; ce n'était pas au train princier que menait l'Ombre qu'elle s'en apercevait.

« On prétend qu'il est ici, se dit-elle, pour que les eaux fassent croître sa barbe; moi je sais à quoi m'en tenir sur son infirmité, c'est qu'il ne projette pas d'ombre. »

Sa curiosité était vivement éveillée et à la promenade elle se fit aussitôt présenter le seigneur étranger. En sa qualité de fille d'un puissant roi, elle n'était pas habituée à user de circonlocutions; aussi dit-elle à brûle-pourpoint : « Je connais mieux votre maladie que votre médecin; vous souffrez de ne pas avoir d'ombre.

— Vos paroles me remplissent de joie, répondit l'Ombre, elles me prouvent que Votre Altesse Royale est sur la voie de guérison et que votre vue commence à se troubler et à vous abuser. Loin de ne pas avoir d'ombre, j'en ai une tout extraordinaire; c'est dans ma nature de rechercher tout ce qui est particulier, et je ne me suis pas contentée d'une de ces ombres comme en ont les hommes en général. J'ai pour ombre un homme en chair et en os; qui plus est, de même que souvent on donne à ses domestiques pour leur livrée un drap plus fin que celui qu'on porte soi-même, j'ai tant fait que cet être a lui-même une ombre. Cela m'est revenu bien cher; mais encore une fois je raffole de ce qui est rare.

— Que me dites-vous-là? s'écria la princesse. Oh! bonheur, mes yeux commencent à me tromper! Ces eaux sont vraiment admirables. »

Ils se séparèrent avec les plus grands saluts.

« Je pourrais peut-être cesser dès maintenant ma cure, se dit-elle; mais je veux encore rester quelque temps pour m'amuser maintenant. Ce prince (car ce ne peut être qu'un fils de roi, tant il a la démarche et les manières aisées) m'intéresse beaucoup. Pourvu que sa barbe ne pousse pas trop vite et qu'il ne s'en retourne pas chez lui... »

Le soir, dans la grande salle de bal, la fille du roi et l'Ombre firent un tour de danse. Elle était légère comme une plume; mais lui était léger comme l'air; jamais elle n'avait rencontré un pareil danseur. Elle lui dit quel était le royaume de son père; l'Ombre connaissait le pays, l'ayant visité dans le temps. La princesse alors en était absente. L'Ombre s'était amusée, selon son ordinaire, à grimper aux murs du palais du roi et à regarder par les fenêtres, par les ouvertures des rideaux et même par le trou des serrures; elle avait appris une foule de petits secrets de la cour, auxquels, en causant avec la princesse, elle fit de fines allusions qui remplirent d'étonnement la fille du roi.

« Que d'esprit et de tact il a, ce jeune et galant prince ! » se dit la princesse, et la seconde fois qu'elle dansa avec lui, elle se sentit un grand penchant pour lui. L'Ombre s'en aperçut bien et redoubla d'amabilité. A la troisième danse, la princesse fut sur le point de lui avouer que son cœur était touché ; mais elle avait un fonds de raison et pensait à son royaume, au grand peuple sur lequel elle aurait un jour à régner ; elle se dit :

« Ce prince est fort spirituel, sa conversation est très intéressante, c'est fort bien ; il danse divinement, c'est encore mieux. Mais, pour qu'il puisse m'aider à gouverner mes millions de sujets, il faudrait aussi qu'il eût de solides connaissances : c'est très important ; aussi vais-je lui faire subir un petit examen. »

Et elle lui adressa une question si extraordinairement difficile, qu'elle-même n'aurait pas été en état d'y répondre. L'Ombre fit une légère moue.

« Vous ne connaissez pas la solution ? dit-elle d'un air désappointé.

— Ce n'est pas cela, dit l'Ombre ; seulement je suis un peu déconcertée parce que vous n'avez pas cru devoir m'interroger sur une matière un peu plus ardue. Quant à cette question, je connais la réponse depuis ma première jeunesse, au point que mon ombre même, qui se tient là-bas, près de la porte, pourrait vous en dire la solution.

— Votre ombre ! s'écria la princesse, mais ce serait un phénomène unique.

— Je ne l'assure pas entièrement, dit l'Ombre, mais je

crois qu'il en est ainsi. Toute ma vie je me suis occupée de science et il est naturel que mon ombre tienne de moi. Seulement, en raison même des connaissances qu'elle a pu acquérir, elle ne manque pas d'orgueil et elle a la prétention d'être traitée comme un être humain véritable. Je me permettrai donc de prier Votre Altesse Royale de tolérer sa manie, afin qu'elle reste de bonne humeur et réponde convenablement.

— Rien de plus juste », dit la princesse.

Elle alla trouver le savant, qui se tenait modestement contre la porte, et elle causa avec lui du soleil et de la lune, des profondeurs des cieux et des entrailles de la terre; elle l'interrogea sur les nations des contrées les plus éloignées. Il ne resta pas court une seule fois, et il apprit à la princesse les choses les plus intéressantes.

« Celui qui a une ombre aussi savante, se dit-elle, doit être un véritable phénix. Ce sera une bénédiction pour mon peuple, que je le choisisse pour partager mon trône : ma résolution est prise. »

Elle fit connaître ses intentions à l'Ombre, qui les accueillit avec une grâce et une dignité parfaites. Il fut convenu que la chose serait tenue secrète, jusqu'au moment où l'on serait de retour dans le royaume de la princesse.

« C'est cela, dit l'Ombre, nous ne laisserons rien deviner à personne, pas même à mon ombre ». Elle avait ses raisons particulières pour prendre cette précaution.

On partit, et l'on arriva dans le royaume de la princesse.

« Écoute bien, mon ami, dit l'Ombre à son ancien maître le savant. Je suis arrivée au comble de la puissance et de la richesse et je pense à faire ta fortune. Tu habiteras avec moi le palais du roi, tu m'accompagneras quand je monterai dans mon carrosse de gala, et tu auras cent mille écus par an. Mais, prends-en bien note, tu passeras plus que jamais pour mon ombre, et tu ne révéleras à personne que tu as toujours été un homme. Enfin, une fois par an, quand je me montrerai sur le balcon au peuple assemblé, tu auras à te tenir respectueusement à mes pieds, comme il convient à une ombre fidèle. Car il faut que tu saches que j'épouse la fille du roi; la noce est pour ce soir.

— Non, s'écria l'honnête savant, cela ne se fera pas : je ne veux pas tremper dans cette fourberie. A moi personnellement il serait égal d'être votre inférieur, mais je ne veux pas que vous trompiez tout un peuple et la fille du roi par-dessus le marché. Je dirai tout; et je cours de ce pas annoncer que je suis un homme, que vous n'êtes qu'une ombre vêtue d'habits d'homme, un reflet, une chimère.

— Personne ne te croira, dit l'Ombre. Sois raisonnable et calme-toi, ou j'appelle la garde.

— Je m'en vais trouver la princesse, dit le savant, et tout lui révéler.

— Je serai avant toi auprès d'elle, dit l'Ombre, car tu vas aller tout droit en prison. »

La garde arriva et obéit à celui qui était connu comme le fiancé de la fille du roi. Le pauvre savant fut jeté dans un noir cachot.

« Tu trembles, dit la princesse lorsqu'elle vit entrer l'Ombre. Qu'est-il arrivé? Comme tu es agité!

— Je viens d'assister à un spectacle navrant, répondit l'Ombre. J'en suis encore tout émue. Pense donc, mon ombre a été prise de folie. Voilà ce que c'est! A ma suite elle s'est toujours occupée de hautes sciences, et la tête lui aura tourné. Sa petite cervelle d'ombre n'aura pu y résister. Ne s'imagine-t-elle pas qu'elle a toujours été homme? Mais il y a plus : elle prétend que je ne suis que son ombre !

— C'est épouvantable, une pareille démence ! s'écria la princesse. Elle est enfermée, n'est-ce pas?

— Oui certes, dit l'Ombre. Je crains bien qu'elle ne se remette jamais.

— Pauvre ombre ! dit la princesse. Elle doit être fort malheureuse : un être aussi mobile qui se trouve claquemuré dans une étroite cellule ! Ce serait probablement lui rendre un grand service que de la délivrer de son petit souffle de vie. Et puis dans ce temps de révolutions, où l'on voit les peuples toujours s'intéresser à ceux que nous autres souverains sommes censés persécuter, il est peut-être sage de se débarrasser d'elle en secret.

— Cela me semble bien dur cependant, dit l'Ombre d'un air contrit et en soupirant ; elle m'a servie si fidèlement !

— J'apprécie tes scrupules, dit la princesse, et je reconnais une fois de plus combien tu as un noble caractère. Mais ceux qui sont chargés d'une couronne souvent ne peuvent pas écouter leur cœur. Donc je m'en tiendrai à ce que j'ai pensé. »

Le soir, toute la ville fut illuminée splendidement ; à chaque seconde retentissait un coup de canon. Les cris de joie du peuple se mêlaient aux *boum boum*. C'était magnifique. Un superbe feu d'artifice fut tiré devant le palais, et la fille du roi et son époux vinrent sur le balcon recevoir les *hourra* enthousiastes de leurs sujets.

Le bruit étourdissant de la fête ne troubla pas le pauvre savant ; il était déjà mis à mort et enterré.

LA VIEILLE CLOCHE D'ÉGLISE

Dans le pays de Wurtemberg, où les grandes routes sont bordées de beaux acacias qui embaument, où à l'automne poiriers et pommiers se courbent sous le fardeau de leurs fruits, se trouve la ville de Marbach; c'est une toute petite ville, mais elle est agréablement située sur la jolie rivière le Necker qui, entourée de riants vignobles, de riches campagnes et de vieux châteaux féodaux, descend d'un cours tranquille vers le Rhin.

C'était au siècle dernier pendant l'arrière-saison; la pluie tombait sans cesse, le vent soufflait, aigre et froid, et enlevait aux arbres leurs dernières feuilles rouges et jaunes. Le temps n'était pas gai pour les pauvres ni même pour les riches.

Dans les vieilles maisons de la petite ville il faisait sombre en plein midi.

Il y en avait une de chétive apparence, aux fenêtres basses; la famille qui l'habitait n'était guère fortunée; mais c'étaient de braves et honnêtes gens; ils possédaient un trésor : l'amour de Dieu.

Un enfant venait de leur naître; la mère, les mains jointes, les yeux en larmes, priait pour le bonheur du fils que le ciel lui donnait : tout à coup retentit la cloche de l'antique église; le son en était majestueux, profond et pur : c'était un instant solennel, le cœur de la mère se remplit de foi et d'espérance, et, serrant l'enfant dans ses bras, elle se sentit pénétrée de bonheur. L'enfant avait de beaux grands yeux et des petits cheveux qui reluisaient comme de l'or; le père, remué aussi par les accents vibrants de la cloche qui saluait la naissance de son fils, l'embrassa tendrement, et il écrivit dans sa Bible de famille : « Le 10 novembre 1759, Dieu nous donna un fils; il reçut le nom de Jean-Christophe-Frédéric. »

Que deviendrait cet enfant, né dans des conditions si modestes, dans une petite ville obscure? Personne ne s'en doutait, pas même la cloche qui, du haut de la tour, avait annoncé sa naissance comme celle d'un prince. Un jour, en retour, il devait écrire le magnifique *Chant de la Cloche.*

L'enfant grandit; ses parents allèrent demeurer dans un autre endroit; mais ils avaient conservé de chers amis à Marbach; aussi sa mère et lui y revinrent-ils un jour en visite. Il n'avait que six ans, mais il savait déjà réciter trois chapitres de la Bible et plusieurs psaumes; sa pieuse mère lui avait fait aussi apprendre par cœur les fables de Gebbert; et pour le récompenser, un jour qu'il en avait récité une sans se tromper une seule fois, elle lui avait lu le dernier chant de *la*

Messiade de Klopstock ; et, lui et sa petite sœur, qui avait deux ans de plus que lui, ils avaient pleuré à chaudes larmes en entendant ces beaux vers qui parlent de la mort sur la croix que souffrit Notre Sauveur.

Donc lorsqu'il revint à Marbach, quelques mois après l'avoir quitté, il s'y reconnut ; rien n'était changé : c'était toujours des rues étroites, de vieilles maisons aux pignons pointus, aux fenêtres basses. Ce n'était qu'au cimetière qui touchait à l'église qu'il y avait du nouveau ; il y avait quelques tombes de plus, et tout contre le mur gisait dans l'herbe touffue la vieille cloche. Un coup de foudre avait ébranlé le clocher ; elle était tombée et avait reçu une fêlure ; elle ne sonnait plus et on l'avait remplacée par une neuve.

La mère et le fils allèrent visiter le cimetière et s'arrêtèrent devant la vieille cloche. La mère raconta à l'enfant comment, pendant des siècles, elle avait sonné pour des baptêmes, des mariages et des enterrements ; qu'elle avait annoncé des fêtes joyeuses et aussi les horreurs des incendies : oui, la cloche avait pris part à la vie entière des habitants de la ville.

Jamais depuis l'enfant n'oublia ce que sa mère lui raconta en ce jour ; le récit résonna dans son âme jusqu'à ce qu'il en rendît l'écho en magnifiques vers. Et sa mère lui dit encore quelle joie, quelle consolation elle avait éprouvée en entendant les sons retentissants de la cloche, au moment où elle priait pour son bonheur, le jour de sa naissance. Et l'enfant, avec piété, contemplait de ses grands yeux la pauvre vieille cloche, et il lui donna un tendre baiser, ne faisant pas attention qu'elle gisait là dans un coin, méprisée, oubliée au milieu des orties et des chardons.

Et toujours il garda le souvenir de la cloche. Il continua à grandir, et devint jeune homme élancé, maigre ; ses cheveux restèrent roux; sa figure était remplie de taches de rousseur, mais personne n'y faisait attention quand on voyait ses grands yeux clairs et profonds comme l'eau des plus beaux lacs.

Et que devint-il? Tout le monde disait qu'il avait de la chance. Par un acte spécial de la grâce du souverain, il fut admis à l'école militaire, où n'entraient d'ordinaire que les fils des gens titrés : quel honneur, quel bonheur pour lui! Il portait une perruque poudrée avec une queue, et une cravate bien raide, et des demi-bottes. Et avec des fils de nobles il manœuvrait devant l'officier instructeur, qui criait : « Marche! halte! demi-tour à gauche! demi-tour à droite! »

Il avait devant lui un avenir inespéré. Mais notre amie, la vieille cloche oubliée, quel devait être son sort? Elle était destinée à passer un jour par la fournaise et à être fondue; et pour devenir quoi? Cela personne ne s'en doutait. De même il était impossible de prédire ce qui devait advenir de la petite cloche vibrante qui résonnait dans le cœur du jeune homme. Plus il se sentait à l'étroit derrière les murs de l'école, plus il se sentait emprisonné dans la sévère discipline, plus il entendait les accents retentissants de la petite cloche, et il les nota en vers, qu'il lut à ses camarades. Mais ce n'était pas pour qu'il devînt poète que le duc l'avait fait admettre comme boursier à l'école militaire; c'était pour qu'un jour il vînt prendre son rang dans l'armée. Nous-mêmes nous avons tant de peine à deviner ce qui nous convient: il ne faut pas s'étonner si les autres s'y trompent.

Les pierres précieuses ne se cristallisent souvent que sous le poids et la pression des montagnes. De même ici la pression devait produire un joyau.

Un jour arriva à la cour un auguste visiteur, un grand souverain étranger: on donna en son honneur de magnifiques fêtes ; toutes les rues de la capitale étaient illuminées, les fusées des feux d'artifice se croisaient dans les airs. Mais qui se souviendrait aujourd'hui de ces splendeurs, si la mémoire n'en n'avait pas été fixée par l'aventure de ce jeune homme, qui seul, inconnu, s'échappa ce soir-là, rejetant une condition où il étouffait ; après avoir en sanglotant dit adieu à sa mère, à tous les siens, il s'enfuit vers les contrées étrangères, pour ne pas voir périr les dons de son esprit dans le torrent des destinées vulgaires.

Et tandis que personne ne savait ce qu'il était devenu, le vent racontait à la vieille cloche qu'il était passé près du jeune homme, qu'il l'avait vu, épuisé de fatigue, reposer dans une forêt, n'ayant pour toute fortune, tout espoir, que le manuscrit de sa tragédie de *Fiesque*. Le vent parla encore des années d'angoisses, de déboires, et de privations que vécut le jeune poète au milieu des brutes qui ne comprenaient rien à ses chants divins.

Journées sombres, nuits encore plus sombres ! mais la souffrance, c'est elle qui sacre les poètes.

Et la vieille cloche ? Oh ! elle parvint en un lieu bien éloigné du clocher où elle avait retenti pendant de si longues années. Et la cloche que renfermait le cœur du poète ? Ses accents vibraient bien au delà des mers, à travers l'univers entier.

Parlons d'abord de la vieille cloche de Marbach. Un jour on l'enleva du coin où elle gisait et on la transporta dans la capitale de la Bavière pour la fondre et en faire un monument en l'honneur de toute l'Allemagne.

Écoutez bien ce qui arriva ensuite. Comme les choses de ce monde s'arrangent parfois merveilleusement !

En Danemark, dans ce pays des grands hêtres verts et des tombes de géants, vivait à la même époque un pauvre enfant, qui, marchant avec des sabots, allait sur le port à midi porter le dîner à son père, menuisier de la marine royale. Cet enfant était devenu l'orgueil de sa patrie ; il taillait dans le marbre des statues que le monde admirait ; c'était Thorwaldsen.

Il avait accepté l'honneur de former en terre le modèle de la statue de bronze qu'on voulait élever à la mémoire de l'enfant dont le père avait à Marbach écrit dans sa Bible le nom : Jean-Christophe-Frédéric.

La vieille cloche entra en fusion dans la fournaise, et le bronze en coula dans une nouvelle forme, le modèle de la statue du sculpteur danois que l'on peut voir à Stuttgart devant le vieux château ; elle représente celui qui, né à Marbach, s'enfuit une nuit, rongé de soucis, et devint un des plus grands poètes de tous les siècles : c'est lui qui chanta le héros qui délivra les montagnards des Alpes, et aussi la vierge inspirée de Dieu qui délivra la France.

C'était par un splendide jour d'été que le monument fut inauguré ; les rues étaient pavoisées, les cloches sonnaient à toute volée. Il y avait juste cent ans qu'une autre cloche, celle dont le métal formait la statue, avait retenti du haut du clocher de Marbach, apportant l'espoir et la consolation à la mère qui tenait dans ses bras son petit enfant.

L'enfant était devenu un homme illustre, il avait chanté tout ce qu'il y a de beau, de grand et d'idéal sur terre :

C'était Jean-Christophe-Frédéric Schiller.

Là se tenaient deux filles, l'une vieille, l'autre jeune.

LES GALOCHES DU BONHEUR

I. — LE COMMENCEMENT

Dans une maison à Copenhague, non loin de Kongens Nytorv, s'était réunie chez un chambellan de Sa Majesté une société fort nombreuse et distinguée; les hôtes avaient engagé tout ce beau monde pour être en retour aussi invités quelquefois. La moitié était déjà groupée autour des tables de jeu; l'autre moitié attendait que la dame de la maison eût prononcé le mot sacramentel : qu'allons-nous bien faire?

Dans l'intervalle on causait de choses et d'autres; la conversation vint à rouler sur le moyen âge. Les uns disaient que cette époque avait été bien plus pittoresque, plus mouvementée, beaucoup plus intéressante que nos temps modernes. Le conseiller de justice Knap était de cet avis et il soutenait son opinion avec tant de feu et d'animation que la dame de la maison se rangea tout de suite de son parti, et tous deux ils se mirent à battre en brèche la fameuse dissertation où Oerstedt, le célèbre physicien, comparant les temps anciens et modernes, donne la préférence à notre siècle. Parmi les différentes phases du moyen âge, c'était le xv° siècle que le conseiller de justice affectionnait surtout, et il déclara que jamais le Danemark n'avait été aussi heureux que du temps du roi Jean.

On continua à discuter, à pérorer sur ce sujet jusqu'à ce que le domestique vînt apporter le journal du soir ; on se tut pour écouter lire les nouvelles ; mais il n'y en avait aucune d'intéressante. Ce qu'on fit ensuite ne mérite pas non plus d'être raconté ; passons donc dans le vestibule, où se trouvaient les manteaux, les cannes, les galoches des invités. Là se tenaient deux filles, l'une vieille, l'autre jeune ; au premier abord, on aurait supposé que c'étaient des femmes de chambre, venues pour accompagner leurs maîtresses au retour. Mais en les considérant d'un peu plus près, on s'apercevait vite que ce n'étaient pas des domestiques, ni même des personnes ordinaires ; elles avaient la peau trop fine, leurs traits étaient bien trop nobles ; jusqu'à la coupe de leurs vêtements, qui était particulière et pleine de distinction.

C'étaient en effet deux fées ; l'une, la jeune, était la fille de chambre d'une suivante de la Fortune ; elle était chargée de distribuer les menues faveurs du bonheur. Autant elle était gaie et avenante, autant la vieille avait l'air sombre et rébarbatif : c'était la Fée du souci ; elle fait toujours elle-même en personne ses affaires ; comme cela elle sait que les chagrins parviennent bien à l'adresse de ceux auxquels ils sont destinés, et elle ne se trompe pas comme cela arrive à la Fortune.

Elles se contaient l'une à l'autre ce qu'elles avaient fait dans la journée. La jeune n'avait eu à exécuter que quelques commissions de peu d'importance ; elle avait préservé d'une averse le beau chapeau tout neuf que venait d'acheter la femme d'un petit négociant ; elle avait procuré à un homme de mérite, mais pauvre, un salut de la part d'un imbécile de haute naissance : mais ce qui lui restait encore à faire, c'était là quelque chose de fort extraordinaire.

« Vous ne savez pas, dit-elle, c'est aujourd'hui ma fête ; en l'honneur de quoi on m'a confié la mission particulière d'apporter au genre humain une paire de galoches qui ont une propriété merveilleuse. Celui qui les met se trouve à l'instant même transporté au milieu de la période de l'histoire pour laquelle il a une préférence ; tout ce qui l'entoure, tout ce qu'il voit, est de son époque de prédilection : comme cela, celui-là au moins peut dire que tous ses souhaits sont accomplis et qu'il a été complètement heureux une fois dans sa vie. Si celui qui met mes galoches n'a pas d'idées particulières sur les périodes de l'histoire, alors par l'effet de l'enchantement il passe dans la peau de la personne qu'il suppose la plus favorisée de la Fortune.

— Je crois plutôt, dit la Fée du Souci, qu'il se trouvera fort malheureux, et qu'il bénira le moment où il quittera vos galoches.

— Quelle singulière idée vous avez là ! reprit l'autre. Mais, attention ; on va bientôt sortir du salon ; je m'en vais placer les galoches en évidence ; il y en aura toujours un qui les prendra pour les siennes, et ce sera aujourd'hui son jour de bonheur, puisque ses souhaits seront accomplis. »

Ainsi se termina cet entretien.

II. — LES AVENTURES DU CONSEILLER DE JUSTICE

Les invités commençaient à se retirer. Le conseiller de justice Knap quitta le salon un des premiers; il était enchanté des belles et éloquentes choses qu'il avait dites en faveur de sa chère époque du roi Jean, et il était tout absorbé dans des réflexions sur ces temps mémorables, lorsqu'il eut à chercher ses galoches; aussi se trompa-t-il, et il prit celles du Bonheur; il descendit l'escalier, sortit de la maison et se trouva dans la rue d'Oestergade.

Mais, comme par la vertu des galoches, il était transporté à l'époque du roi Jean, il eut aussitôt à patauger au milieu de la boue et des flaques d'eau; dans ce temps-là, en effet, les rues n'étaient pas encore pavées.

« Quelle horreur! s'écria le conseiller; je n'avais pas remarqué en venant que la rue fût si boueuse. Et voilà qu'on a éteint toutes les lanternes, et je ne peux plus trouver le trottoir. »

Il faisait, en effet, noir comme dans un four; il y avait un fort brouillard. Après avoir marché un peu, le conseiller rencontra une lanterne qui éclairait faiblement une figure de Madone. Il s'arrêta un instant fort surpris à la vue de cette statue de la Vierge avec l'enfant Jésus : c'était la première qu'il aperçut en dehors d'une maison à Copenhague.

« C'est là sans doute, se dit-il, la boutique d'un marchand de curiosités; il aura exposé cette statue comme enseigne et il aura oublié de la rentrer. »

Deux hommes vêtus de pourpoints, de chapeaux pointus et portant des souliers à la poulaine, passèrent à côté de lui.

« Tiens, pensa-t-il, je ne savais pas qu'il y eût ce soir quelque part un bal masqué. Ils sont joliment bien costumés ces deux-là. »

Tout à coup retentit une fanfare de fifres et de tambours ; un cortège s'avançait précédé de gens habillés comme les deux premiers et portant des torches allumées. Une troupe de gens d'armes, tout bardés de fer, les uns portant des arbalètes, les autres brandissant des masses d'armes, entouraient leur chef qui, lui, était vêtu comme un ecclésiastique. Le conseiller demanda à un passant d'où venaient donc tous ces masques.

« Mais, lui répondit l'autre, vous ne reconnaissez donc pas Mgr l'évêque de Séeland.

— Mon Dieu, mon Dieu, se dit le conseiller en secouant la tête, l'évêque a-t-il donc perdu l'esprit? Mais non, ce ne peut pas être lui. C'est une mascarade. »

Méditant sur les choses étranges qui venaient de passer devant ses yeux, il avança tout droit le long de la rue d'Oestergade ; lorsqu'il se crut arrivé au pont qui mène à la place du château, il s'arrêta. Pas la moindre trace d'un pont quelconque. Il y avait cependant un cours d'eau; pendant qu'il restait là tout perplexe, deux hommes, manœuvrant une nacelle, abordèrent près de lui et l'un d'eux lui demanda :

« Votre seigneurie veut-elle que nous la conduisions sur le Holm?

— Sur le Holm? répondit le conseiller, ne sachant plus que penser et ne songeant guère à la topographie de là ville au XVe siècle. Mais non, je veux aller vers Christianshavn, dans la petite Torvegade. »

Les deux hommes le regardèrent avec de grands yeux comme une bête curieuse.

« Montrez-moi seulement, reprit-il, où est le pont. C'est une indignité d'avoir éteint les lanternes avant minuit; dès demain j'irai porter ma plainte à la police. Et quelle boue donc! on se croirait au milieu d'un marécage. »

Les hommes lui répondirent quelques phrases; mais il n'en comprit que trois ou quatre mots.

« Je n'entends pas votre affreux patois de Bornholm, » dit-il à la fin avec impatience et il les laissa là.

Il suivit le bord de l'eau, mais sans parvenir à rencontrer le pont; il n'y avait même pas de garde-fou.

« C'est un vrai scandale, s'écria-t-il tout haut, que la façon dont l'administration de la ville entretient ces lieux. J'en dirai certes un mot au bourgmestre. J'ai bien raison de soutenir que de nos jours tout va de mal en pis. Allons, il faudra bien que je prenne un fiacre, si je veux rentrer chez moi. »

Le voilà en quête d'une voiture; il arpente diverses rues, manquant plusieurs fois de se casser le cou; mais de fiacres, pas la moindre trace.

« Il ne me reste qu'une ressource, se dit-il, c'est de retourner au Kongens Nytorv, d'où je viens; là il y a, je le sais, une station de voitures, et je pourrais enfin arriver à bon port. »

Il regagna comme il put l'Oestergade, et il était arrivé presque au bout, lorsque la lune perçant les nuages vint éclairer la scène.

« Mon Dieu, s'écria-t-il, quel est cet échafaudage qu'on a élevé ici? »

C'était la grande porte qui, au xve siècle, fermait la rue d'Oestergade. En tournant et en virant il finit par arriver à l'emplacement où se trouve aujourd'hui le Kongens Nytorv ; mais alors ce n'était qu'un vaste pré ; par-ci par-là apparaissaient quelques broussailles et à travers la prairie coulait un large canal; sur l'autre bord on apercevait quelques misérables cabanes en bois où logeaient les matelots des navires hollandais.

« Ou bien je suis la victime de la fée Morgane, la dupe d'un mirage, se dit le conseiller tout consterné, ou bien je suis tout simplement ivre. Jamais je n'ai vu endroit pareil dans tout Copenhague. »

Et, revenant sur ses pas, il se mit à examiner les maisons d'un peu plus près ; la plupart n'étaient qu'en bois ou en torchis, et beaucoup étaient recouvertes de chaume.

« Voyons, se dit-il de plus en plus alarmé, et en se tâtant, qu'est-ce que j'ai en fin de compte. Je n'ai pourtant bu que deux verres de punch ; le fait est que je ne le supporte pas bien ; aussi quelle idée de ne pas nous donner du thé, qui ne vous trouble pas l'esprit. Il faudra que j'en fasse l'observation à Mme la chambellane. Que faire ? Je vais retourner chez elle, et avouer ce qui m'arrive et que je me trouve indisposé. Ce sera quelque peu ridicule ; mais je ne puis cependant pas errer toute la nuit dans les rues. Pourvu qu'on soit encore levé ! »

Et il se mit à la recherche de la maison où il venait de passer la soirée ; jamais il ne put la retrouver.

« C'est décidément affreux, pensa-t-il. Je suis absolument égaré. Ce n'est pas du tout ici l'Oestergade. On n'aperçoit pas un seul magasin ; ce sont toutes baraques et masures comme on en peut voir à Roeskilde et à Ringsted. Ce serait cependant par ici que devrait se trouver la maison du chambellan. Tiens, en voilà une où j'aperçois de la lumière ;

à tout hasard je vais entrer et demander mon chemin; tout seul je ne le trouverai jamais; je vois double pour la première fois de ma vie. »

Il poussa une porte entre-bâillée et entra dans une assez grande salle; de grosses poutres traversaient le plafond : c'était une auberge où l'on donnait à boire. Une société assez nombreuse était réunie là; des marins, des bourgeois, deux savants, chacun ayant devant lui un énorme pot de bière, discouraient avec animation; ils ne firent aucune attention au brave conseiller.

« Je vous demande mille pardons, dit-il à la maîtresse de la maison. Je suis tout à fait mal à mon aise et je me suis égaré. N'auriez-vous pas l'extrême bonté de me faire chercher un fiacre pour que je puisse regagner Christianshavn, où je demeure. »

La femme le regarda de la tête aux pieds, secouant la tête; puis elle lui adressa la parole en allemand, mais un allemand assez hétéroclite. Le conseiller, supposant qu'elle ne comprenait pas le danois, répéta sa demande en haut allemand. La brave hôtesse le voyant habillé d'une façon si différente des autres, et entendant ce langage dont elle ne saisissait que quelques mots, s'imagina que c'était un étranger; elle vit bien qu'il était tout dérangé : elle lui apporta un verre d'eau fraîche pour l'aider à se remettre; le breuvage avait un goût de saumure, et cependant la femme était allée le puiser à la fontaine.

Le conseiller prit sa tête entre ses mains, respira fortement, et se mit à méditer sur toutes les étrangetés au milieu desquelles il se débattait depuis plus d'une heure.

Ne trouvant aucune explication, il releva les yeux et aperçut que l'hôtesse rangeait un grand morceau de papier.

« Est-ce le numéro d'aujourd'hui du *Soir?* » dit-il machinalement.

La femme le considéra d'un air ahuri, ne comprenant pas ce qu'il disait; elle lui tendit cependant le papier : c'était une gravure sur bois représentant un phénomène céleste, qui, disait le titre, avait été récemment aperçu à Cologne.

« Mais c'est une très vieille gravure, dit le conseiller, qui

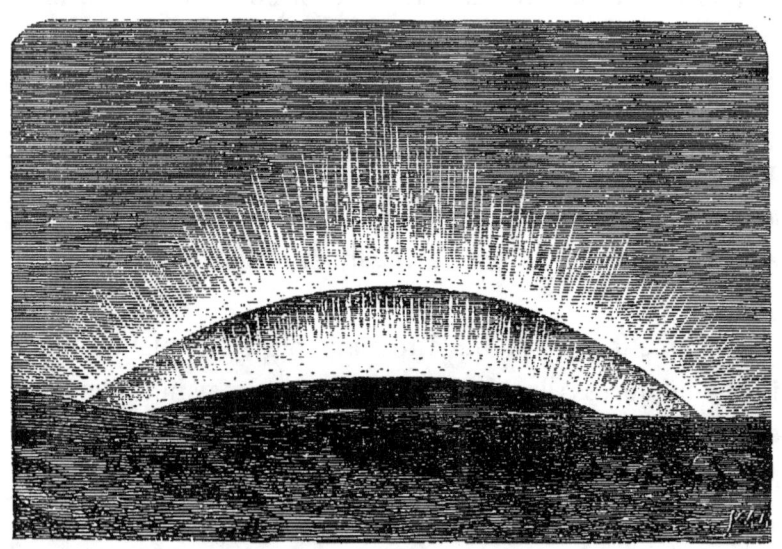

On sait maintenant que c'était une aurore boréale.

était collectionneur, et qui, à la vue de cette curiosité qu'il savait fort rare, sortit de son état de stupeur. Comment vous êtes-vous procuré cette gravure, qu'un amateur de mes amis cherche depuis de longues années? Le sujet est fort intéressant; à l'époque où la chose s'est passée, on n'a pu expliquer le phénomène; on sait maintenant que c'était une aurore boréale, produite très probablement par des courants d'électricité. »

Les gens qui étaient assis à côté de lui et qui avaient

continué à ne tenir aucun compte de lui, l'examinèrent d'un air étonné en entendant ses paroles ; l'un d'eux se levant, et ôtant respectueusement son chapeau, lui dit :

« Vous êtes, certes, un fort savant homme, monsieur.

— Oh ! mon Dieu non, répondit le conseiller ; j'ai seulement une instruction générale, et j'en sais assez pour pouvoir parler un peu de tout ce dont on cause dans la conversation entre gens de bonne éducation.

— *Modestia* est une rare vertu, dit l'autre en faisant bien résonner les mots latins dont il se servait avec emphase. Mais je répondrai à ce que vous venez de dire : *mihi secus videtur*. Cependant je suspendrai mon *judicium*.

— Oserai-je vous demander avec qui j'ai l'honneur de parler ? dit le conseiller.

— Je suis *baccalaureus* ès Écriture sainte, » répliqua l'autre.

La réponse ne surprit pas le conseiller ; les vêtements de l'individu lui semblaient convenir à sa profession.

« C'est sans doute quelque vieux maître d'école à l'esprit biscornu, pensa-t-il, comme on en rencontre encore dans les villages écartés du fond du Jutland.

— Ce n'est pas ici *locus docendo aptus*, reprit le bachelier ; cependant si cela vous convient de continuer la conversation, j'en serai charmé. Vous me semblez fort versé dans les anciens auteurs.

— Oui, répondit le conseiller, j'estime beaucoup leurs écrits, mais je ne dédaigne pas les livres modernes quand ils traitent de matières utiles. En revanche je ne fais guère de cas des histoires banales et vulgaires où l'on nous dépeint la réalité de ce monde que nous connaissons et qui déjà nous ennuie suffisamment.

— Quelles sont ces histoires? demanda l'étudiant.

— Les nouveaux romans, dont on nous accable, répondit le conseiller.

— Vous êtes bien sévère, dit le bachelier, il y en a de fort amusants et qui sont pleins de traits d'esprit. A la cour, on s'en régale; le roi aime surtout un des plus récents, le *Roman du sire Iffven et de Gaudian,* qui traite du roi Arthur et de la Table ronde. Ces jours-ci encore, Sa Majesté en a cité plusieurs plaisants passages, en les approuvant fort.

— Je ne le connais pas du tout, dit le conseiller; en effet, il doit être tout nouveau, c'est sans doute Heiberg qui l'a publié.

— Non, reprit le bachelier, il n'a pas paru chez Heiberg, mais chez Godfred von Gehmen.

— Ah! c'est là l'auteur, dit le conseiller; je ne savais pas qu'il y eût encore en Danemark des personnes portant ce vieux nom du premier imprimeur danois.

— En effet, c'est le premier qui ait fait connaître dans notre pays l'art divin découvert par Guttenberg, » dit le bachelier.

Jusque-là, la conversation se soutenait encore tant bien que mal. Voilà qu'un des bourgeois parla de la terrible peste qui avait, il y a quelques années, disait-il, fait tant de ravages. Le conseiller supposa qu'il voulait parler du grand choléra. Puis un autre raconta des traits de la guerre de corsaires qui avait eu lieu en 1490. Il fit le récit de l'attaque des pirates anglais contre les navires marchands réfugiés dans le port de Copenhague. Le conseiller, qui entendait qu'on parlait de l'attentat contre le droit des gens, commis en 1801 par la flotte anglaise qui vint bombarder Copenhague, lança contre les Anglais quelques imprécations qui furent très bien goûtées.

Mais ensuite la conversation marcha moins bien. Le conseiller trouvait le bachelier par trop ignorant des plus simples éléments des sciences ; et le bachelier par contre trouvait les propositions du conseiller hardies à l'excès et frisant l'hérésie. Ils s'évertuaient à se faire comprendre ; de temps à autre, le bachelier s'exprimait entièrement en latin, la langue universelle des savants ; mais cela ne les avançait guère.

« Eh bien, allez-vous mieux maintenant ? » dit l'hôtesse en tirant par la manche le conseiller qui, entraîné par le feu de la conversation, avait fini par s'acclimater un peu au milieu des choses bizarres qui l'entouraient.

« Dieu du ciel ! dit-il se rappelant tout ce qui venait de se passer. Où suis-je ? »

Il se sentit pris de vertige.

« Allons, buvons ! s'écria un marin. Servez-nous de l'hydromel et de la bière de Brême ! Et vous allez trinquer avec nous ! » ajouta-t-il en frappant sur l'épaule du conseiller.

Deux filles apparurent ; elles portaient d'immenses bonnets pointus. Elles remplirent les verres à la ronde, puis saluèrent la société et se retirèrent.

« Quel est cet atroce breuvage ? » se dit le conseiller après avoir porté ses lèvres à son verre. Il ne voulait plus boire ; mais les autres insistèrent tant, avec des compliments si cérémonieux, qu'il fut forcé de vider son verre. Bientôt l'un des assistants déclara qu'il se sentait pris d'une douce ivresse ; tout le monde se mit à parler à la fois. Le conseiller, d'une voix lamentable, supplia qu'on allât lui chercher un fiacre. L'autre savant, qui était docteur *in utroque*, entendant ce mot, dit que c'était du moscovite.

Quant au conseiller, il se sentait de plus en plus malheureux ; jamais il ne s'était trouvé dans une société aussi mal composée.

« On dirait des sauvages, des païens! pensait-il. Il est temps de m'esquiver. Sans cela, quand ils vont être tous pris de boisson, gare les coups! »

Il se glissa doucement sous la table, croyant pouvoir ainsi gagner inaperçu la porte. Il était près de réussir, lorsque le

Il se trouva assis sur les marches de l'escalier...

bachelier le vit s'enfuir ; il en avertit les autres qui coururent le saisir pour le ramener à table et lui faire avaler une seconde rasade. Il se démena avec fureur et, au milieu de la lutte, les fameuses galoches quittèrent ses pieds, et tout le charme cessa aussitôt.

Le conseiller vit distinctement en face de lui une belle lanterne bien allumée et éclairant un superbe édifice. Il se trouvait dans la rue d'Oestergade ; il reconnut les magnifiques magasins, les belles maisons de rentier. Il se trouva assis sur les marches de l'escalier de l'une d'elles, le nez contre la porte ; en face était assis le veilleur de nuit qui dormait profondément.

« Dieu de miséricorde, se dit le conseiller, pourvu que personne ne m'ait aperçu étendu ici et dormant. Mais quel singulier rêve j'ai eu ! C'est affreux, combien deux verres de punch peuvent déranger un honnête homme. »

Quelques instants après, il se trouvait dans un fiacre qui le ramena à sa maison dans Christianshavn. En chemin, il pensa à toutes les peines et les angoisses qu'il venait d'éprouver, et il se félicita de vivre à notre époque qui, malgré tous ses défauts, se dit-il, vaut encore mieux que le temps du roi Jean, qu'il avait jusqu'ici tant vanté, n'ayant pas encore vécu au milieu de la barbarie de ce règne fameux.

III. — LES AVENTURES DU VEILLEUR DE NUIT

« Tiens, quelle belle paire de galoches ! se dit le garde de nuit, en s'éveillant. Elles appartiennent sans doute au lieutenant qui demeure ici ; il les aura oubliées en rentrant. »

Le brave homme aurait volontiers sonné pour pouvoir remettre les galoches au lieutenant, dans l'appartement duquel au dernier étage on voyait encore de la lumière ; mais il craignit de réveiller les autres habitants de la maison, et il remit la chose au lendemain.

« On doit avoir bien chaud aux pieds avec ces belles galoches, se dit-il en les essayant et en s'assurant qu'elles lui allaient bien. Comme le cuir en est souple et doux! Quel heureux homme que ce lieutenant! Il n'a à nourrir ni femme, ni enfants; tous les soirs, il est invité à se divertir dans quelque belle société. J'aperçois dans sa chambre son ombre qui s'agite; au lieu de se mettre au lit, il se promène repassant sans doute dans son esprit les choses agréables qui lui sont arrivées aujourd'hui et faisant ses projets pour les plaisirs de demain. Oh! je ne demanderais qu'une chose, ce serait d'être à la place du lieutenant, et je goûterais, j'en suis sûr, le plus parfait bonheur. »

Aussitôt, par l'effet des galoches, son souhait fut accompli, et son être passa dans la peau du lieutenant, s'identifiant avec lui. Il se trouva arpentant fiévreusement la chambre, lisant et relisant ce qui était écrit sur un morceau de papier rose; c'était un sujet arrangé pour être mis en vers; la pièce était de la composition du lieutenant en personne. Qui n'a pas eu dans sa vie un moment poétique? Si vous écrivez alors ce que vous éprouvez, ce sera un morceau où il y aura autant de poésie que dans les œuvres des poètes de profession. Voici ce qu'avait écrit le lieutenant :

« Oh! si j'étais riche!

« Oh! si j'étais riche! Que de fois j'ai fait ce souhait. Je n'étais pas plus haut qu'une botte, que déjà je rêvais des millions.

« Oh! si j'étais riche, pensais-je alors, j'aurais un sabre, un bel uniforme bleu, des épaulettes, et je serais officier. Les années se sont passées, et je suis devenu officier : mais riche, je ne le serai donc jamais?

« Un jour, que j'étais encore enfant, je jouais avec la petite fille de notre riche voisin; la délicieuse enfant m'em-

brassa ; je l'avais bien amusée avec un conte de mon invention ;
j'étais riche en poésie ; de l'or, j'en possédais moins que jamais ;
mais la petite ne désirait que de la poésie.

« Oh ! si j'étais riche ! c'était la prière que j'adressai,
lorsque l'enfant devint une belle jeune fille ; elle était si douce,
si bonne ; si elle savait quels jolis contes je pourrais encore
lui réciter, elle m'écouterait aussi volontiers qu'autrefois.
Mais je suis pauvre et condamné au silence. Je ne vois devant
moi qu'un avenir sombre et triste. »

Le lieutenant donc venait de relire encore une fois son
œuvre et il réfléchissait à la façon dont il allait y mettre le
rythme et la rime. Tout à son sujet, le cœur plein de chagrin
et d'affliction, il s'arrêta devant la fenêtre et jeta un regard
dans la rue.

« Le pauvre veilleur de nuit que j'aperçois là, se dit-il
avec un profond soupir, est bien plus heureux que moi. Le
peu qu'il a suffit à ses besoins, et il ne vit pas comme moi
de privations. Il a un chez soi, une femme, des enfants qui
partagent ses peines et ses plaisirs. Oh ! je ne demanderais
qu'une chose, ce serait de pouvoir échanger mon sort contre
le sien ; dans son humble condition, je ne serais plus dévoré
de soucis et de folles pensées. »

Au même instant, le veilleur redevint ce qu'il était un
instant auparavant ; il y avait eu d'abord transfusion de son
être dans celui du lieutenant ; mais alors il s'était trouvé
encore moins content de la vie qu'auparavant, et par la vertu
des galoches, il reprenait l'existence qu'il dédaignait naguère.
Le veilleur était de nouveau veilleur.

« Quel vilain rêve je viens de faire, se dit-il, mais qu'il
était bizarre ! Je m'imaginais être devenu le lieutenant de là-
haut, et, ma foi, son sort, que j'enviais tantôt, n'est pas du

tout ce que je croyais. Ma femme et mes gamins, dont les caresses me causent tant de joie quand je rentre chez moi fatigué, me manquaient joliment. »

Il resta assis sur les marches de l'escalier, plongé dans les idées extraordinaires dont on ne peut pas manquer d'être hanté quand on porte des galoches enchantées. Il vit glisser une étoile filante vers l'horizon.

« Tiens, se dit-il, je voudrais bien savoir ce que deviennent ces astres brillants qui ont l'air de tomber du firmament. Mais ce que j'aimerais encore mieux ce serait de voir la lune d'un peu plus près. C'est là, me suis-je laissé dire, que les âmes des trépassés se rendent d'abord, pour ensuite voler d'une étoile à l'autre. Réellement je serais curieux d'y aller faire un petit tour, dussé-je abandonner ici, sur l'escalier, ma guenille de corps. »

Dans le monde il y a bien des choses qu'il est imprudent de dire même à soi-même, cela surtout quand on a au pied des galoches ensorcelées. Écoutez, en effet, ce qui arriva au veilleur de nuit.

Vous connaissez tous la rapidité que fournit la force de la vapeur; mais si vous comparez la marche d'un train de chemin de fer, lancé à toute vitesse, avec la vélocité de la lumière, vous diriez un escargot à côté d'un lévrier. La rapidité de la lumière, qui fait en huit minutes le trajet du soleil à la terre, des millions et des millions de lieues, n'est rien comparée à celle de l'âme lorsqu'elle a reçu l'impulsion électrique que lui donne la Mort; c'est en quelques secondes qu'elle passe d'un astre dans l'autre. Aussi le premier choc est-il si violent, que le mouvement de notre cœur s'arrête et que notre corps se détraque, à moins que nous n'ayons aux pieds, comme le veilleur de nuit, les galoches du Bonheur.

En moins d'une seconde, son âme parcourut la distance de soixante mille et tant de lieues qui séparent la lune de la terre.

Notre satellite est formé d'une matière bien plus légère que celle de notre globe ; on dirait de la neige, fraîchement tombée. L'âme du veilleur pénétra à travers l'ouverture d'un de ces nombreux cratères de volcans éteints que vous pouvez

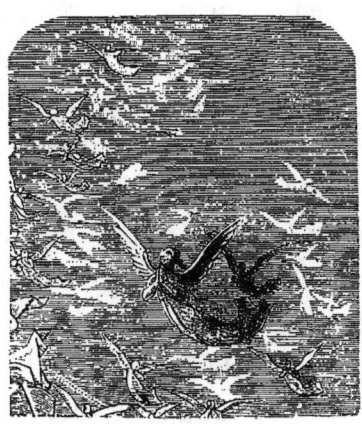

C'est en quelques secondes qu'elle passe
d'un astre dans l'autre...

voir figurés sur les grandes cartes de la lune. Après être descendue environ une lieue, elle se trouva dans une ville, dont vous pouvez vous faire approximativement une idée, en délayant un blanc d'œuf dans de l'eau ; vous obtiendrez une matière transparente et flottante, formant des coupoles, des dômes, des tours. De même on voyait à travers les édifices de cette ville, dont les habitants se sentaient mollement bercés au moindre souffle. Au dessus, par l'orifice du cratère, on apercevait la terre, qui luisait comme une grosse boule de feu.

Les habitants, qui étaient des êtres raisonnables comme les hommes, avaient un aspect des plus bizarres ; ils n'étaient pas faits sur le même modèle que nous ; ils ressemblaient à des arabesques créées par l'imagination la plus extravagante. Ils usaient entre eux d'un langage que l'âme du veilleur aurait très bien pu sans honte ne pas comprendre d'emblée. Et, cependant, elle en saisit à l'instant toutes les finesses ; nos âmes, en effet, détachées de notre corps grossier, ont des facultés bien plus extraordinaires qu'on ne croirait. Ainsi, dans nos rêves, quel étonnant talent dramatique ne montrent-elles pas ? Elles font défiler tous nos amis et connaissances, chacun avec son caractère, ses manières, ses tics, imités dans la perfection, comme nous ne pourrions pas le faire étant éveillés ; elles nous rappellent alors des personnes auxquelles nous n'avons pas pensé depuis des années : tout à coup nous les voyons surgir devant nous, telles que nous les avons connues, avec les moindres nuances de leurs façons d'être. Au fond, c'est une chose assez fâcheuse que cette merveilleuse mémoire de notre âme ; au jour du jugement elle ne pourra prétexter qu'elle ne se souvient pas de ses fautes : il lui faudra s'accuser de toute mauvaise action, de toute mauvaise pensée ; ce sera un vilain quart d'heure que ce règlement de comptes général.

Donc l'âme du veilleur saisissait très bien le langage des habitants de la lune. Ils discutaient sur ce qui se passe sur notre terre et la plupart doutaient qu'elle pût être habitée.

« L'atmosphère y doit être trop épaisse, disaient-ils ; dans tous les cas, des créatures douées de raison, il ne peut en exister que dans la lune. »

Ils causaient aussi politique ; laissons-les sur ce sujet peu intéressant et retournons à la rue d'OEstergade, pour voir ce qui était advenu du corps du veilleur.

Il était toujours assis sur l'escalier, en apparence inanimé; il avait laissé échapper de ses mains sa masse d'armes ; ses yeux, grands ouverts, étaient fixés vers la lune où se promenait son âme.

« Garde, quelle est donc l'heure? » lui demanda un passant attardé. Pas de réponse. L'homme s'approche et le secoue, le croyant endormi : le veilleur perd l'équilibre et s'étend sur le flanc. L'homme pense qu'il est mort et crie au secours. D'autres veilleurs de nuit accourent, le relèvent, cherchant à ranimer leur camarade qu'ils aimaient tous : mais en vain. Le matin, le corps fut porté à l'hôpital.

Quelle affaire pour son âme, direz-vous, si revenant alors de son escapade elle était arrivée dans l'OEstergade, pensant retrouver son corps où elle l'avait laissé. Ne le rencontrant plus, serait-elle allée le réclamer à la police parmi les objets perdus, ou aurait-elle eu l'idée de faire mettre une annonce dans le journal? Je crois que vous n'avez pas à vous tourmenter à ce sujet; elle se serait fort bien tirée d'embarras toute seule ; une fois séparées de leur lourdaud de corps, nos âmes montrent une extrême subtilité.

Ainsi que je vous l'ai dit, le corps du veilleur fut mené à l'hôpital dans la salle des morts; la première chose qu'on fit naturellement, ce fut de lui retirer ses galoches. Voilà son âme condamnée à quitter brusquement la lune ; avec une rapidité cent fois plus prompte que l'éclair, elle rentre tout droit dans son corps et le veilleur se dresse plein de vie, à la surprise extrême des médecins qui le croyaient bien mort.

Il déclara que jamais de sa vie il n'avait passé une si affreuse nuit et que, dût-on lui offrir une couple d'écus, il ne voudrait plus avoir de pareils rêves.

Puis il s'en fut allègrement rassurer sa femme et ses enfants, qui étaient inquiets de ne pas l'avoir vu revenir à l'aube comme d'ordinaire; leurs tendres caresses l'indemnisèrent de ce qu'il avait souffert.

Quant aux galoches, elles restèrent à l'hôpital; dans la joie de sa résurrection, le veilleur ne pensa pas à les emporter.

IV. — UN VOYAGE FORT EXTRAORDINAIRE

Tout habitant de Copenhague connaît l'hôpital Frederik et sait comment en est disposée l'entrée; mais comme, je l'espère, ce conte sera lu par d'autres que les habitants de Copenhague, je vais donner à ce sujet quelques détails.

Le grand bâtiment est séparé de la rue par une grille assez haute, dont les gros barreaux de fer sont à une distance l'un de l'autre qui permet aux marmitons et autres gamins de passer à travers : la partie du corps qui a le plus de peine à traverser, c'est la tête, et là, comme si souvent ailleurs dans ce monde, ce sont les têtes qui ont la plus petite cervelle qui ont l'avantage. Cela suffira pour faire comprendre ce qui suit.

Un des jeunes garçons employés comme aides à l'hôpital était de garde à l'entrée le soir du jour où le veilleur de nuit avait été amené comme mort. Il était mince de corps, mais il avait la tête assez grosse. Le temps était affreux et il pleuvait à torrents; le galopin avait à sortir pour remplir une commission qu'il avait oublié de faire dans la journée. Cela ne devait lui prendre qu'un quart d'heure, par conséquent, pensa-t-il, il n'était pas nécessaire de prévenir le portier ; il n'y avait qu'à passer par les barreaux de la grille.

Il avisa les galoches oubliées par le veilleur, et il les mit pour se garantir les pieds de l'eau qui ruisselait toujours dans les rues. Il s'agissait donc de se glisser à travers la grille; jamais le galopin n'avait auparavant essayé le tour; il restait là, hésitant.

« Si Dieu voulait, se dit-il, que j'eusse au moins la tête au dehors! »

Et aussitôt, quoiqu'elle fut très forte, la tête passa comme une lettre à la poste; c'était par la vertu des galoches. Mais le reste du corps, ce fut une autre affaire ; le gamin eut beau se démener, se tourner dans tous les sens, impossible de traverser les barreaux.

« Me voilà gentil! pensa-t-il; moi qui croyais que ce serait la tête que j'aurais le plus de peine à passer. Non, jamais je n'en viendrai à bout! »

Il voulut alors ramener la tête à l'intérieur, mais il n'y réussit pas non plus; il pouvait remuer le cou, c'était tout. Il fit encore quelques essais violents pour se dégager, enragea, s'emporta, pour ensuite retomber dans un morne désespoir. C'étaient les galoches du Bonheur qui l'avaient mis dans cette triste situation et il n'eut pas l'idée de prononcer formellement le souhait d'en sortir. Il avait voulu s'en tirer tout seul et il restait prisonnier.

La pluie tombait toujours à verse ; pas une âme ne passait dans la rue; eût-il crié au secours, qu'on ne l'aurait pas entendu, tant la tempête faisait de fracas. Il prévit qu'il lui faudrait patienter jusqu'au matin; alors on viendrait bien à son aide, mais il y aurait à aller quérir le serrurier qui devrait scier l'un des barreaux. Cela prendrait du temps, et dans l'intervalle les polissons s'amasseraient autour de lui; en face se trouvait une école; les élèves viendraient aussi le considérer et le narguer; le quartier des matelots tout entier accourrait pour s'amuser à le voir comme exposé au pilori.

Cette belle perspective le mit de nouveau hors de lui.

« Le sang me monte à la tête, dit-il en fureur; je suis énervé, je me sens devenir fou. Oh ciel! si je pouvais donc être délivré! »

C'est là ce qu'il aurait dû dire plus tôt. A l'instant la tête se trouva dégagée; il s'enfuit comme un dératé, faisant des cabrioles et des entrechats, dans sa joie d'avoir échappé aux féroces moqueries qui l'attendaient.

Vous pensez que l'histoire est finie? détrompez-vous; le plus fort va venir seulement.

La nuit se passa, le jour aussi, et personne ne vint réclamer les galoches.

Le soir il y avait une représentation sur un petit théâtre d'amateurs du voisinage. La salle était bondée de spectateurs; parmi eux se trouvait notre jeune garçon, qui s'était payé cette distraction pour oublier les horribles angoisses de la veille.

Comme les rues étaient fort sales, il avait mis les galoches.

On commença par la déclamation d'un poème didactique et moral, intitulé *les Lunettes de ma cousine*. Ces lunettes étaient censées avoir la propriété que, si l'on considérait les hommes à travers, ils apparaissaient comme les figures d'un jeu de cartes, et qu'alors, en les battant, on pouvait pronostiquer les événements de l'année.

Cette idée plut beaucoup au jeune garçon ; il aurait bien voulu posséder de pareilles lunettes.

« En s'y prenant adroitement, pensa-t-il, on pourrait voir le fond du cœur des gens ; cela serait plus intéressant et curieux que de prédire les événements de l'année : ceux-là, on finit bien par les connaître ; mais les pensées intimes des autres, jamais.

« Tiens, je prends les beaux messieurs et les belles dames qui sont là, au premier rang ; si je pouvais distinguer ce qu'ils ont au fond du cœur, j'y verrais probablement d'étranges boutiques ; chez la petite dame de gauche, par exemple, tout un magasin de modes ; chez celle à côté, une rangée de fioles, avec des poisons pour tuer la réputation de ses amies. Décidément cela serait bien amusant : que ne suis-je, comme une pensée légère et subtile, capable de pénétrer à travers les cœurs ? »

Les galoches ne manquèrent pas à l'appel qui leur était adressé ; le jeune garçon rapetissa, se ratatina et prit une forme presque impalpable. Il commença aussitôt son voyage d'exploration à travers les cœurs de la première rangée de spectateurs.

Le premier fut celui de la dame qu'il avait jugée si peu tendre pour ses amies. En effet, il se crut transporté dans un institut orthopédique où pendent à la muraille des moulages en plâtre des plus hideuses difformités humaines. La dame avait emmagasiné dans son cœur, pour les avoir toujours présentes à l'esprit, les imperfections physiques et morales de ses amies ; elle y pensait sans cesse, avec une joie secrète.

Puis notre jeune garçon passa au cœur d'une autre femme. Là, on aurait dit un sanctuaire où reposait le ramier blanc de l'innocence; on se sentait rempli du respect le plus profond. Le jeune garçon était tenté de se jeter à genoux comme lorsqu'on entend résonner les accents graves et religieux d'un orgue ; tout était imprégné d'une atmosphère de candeur telle qu'il se crut lui-même transformé en un homme nouveau et meilleur.

Ensuite, il eut bien de la peine à pénétrer au cœur d'un homme riche et respectable qui, avec tous ses titres et qualités, occupait plusieurs lignes dans l'almanach des adresses; ce n'était que chair et cartilages que ce viscère, tout y était matière; rien pour l'esprit, rien pour les sentiments élevés.

Puis le jeune homme entra dans une grande salle toute garnie de glaces comme celle du château de Rosemborg ; mais ici elles grossissaient démesurément ce qu'elles reflétaient. Au milieu se tenait, comme un grand lama, un personnage solennellement et béatement absorbé dans la contemplation de ses qualités, ainsi plus que cent fois grossies : c'était une nullité insignifiante, mais bien posée dans le monde.

Le jeune homme ensuite arriva dans un étroit couloir tout hérissé de pointes et d'aiguilles piquantes :

« Aïe, s'écria-t-il, c'est sans doute le cœur d'une vieille fille! »

Pas du tout ; c'était un jeune officier d'antichambre, déjà décoré de plusieurs ordres, et dont on citait des épigrammes mordantes contre une foule de gens de mérite.

Le jeune homme sortit tout meurtri de ce coupe-gorge; il sentait ses idées s'embrouiller en pénétrant dans les arcanes secrets des cœurs humains et se crut la victime d'une hallucination.

« Aurais-je donc des dispositions à la folie? se dit-il. La

tête me tourne; mon sang s'échauffe et j'ai la fièvre. Mais j'y pense; c'est la suite de mon aventure d'hier, lorsque j'avais la tête prise dans les barreaux. Il me faut veiller à cela. Je crois qu'un bain russe me ferait du bien. Si j'étais donc sur la plus haute marche de la salle des bains de vapeur! »

Aussitôt dit, aussitôt fait. Il se trouva transporté dans l'établissement des bains russes, à l'hôpital, tout habillé, avec bottes et galoches, perché au plus haut degré de l'étuve. Il y régnait une chaleur étouffante; des gouttes d'eau toutes bouillantes lui tombaient du plafond sur le visage.

« Aïe, aïe! » s'écria-t-il, se précipitant en bas vers la salle des douches froides; le garçon, effaré à la vue de ce personnage qui tout habillé accourait vers lui comme un frénétique, poussa un cri.

Le jeune homme retrouva assez de présence d'esprit pour lui dire que cet étrange aventure était l'affaire d'un pari. Puis il s'en fut au plus vite dans sa chambre et s'appliqua un énorme vésicatoire à la nuque et un non moins grand dans le dos pour calmer la fièvre qui, croyait-il, le préparait à la folie.

Le lendemain, il eut deux grosses ampoules qui le firent extrêmement souffrir; c'est là tout ce qu'il gagna à avoir porté les galoches du Bonheur; quant à l'expérience qu'il aurait pu retirer d'avoir vu le fond de plusieurs cœurs, il ne fut jamais en position d'en profiter utilement.

V. — LES MÉTAMORPHOSES DU COMMIS

Le veilleur de nuit, que vous n'avez sans doute pas encore oublié, s'était dans l'intervalle souvenu des galoches qu'il avait trouvées et qu'il avait laissées à l'hôpital. Il alla les reprendre et les porta au lieutenant; mais celui-ci déclara qu'elles ne lui appartenaient pas; de même, personne, dans la rue d'Oestergade, ne les reconnut comme siennes. Le veilleur alors alla les déposer à la police.

« Ma foi! dit le commis du bureau où il entra, elles ressemblent comme deux gouttes d'eau à mes propres galoches. »

Plaçant les deux paires à côté l'une de l'autre, il ajouta :

« Il faut même l'œil exercé d'un cordonnier pour les distinguer l'une de l'autre; elles sont de même grandeur et toutes deux à peu près neuves.

— Monsieur le commis, dit à ce moment un garçon de bureau qui entra tout à coup, voudriez-vous avoir l'obligeance de jeter un coup d'œil sur ce papier. »

Le commis se retourna, fit ce qu'on lui demandait et donna au garçon des ordres; puis il revint aux galoches; mais voilà qu'il ne savait plus si c'étaient celles de droite où celles de gauche qui lui appartenaient.

« Ce doivent être celles qui sont un peu mouillées! » se dit-il.

Mais il se trompait; c'étaient les galoches du Bonheur. La police elle-même n'est pas infaillible. Quelques instants après, ayant terminé sa besogne, il mit quelques papiers dans son portefeuille, prit sous son bras quelques dossiers pour les examiner chez lui, et, après avoir mis les galoches qu'il croyait les siennes, il sortit.

C'était un dimanche matin, le temps était beau.

« Ma foi, se dit-il, avant de rentrer, je ferais bien une petite promenade à Frederiksberg », et il alla dans cette direction.

Vous n'auriez pu imaginer de garçon plus tranquille, plus rangé que ce jeune homme ; mais, en raison de la théorie des contrastes, il enviait ceux dont la vie est agitée et aventureuse. Il marcha d'abord sans penser à rien d'autre qu'à bien se dégourdir les jambes, fatiguées d'être restées si longtemps immobiles au bureau ; les galoches n'avaient pas l'occasion de manifester leur vertu merveilleuse. Dans la grande allée d'arbres, il rencontra un jeune poète de sa connaissance qui lui apprit qu'il allait le lendemain faire un petit voyage d'agrément.

« Vous voilà donc encore une fois par monts et par vaux ! dit le commis. Que vous êtes heureux ! Libre comme l'air, vous pouvez prendre votre volée quand bon vous semble. Nous, nous sommes attachés à une chaîne par le pied.

— Oui, mais cette chaîne, elle est fixée à l'arbre à pain, répondit le poète. Vous n'avez pas à songer au lendemain, et quand vous arrivez à la vieillesse, une bonne pension vous attend.

— Cela n'empêche pas, reprit le commis, que tout l'avantage est pour vous. Que c'est beau de s'adonner à la poésie, d'écrire des vers sur lesquels tout le monde vous fait des compliments ! Et puis encore une fois, vous êtes votre propre maître. Tenez, j'ai un ami qui est au tribunal ; ces jours-ci, on jugeait une cause des plus amusantes ; tout le monde pouffait de rire ; lui était obligé de garder tout son sérieux ; il en est devenu presque malade : voilà ce que c'est que d'être esclave ! »

Le poète haussa les épaules, le commis secoua la tête ; chacun conserva son avis et ils se quittèrent.

« C'est une race particulière que ces poètes, pensa le commis. Cela m'irait assez de devenir poète, je distinguerais alors mieux ce qu'il y a de beau et de bon dans ce monde ; les vers élégiaques, je les laisserais faire aux autres.

« Que l'air est doux et embaumé ! reprit-il au bout d'un instant. Le ciel est si pur ; au loin à l'horizon, comme ces nuages font bien ! on dirait de hautes montagnes couvertes de neige. Dans la verte prairie, des millions de gouttes de rosée brillent comme les plus beaux diamants. Voilà des années que je n'ai aussi vivement goûté les charmes de la nature. »

Vous avez déjà remarqué que le brave commis était passé poète par l'effet des galoches. Rien cependant n'était changé dans l'intérieur ni l'extérieur de sa personne ; les poètes sont faits comme les autres hommes, parmi lesquels on trouve parfois des natures bien plus poétiques que les faiseurs de vers attitrés. La différence entre le poète et le reste de l'humanité est qu'il a une meilleure mémoire, qu'il retient l'idée, l'impression poétique assez longtemps, pour qu'elles puissent distinctement se fixer en paroles rythmées : chez les autres, elles s'évanouissent trop tôt.

Revenons à notre commis, chez lequel la sève poétique continuait à agir ; elle révolutionnait tout son être.

« Quelles délicieuses senteurs nous apporte la brise ! s'écriat-il. Cela me rappelle le parfum de violettes que je respirais étant tout jeune enfant chez ma tante Charlotte. Dieu ! qu'il y a longtemps que je n'ai plus pensé à ces jours heureux ! La bonne vieille fille ! elle demeurait alors sur le canal. Toujours, même au cœur de l'hiver, elle avait dans sa chambre de la verdure et des fleurs ; les violettes embaumaient dans sa chambre par les grands froids quand, sur le givre des carreaux de la fenêtre, je faisais des ronds avec un shilling chauffé au poêle. Le beau coup d'œil que j'avais alors ! Sur le canal gelé, les navires, pris dans la glace, n'avaient pour équipage que des bandes de corneilles qui s'agitaient dans les mâtures. Puis venait la débâcle. Au milieu des chants de joie et des cris de *hourra*, on faisait sauter la glace. Les matelots goudronnaient à nouveau les navires qui, toutes voiles déployées, partaient ensuite pour les contrées lointaines. Moi, je suis resté, attaché à ma glèbe natale, et je suis condamné à végéter toujours ; je suis employé dans les bureaux de police et, dernier supplice, j'expédie des passeports pour les bienheureux qui s'en vont vers les pays étrangers que je meurs d'envie de visiter. Oh ! quel triste sort ! »

A ces mots, il poussa un profond soupir.

« Mais qu'est-ce que j'éprouve donc ? reprit-il au bout d'un instant. Je n'ai jamais eu de ces idées exaltées ; c'est sans doute l'effet du grand air. Je me sens tout drôle ; j'ai presque la fièvre ; mais ce n'est pas désagréable. Voyons, lisons un peu les papiers que je dois enregistrer demain ; cela donnera un autre cours à mes idées. »

Sur le premier feuillet, qu'aperçut-il, tracé en gros caractères ? *Dame Sigbrith, tragédie en cinq actes.*

« Qu'est-ce cela ? dit-il tout effaré. C'est pourtant mon écriture. Et vraiment en place des dossiers que je viens d'emporter, que vois-je ? L'*Intrigue sur la promenade ou le Jour de pénitence, vaudeville.* Que signifie cette plaisanterie ? C'est ce farceur de poète qui m'aura fourré cela dans ma poche. Tiens, une lettre maintenant ! elle est signée du directeur du Théâtre-Royal. Il renvoie les deux pièces, en disant en termes peu polis qu'elles ne valent rien. Encore une fois je ne sais plus où j'en suis. »

Le bon commis s'assit sur un banc pour reprendre un peu ses esprits. Ses pensées avaient une élasticité toute nouvelle, son cœur débordait de tendresse pour toute la création. Machinalement, il cueillit une petite pâquerette et l'approcha de ses lèvres ; il imprima un baiser sur l'humble fleurette. Puis il se mit à la contempler. Et elle lui raconta, mieux que ne l'aurait fait le plus savant botaniste, l'histoire de sa naissance, la façon mystérieuse dont sa croissance s'était opérée. La force bienfaisante du soleil l'avait fait pousser dans l'herbe, avait développé le bouton et fait épanouir les délicats pétales de la fleur.

« La lumière est ma vie, dit-elle ; c'est vers elle que je me tourne. Quand elle disparaît, je roule mes pétales et je m'endors, bercée par la brise. »

Survint un gamin qui, frappant de son bâton la vase du fossé, en faisait jaillir une gerbe d'eau verdâtre. Le commis pensa aux millions d'infusoires qui, se trouvant dans une seule des gouttes lancées en l'air, devaient avoir à peu près la sensation que nous éprouverions, si nous étions brusquement transportés au-dessus des nuages.

Puis, réfléchissant aux impressions toutes nouvelles qu'il ressentait, il dit en souriant :

« Je rêve tout éveillé, et je me demande si je me souviendrai demain des songes qui passent devant mon esprit. Ce ne sont que des songes et ils me semblent plus vrais que la réalité. Mais certainement si demain je me les rappelle, quand je serai de sens rassis, cela me paraîtra de la pure niaiserie.

J'ai déjà remarqué cela : il en est des merveilles qu'on rêve comme de l'argent dont vous font présent les malicieux gnomes. La nuit, cela paraît être des trésors d'or et d'argent ; au jour, ce ne sont plus que des cailloux et des feuilles sèches.

« Ah ! dit-il, passant, à la façon des poètes, brusquement à une autre idée, en voyant des oiselets sautiller gaiement de branche en branche, en lançant de joyeux trilles. Que ces petits êtres sont plus heureux que moi ! Pouvoir voler librement

... Il se percha dans les branches d'un grand arbre
et entonna le chant de l'alouette.

dans les airs, quel don sublime ! Être né avec des ailes, quelle félicité ! Si j'avais le pouvoir de me métamorphoser, je souhaiterais être alouette. »

Au même instant les manches et les basques de son habit se transformèrent en ailes, les galoches en pattes, et il se trouva couvert de plumes. Il rit aux éclats intérieurement, se disant :

« Maintenant je vois bien que je rêve ; mais jamais je n'ai eu de songe aussi extravagant. »

Puis il prit sa volée, se percha dans les branches d'un

grand arbre et entonna le chant de l'alouette ; quant à ses dispositions poétiques, elles avaient disparu comme de juste.

« C'est vraiment charmant, se dit-il. Je me suis tantôt bien ennuyé sur un tas de paperasses; maintenant je m'imagine être une gentille alouette et je prends mes ébats dans le beau jardin de Frederiksberg. On pourrait écrire tout un conte sur mon aventure. »

Le voilà qui va se cacher dans le gazon, aiguisant son bec aux brins d'herbe qui lui semblaient maintenant aussi grands que des palmiers.

Il sautillait allègrement depuis quelques instants, lorsqu'il se trouva subitement plongé au milieu d'une nuit sombre, et emprisonné de toutes parts : c'était un mousse qui, lançant son bonnet sur lui, l'avait attrapé. Il saisit l'oiseau par le milieu des ailes, le serrant assez fort.

« Misérable polisson! s'écria le commis. Je suis un employé de la police; veux-tu bien me lâcher! »

Mais ses paroles résonnèrent comme de simples *pip-pip*; le mousse fourra de nouveau l'alouette dans son bonnet et s'en retourna à son navire. En chemin il rencontra deux collégiens, enfants de parents riches; c'étaient des paresseux; ils étaient presque toujours les derniers de la classe; ils s'amusaient à une foule de riens. Le mousse leur offrit sa capture et ils achetèrent l'alouette pour quelques shillings; puis ils rentrèrent à Copenhague.

« C'est bien que je ne fais que rêver, pensa le commis, sans cela mon aventure ne serait pas gaie. C'est cet accès de poésie, dont j'ai été pris tantôt, qui me fait croire que je suis changé en petit oiseau. Je suis curieux de voir comment tout cela finira. »

Les gamins le portèrent dans un salon très élégant, où une grosse dame, leur grand'tante, les accueillit avec un gracieux sourire. Mais elle fit la mine lorsqu'ils lui montrèrent leur acquisition.

« Un oiseau des champs aussi commun ! dit-elle. Il ne restera pas dans le salon plus tard que jusqu'à demain ; d'ici là mettez-le là-bas dans la cage vide près de la fenêtre. Voyons s'il n'amusera pas Coco. »

Et en même temps elle sourit à un gros perroquet vert, qui se dandinait gravement, d'un air comme il faut, dans l'anneau qui pendait dans sa belle cage en laiton.

« Vous ne savez pas, mes enfants ? ajouta la grosse dame d'un air niais. C'est aujourd'hui l'anniversaire de la naissance de Coco. Le chant rustique de votre alouette le distraira peut-être. »

Coco ne daigna pas répondre ; il continua à se balancer solennellement dans son anneau. Mais un joli petit canari, qu'un marin avait, l'été dernier, amené des belles et chaudes contrées du sud, berceau de toute la race des serins, se mit à siffler, à lancer de joyeux trémolos.

« Vilain criard ! dit la grosse dame, et elle étendit sur la cage du gai chanteur un mouchoir blanc.

— *Pip, pip,* fit tristement le canari, voilà encore cette affreuse neige comme l'hiver dernier ; puis il se tut. »

L'alouette fut placée près de lui dans une petite cage. Enfin le perroquet desserra son bec et récita son répertoire : c'était un tas de bêtises, sauf une seule phrase qui avait une apparence de raison : « Voyons, soyons hommes enfin. » Il la faisait parfois entendre au milieu de scènes où elle produisait un effet des plus comiques.

En dehors des paroles du langage humain qu'il avait apprises par cœur, il avait aussi son ramage de perroquet que le canari et l'alouette comprenaient fort bien.

La grosse dame était sortie emportant son mouchoir, le canari avait retrouvé sa voix et il chanta :

« Naguère je voletais sous les verts palmiers et les amandiers en fleurs. Avec mes frères et sœurs, par centaines nous nous bercions sur les tiges des fleurs splendides qui bordent les rives des lacs bleus et limpides de ma patrie. Sur les grands arbres du voisinage, une foule de superbes perroquets, des verts, des roses, des rouges, se balançaient et racontaient les plus amusantes histoires.

— J'étais parmi eux, mais ce n'étaient que des oiseaux sauvages, dit le perroquet; ils n'avaient pas reçu d'éducation. Voyons, soyons hommes enfin! Pourquoi ne riez-vous pas quand je prononce ces paroles? La grosse dame et tous les étrangers de distinction qui viennent ici se tiennent les côtes quand ils m'entendent. Que vous faut-il donc pour vous amuser? Voyons, soyons hommes enfin!

— Oh! te rappelles-tu, reprit le canari, les jolies jeunes filles qui, légères et gracieuses, dansaient des rondes au clair de la lune sous les bananiers? Te souviens-tu des doux fruits savoureux de ces contrées bénies, des épais et frais ombrages que nous trouvions dans les épaisses forêts?

— Certes, je me rappelle tous les agréments de mon pays natal, dit le perroquet, mais je me trouve encore bien mieux ici. J'ai une bonne nourriture, et je n'ai pas la peine de la chercher. On me traite avec beaucoup d'égards, comme une créature d'esprit que je suis, et c'est là tout ce que je demande. Voyons, soyons hommes enfin. Toi, petit canari, tu as le tempérament poétique; moi, j'ai de l'instruction et du jugement. Tu possèdes du génie, mais pas de bon sens; tu te laisses aller à ton inspiration et, sans faire attention si elles sont en situation ou non, tu lances tes roulades; aussi, comme tout à l'heure, on te dérobe la lumière du jour et on t'impose silence d'une façon humiliante. Moi, jamais on ne me fait pareil affront. On s'est beaucoup occupé de moi, et l'on est fier de voir comme j'ai bien profité des leçons que j'ai reçues. Du reste, je leur en impose avec mon bec, et ils apprécient l'apropos avec lequel j'interromps leurs discours quand je répète ma phrase favorite : Voyons, soyons hommes enfin.

— Oh! ma chère patrie, chanta le canari, pays fleuri où les forêts arrivent jusqu'aux plages des golfes tranquilles; leurs branches vertes échangent des baisers avec les ondes que berce une douce brise. Quelles joies j'ai éprouvées là, lorsque je prenais mes ébats dans les bosquets de palmiers avec mes frères et sœurs, avec les colibris, les oiseaux-mouches et tant d'autres gentils chanteurs au plumage éclatant.

— Laisse donc ces tristes accents d'élégie, reprit le perroquet. Chante-nous quelque chose de gai, qui fasse rire. Le rire est le propre des intelligences les plus élevées. Un chien, un cheval, les autres animaux grossiers, rient-ils? Non, ils savent pleurer; mais, le rire, c'est un don accordé seulement aux hommes et à quelques animaux privilégiés. Ha, ha, ho, ho, hi, hi. Voyons, soyons hommes enfin.

— Petit oiseau gris du Nord, dit le canari s'adressant à l'alouette, tu es donc prisonnier comme moi. Il fait froid dans les bois que tu habitais, sans doute; mais on y est libre. Retournes-y donc. Tu ne vois pas qu'on a oublié de bien fermer ta cage, et il y a à la fenêtre, à gauche, un carreau d'ouvert. Vole, vole!»

Notre commis métamorphosé suivit le conseil, et le voilà

hors de la cage. Il allait prendre son élan, lorsqu'une porte entre-bâillée s'ouvre en criant sur ses gonds ; à pas lents approche le chat de la maison. Tout à coup ses yeux verts étincellent, il bondit et se jette sur la pauvre alouette ; il la manque, mais il poursuit l'oiseau qui, éperdu, vole de ci, de là. Le canari s'agite dans sa cage ; le perroquet se dandine, bat des ailes et s'égosille à crier : « Voyons, soyons hommes enfin. »

L'oiseau, pourchassé, arrive enfin à atteindre le carreau ouvert et s'enfuit à tire-d'aile par-dessus les toits. Là, fatigué, harassé, il se repose un instant.

Le commis se remet peu à peu de son effroi et regarde autour de lui ; les lieux lui semblent connus ; une fenêtre se trouvait ouverte ; il y vole, et il entre dans sa propre chambre.

Il se pose sur la table et, l'esprit encore un peu troublé, il se met machinalement à répéter la phrase du perroquet : « Voyons, soyons hommes enfin. » Au même moment, voilà qu'il reprend forme humaine et il redevient l'ancien commis du bureau de police.

« Dieu me garde, s'écria-t-il, en se voyant perché sur sa table. Comment suis-je venu ici? Quel rêve, quel cauchemar ! Je le pensais bien : quand on s'éveille, les songes ne sont plus que de sottes histoires. »

VI. — LE MEILLEUR PRÉSENT DES GALOCHES

Le lendemain de bon matin, le commis étant encore au lit, on frappa à sa porte : c'était son voisin, un jeune étudiant. Il entra.

« Prête-moi tes galoches, dit-il ; il fait un beau soleil, mais il y a encore beaucoup de rosée au jardin et je voudrais y descendre faire un tour et fumer une bonne pipe. »

Il mit les galoches et alla arpenter le petit jardin, où en fait d'arbres il n'y avait qu'un prunier et un pommier ; mais, dans une grande ville, la moindre verdure réjouit les yeux et l'âme.

L'étudiant allait et venait ; six heures venaient de sonner : voilà que retentit le cor d'un postillon.

« Oh ! voyager, voyager, s'écria-t-il, c'est le plus grand bonheur sur terre. C'est le but suprême de mon ambition. Quand pourrai-je satisfaire mon désir de visiter ces belles contrées, dont la description déjà me ravit ? Que je voudrais être loin, bien loin, parcourir cette magnifique Suisse par exemple ! »

Les galoches firent fidèlement leur office, et l'étudiant se trouva aussitôt au milieu des Alpes. Il voyageait, empaqueté avec huit autres personnes dans l'intérieur d'une diligence. Il avait mal à la tête, se sentait courbaturé ; ses pieds étaient gonflés, serrés dans les bottes. Il se trouvait dans un état intermédiaire entre la veille et le sommeil. Dans sa poche de droite était sa lettre de crédit, dans celle de gauche son passeport, et il avait, attachée autour du cou, une petite bourse avec quelques louis d'or. Sans cesse il rêvait que l'un ou l'autre de ces objets précieux lui avait été volé ; il s'éveillait en sursaut et tâtait fiévreusement pour voir si on ne l'avait pas dépouillé. On traversait un site des plus merveilleux, bordé de montagnes, couvertes en bas de châtaigniers et de chênes, plus haut de sapins, et plus haut encore de neiges éternelles qui étincelaient à la lueur de l'aurore. Mais les fenêtres de la diligence étaient fermées, et quand l'étudiant, qui n'avait pas de coin, tendait le cou pour admirer le paysage, les cannes et parapluies qui pendaient dans le filet venaient lui heurter le visage. Le peu qu'il entrevoyait ainsi péniblement de la belle nature était plutôt un supplice qu'un plaisir.

Il pensait aussi avec humeur à la chèreté des hôtels et il se demandait s'il n'allait pas se trouver à court d'argent au beau milieu de son voyage.

On montait toujours. Le site devenait de plus en plus sévère et imposant ; sur une verte bruyère parsemée de pins et de bouleaux s'élevaient d'énormes roches, des pics dont les cimes se perdaient dans les nues. Il commença à neiger ; le vent soufflait, et il faisait très froid.

« Brou, dit l'étudiant. Si nous étions donc de l'autre côté des Alpes ! il y fait chaud encore comme en été. Et si j'avais touché l'argent de ma lettre de crédit ! L'inquiétude que j'éprouve à ce sujet fait que je ne goûte plus à mon aise les merveilles de la Suisse. Oui, décidément, je voudrais bien être de l'autre côté des monts. »

Le voilà, en moins d'un clin d'œil, transporté, en effet, en Italie entre Florence et Rome. Entre des collines d'une teinte bleu foncé, le lac Trasimène brillait au loin éclairé par le soleil couchant comme un immense miroir d'or pur. En ces lieux où Annibal défit Flaminius, de hauts ceps de vigne, pliant sous le poids des grappes, grimpaient aux ormes; des bambins charmants, quoique déguenillés, gardaient, couchés sous un bosquet de lauriers en fleurs, un troupeau de gentils petits cochons noirs, vifs et guillerets. Si j'avais le talent de bien décrire cette scène, chacun s'écrierait : « Oh! l'Italie la belle! » Mais ce n'est pas là ce que disait l'étudiant ni aucun de ses compagnons dans le char à bancs du vetturino.

Des mouches venimeuses et d'autres insectes entouraient par milliers la voiture. C'est en vain qu'on essayait de se défendre de leurs cruelles piqûres avec des branches de myrte; tout le monde avait le visage boursouflé, couvert de boutons cuisants. Les pauvres chevaux étaient encore plus mal partagés; à certains moments ils se cabraient avec fureur, sous l'aiguillon de la douleur; le vetturino descendait et avec l'étrille enlevait de leur peau des centaines de taons; mais ce n'était qu'un soulagement momentané.

Le soleil disparu de l'horizon, un frisson glacial fit aussitôt tressaillir toute la nature, c'était comme le froid d'un profond et humide caveau succédant à la chaleur d'une fournaise.

Cependant le firmament et les montagnes étaient colorés de cette délicieuse teinte verdâtre d'un clair-obscur mystérieux que nous admirons sur les fonds des tableaux des vieux maîtres italiens et que les gens du Nord ne croient pas naturelle. La lune apparut, le spectacle était splendide. Mais c'est à peine si l'étudiant y jetait un coup d'œil distrait; il se sentait l'estomac creux, le corps fatigué; toutes ses pensées étaient tournées vers le gîte où il devait passer la nuit.

« L'auberge sera-t-elle encore plus misérable qu'hier! se disait-il. Ne vaudra-t-il pas mieux dormir à la belle étoile? »

On traversa un bois d'oliviers. L'étudiant trouva cet arbre moins beau que les saules noueux de son pays. Un peu plus loin se trouvait l'auberge solitaire. Une demi-douzaine de mendiants en barraient l'entrée; ils étaient horribles à voir, des bancals, des bancroches; l'un couvert de pustules, l'autre

... Ils étaient horribles à voir.

exhibant l'affreux moignon d'un bras sans main; un troisième ressemblait au fils aîné de la Faim.

« *Eccellenza! miserabili!* » s'écrièrent-ils en chœur, d'une voix traînante et déchirante; l'étudiant qu'ils entouraient, ayant été reconnu pour un étranger, eut la plus grande peine à se débarrasser d'eux et à gagner l'entrée. L'hôtesse, une mégère, aux habits dégoûtants de saleté, nu-pieds, les cheveux en désordre, reçut ses hôtes avec un sourire d'ogresse. Les portes étaient attachées avec de la ficelle; les chauves-souris voletaient au plafond, et il régnait une odeur à vous faire tomber.

« Mettez donc la table dans l'écurie, dit un des voyageurs, au moins nous saurons ce que nous sentons. »

On ouvrit un peu les fenêtres pour satisfaire ces gens si difficiles, qui tenaient à respirer de l'air pur; aussitôt les six mendiants avancèrent leurs visages hideux dans la chambre hurlant de leur voix la plus aigre leur éternel « *Eccellenza! miserabili!* »

Les murailles étaient couvertes d'inscriptions au charbon : c'étaient, dans toutes les langues de l'Europe, de violentes imprécations contre l'*Italia bella!* On servit la soupe ; le goût qui dominait était celui du poivre et de l'huile rance, les œufs étaient gâtés, le meilleur plat fut un poulet brûlé ; le vin était frelaté, on aurait dit une drogue de pharmacie.

La nuit, on barricada les portes avec les chaises et les coffres; les voyageurs faisaient la garde l'un après l'autre tant on se croyait dans un affreux coupe-gorge. Ce fut le tour de l'étudiant de veiller. L'air était lourd et étouffant dans la chambre; les moustiques faisaient entendre leur sinistre susurrement; dehors, les mendiants murmuraient en rêve : « *Eccellenza! miserabili!* »

« Ce serait superbe de voyager, se dit l'étudiant, si on n'avait pas à traîner avec soi son corps, qui a tant d'exigences; si on pouvait le laisser derrière soi et s'élancer à travers les espaces, comme les purs esprits. Mais tel que je suis, j'ai beau changer de place, je ne me trouve bien nulle part. Toujours je tends vers quelque chose de meilleur, vers un but plus élevé. Or, si je pouvais du coup atteindre le but suprême, là où règne la vraie félicité. »

A peine eut-il prononcé ces mots, qu'il fut transporté dans sa ville natale. De longs rideaux blancs voilaient les fenêtres ; au milieu de la chambre se trouvait un noir cercueil, où l'étudiant dormait du paisible sommeil de la mort. Son désir était accompli : le corps était en repos ; l'âme voyageait à travers les mondes.

« Ne déclare personne heureux avant qu'il soit dans la tombe. »

Ces paroles de Solon devaient se réaliser ici.

Deux figures éthérées entrèrent dans la chambre ; nous les connaissons : c'étaient la fée du Souci et l'envoyée du Bonheur. Elles se penchèrent sur le mort.

« Eh bien, dit la première, quelle félicité tes galoches ont-elles apportée aux hommes ?

— A celui au moins qui dort là, répondit l'autre, elles ont procuré un bien durable, une mort douce au printemps de la vie, avant qu'il eût connu les maux et les peines de l'existence.

— Tu te trompes, dit la fée du Souci ; il a quitté la vie avant son temps, avant que son âme fût mûrie, et qu'elle eût accompli sa destinée. Aussi ne jouirait-il pas de tout le bonheur auquel il aura droit après avoir traversé de plus dures épreuves. Je vais lui rendre un véritable service. »

Et elle lui enleva les galoches. L'étudiant, subitement ranimé, se leva et ouvrit de grands yeux étonnés. Les deux fées avaient disparu. On ne revit plus jamais les galoches, la fée du Souci les avait emportées, pensant, sans doute, que c'était plutôt à elle qu'elles revenaient ; en effet, lorsqu'on laisse les hommes libres d'accomplir leurs souhaits, il est bien rare qu'ils y trouvent le bonheur.

Sur la table était un bel encrier.

LA PLUME ET L'ENCRIER

« C'est pourtant extraordinaire, tout ce qui peut sortir d'un encrier ! »

Ces paroles, vous auriez pu les entendre, si vous vous étiez trouvé un certain jour dans le cabinet d'un grand poète. Sur la table était un bel encrier : c'était lui qui discourait ainsi s'adressant à la plume, au canif, à tous les objets de l'écritoire.

« Oui, je le répète, continua-t-il, c'est extraordinaire, inimaginable ! Que de choses n'ai-je pas déjà vu tirer de mon sein ! Combien d'autres en sortiront encore quand les hommes puiseront de nouveau à la source que je contiens. Une goutte suffit pour couvrir une demi-page de papier. Non, vraiment, c'est étonnant! Toutes les créations du poète, ces figures si vivantes, ces sentiments tendres exprimés en vers si gracieux, ces belles descriptions de la nature, tout cela émane de moi. Ce qu'il y a de plus particulier, c'est que je ne connais pas du tout la nature; il y a donc en moi un instinct inconscient, admirable. Et tenez, ces chevaliers héroïques, montés sur des palefrois hennissants; ces charmantes châtelaines qui paraissent dans le dernier poème de l'homme qui est chargé d'extraire les trésors que je renferme, tout cela est sorti de moi; et je vous assure qu'en produisant ces merveilles, je ne pense à rien : voilà ce qu'il y a de plus fort.

— Vous avez bien raison, interrompit la plume, en disant que vous ne pensez à rien, Si vous réfléchissiez tant soit peu, vous comprendriez que votre rôle n'est que de fournir un liquide qui sert à exprimer, à tracer sur le papier, ce que *moi* je contiens d'idées. C'est la plume qui écrit, mon cher. Autrefois, lorsqu'il n'y avait pas encore d'encre, c'était mon aïeul le stylet qui écrivait; or que dit-on d'un grand écrivain? il a un style sublime, émouvant. D'un autre on dira : Il a une plume élégante. Jamais il n'est question d'encrier. Mais on dit : Bête comme un pot. Or êtes-vous autre chose qu'un pot à encre?

—Paix! ma mie, répondit l'encrier; je vous pardonne les injures que vous me dites; vous n'avez pas plus d'expérience qu'une gamine. Combien de temps y a-t-il que vous avez réellement fait votre entrée dans le monde? Une semaine à peine, et vous voilà déjà presque usée et au bout de votre carrière. Vous n'êtes qu'un simple instrument, ma belle; à combien de vos pareilles n'ai-je pas déjà fourni mon admirable liquide? Les unes étaient des plumes d'oie; d'autres, des plumes d'acier de fabrique anglaise de toute provenance. Je les ai eues à mon service l'une après l'autre, et j'en aurai encore bien d'autres après vous. Ce n'est pas de cela que je suis en peine : mais je voudrais bien savoir ce qui sortira de mon sein, quand l'homme y puisera la prochaine fois. »

La plume ne répliqua que par un grattement dédaigneux.

Le poète revint chez lui, tard dans la soirée. Il avait été au concert, et il avait entendu un célèbre violoniste ; il était encore tout ému du jeu incomparable et enchanteur du virtuose qui savait tirer de son instrument des sons qui, tantôt ressemblaient au doux gazouillement des oiseaux, tantôt faisaient l'effet de la tempête passant à travers une forêt de sapins. Puis c'étaient des accents qui serraient délicieusement le cœur et arrachaient des larmes. On aurait dit que non seulement les cordes, mais encore le chevalet, les vis, le fond du violon, résonnaient et émettaient des mélodies. Le morceau était des plus difficiles à exécuter ; mais le jeu de l'artiste était si aisé, si parfait, que tout le monde croyait pouvoir en faire autant. L'archet courait si librement, comme de lui-même, qu'on oubliait tout à fait l'artiste qui animait l'instrument et lui communiquait les inspirations de son âme.

Mais le poète, lui, ne l'oubliait pas, et voici les pensées qu'il se mit à écrire :

« Quelle folie ce serait si l'archet ou le violon s'imaginaient que c'est à eux que revient la gloire de produire ces harmonies célestes, et s'ils s'en targuaient !

« Et cependant, nous autres humains, poètes, artistes, savants, princes, hommes d'État, capitaines, nous nous vantons de nos faits et gestes, et cependant nous ne sommes que des instruments dans les mains du *Maître* suprême dont nous exécutons les desseins, dont l'esprit divin nous inspire. A lui seul l'honneur ! »

Le poète se recueillit alors et écrivit ensuite une parabole : *le Maître et les instruments*.

Quand il fut parti, la plume dit à l'encrier :

« Eh bien, j'espère que vous avez reçu votre paquet! Vous avez, je pense, saisi ce que je viens d'écrire?

— C'est-à-dire ce que je vous ai donné à écrire, répondit l'encrier. Il y a là de quoi rabattre à jamais votre caquet, si vous aviez assez d'intelligence pour comprendre combien je me suis moqué de vous. D'un coup je me suis vengé de toutes vos insolences.

— Méchant pot à encre! s'écria la plume en crachant de toutes ses forces.

—Mauvaise plume hors de service! répondit l'encrier sur le même ton. »

Tous deux pensaient avoir chacun rivé à l'autre son clou, et sur ce doux sentiment ils s'endormirent.

Le poète, lui, ne sommeillait pas. Accoudé à sa fenêtre, contemplant la nuit étoilée, il sentait ses idées se presser dans sa tête, comme les sons naguère coulaient à travers le violon ; les unes étaient fines et gracieuses, les autres grandioses et sublimes. Son cœur vibrait sous l'inspiration du Maître suprême :

« A lui seul l'honneur ! »

C'était un tapis de gentilles fleurs bleues...

LE LIN

Un champ de lin était en pleine floraison; c'était un tapis de gentilles fleurs bleues, fines et délicates comme des ailes de papillon.

Les nuages de pluie arrosaient la jolie plante et ensuite les rayons du soleil luisaient sur elle; et c'était alors comme lorsque les petits enfants sont lavés, et qu'après, quand ils ont été bien sages, leur mère leur donne un chaud baiser : c'est cela qui les fait grandir, et c'est ce qui arriva aussi au lin.

« J'entends les gens s'exclamer, dit-il, que je suis très bien venu cette année, que ma tige est forte et haute et qu'on fera de moi une magnifique pièce de toile. Quelle chance j'ai donc! De toutes les créatures, je suis la plus heureuse. J'aurai la destinée la plus honorable et, en attendant, comme je me régale de pluie! et comme le soleil me fait du bien! Vraiment mon bonheur est incroyable, unique!

— Allons donc, s'écria la haie, tu ne connais pas le monde. Tu n'as pas comme moi des épines pour te défendre contre les méchants. Bientôt tu pourras dire comme les enfants de notre pays : *Schnipp, schnapp, schnourr, basselour! Finie la chanson!* »

Le lendemain, le soleil brilla; puis vint une pluie bienfaisante et ensuite de nouveau le soleil.

« Tu vois bien que ce n'est pas fini, dit le lin à la haie, je me sens si délicieusement bien à mon aise! je ne fais que croître et embellir! et regarde comme mes fleurs s'épanouissent! Non, il n'y a personne de plus heureux que moi. »

Mais, quelque temps après, arriva une bande de gens qui brutalement saisirent le lin et l'arrachèrent avec la racine. Ce n'était point agréable. Puis on le plongea dans l'eau comme si on voulait le noyer, et après on le mit sur le feu comme pour le griller, c'était affreux, épouvantable.

« On ne peut pas toujours nager en pleine félicité, se dit le lin; il faut passer par les épreuves de la vie, elles vous donnent de l'expérience. »

Mais cela ne fit qu'empirer. Sans ménagements, sans égards, on reprit le lin pour le mouiller de nouveau, puis on le fit briser et lacérer par des machines qui déchiraient, arrachaient ses fibres. Quand on en eut fait un tas informe, voilà qu'il lui fallut passer sur un rouet, qui faisait un bruit assourdissant : *Schnourr, schnourr.* Dans ce tapage le pauvre lin avait de la peine à réfléchir sur ses souffrances.

« J'ai été extrêmement heureux, finit-il par se dire tous ne peuvent pas en dire autant. On peut être content, quand on peut se souvenir des plaisirs qu'on a goûtés. »

Comme il achevait ces mots, il sortait justement de la machine à tisser et, quand la navette s'arrêta, il était devenu une superbe pièce de toile.

« Voilà donc la prédiction réalisée ! s'écria-t-il après qu'il se fut remis de son premier étonnement. Je n'y croyais pas trop. La chance m'est plus favorable que jamais. »

Et lorsqu'il se trouva étendu sur la verte pelouse où on mit la toile pour la blanchir, il dit en revoyant la haie :

« Eh bien, tu avais bien tort avec ton : *Schnipp, schnapp, schnourr*. La chanson, loin d'être finie, commence seulement pour moi. J'ai eu à souffrir, mais comme j'en suis récompensé ! Je suis devenu une toile fine, solide et je blanchis à vue d'œil. C'est autre chose que de n'être qu'une simple plante et je ne regrette même pas mes jolies fleurs. Alors je ne recevais de l'eau que lorsqu'il plaisait au ciel de pleuvoir. Aujourd'hui on m'asperge régulièrement deux fois par jour et on a de moi le plus grand soin ; les jeunes filles de la maison viennent me retourner tous les matins ; hier madame la bourgmestre a dit qu'elle n'avait jamais vu une si belle pièce de toile. Plus heureux que moi, on ne saurait l'être. »

Un beau jour, on rentra la toile à la maison ; avec les ciseaux elle fut coupée en morceaux, et on la retailla encore pour la piquer avec des épingles et la coudre avec des aiguilles : ce fut encore un temps assez dur à passer ; mais aussi quelle joie, lorsque, l'opération finie, la pièce se trouva avoir fourni juste une douzaine de ces vêtements dont certaines personnes, dans certains pays, n'aiment pas à prononcer le nom, mais qui sont cependant indispensables à l'humanité civilisée.

« J'y suis maintenant, dit le lin, je comprends à quoi j'étais destiné.

« Je sers à quelque chose de fort utile, c'est là le vrai plaisir. Maintenant que j'ai la conscience de l'usage qu'on tire de moi, je suis doublement heureux. Voyez comme on nous traite avec soin, toutes les douze que nous sommes ; comme on nous range précieusement dans l'armoire au milieu de l'iris et de la lavande ! »

Quelques années se passèrent, la belle toile, après avoir fourni tout le service qu'on pouvait exiger d'elle, finit par se découdre, s'effilocher, se déchirer.

On la prit et on la mit en mille morceaux pour en faire des chiffons, la hacher, la tremper, la réduire en bouillie, et après bien d'autres préparations douloureuses, voilà qu'elle se trouva transformée en beau papier blanc et satiné.

« Oh ! quelle surprise, quelle chance ! s'écria le papier, me voilà plus beau et plus fin qu'auparavant. Et les hommes écriront sur moi leurs plus belles pensées ! Quel honneur, quel bonheur ! »

Et, en effet, le papier arriva chez un grand poète, qui y traça des vers magnifiques et de charmantes histoires ; elles étaient amusantes en même temps qu'elles inspiraient de sages pensées.

« Vraiment, se dit le papier, c'est là plus que je n'avais jamais rêvé, lorsque, sous forme de plante, je poussais mes petites fleurs bleues. Je sers maintenant à distraire et à instruire les hommes ! Le bon Dieu me comble de joie. Chaque fois que je crois que la chanson est finie, comme dit la haie, voilà que je passe à une vie plus élevée et meilleure. Maintenant me voilà couvert de précieuses idées, sorties de l'esprit d'un homme de génie, et il y en a tout autant qu'il y avait de fleurettes dans le champ de lin. »

Le manuscrit fut envoyé à l'imprimerie et toutes les belles choses qui y étaient écrites passèrent dans des milliers de livres qui allèrent répandre au loin les délicieuses créations de l'imagination du poète.

Le manuscrit fut rendu à l'auteur, qui le rangea dans son secrétaire.

« Voilà une nouvelle chance, dit le papier, on me met à part, on m'estime, on m'honore comme un ancêtre ; et en effet les beaux livres qui reproduisent les pensées que l'homme célèbre a tracées sur moi ne sont-ils pas mes descendants, ma lignée. Ils voyagent au delà des mers dans les pays étrangers ; mais moi qui ai reçu directement l'inspiration du poète, je suis pourtant privilégié, c'est moi qui ai la plus grande somme de bonheur. »

De longues années se passèrent, le poète mourut. Le papier vint à jaunir ; mais ce n'était rien encore. Les héritiers du poète n'avaient pas en grande considération ceux de ses manuscrits qui étaient déjà publiés et ne pouvaient plus rien rapporter ; on les fourra dans un vieux tonneau qui était dans la buanderie, et là ils restèrent un certain temps.

« C'est agréable, dit le papier, de pouvoir comme moi se reposer dans un lieu écarté, quand on a rempli l'œuvre de sa destinée. Maintenant que les voilà tous ensemble, les enfants de la Muse du fameux poète, je puis juger combien cela a été glorieux pour moi d'avoir servi d'instrument à son génie. Mais je demande ce qui peut maintenant m'advenir ; car jusqu'ici j'ai toujours été en progressant ; or où trouver un sort encore plus beau que celui que je viens d'avoir ! »

Quelque temps après on retira du tonneau tous les manuscrits pour les brûler ; on ne savait qu'en faire ; les héritiers du poète avaient honte de les vendre à l'épicier ou au charcutier pour servir de papier à faire des cornets ou à envelopper des saucissons. Tous les enfants de la maison et du voisinage étaient accourus pour assister à ce feu de joie.

Les pauvres manuscrits furent jetés dans le foyer et flambèrent l'un après l'autre ; quand la flamme cessait, alors on voyait le papier tout rouge lancer étincelles sur étincelles. Les enfants qui s'amusaient de ce spectacle chantaient, comme cela se fait au Danemark, une ronde dont le refrain était : « Vous voyez des étincelles qui se poussent l'une l'autre : ce sont des écoliers qui sortent de classe. »

Puis quand la cendre devenait noire et qu'on croyait que tout était consumé, voilà qu'une dernière étincelle s'élançait, et alors les enfants chantaient en dansant :

« Voilà le maître d'école ! il est sorti le dernier. »

On lança dans le brasier tout le contenu du tonneau. Ouh ! ouh ! quelle belle flambée cela fit ! Les flammes sortaient par la cheminée, plus haut que jamais ne s'étaient élevées les fleurettes de lin, et elles resplendissaient d'un plus vif éclat que la toile même lorsqu'elle était dans sa plus belle blancheur. Un instant les caractères de l'écriture se détachèrent en un rouge plus foncé que le reste sur le papier allumé.

« Maintenant je vais m'élancer vers le soleil ! »

C'est là, si on avait bien écouté, ce qu'on aurait pu entendre prononcer au milieu du feu par des milliers de voix. C'étaient les atomes invisibles qui avaient formé le papier, et qui maintenant voltigeaient dans les airs, plus légers que la flamme qui les avait délivrés.

Quand tout fut brûlé, et que la dernière de toutes les

étincelles eut disparu, les enfants dansèrent une nouvelle ronde en chantant :

« Schnipp, shnapp, schnourr ! Finie la chanson ! »

Mais les petits êtres invisibles, qui avaient été lin, toile et papier, chantaient de leur côté :

« La chanson, jamais elle ne finit. C'est là ce qu'il y a de plus beau. Et nous savons qu'il en est ainsi : c'est pourquoi notre bonheur est incomparable ! »

Les enfants n'entendirent par cette chanson, et du reste ils ne l'auraient pas comprise ; et c'était bien ainsi, car les enfants ne doivent pas tout savoir.

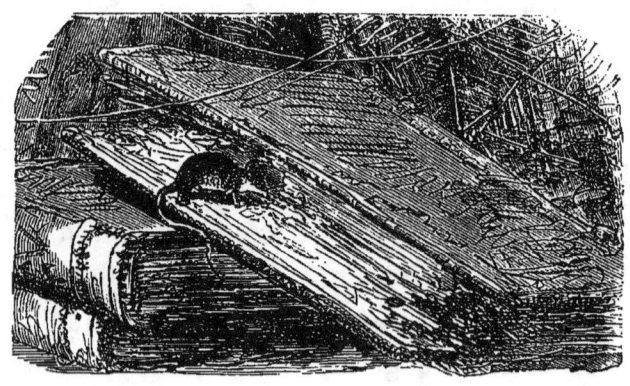

La jeune fille tomba à genoux...

LIVRE D'IMAGES

Que c'est singulier! Dans les moments mêmes où j'éprouve les sentiments les plus profonds, les plus vifs, ma langue se trouve toujours comme nouée, paralysée; je ne sais pas rendre, pas exprimer, comme je le voudrais, ce qui se passe en moi, et cependant je suis peintre; mon œil me le dit, tous ceux qui ont vu mes esquisses, mes dessins, en conviennent.

Je suis un pauvre garçon; je demeure dans une des ruelles les plus étroites de la ville; mais ma chambre ne manque pas de clarté; elle est au dernier étage, on y a une magnifique vue sur les toits. Pendant les premiers jours que j'habitai la ville, ma demeure me parut bien solitaire et déserte; au lieu des forêts et des collines verdoyantes que j'avais eues jusqu'ici sous les yeux, je n'apercevais que le ciel et les noires cheminées. Je n'avais pas un seul ami; pas une figure de connaissance ne me saluait.

Un soir je me tenais à ma fenêtre ouverte, regardant tristement devant moi. Oh! quelle joie remplit tout à coup mon cœur! Je vis un visage bien connu, un visage rond et aimable, celui de ma meilleure amie : la face de la lune. Cette chère vieille lune, elle jetait sur moi le même doux regard qui me charmait dans le temps, lorsque près des marais de mon pays elle luisait sur moi à travers le feuillage des grands saules. Je lui envoyai des baisers; elle éclaira ma chambrette et me promit de venir tous les soirs, au moment de commencer sa course, me tenir quelques instants compagnie.

Elle a tenu fidèlement parole; c'est dommage qu'elle ne puisse m'accorder que de si courts moments. Chaque fois qu'elle apparaît, elle me raconte les choses intéressantes qu'elle a vues la nuit précédente ou quelquefois le soir même.

« Retrace mes récits par le pinceau ou par la plume, me dit-elle à sa première visite, et tu auras un fort gentil livre d'images. »

J'ai suivi son conseil et j'ai en portefeuille assez de croquis pour faire un nouveau recueil de *Mille et une Nuits*. Mais ce serait peut-être trop volumineux; je ne vous donne qu'un petit nombre de mes esquisses, je ne les choisis pas, je les prends par ordre de date. Un grand peintre de génie, un poète, un musicien pourra y trouver des sujets pour quelque œuvre éclatante. Quant à moi, je ne fais qu'indiquer de légers contours. Sachez encore que ce n'est pas tous les soirs que mon amie venait me trouver, parfois de vilains nuages nous séparaient pendant plusieurs jours.

PREMIÈRE SOIRÉE

La nuit passée, ce sont les propres paroles de la lune, je glissais à travers l'atmosphère limpide des Indes : mon visage se reflétait dans les eaux du Gange, et mes rayons essayèrent de pénétrer à travers l'épais feuillage d'un petit bois de platanes, dont les cimes bombées formaient comme une écaille de tortue. Voilà que de dessous les arbres apparaît une jeune fille hindoue, légère comme une gazelle, belle comme Ève dans le paradis. Quelle figure idéale, aérienne, la grâce même, et si pleine de caractère ! sous sa peau fine, je voyais s'agiter ses pensées tumultueuses. Les épines des lianes déchiraient ses sandales, mais elle avançait rapidement. Sur son passage, les animaux sauvages qui revenaient du fleuve où ils avaient étanché leur soif sautaient de côté tout effrayés. Elle tenait d'une main une lampe allumée, de l'autre main elle garantissait la flamme du souffle de la brise ; à travers ses doigts mignons passait un sang pur, teinté comme le plus beau rubis.

Elle arriva au bord du fleuve sacré, elle posa avec précaution sur l'onde sa lampe en bois de santal ; le flot l'emporta. La flamme vacilla et parut près de s'éteindre, mais elle se ranima et continua à brûler. Les yeux noirs et brillants de la jeune fille, qui étincelaient sous de longs cils soyeux, suivaient d'un regard anxieux les mouvements de la flamme. Elle savait que si la lampe restait allumée, tant que ses yeux pourraient la suivre, son fiancé, qui était dans un pays lointain, vivait encore; si la flamme périssait avant, c'est qu'il était mort.

La lampe voguait toujours; bientôt la flamme n'apparut plus que comme un petit point lumineux, mais elle ne cessait pas de brûler; elle brillait encore lorsque la lampe disparut à un détour du fleuve. La jeune fille tomba à genoux et du fond du cœur elle adressa à Brahma, son Dieu, une ardente action de grâces; tout à côté d'elle un serpent venimeux vint à passer en sifflant; elle n'y prit garde. « Il vit ! » s'écria-t-elle d'une voix joyeuse, tremblante d'émotion. « Il vit, répéta l'écho de la montagne, il vit ! »

DEUXIÈME SOIRÉE

Hier, raconta la lune, je regardais dans une petite cour étroite, entourée de maisons de toutes parts. Dans un poulailler une poule dormait, ayant rangés autour d'elle ses onze poussins. Une gentille petite fille sautait et dansait à l'entour en chantant; la poule s'éveilla et tout effarée étendit ses ailes sur ses petits. Survint le père de l'enfant et il la gronda. Moi je passai et j'eus bientôt oublié ce petit événement.

Ce soir, il y a quelques instants, je regardais de nouveau dans la même cour, tout y était calme et tranquille. Arrive la petite fille; doucement, doucement elle tire le verrou du poulailler et elle s'y glisse jusqu'auprès de la poule. Celle-ci pousse des cris de terreur, les poussins effarouchés courent éperdus dans tous les coins; la petite fille cherche à attraper la mère. Je voyais la scène bien distinctement à travers le trou de la muraille, j'étais toute fâchée contre la petite méchante et je fus bien contente lorsque le père vint pour gronder l'enfant encore plus fort que la veille ; il la saisit par le bras et la tira brusquement du poulailler. La petite penchait la tête en arrière ; je vis ses grands yeux bleus tout remplis de grosses larmes.

« Pourquoi tourmentes-tu ces pauvres bêtes ? » dit le père d'une voix irritée.

L'enfant arrêtant ses sanglots répondit :

« Je voulais embrasser la poule et lui demander pardon de la peine que je lui avais causée hier. J'ai eu tort, père, de ne pas oser t'en demander la permission. »

Le père déposa un baiser sur le front de l'enfant, si innocente et naïve ; moi, je lui baisai les yeux.

TROISIÈME SOIRÉE

Hier soir, dit la lune, j'ai assisté à la représentation d'une comédie dans une petite ville d'Allemagne. On jouait dans une écurie transformée en théâtre ; on avait laissé les boxes des chevaux et on en avait fait des loges. Les murs étaient décorés de papier de couleur ; au plafond, qui n'était guère élevé, pendait un petit lustre en fer ; afin de pouvoir baisser la lumière dans la salle, comme cela se pratique sur les grands théâtres, quand le régisseur fait entendre le *kling-kling* de sa sonnette, on avait placé au-dessus du petit lustre un tonneau ouvert.

Kling-kling : le petit lustre en fer, tiré par une corde, remonte et disparaît dans le tonneau ; c'était le signal annonçant le commencement de la pièce. Un jeune prince et son épouse, qui étaient justement de passage dans cette ville, avaient désiré assister à la comédie ; la foule était accourue pour voir Leurs Altesses Sérénissimes, et la salle était comble. Il n'y avait pas une place vide, sauf sous le petit lustre, parce qu'il en tombait sans cesse des gouttes de bougie fondue.

Je voyais tout ; il faisait si chaud à cause de la quantité de monde, qu'on avait ouvert toutes les lucarnes et c'est par là que je regardais ; les servantes et les domestiques faisaient comme moi et jetaient par les lucarnes des regards éblouis dans la salle ; toute la police de l'endroit était de service dans l'intérieur ; les agents menaçaient de leurs bâtons les curieux du dehors, mais sans pouvoir les faire bouger.

Près de l'orchestre, le couple princier était assis sur deux vieux fauteuils, qui d'ordinaire étaient réservés au bourgmestre et à madame son épouse ; mais ce jour-là le représentant de l'autorité et sa femme, une personne très fière, avaient dû se mettre sur de vulgaires bancs de bois, comme le commun des bourgeois. Les femmes des notables de l'endroit étaient ravies qu'il en fût ainsi et elles se murmuraient à l'oreille : « C'est plaisir de voir des gens si fiers de leur place écrasés par des personnages d'un rang plus élevé. »

La fête avait ainsi une curieuse solennité ; le petit lustre monta dans le tonneau, et descendit, et fit très bien son office ; quand le menu peuple avançait trop la tête à travers les lucarnes, on lui tapait sur le nez ; la pièce ne dura pas trop longtemps et moi, la lune, je pus assister à la représentation jusqu'au bout.

QUATRIÈME SOIRÉE

Hier, commença la lune, passant au-dessus de Paris, la grande ville agitée encore par une révolution, je laissais errer mes regards à travers les appartements des Tuileries. Une vieille grand'mère, vêtue pauvrement, appartenant à la classe populaire, suivait un domestique subalterne ; ils arrivèrent dans la grande salle du trône, toute déserte. Là elle s'arrêta ; c'était ce lieu qu'elle avait voulu voir à tout prix, elle n'avait épargné ni démarches, ni bonnes paroles, ni même des sacrifices d'argent pour parvenir au comble de ses vœux.

Elle plia ses mains amaigries et regarda autour d'elle d'un air pieux, comme si elle se trouvait dans un sanctuaire.

« C'était donc ici, dit-elle, c'était bien ici ! »

Elle s'approcha du trône, d'où pendait une large draperie de velours, bordée de riches franges d'or : « Là, c'était là ! » s'écria-t-elle, et, tombant à genoux, elle déposa un ardent baiser sur la draperie ; je crois bien qu'elle pleura.

« Oui, mais ce n'était pas ce velours-là, » dit le domestique, qui ne sut pas cacher un léger sourire.

« Mais c'était bien ici, cependant, dit la vieille ; la salle était ainsi.

— C'est comme on veut, reprit-il, elle était ainsi et elle n'était pas ainsi ; les fenêtres étaient brisées, les portes enfoncées, le sang coulait sur les parquets. Cependant vous au moins vous pouvez dire : « Mon petit-fils est mort sur le trône
« de France. »

— Mort, hélas! mort! » dit la grand'mère en sanglotant.

Ils se turent et bientôt ils quittèrent la salle. Tout cela s'était passé un peu après le crépuscule; ma lueur devint plus forte et mes rayons firent briller la riche draperie de velours qui ornait le trône. Qui pouvait être cette vieille femme, te demandes-tu; je vais te conter son histoire.

C'était lors de la révolution de Juillet, le jour de la victoire définitive; les maisons étaient devenues des forteresses, les barricades approchaient du palais des Tuileries; enfin le peuple vint en faire le siège. Des femmes, des enfants se trouvaient parmi les assiégeants; les insurgés, après une courte résistance, pénètrent dans les appartements royaux.

Au premier rang des combattants se distinguait parmi les plus audacieux un jeune garçon en haillons; tout à coup il reçut en pleine poitrine plusieurs coups de baïonnette; il tomba mortellement blessé; cela se passait dans la salle du trône.

On le releva tout sanglant et on le déposa sur le trône de France, après l'avoir enveloppé de la draperie de velours qui décorait le siège des rois; son sang teinta de pourpre la draperie. Quel tableau! Au milieu de cette salle splendide, les figures sombres des insurgés, encore ivres de la fureur de la lutte. Par terre un étendard brisé; le drapeau tricolore brandi en triomphe par les vainqueurs. Sur le trône ce malheureux enfant au visage pâle, les yeux dirigés en extase vers le ciel, tandis que son pauvre corps tressaillait dans l'angoisse de l'agonie; sur sa poitrine nue on voyait sa blessure béante; ses haillons sortaient sous le magnifique velours brodé de fleurs de lis.

Lorsque cet enfant était au berceau, une devineresse, tirant les cartes, avait pronostiqué qu'il mourrait sur le trône de France. Sa mère, sa grand'mère avaient rêvé pour lui le sort d'un Napoléon.

Mes rayons ont déposé un baiser sur la couronne d'immortelles qui orne sa tombe ; ils ont déposé un baiser sur le front de la vieille grand'mère, lorsqu'elle contemplait hier en souvenir le triste tableau du pauvre enfant mourant sur le trône de France.

CINQUIÈME SOIRÉE

J'ai été à Upsale en Suède, dit la lune, je jetai mes regards sur la vaste plaine dont l'herbe est si maigre, sur les champs si peu fertiles. Je me mirai dans les eaux du Fyris, tandis que le bateau à vapeur chassait les poissons vers les roseaux des bords. Au-dessous de moi flottaient des nuages qui jetaient de grandes ombres sur des monticules qui, d'après les traditions des Scandinaves, seraient les tombeaux d'Odin, de Thor et de la déesse Freya ; ces collines sont recouvertes d'un gazon, où sont découpés des noms, ceux des visiteurs de ce lieu célèbre. Ils ne peuvent pas graver leurs noms sur la pierre ; il n'y a pas là de rochers où ils puissent les faire peindre ; alors ils font enlever des morceaux de gazon pour laisser une marque de leur passage ; sur les monticules s'étend tout un vaste réseau de lettres fort bien tracées. Mais, loin de devenir immortels, ces noms s'effacent dès que le printemps fait repousser le gazon.

Sur la plus haute de ces collines se tenait un barde inspiré ;

il vidait une antique corne à boire en ivoire, artistement ciselée, ornée d'un large bord d'argent, et remplie d'hydromel, le breuvage des anciens Scandinaves. Il murmura un nom qui lui était cher, mais il pria les vents de ne pas le porter au loin, de ne pas le divulguer. J'entendis ce nom; je connais celle qui le porte; une couronne comtale orne son front; c'est pourquoi le poète ne le prononça pas tout haut; mais lui ne porte-t-il pas aussi une couronne? C'est à la gloire du Tasse qu'est attachée la renommée d'Éléonore d'Este. Je sais où fleurit la rose de beauté qui charme le barde suédois.

Ainsi parla la lune; un nuage la déroba à mes yeux. Qu'aucun nuage ne cache au poète l'astre qu'il aime!

SIXIÈME SOIRÉE

Le long de la plage s'étend une magnifique forêt de hêtres et de pins séculaires; il y règne une senteur fraîche et vivifiante. Au printemps, des centaines de rossignols viennent l'animer de leurs doux chants. Tout à côté se trouve la mer, la mer qui sans cesse change; entre l'Océan et la forêt, il n'y a qu'une large route où passe une voiture après l'autre.

Mes regards, en ces lieux, dit la lune, reposent le plus volontiers sur un endroit où s'élève un tombeau de géants, couvert de ronces et de broussailles épaisses qui se pressent à travers les roches; la nature y est sauvage, pleine d'une poésie sévère. Quels sentiments crois-tu que ce spectacle inspire aux hommes? Je vais te l'apprendre, te répéter ce que je les ai entendus dire hier soir et pendant la nuit.

D'abord vinrent à passer en voiture deux riches propriétaires. « Quels magnifiques arbres! dit l'un.

— Superbes! dit le second. Chacun d'eux fournirait bien dix charretées de bois à brûler. L'hiver sera dur; et le prix du bois dépassera encore quatorze écus, ce qu'on payait l'an dernier par charretée. Calculez un peu la somme qu'on retirerait par une coupe de ces bois! »

Je n'en entendis pas plus; la voiture avait tourné le coude de la route.

Il en vint une autre.

« Quel chemin détestable! » dit celui qui la conduisait.

— La cause en est à ces maudits arbres, répondit son compagnon; ils arrêtent les vents de terre, l'air n'est pas suffisamment fouetté, et les eaux de pluie ne sèchent pas assez vite; la route en est toute gâtée et remplie de fondrières. »

Le roulement de la voiture étouffa la suite de leur conversation. Survint la diligence. Tous les voyageurs étaient plongés dans un profond sommeil; aucun d'eux n'avait tenu à rester éveillé pour admirer ce magnifique site. Le postillon sonna du cor; mais voici exactement ce qu'il pensait, en faisant retentir sa fanfare :

« Comme je joue bien de mon instrument! que cela résonne bien en cet endroit! quel bel effet d'écho je produis! Je voudrais bien savoir si mes voyageurs m'admirent comme je le mérite. »

La diligence était déjà loin, lorsqu'apparurent deux jeunes garçons montés sur des chevaux fringants.

« Voilà enfin de la jeunesse et de la vie, me dis-je; chez eux le sang pétille comme le champagne, et ce beau spectacle va les émouvoir. »

En effet, ils regardèrent avec un sourire une colline couverte d'une mousse épaisse et entourée de bouquets d'arbres aux épais ombrages.

« C'est là que j'aimerais à me promener avec Christine, si elle devient ma femme! » dit l'un d'eux. Le vent emporta la réponse de l'autre.

Puis vint à régner une accalmie complète; il ne soufflait pas la plus légère brise; la mer était tout immobile, mes rayons s'y reflétaient comme dans une immense glace de cristal. Les senteurs des fleurs et de la forêt embaumaient délicieusement les airs. De nouveau une voiture vint à passer; sur les six personnes qu'elle contenait, quatre dormaient, la cinquième, une belle dame, songeait à l'effet que sa nouvelle robe produirait au prochain bal. La sixième demanda au cocher si la colline, le tombeau de géants dont je t'ai parlé, était une chose remarquable.

« Ah! du tout, répondit-il, ce n'est qu'un gros tas de pierres, mais les arbres là-bas sont ce que j'appellerai remarquables.

— Comment cela?

— Je vais vous le dire, reprit le brave cocher. Voyez-vous, quand en hiver la neige est parfois si haute, qu'on n'aperçoit plus aucune trace de la route, alors ces arbres me servent de point de repaire pour trouver mon chemin; je longe la lisière de la forêt et je suis certain de ne pas conduire ma voiture à la mer. Convenez-en, ces arbres sont bien dignes de remarque. »

Arriva un peintre, ses yeux brillaient en contemplant le paysage; il ne dit pas un mot, mais il sifflait un air joyeux. Les rossignols chantaient à gorge déployée.

« Taisez-vous, bavards insupportables! » s'écria-t-il, et, notant exactement les tons et les teintes qu'il avait sous les yeux, il ajouta : « Du bleu, du lilas, du brun foncé! cela fera un beau tableau. »

Le paysage, il ne le comprenait pas mieux que n'aurait pu le faire un miroir où se serait reflétée cette belle nature ; il s'en fut en sifflant une marche de Rossini.

En dernier lieu, je vis arriver une jeune fille, pauvrement vêtue, elle portait un lourd fardeau ; pour se reposer, elle s'assit sur le tombeau de géants. Son joli visage pâle tourné vers la forêt, elle écoutait le cou tendu le chant mélancolique des rossignols ; ses yeux étincelaient ; tout émue, elle contemplait le vaste Océan, le firmament étoilé. Elle joignit les mains, je crois qu'elle pria un *Pater*. Elle ne comprenait pas le sentiment qui la dominait, la remuait jusqu'au fond de l'âme ; mais je sais que, même après bien des années, cette minute lui restera présente à la mémoire, et que le souvenir lui retracera ce spectacle sublime plus fidèlement que ne pourra le faire le tableau que composera le peintre. Mes rayons suivirent l'innocente enfant jusqu'à ce que l'aurore vînt jeter sur son front des clartés plus vives que les miennes.

SEPTIÈME SOIREE.

De lourds nuages roulaient à travers le ciel ; la lune n'apparaissait pas ; je restais absolument solitaire à ma fenêtre, regardant vers l'endroit du firmament où devait se trouver l'astre que j'attendais. Mes pensées volaient au loin vers ma grande amie, qui m'avait déjà raconté de si belles histoires et me montrait des images si intéressantes.

« Que n'a-t-elle pas déjà vu! me dis-je. Ses rayons glis-

Elle a encore vu le héros prisonnier de Sainte-Hélène,
quand du haut du rocher solitaire...

saient sur les eaux du déluge ; elle souriait à Noé, comme aujourd'hui à moi, lorsqu'il sortit de l'arche, et sa douce lueur fut le présage du nouveau monde qui allait surgir. Lorsque le peuple d'Israël était en pleurs auprès du fleuve de Babylone, elle regardait mélancoliquement vers les saules où pendaient les harpes des prisonniers. Quand Roméo monta au balcon, porté par les ailes de l'Amour, la pleine lune, à moitié cachée derrière les cyprès, resplendissait à travers l'air pur et transparent. Elle a encore vu le héros prisonnier de Sainte-Hélène, quand, du haut de son rocher solitaire, il contemplait l'immense Océan, tandis que de vastes pensées se pressaient dans son esprit.

« Oui, que de récits la lune ne pourrait-elle pas faire? La vie de la création, l'histoire de l'humanité est pour elle ce que serait pour nous le spectacle d'une lanterne magique ou un album amusant.

« Aujourd'hui je ne te verrai pas, mon unique amie! Aujourd'hui je ne pourrai tracer aucune esquisse en souvenir de ta visite. »

Tandis que j'étais ainsi à rêver en contemplant la course des nuages, tout à coup ils s'écartèrent un peu; un rayon de la lune passa à travers, mais pour disparaître aussitôt; les nuées sombres se rejoignirent et la nuit redevint toute noire. Mais j'avais cependant reçu de mon amie un gracieux salut; elle ne m'avait pas oublié.

HUITIÈME SOIRÉE

Le ciel s'éclaircit de nouveau; plusieurs soirées se passèrent. La lune était dans son premier quartier et ne s'arrêtait pas pour causer avec moi. Puis vint un soir où elle resta à me conter ce qui suit; écoutez bien.

« Je suivis du regard une bande d'oiseaux polaires jusque sur la côte du Groenland. D'énormes roches nues, couvertes de glace au sommet, s'élevaient sur la plage ; un épais brouillard obscurcissait l'air. Mais plus avant dans les terres, je découvris une charmante vallée, abritée de toutes parts par de hautes montagnes. Des bouquets de saules y poussent, et des touffes de myrtils ; la lycnide y fleurit et répand une douce odeur. Mes rayons étaient pâles dans ces régions de l'extrême nord, mon visage n'avait pas plus de couleur qu'un nénufar qui, détaché de sa tige, aurait vogué pendant des semaines à la surface des eaux.

« Tout à coup l'horizon s'illumina ; au ciel parut la couronne d'une aurore boréale ; elle lançait une magnifique gerbe de rayons qui montaient comme des colonnes de feu et éclairaient tout le ciel d'une brillante teinte de pourpre.

« Je vis approcher une troupe d'indigènes rassemblés pour se livrer à des réjouissances, à des danses et à des jeux. Ils étaient habitués au superbe spectacle de l'aurore boréale : ils daignèrent à peine y arrêter un instant leurs regards.

« — Jouons donc à la balle avec des têtes de morses, dit l'un d'eux, comme le font les âmes des trépassés. »

« C'est là leur croyance. Le jeu commença et devint bientôt très animé ; des cris d'une joie bruyante retentissaient. Puis un Groenlandais, ôtant sa fourrure, se plaça au milieu du cercle, et, frappant sur un tambourin, il entonna un chant sur la chasse au chien marin ; le chœur répondait par le refrain : « *Eia, eia! ah!* » Et à ce moment, tous couverts de leurs grandes peaux blanches, dansaient en rond ; on aurait dit un bal d'ours blancs ; il faisaient des bonds audacieux, des contorsions sauvages, remuant les bras et la tête comme des insensés.

« Ils finirent par se calmer ; ils s'assirent sur les rochers, feignant de se constituer en cour de justice pour juger les différends nouveaux depuis la dernière assemblée. Un plaignant se présenta, il imita avec un art consommé les attitudes de son adversaire, et dansant au son du tambourin il formula ses griefs. L'autre partie s'avança à son tour et se défendit de la même façon, singeant aussi habilement son adversaire. L'assemblée éclata de rire et prononça l'arrêt.

« Un terrible coup de vent vint à souffler, faisant trembler les roches et craquer les glaciers ; d'énormes masses de glace s'écroulèrent avec fracas. Puis l'ouragan cessa et j'eus le spectacle d'une de ces magnifiques et sereines nuits d'été qui font le charme de ces contrées polaires.

« A quelques centaines de pas de l'endroit où avait eu lieu la danse, un malade gisait étendu sous une tente de peaux, tout ouverte : son sang chaud circulait rapidement et il paraissait encore plein de vie. Il fallait cependant qu'il mourût ; il en était persuadé et tous les assistants l'étaient aussi. Sa femme cousait un linceul de peaux de bêtes, pour l'y mettre avant qu'il fût mort ; cela porte malheur, croient-ils, de toucher les trépassés. Et elle lui demanda :

« Désires-tu être enseveli sur la roche, au milieu de la neige durcie ? J'ornerai ta tombe de ton carquois et de tes flèches. Les voisins viendront danser autour en ton honneur. Ou bien préfères-tu être lancé dans la mer ?

— Dans la mer ! murmura-t-il, avec un sourire mélancolique.

— C'est là une tente agréable à habiter en été, dit-elle. Tu pourras te divertir à regarder les ébats des milliers de chiens marins qui demeurent au fond de l'Océan ; des troupeaux de morses viendront dormir à tes pieds ; tu pourras en faire la chasse sans danger. »

« Elle le mit dans son linceul ; ses enfants arrachèrent la tente, et pleurant, poussant des cris de douleur, ils portèrent leur père vers la plage ; là ils l'abandonnèrent aux flots écumants ; la mer, qui l'avait nourri pendant sa vie, devait après sa mort lui servir de lieu de repos. Des montagnes de glace roulées par les vagues furent son monument funéraire. »

NEUVIÈME SOIRÉE

Je connaissais une vieille fille, dit la lune ; tous les hivers elle portait la même jupe de satin jaune, qui depuis longtemps n'était plus à la mode, mais elle restait toujours propre. Tous les étés on la voyait avec le même chapeau de paille et je crois aussi avec la même robe d'un bleu gris.

Elle ne sortait que pour aller rendre visite à une vieille dame de ses amies qui demeurait en face ; et, dans ces dernières années, elle ne passait même plus du tout le seuil de sa porte ; la vieille dame était morte.

Dans sa solitude, la vieille demoiselle était toujours occupée à sa fenêtre, où pendant tout l'été étaient rangées de belles fleurs ; en hiver il y poussait du magnifique cresson. Le mois dernier je ne l'aperçus plus à sa fenêtre ; mais elle vivait toujours, je le savais ; je ne l'avais pas encore vue commencer le grand voyage dont elle parlait si souvent avec sa vieille amie.

« Oui, disait-elle, quand je viendrai à mourir, j'aurai à entreprendre un voyage plus long que tous ceux que j'ai faits pendant ma vie. Le caveau funéraire de notre famille est à six lieues d'ici; c'est là où l'on me transportera, pour que j'y repose à côté de tous mes parents. »

Dans la nuit d'hier, une voiture s'arrêta devant la maison de la vieille demoiselle; on y déposa un cercueil; je savais maintenant qu'elle était morte. On entoura le cercueil de paille et la voiture partit.

Elle dormait donc de son dernier sommeil cette vieille demoiselle, si rangée, si tranquille, qui depuis tant d'années ne quittait pas sa maison.

La voiture roulait et passa la porte de la ville; elle allait aussi vite que s'il se fût agi d'une partie de plaisir. Sur la route les chevaux filèrent encore plus rapidement. Le cocher, de temps en temps, jetait derrière lui un regard à la dérobée; je crois qu'il craignait de voir la vieille fille à la jupe de satin jaune assise sur son cercueil.

Certes il n'était pas à son aise, et il fouetta ses chevaux plus que de raison, en même temps qu'il les retenait par les rênes. Les bêtes étaient jeunes et fringantes; elles se cabraient et écumaient. Un lièvre vint tout à coup à traverser le chemin; les chevaux effrayés s'emportèrent.

Voilà donc la vieille demoiselle, qui depuis des années ne faisait que quelques pas lents tous les jours dans son appartement, entraînée morte au triple galop sur la grande route par des chevaux affolés.

La voiture était cahotée en tous sens avec violence; le cercueil se détacha et tomba sur le chemin, tandis que chevaux, voiture et cocher disparaissaient dans une course désordonnée.

L'aube approchait ; une alouette se leva du champ voisin, vint se poser sur le cercueil et fredonna son chant du matin ; de son bec elle se mit à déchiqueter l'enveloppe de paille. Puis l'oiseau s'éleva dans les airs toujours en chantant ; moi je me retirai derrière les nuages rougis par les premiers feux de l'aurore.

DIXIÈME SOIRÉE

Je veux te donner une idée de Pompéi, dit la lune.

Mes rayons plongeaient sur le faubourg, sur la rue des Tombeaux, comme on l'appelle, là où se trouvent de si beaux monuments, là où, dans le temps, de joyeux jeunes garçons, le front ceint de couronnes de roses, dansaient avec de belles jeunes filles venues des contrées de la Grèce. Maintenant il y règne un silence de mort. Des Allemands à la solde du roi de Naples y montent la garde ; leurs camarades jouent aux cartes ou aux dés sur les marches d'un temple.

Je vis arriver une bande d'étrangers d'au delà des monts, conduits par des guides ; ils tenaient à voir à la lueur de mes rayons la ville ressuscitée de son tombeau. Je leur montrai les traces des roues des quadriges sur les blocs de lave qui pavaient les rues ; je leur montrai, inscrits sur les portes des maisons, les noms des anciens propriétaires d'il y a dix-huit siècles, les enseignes de cette époque encore accrochées aujourd'hui. Dans les petites cours ils virent les bassins des anciens jets d'eau, ornés de jolis coquillages ; mais l'eau n'en jaillissait pas ; aucun chant ne retentissait plus dans les appartements richement décorés de belles fresques ; mais le chien de bronze les gardait toujours.

C'était bien la ville des morts ; tout se taisait aux alentours ; de temps en temps seulement on entendait les détonations sourdes du Vésuve. Nous allâmes vers le temple de Vénus, construit en marbre blanc comme la neige ; entre les colonnes gracieuses qui entourent le large escalier qui mène à l'autel de la Déesse poussent çà et là des cyprès. Sur le ciel transparent et d'un bleu clair se détachait la masse noire du Vésuve ; de hautes colonnes de feu, droites comme le tronc d'un pin, s'élançaient du cratère du volcan ; au-dessus se tenait un nuage de fumée rouge comme du sang, qui était d'un effet magique.

Parmi ces étrangers se trouvait une cantatrice célèbre, une véritable artiste ; j'ai été témoin des triomphes éclatants qu'elle a remportés dans les plus grandes capitales. Lorsqu'ils arrivèrent au grand théâtre, ils prirent place sur les gradins de pierre. La scène est encore intacte, telle qu'elle était autrefois, avec ses coulisses en marbre ; au fond les deux arcades ; à travers on voit le même fond de paysage que du temps de Trajan : les montagnes entre Sorrente et Amalfi.

Une idée plaisante traversa l'esprit de la cantatrice ; elle monta sur la scène et se mit à chanter. Les souvenirs de ce lieu, la douce et belle nature l'inspirèrent ; pour te représenter la profonde mélancolie des divins accents que sa voix puissante fit entendre, je dois évoquer les angoisses d'une *Mater dolorosa* ; si tu veux te figurer la légèreté, la sûreté de ses roulades qui charmaient le cœur, qui l'enivraient plus que celles du rossignol, songe au coursier d'Arabie quand, la crinière hérissée, il vole sur les ailes du vent.

Elle s'arrêta; comme aux premiers temps de l'empire romain, de bruyants applaudissements, des cris frénétiques d'enthousiasme retentirent, ne cessant que pour recommencer aussitôt. Puis on s'en alla; cinq minutes plus tard, le théâtre était de nouveau vide, on n'y entendait plus le moindre bruit. Mais le monument était toujours intact et debout, comme il sera encore dans mille ans; alors personne ne se souviendra plus de ce moment de profonde émotion; on aura même oublié tout à fait la belle cantatrice, sa voix merveilleuse, ses sourires enchanteurs. Tout aura passé, disparu dans l'ombre; moi-même j'aurai perdu la mémoire de cette scène.

ONZIÈME SOIRÉE

Je regardais par la fenêtre dans le bureau du rédacteur en chef d'un grand journal, dit la lune. C'était en Allemagne; je vis de beaux meubles, beaucoup de livres, un fouillis de gazettes. Il y avait là plusieurs journalistes; le rédacteur en chef était à son pupitre, examinant deux petits volumes; les auteurs, de jeunes écrivains, les lui avaient remis pour qu'il en fît un compte rendu.

« Voici l'un de ces livres, dit-il aux assistants, ce n'est que de la poésie; mais il est bien conditionné, beau papier, belle impression. Qu'en pensez-vous donc?

— Oh! répondit l'un des jeunes gens, qui était lui-même poète, les vers sont assez beaux, sans grand éclat ni mouvement; l'auteur est encore bien jeune; son talent pourra se perfectionner. Ses idées sont justes; il s'y rencontre bien des lieux communs; que vous dirai-je! on ne peut pas toujours inventer du nouveau. Vous pouvez toujours en faire l'éloge. Je ne pense pas que l'auteur arrive jamais à une grande réputation. Mais il a beaucoup lu; il connaît bien l'Orient, qu'il décrit dans ses vers; son jugement est sain. C'est lui qui a rédigé cet excellent compte rendu de mes *Fantaisies sur la vie de famille*; il faut être indulgent pour les débutants. Oui, dites-en du bien.

— Cependant, reprit un autre, vous savez bien qu'en fait de poésie, rien n'est plus insupportable que la médiocrité, et certes jamais il ne la dépassera.

— Pauvre diable! dit un troisième. Et quand je pense que sa tante est toute fière de lui et le croit sur le chemin de le renommée. Vous la connaissez bien, monsieur le rédacteur en chef; c'est elle qui s'est donné tant de peine pour recueillir des souscriptions pour votre dernier ouvrage.

— Comment donc! s'écria le rédacteur en chef. Quelle excellente femme! Et moi qui allais annoncer le volume en quelques mots seulement et comme pour l'amour de Dieu! » Il se mit à écrire et on l'entendait qui disait à demi-voix : « Talent incontestable! Une des fleurs les plus rares du jardin de la poésie! Une vraie perle! Papier magnifique, impression superbe, le contenant digne du contenu. »

« Maintenant, que pensez-vous de l'autre volume, reprit-il tout haut. Ce sont encore des vers; on m'a dit beaucoup de bien de l'auteur; on m'a même assuré qu'il avait du génie. Qu'en pensez-vous?

— Oui, répondit le poète, il y a des gens qui le prétendent, mais c'est un talent sauvage, inculte, indiscipliné. Le principal trait de génie que j'aperçois dans le volume, c'est la manière dont il est ponctué; faites-y attention.

— Il serait bon, interrompit un autre, de le critiquer quand même ; c'est dans son intérêt : il ne faut pas qu'il prenne une trop haute opinon de son talent.

— Ce serait injuste, fit observer un troisième. Vous trouverez bien chez lui quelques petits défauts ; mais ils disparaissent devant les grandes beautés qui abondent dans ses vers ; c'est elles qu'il convient de faire ressortir. Sachez-le bien ; il nous dépasse tous de cent coudées.

— Je ne suis pas du tout de votre avis, reprit le précédent. Si, comme vous le pensez, c'est un vrai génie, il résistera parfaitement aux critiques les plus acerbes. Il y a bien assez de gens pour louer ses vers ; tâchons qu'il ne devienne pas tout à fait fou d'orgueil. »

Le rédacteur en chef écrivit : « Talent incontestable, mais peu châtié ! toujours les mêmes négligences. Plusieurs vers malheureux ; page 25, par exemple : deux hiatus coup sur coup ; on a l'oreille écorchée. L'auteur ferait bien d'étudier les anciens, etc. »

Je m'éloignai, dit la lune, et je regardai par la fenêtre dans le salon de la tante, une dame riche, qui avait de belles connaissances : son neveu était assis là, tous les invités lui faisaient fête, l'accablaient de compliments ; il nageait en pleine félicité.

Je cherchai ensuite l'autre poète, le sauvage ; il était aussi dans une grande société, chez son protecteur ; on y parlait du livre de l'autre, le poète civilisé.

« Je lirai aussi votre volume, dit le Mécène ; mais, pour vous parler franchement, je ne m'attends pas à être émerveillé. Vous ne savez pas dompter votre imagination ; elle vous emporte au delà de toutes les bornes. Cela ne m'empêche d'estimer beaucoup votre caractère. »

Dans un coin se tenait une jeune fille, qui feuilletait un livre ; elle y lisait le passage suivant :

« Que le génie a de la peine à percer le nuage de poussière qu'il fait lever autour de lui ! Soyez terre à terre, et la fortune vous sourira. C'est une vieille histoire, mais tous les jours elle recommence. »

DOUZIÈME SOIRÉE

Je glissai par-dessus les vastes bruyères de Lunebourg, dit la lune. Près de la route solitaire se trouvait une misérable cabane ; aux alentours quelques maigres broussailles, des bouleaux de chétive apparence. Un rossignol, qui s'était égaré dans ces contrées inhospitalières, faisait entendre un chant plaintif ; la nuit devait être très froide, et le pauvre oiseau était condamné à mourir ; c'était un chant d'adieu que j'entendais.

L'aube approchait. J'aperçus une caravane de paysans qui émigraient et se rendaient à Hambourg, où ils voulaient s'embarquer pour l'Amérique, là, espéraient-ils, la fortune leur sourirait enfin ; il y avait déjà longtemps qu'ils caressaient ce rêve. Les mères portaient sur le dos, dans des hottes, leurs plus jeunes enfants, les plus grands trottaient derrière ; une pauvre rosse, maigre et efflanquée, traînait une carriole qui contenait les misérables nippes de ces braves gens.

Un vent glacial vint à souffler ; une petite fille à la mamelle se serra étroitement contre le sein de sa mère qui, levant les yeux vers mon visage décroissant, songeait aux dures privations qu'elle avait endurées dans son pays depuis son enfance, aux énormes impôts qui écrasent le paysan allemand. Ils étaient tous absorbés par de noires pensées de ce genre.

Les premiers rayons de l'aurore vinrent rougir l'horizon ; leurs cœurs s'allégèrent, cela leur parut le présage de meilleurs jours. Ils entendirent le chant du rossignol qui allait expirer, ils le prirent aussi pour un heureux pronostic. Le vent sifflait et les empêcha de comprendre ce que disait l'oiseau mourant :

« Passez la mer, bonnes gens, et restez joyeux. Votre passage est payé avec le reste de votre avoir. Sans ressources et sans moyens, vous entrerez dans ces contrées que vous croyez être le pays de Canaan, il vous faudra vous vendre, vous, vos femmes, vos enfants, à d'impitoyables exploiteurs de vos misères. Mais vos souffrances ne dureront pas longtemps. Derrière l'épais feuillage des grands arbres des forêts vierges que vous aurez à défricher, la mort vous guette, son baiser vous insufflera une fièvre mortelle, et vous la bénirez : elle vous délivrera de votre long martyre. Voguez, voguez gaiement sur les vagues roulantes du vaste Océan! »

La caravane écoutait, toute joyeuse, les roulades du rossignol ; plus que jamais, elles leur paraissaient annoncer le bonheur.

Il faisait déjà jour ; des habitants de ces lieux traversaient la bruyère se rendant à l'église lointaine ; les femmes, au costume antique, portant des manteaux noirs avec des capuchons blancs, semblaient des figures descendues de quelque vieux tableau gothique. Tout autour la vaste plaine inculte, couverte de bruyères desséchées, de couleur sombre ; par-ci par-là, de grandes places noires où avait passé le feu ; un spectacle lamentable.

Les femmes tiraient leurs livres d'église ; elles approchaient du sanctuaire.

« Priez, pensai-je, priez pour les malheureux qui vont s'élancer sur les flots de la mer, pour atteindre plus tôt la tombe ! »

TREIZIÈME SOIRÉE

Je connais en Italie, dit la lune, un acteur d'un théâtre de funambules ; il joue le rôle de Polichinelle. Le public jubile quand il apparaît sur la scène ; chacun de ses mouvements, de ses moindres gestes, est comique et, sans être le moins du monde étudié, fait éclater le rire dans toute la salle, c'est la pure nature.

Lorsqu'étant encore gamin il jouait avec ses camarades, il était déjà un vrai Polichinelle ; il était destiné à cet emploi ; il avait une bosse dans le dos, une bosse par devant ; en revanche son cœur et son esprit ne se ressentaient pas de cette imperfection et étaient richement doués. Il sentait profondément ; son esprit avait une élasticité merveilleuse. Tout son être tendait vers le théâtre ; s'il avait eu un corps bien conformé, il serait devenu le premier tragédien de son siècle ; tout ce qui était grand et héroïque faisait vibrer son âme, et cependant il lui fallut devenir Polichinelle. Sa mélancolie même rendait plus comiques les traits fortement marqués de son bizarre visage; c'était surtout quand il se laissait aller à sa tristesse que le public, qui l'idolâtrait, partait d'un fou rire et l'applaudissait à tout rompre.

La charmante Colombine était pour lui une amie, elle lui voulait sincèrement du bien, mais c'était le bel Arlequin qu'elle voulait épouser; n'eût-il pas été ridicule d'allier la gentillesse et la grâce à la laideur difforme?

Quand Polichinelle était bien enfoncé dans ses idées noires, c'est elle seule qui savait l'en tirer, le faire peu à peu sourire et enfin rire de bon cœur.

« Je sais bien ce qui vous manque, dit-elle un jour : c'est l'amour.

— Moi et l'amour! s'écria-t-il, en riant aux éclats. Que ce serait drôle! c'est alors que le public applaudirait.

— Je sais ce que je dis, reprit-elle; et, avec une gravité des plus comiques, elle ajouta : « C'est moi que vous aimez. »

Elle pouvait dire cela, puisque cela ne pouvait jamais être qu'un pur badinage. Polichinelle, riant de plus en plus, fit de folles gambades; toute mélancolie était oubliée. Colombine avait dit vrai; il l'aimait, il l'aimait éperdument, autant et plus que son art.

Le jour du mariage de Colombine avec Arlequin, Polichinelle se montra le plus gai compagnon parmi toute la troupe; puis il pleura amèrement toute la nuit; si le public avait aperçu alors les affreuses grimaces de son visage, la salle se serait écroulée sous les applaudissements.

Ces jours derniers, Colombine vint à mourir à la fleur de l'âge; le jour de l'enterrement, Arlequin naturellement fut dispensé de paraître sur la scène; on le laissait ce jour pleurer à son aise sa chère épouse. Mais le directeur tenait à ce que le public ne remarquât pas trop l'absence de Colombine et d'Arlequin ; c'est pourquoi il fallut que Polichinelle fît encore plus de farces et d'extravagances que d'ordinaire ; il dansait, sautait, le désespoir dans le cœur. Les spectateurs s'étaient rarement autant amusés ; ils étaient enroués d'avoir crié *bravo, bravissimo.*

Polichinelle fut rappelé je ne sais combien de fois ; c'était son plus beau triomphe.

Dans la nuit d'hier je le vis se glisser hors de la ville ; il entra dans le cimetière solitaire et il vint s'asseoir sur le tombeau de Colombine, où il déposa une fraîche couronne de fleurs à côté de celles qui étaient déjà flétries. La tête appuyée dans sa main, il dirigeait vers moi ses regards désolés ; il était à peindre. Il resta ainsi longtemps immobile ; on aurait dit qu'il faisait partie du monument funéraire. Un polichinelle sur une tombe ! quelle rencontre pittoresque, quel plaisant contraste ! Si le public avait aperçu son favori dans cette situation, il se serait égosillé à crier : *Bravo, Pulcinella, bravo, bravissimo !*

QUATORZIÈME SOIRÉE

Écoute ce que la lune m'a conté.

J'ai vu des cadets au sortir de l'École militaire, lorsqu'ils deviennent officiers et qu'ils endossent pour la première fois le bel uniforme de leurs rêves. J'ai vu la jeune épouse d'un roi faire une entrée solennelle dans la capitale, revêtue d'un manteau de pourpre, et la couronne sur la tête. Comme les cadets, elle avait la figure épanouie de bonheur ; mais ce n'était rien comparé à la félicité que j'ai aperçue ce soir exprimée sur les traits charmants d'une fillette de quatre ans.

Elle avait reçu en cadeau une nouvelle robe bleue, et, de plus, un nouveau chapeau de satin rose. On venait de lui essayer le tout ; on demanda de la lumière ; mes pâles rayons ne suffisaient pas pour qu'on pût admirer à son aise ces merveilles incomparables.

Quand le salon fut bien éclairé, la petite se plaça au milieu, se tenant raide comme une poupée, les bras écartés soigneusement pour ne pas friper la robe, la main toute grande ouverte. Quelle béatitude sur cette ravissante et mignonne frimousse ; que ses yeux brillaient de joie !

« Tu sortiras demain avec ta nouvelle robe, » dit la mère ; et l'enfant considérait sa toilette avec un nouveau sourire de parfaite félicité.

« Mère, s'écria-t-elle tout à coup, que penseront donc de moi les petits chiens quand ils me verront si magnifiquement habillée ? Est-ce qu'ils oseront encore aboyer après moi ? »

QUINZIÈME SOIRÉE

Je t'ai parlé de Pompéi, dit la lune, ce cadavre d'une ville exposé parmi les villes vivantes ; je connais une autre ville, peut-être plus curieuse encore, c'est le fantôme d'une ville. On la voit surgir des vagues de la mer, lorsque le vent déchir l'épais brouillard qui souvent la couvre et qui est comme un voile de veuve. Son ancien maître, le fiancé de la mer, est mort, la ville entière est comme un immense mausolée.

Jamais on n'y entend le roulement d'une voiture ; jamais le pas d'un cheval n'y résonne dans les rues, qui sont des canaux ; sur leurs eaux verdâtres on voit voler de noires et mystérieuses gondoles.

Je vais te décrire la plus grande place de la ville ; tu te croiras transporté dans le pays des contes de fées. L'herbe pousse entre les larges dalles ; dès l'aube, des milliers de pigeons volent dans tous les sens, pour aller ensuite se percher sur une haute tour isolée. Des arcades entourent de trois côtés ce lieu ; sous leur abri tu verras des Turcs assis et fumant en silence leur longue pipe ; un peu plus loin, un bel adolescent grec s'appuie contre une colonne et il contemple les hauts mâts, les trophées glorieux, les souvenirs d'une puissance disparue qui abondent en ce lieu ; beaucoup de bannières et d'étendards, mais ils sont en panne, en signe de deuil. Un peu plus loin, une jeune fille robuste se tient contre un de ces mâts, monuments de victoires éclatantes ; les deux seaux d'eau qu'elle vient de puiser sont devant elle ; sur ses épaules se trouve le joug qui va lui servir à les emporter. Elle aussi considère d'un air mélancolique toute cette grandeur déchue.

Devant toi, tu aperçois une église unique dans le monde ; les coupoles dorées brillent d'un éclat magique à la lueur de mes rayons. Tout est étrange dans cet édifice ; on dirait que le caprice d'un enfant en a dirigé la décoration d'une richesse éblouissante. Tu entres ; la splendeur des murailles en mosaïque, le doux éclat des vitraux te saisissent ; jamais tu ne verras autre part une magnificence aussi harmonieuse ; tu te croirais dans quelque séjour enchanté.

A côté, quatre chevaux de bronze tirent un char de la Victoire; ils étaient venus de bien loin, ces modèles de l'art le plus parfait des Grecs, et ils ont encore fait un long voyage avant de revenir ici. Un peu plus loin, sur une colonne, se tient un lion ailé; l'or brille sur ses ailes, mais on dirait qu'elles pendent inertes; le fier animal, qui semblait autrefois si plein de force et de vie, est comme mort. Son maître, le roi de la mer, est trépassé; les grandes et vastes salles de ses palais sont désertes, les murailles où pendaient les plus beaux tableaux, les plus riches tapisseries, sont nues.

Sous les arcades, où autrefois les nobles de haute naissance avaient seuls le droit de passer, dorment des bandes de mendiants. Il n'y a qu'une chose qui soit comme par le passé, ce sont les gémissements, les plaintes désespérées qu'on peut toujours entendre dans les geôles près du pont des Soupirs. Mais autrefois le bruit des tambourins, les cris joyeux les étouffaient, lorsque, du haut du Bucentaure, tout éclatant de dorures et d'étendards, le doge lançait l'anneau nuptial à l'Adriatique, la reine des mers.

Adria, Adria, cache dans tes brouillards, couvre de ton voile de veuve le vaste mausolée de ton époux, Venise, la ville des palais de marbre, l'ombre, le spectre d'une grande et glorieuse cité.

SEIZIÈME SOIRÉE.

Je regardai un grand théâtre, dit la lune; la salle était comble; un nouvel acteur devait débuter; mes rayons pénétrèrent par une petite fenêtre derrière la scène. Un visage fardé s'appuyait contre les carreaux; c'était le héros de la soirée. Son menton était orné d'une belle barbe, qui frisait naturellement; mais les yeux de cet homme étaient remplis de larmes; il venait d'être sifflé, et cela avec raison.

Il était à plaindre, mais que voulez-vous? l'art a ses parias. Il sentait profondément, et il aimait sa profession avec enthousiasme; mais la nature l'avait traité en marâtre; elle ne lui avait pas accordé le don de rendre ce qu'il éprouvait. La sonnette du régisseur retentit. « Le héros, disait le rôle, s'avance avec courage et plein d'audace. » C'est là l'attitude qu'il lui fallait prendre devant un public qui venait de rire de lui aux éclats!

Lorsque la pièce fut finie, je vis une figure enveloppée dans un manteau se glisser en bas de l'escalier et se faufiler vers la sortie des artistes: c'était lui, la victime anéantie de la moquerie publique. Les machinistes chuchotaient sur son passage. Je le suivis jusqu'à sa chambre.

Se pendre, c'est une vilaine mort; du poison, on n'en a pas toujours sous la main. Il pensait cependant à ces deux façons de quitter ce monde cruel; je le vis contempler dans le miroir son visage pâle, les yeux mi-clos; il voulait voir si mort il aurait une mine imposante. Un homme peut être très malheureux et avoir néanmoins de ces présomptions singulières

Il pensait donc à la mort, au suicide; je crois qu'il pleurait sur lui-même; il versait des larmes amères; mais quand on a bien épanché sa douleur par des sanglots, on ne se tue plus.

Toute une année s'est passée depuis. Un de ces derniers soirs, on jouait de nouveau la comédie, mais sur un tout petit théâtre; les acteurs étaient une pauvre troupe ambulante; je revis le même visage, aux joues fardées, à la barbe frisée.

Il porta ses regards vers moi, et cette fois il souriait: cependant il n'y avait pas une minute qu'il venait d'être sifflé de nouveau à outrance, sur une misérable scène, par un public qui n'était guère que de la populace. Mais il ne pleurait plus, il souriait.

Ce soir un pauvre corbillard sortit de la ville; personne ne le suivait. C'était le corps d'un suicidé qui allait au cimetière, c'était le héros fardé, sifflé. Le cocher et le fossoyeur le portèrent dans un coin du cimetière où sont enterrés les suicidés. Les orties pousseront sur le lieu où il repose; le gardien y jettera les mauvaises herbes et les cailloux qu'il enlèvera des autres tombes.

DIX-SEPTIÈME SOIRÉE

Je viens de Rome, dit la lune; là, au milieu de la ville, sur une des sept collines, se trouvent les ruines du palais des

Césars. Le figuier sauvage pousse dans les interstices des murailles et en recouvre la nudité de ses larges feuilles d'un vert grisâtre. Par-ci par-là un âne s'avance au milieu des tas de décombres à la recherche des touffes de chardons qui y poussent en abondance.

En ces lieux jadis illustres, d'où les aigles romaines partaient pour la conquête du monde, se trouve à l'entrée une pauvre maisonnette en argile, adossée contre les tronçons de deux colonnes de marbre; les branches de vigne pendent comme une guirlande funéraire au-dessus de sa petite fenêtre mal ajustée.

Là, demeure une vieille femme avec sa petite-fille, une jeune enfant; ce sont elles qui règnent aujourd'hui dans le palais des Césars; elles en montrent les restes aux étrangers.

De la riche salle du trône, il ne subsiste plus qu'un misérable pan de mur; l'ombre d'un sombre cyprès indique l'endroit où se trouvait le trône. Les décombres sont entassés sur l'ancien pavé en marbres rares, dont il ne subsiste que quelques fragments : c'est là que la petite fille vient souvent s'asseoir sur son petit banc pour écouter les cloches du soir; de là, comme d'un haut belvédère, elle peut apercevoir la moitié de la ville Éternelle; dans le fond, se dessine l'énorme coupole de l'église Saint-Pierre.

Ce soir-là, comme toujours, le silence le plus profond régnait tout alentour. Éclairée en plein par mes rayons, la petite rentrait chez elle, dans le palais des Césars; sur sa tête elle portait un vase de poterie, de forme antique, rempli d'eau. Elle avait les pieds nus, sa courte robe et les manches de sa petite chemise étaient déchirées; je déposai un baiser sur les jolies petites épaules rondelettes de l'enfant, sur ses yeux d'un brun sombre, vifs et profonds, sur ses cheveux noirs et brillants. Elle monta l'escalier escarpé qui mène à l'entrée ; il est construit grossièrement avec des fragments de marbre, des fûts de colonnes et des chapiteaux sculptés avec art. De gros lézards effrayés glissaient entre ses pieds, regagnant en hâte leur gîte ; elle n'y prenait garde. Déjà elle levait la main pour tirer la sonnette du palais des Césars, une patte de lièvre attachée à une ficelle.

Elle s'arrêta un instant. A quoi songeait-elle ? Peut-être au bel enfant Jésus, vêtu d'or et d'argent, qui était là-bas dans la chapelle, où brillaient des cierges, des candélabres d'argent, et où ses petites amies venaient de commencer un cantique qu'elle savait bien chanter aussi et dont la brise lui apportait le doux son ? Je n'en sais rien. Lorsqu'elle s'éveilla de son rêve, elle fit un faux mouvement ; le vase tomba de sa tête et se brisa sur les fragments de marbre.

La petite éclata en sanglots ; l'habitante du palais des Césars pleurait un pauvre vase de poterie, de valeur minime ; elle restait là pieds nus, tout éplorée, n'osant pas tirer la patte de lièvre attachée avec une ficelle, la sonnette du palais des Césars !

DIX-HUITIÈME SOIRÉE

Il y avait quinze jours que la lune n'était venue me trouver ; aujourd'hui je la voyais, la face toute pleine, planer au-dessus des nuages qui flottaient lentement vers l'horizon ; elle brillait de tout son éclat. Écoutez ce qu'elle me raconta.

Éclairée en plein par mes rayons, la petite rentrait chez elle,
dans le palais des Césars... (P. 476.)

« Je suivis une caravane qui était partie d'une ville du Maroc. A la limite du désert on fit une halte sur un de ces plateaux salés, qui brillent de loin comme une mer de glace ; par places ils sont couverts d'un léger sable mouvant. Le chef de la troupe, une gourde remplie d'eau à sa ceinture, sur sa tête un petit sac avec du pain azyme, traça avec un bâton un carré sur le sable et y inscrivit un verset du Coran ; toute la caravane passa à la file sur cet endroit sacré.

« Un jeune marchand, un vrai fils des contrées du soleil (je le reconnus à ses yeux de feu, à sa belle et noble stature) chevauchait tout pensif sur son coursier blanc qui piaffait, impatient de la marche lente de la caravane. Songeait-il à sa belle jeune femme? Il n'y avait que deux jours qu'elle avait été portée en triomphe à la maison de son époux ; elle trônait sur le dos d'un dromadaire couvert de peaux et de châles précieux. Tout autour retentissaient les sons joyeux des tambourins et des fifres ; une troupe de femmes suivait, chantant et dansant. Des coups de fusil partaient de tous côtés en signe de joie, c'était une jubilation universelle. Et aujourd'hui le jeune époux, la tête penchée, songeant au bonheur qu'il était forcé d'abandonner, s'apprêtait à traverser le désert plein de périls.

« Je les ai suivis pendant bien des nuits ; je les vis reposer près d'un puits d'eau saumâtre, à côté de chétifs palmiers ; ils dépeçaient un chameau qui avait succombé à la fatigue et ils rôtissaient au feu sa chair coriace. Mes rayons refroidirent le sable qui dans le jour brûlait comme un feu ardent ; à leur lueur, ils distinguaient des roches noires qui, comme des îles désertes, émergent çà et là dans l'immense mer de sable.

« Ils ne rencontrèrent pas de tribus hostiles ; aucune tempête ne s'éleva et ne vint effacer toute trace de la route ; ils ne furent pas étouffés par des trombes de sable.

« Dans sa maison, la belle et jeune femme priait Allah pour qu'il sauvegardât son mari et son père, qui était le chef de la caravane. « Seraient-ils morts? » disait-elle en regardant au ciel vers mon croissant doré. « Seraient-ils morts? » dit-elle encore, lorsque j'avais déjà repris ma face ronde et pleine.

« Les autres ont heureusement passé le désert ; ce soir je les ai vus assis sous de hauts palmiers ; une bande de grues, qui revenaient des pays du nord, passa au-dessus de leurs têtes ; des pélicans perchés sur des branches de mimosas les observaient. Tout alentour les broussailles sont écrasées sous les pieds des lourds éléphants. Une troupe de nègres qui revient d'un marché voisin approche ; les femmes habillées de jupes bleu indigo, les cheveux ornés de boucles de cuivre, poussent en avant des bœufs chargés de fardeaux et sur lesquels dorment les petits négrillons tout nus. Un grand nègre conduit en laisse un jeune lion qu'il vient d'acheter.

« Les voilà qui joignent la caravane ; le jeune marchand ne les a pas vus venir ; il est assis immobile et silencieux, pensant à sa jeune femme, rêvant dans ce pays des noirs à la jolie fleurette blanche qui s'épanouit au delà du désert. Il lève la tête... »

Un nuage vint à passer devant la lune, puis un autre. Le ciel s'obscurcit tout à fait, et je n'en appris pas davantage.

DIX-NEUVIÈME SOIRÉE.

Je vis pleurer une petite fille, dit la lune, elle versait des larmes sur la méchanceté de ce monde. On lui avait fait cadeau d'une superbe poupée. Quels beaux habits elle avait, cette poupée ! Que son visage était fin et délicat ! Elle n'était pas faite pour supporter les maux d'ici-bas. Mais les frères de la fillette, de grands polissons mal appris, avaient été porter la poupée dans le jardin, tout en haut d'un grand arbre, et après ce beau coup ils s'étaient sauvés en riant des cris de détresse de leur petite sœur.

La fillette ne pouvait pas grimper à l'arbre, ni aider la poupée à descendre : voilà pourquoi elle pleurait, en voyant la pauvre poupée les bras étendus entre deux branches, à moitié cachée par l'épais feuillage.

« Qu'elle a l'air malheureux! dit la petite; elle pleure certes. Oui, ce sont là les souffrances de ce monde, dont maman parle si souvent. Malheureuse poupée! voilà qu'il commence déjà à faire bien noir, et si la nuit arrive sans qu'on la vienne délivrer, il lui faudra rester perchée là-haut, toute seule, jusqu'à demain matin. »

Cette idée affreuse fit redoubler les sanglots de la fillette.

« Non, chère poupée, s'écria-t-elle, je ne t'abandonnerai pas, je resterai près de toi toute la nuit. »

Et cependant elle n'était pas à son aise dans l'obscurité. Il lui semblait déjà apercevoir, se glissant derrière la haie, les malins petits gnomes avec leurs hauts bonnets pointus. Là-bas, dans les bosquets, de longs vilains spectres dansaient une ronde infernale ; ils approchèrent toujours, sautant et faisant d'horribles grimaces, ils arrivèrent tout près et montrèrent de leurs doigts crochus l'arbre où la poupée était suspendue ; ils ricanaient méchamment.

Dieu ! que la petite avait peur !

« Mais, pensa-t-elle, quand on n'a pas commis un péché, m'a dit maman, le Méchant ne peut pas vous faire de mal. Voyons, ai-je à me reprocher un péché ? » Et elle se mit à réfléchir.

« Hélas oui ! s'écria-t-elle. J'ai ri du pauvre canard qui s'était pris les pattes dans ce chiffon rouge ; il boitait et se démenait si drôlement ! Mais c'est tout de même un péché que de se moquer des pauvres bêtes.

« Et toi, petite poupée, dit-elle en regardant vers l'arbre, t'es-tu jamais moquée des pauvres bêtes ? »

Il lui sembla que la poupée secouait la tête pour dire non, et elle se sentit bien malheureuse.

VINGTIÈME SOIRÉE

Écoute ce que me raconta la lune :

Il y a de longues années, je regardais ici à Copenhague à travers les fenêtres d'une pauvre mansarde. Là demeuraient un ouvrier ébéniste avec sa femme et son petit garçon. Le père et la mère dormaient, mais l'enfant était tout éveillé. Je le vis écarter les rideaux de son petit lit, une cotonnade à larges fleurs, et lancer des regards curieux du côté de la fenêtre. Je pensais d'abord qu'il contemplait la grande horloge, qui était peinte d'une si belle couleur, rouge et vert; en haut se trouvait un gros oiseau, un coucou; en bas pendaient les lourds poids en plomb, et le balancier, avec son disque en laiton, bien poli, allait de gauche à droite, de droite à gauche, et cela faisait : tic-tac, tic-tac.

Mais non, ce n'était pas l'horloge qu'il considérait, c'était le rouet de sa mère, placé tout contre. Ce meuble il l'admirait entre tous, mais il lui était défendu d'y toucher ; une ou deux fois il avait essayé : on lui avait frappé sur les doigts. Pendant des heures, tandis que sa mère filait, il pouvait se tenir tranquille auprès d'elle, à suivre des yeux les tours, rapides de la roue, et à écouter ses ronrons, à voir le lin entassé sur la quenouille se transformer en fil. Ah! qu'il aurait été aux anges, s'il avait pu faire un peu aller la machine.

Donc cette nuit, que son père et sa mère sommeillaient paisiblement, et qu'il avait mis la tête hors de ses rideaux, il regarda longtemps vers leur lit pour s'assurer qu'ils dormaient bien, puis il considéra de nouveau avidemment le rouet. Tout à coup je vis un petit pied sortir de dessous la couvertures puis un second, puis deux petites jambes. Voilà l'enfant debout dans la chambre. Il regarda encore une fois vers le grand lit : ni père ni mère ne bougeaient, ils n'avaient rien vu : ils dormaient. Alors tout doucement, tout lentement, il s'avança, vêtu seulement de sa petite chemise, vers le rouet, et il se mit à le faire tourner. Il ne s'y prit pas trop bien d'abord, la corde de boyaux qui tenait la roue se détacha, et la roue n'en marcha que plus vite, faisant entendre un délicieux ronflement.

Le petit était dans le ravissement; j'embrassais ses longs cheveux blonds et ses yeux bleus : c'était un charmant tableau. A ce moment voilà la mère qui s'éveille, elle entr'ouvre les rideaux, et elle croit apercevoir un gnome ou un autre petit diablotin faisant marcher le rouet. « Par le saint nom de Jésus! » s'écria-t-elle, et, tout effrayée, elle pousse son mari; celui-ci ouvre les yeux, se les frotte et regarde vers le rouet; l'enfant, qui avait vite attrappé le mouvement, le faisait tourner de toute la force de ses petites jambes. « Mais que diable, s'exclama le père, c'est notre Bertel! Que fais-tu là, gamin? »

En ce moment je détournai mes regards de la pauvre mansarde; j'ai tant de choses à voir! Je me mis à contempler les salles du Vatican, où sont placés les dieux antiques en marbre. J'illuminai le groupe du Laocoon; la pierre me sembla gémir. J'imprimai un long baiser sur le sein des divines Muses, qui parut se soulever. Puis mes rayons restèrent longtemps fixés sur le groupe du Nil. Le dieu colossal du fleuve sacré s'appuie contre le sphinx; il repose, plongé dans de profondes méditations, comme s'il songeait aux événements mémorables qu'il a pendant des siècles vus se dérouler sur ses bords. De charmants petits Amours jouent autour de lui avec des crocodiles. Sur la corne d'abondance se tient un autre Amour, tout mignon; les bras croisés, il considère avec une expression ravissante le grand Dieu qui a l'air si sérieux. Il ressemblait à s'y méprendre à l'enfant qui faisait tourner le rouet; les mêmes traits, la même physionomie naïve, attentive, intelligente. Elle était là vivante et charmante, cette statuette, et cependant la roue des années avait tourné plus de mille fois depuis le moment où elle était sortie du bloc de marbre. Cette grande roue avait, jusqu'à ce qu'on sût de nouveau tirer de la pierre de pareils chefs-d'œuvre, fait juste autant de tours que la roue du rouet dans la pauvre mansarde.

Depuis lors, continua la lune, il s'est passé encore bien des années. Hier je regardai vers un golfe, sur la côte orientale de l'île de Séland. Là se trouvent de magnifiques forêts de hêtres ; de riantes collines entourent un ancien château féodal aux murailles rouges ; dans les fossés nagent de beaux cygnes ; au second plan l'on voit une jolie petite ville, à moitié cachée par des vergers. Une foule de barques, toutes illuminées, voguaient à l'entrée du port ; ceux qui les montaient portaient des torches ; ils n'allaient pas à la pêche à l'anguille ; non, il s'agissait d'une grande fête ; de joyeuses fanfares alternaient avec des chants harmonieux.

Sur l'une des barques se tenait debout, enveloppé d'un long manteau, un homme de haute stature, d'une taille noble et imposante ; c'était lui dont on célébrait l'arrivée. Il avait des yeux bleus ; ses longs cheveux étaient blancs. Je le reconnus aussitôt ; je pensai au groupe du Nil, au Vatican, à tous les dieux de marbre, puis à la pauvre mansarde, où j'avais vu le petit Bertel, vêtu de sa petite chemise, tourner la roue du rouet de sa mère.

La roue du temps a tourné aussi, et le monde émerveillé a vu de nouveau des figures idéales de dieux et de déesses sortir des blocs de marbre.

De toutes les barques retentissait le cri mille fois répété : « Vive Bertel Thorwaldsen ! vive le plus grand sculpteur du Danemark ! »

VINGT ET UNIÈME SOIRÉE.

Je vais te retracer une image tirée de la ville de Francfort, dit la lune.

J'y considérai surtout un édifice : ce n'était pas la maison où est né Gœthe, le plus grand génie de l'Allemagne; ce n'était pas l'antique hôtel de ville, où l'on voit encore contre les barreaux de fer des hautes fenêtres les têtes cornues des bœufs qu'au couronnement des empereurs on rôtissait tout entiers sur la place pour le peuple. Non, ce que je regardais, c'était une maison bourgeoise, peinte en vert, fort simple, située près de l'étroite rue des Juifs, c'était la maison des Rothschild.

A travers la porte, toute grande ouverte, j'aperçus l'escalier brillamment éclairé ; des laquais en livrée galonnée tenaient de lourds chandeliers d'argent et s'inclinaient profondément devant une vieille dame, qu'on descendait dans une chaise à porteur. Le propriétaire de la maison était en bas, la tête découverte, et respectueusement il déposa un baiser sur la main de la vieille dame.

C'était sa mère; elle lui fit un signe de tête amical; elle rendit gracieusement leur salut aux domestiques; ils la menèrent dans une étroite ruelle, à une maison de pauvre apparence. C'est là qu'elle demeurait ; c'est là que ses enfants étaient nés; c'est là que la fortune était venue les trouver.

« Si je quittais cette vilaine ruelle, se disait-elle, si je méprisais cette pauvre maison, la fortune les abandonnerait aussitôt. »

C'est là ce qu'elle croyait fermement.

La lune n'en dit pas plus ce soir ; sa visite fut bien courte. Mais moi je pensais beaucoup à la vieille dame qui habitait la mauvaise petite ruelle. Elle n'avait qu'un mot à dire et elle se serait trouvée dans un palais de marbre, au bord de la Tamise ; un seul mot encore et elle aurait pu habiter une villa princière sur le rivage du golfe de Naples.

« Si je dédaignais cette pauvre demeure, pensait-elle, où le bonheur est venu chercher mes fils, il les abandonnerait ! »

Ce n'était qu'une superstition ; mais qui n'en serait touché ? Qui ne la comprendrait pas ? C'était une mère se sacrifiant à ses enfants jusqu'à son dernier jour.

VINGT-DEUXIÈME SOIRÉE.

Hier, un peu avant le crépuscule (ce sont les paroles de la lune), aucune cheminée ne fumait encore dans la grande ville, et c'était justement les cheminées que je considérais. En ce moment, du sommet de l'une d'elles surgit une petite tête, puis des mains, des bras et la moitié d'un corps ; les bras restèrent appuyés sur le rebord de la cheminée. « Hiob ! Hiob ! » entendis-je crier.

C'était un petit ramoneur qui la première fois de sa vie venait de grimper jusque tout en haut d'une cheminée et qui tournait en tous sens sa tête, curieux d'examiner de là l'aspect des maisons et des rues. « Hiob ! Hiob ! » cria-t-il de nouveau joyeusement. C'était là autre chose que de ramper dans l'intérieur d'étroites et noires cheminées. L'air était frais et vif ; le petit, respirant à pleins poumons, contemplait la ville entière, et au delà il pouvait apercevoir de vertes forêts, et à l'horizon les flots bleus de la mer.

Le soleil venait de se lever ; il paraissait énorme ; son éclat de pourpre vint éclairer le visage de l'enfant qui rayonnait de plaisir et qui était charmant à voir, quoique tout couvert de suie.

« Hiob! Hiob! s'écria-t-il de toutes ses forces. Maintenant toute la ville peut me voir, et la lune peut me voir, et le soleil aussi. Hiob! Hiob! »

Puis il brandit son balai et reprit gaiement sa besogne.

VINGT-TROISIÈME SOIRÉE

La nuit passée je contemplais une grande ville de la Chine, dit la lune. Mes rayons éclairaient les longues murailles toutes nues qui forment les rues. Par-ci par-là se trouve une porte ; mais elle est toujours fermée. Est-ce que le Chinois s'occupe du monde extérieur? D'épaisses jalousies sont tendues devant les fenêtres des maisons qui s'élèvent derrière ces murailles.

Ce n'est qu'à travers les fenêtres d'un temple que je vis briller une faible lumière ; je dirigeai par là mes regards et j'aperçus d'étranges magnificences. Depuis le sol jusqu'au plafond, l'intérieur du sanctuaire est couvert de peintures aux couleurs les plus criardes et richement dorées ; elles représentent le passage des dieux ici-bas. Dans toutes les niches sont des statues aux figures grimaçantes ; elles disparaissent presque sous les somptueuses draperies et les bannières qui pendent du plafond ; devant ces statues des dieux, qui sont en bois ou en étain, peintes de couleurs voyantes, se trouve un petit autel sur lequel sont placés des fleurs et des cierges allumés. Au centre on aperçoit Fo, le premier des dieux ; il est vêtu d'une riche robe de soie jaune ; c'est là en Chine la couleur privilégiée et honorable entre toutes.

Au pied de l'autel de Fo était agenouillé un serviteur du temple ; il paraissait faire des efforts pour prier ; mais tout à coup une vive préoccupation le saisissait ; il tombait dans de profondes réflexions, puis il s'éveillait comme en sursaut ; ses joues étaient rouges, il baissait presque honteusement la tête : les idées qui l'absorbaient étaient sans doute des pensées condamnables.

Pauvre Soui-Hong ! peut-être rêvait-il que, derrière l'un de ces longs murs des rues, il était chargé de cultiver de gentils petits parterres de fleurs rares, des bosquets d'arbustes nains, qui sont la joie des Chinois. Cette occupation lui paraissait-elle plus agréable que celle de veiller à ce que les cierges du temple ne vinssent pas à s'éteindre ? Désirait-il se trouver devant une table somptueuse, en face de nids d'hirondelle et de nageoires de requin, et de pouvoir après chaque mets délicat s'essuyer les lèvres avec du papier d'argent ? Ou bien encore son péché était-il si énorme que, s'il avait été connu, il aurait dû, d'après les lois de l'Empire Céleste, l'expier par d'affreuses tortures et par une mort ignominieuse ? Avait-il osé suivre en pensée les barbares occidentaux jusque dans leur pays de perdition, la maudite Angleterre ?

Non, non, son esprit n'avait pas pris un vol aussi téméraire ; et cependant ses pensées étaient coupables ; il aurait dû les écarter en présence de Fo et des autres dieux. Je sais vers quel endroit tendait son âme.

A l'extrémité de la ville, sur la terrasse, pavée de carreaux de porcelaine, d'une maison toute en briques de porcelaine, était assise, au milieu de riches vases où poussaient de magnifiques fleurs en forme de grosses cloches, une ravissante jeune fille : son nom était Peï ; elle avait de petits yeux pleins de malice ; sa bouche était mignonne, mais ses lèvres épaisses ; en Chine c'est un signe de beauté. Ses pieds étaient la moitié plus petits que ceux de notre Cendrillon.

Ses mules la serraient fort ; mais ce qui était encore plus serré que son pied, c'était son cœur. Elle souleva ses gracieux bras tout ronds ; le satin épais de sa robe fit entendre un bruyant froufrou. Devant elle se trouvait un vase de cristal avec quatre poissons rouges ; elle prit un bâtonnet peint et laqué, et se mit à remuer l'eau tout doucement ; elle paraissait absorbée par quelque chagrin. Elle considéra longuement ses petits poissons et sembla se dire qu'ils avaient une existence paisible et tranquille, qu'ils avaient toujours de l'eau fraîche et une nourriture abondante, mais qu'ils seraient cependant bien plus heureux s'ils pouvaient nager librement dans la rivière.

Oui, c'est cela à quoi songeait la belle Peï ; son âme s'envola vers le temple de Fo, mais non pas pour adorer ce dieu.

Pauvre Peï ! pauvre Soui-Hong ! Leurs pensées se rencontrèrent ; mais seront-ils jamais unis sur terre ?

VINGT-QUATRIÈME SOIRÉE

Il régnait une accalmie complète, dit la lune ; il ne soufflait pas la plus légère brise. L'eau était aussi transparente que l'air pur au milieu duquel je nage ; je pouvais apercevoir au fond de la mer des plantes étranges, des animaux plus singuliers encore; je voyais distinctement ces milliards de poissons qui peuplent l'Océan.

Le cygne releva la tête...

En haut, dans les airs, volait une troupe de cygnes sauvages; l'un d'eux, harassé de fatigue, restait en arrière;

ses ailes faiblissaient ; il faisait des efforts désespérés pour rattraper ses frères qui s'éloignaient de plus en plus. Peu à peu il descendit de la région des nuages où se tenaient les autres ; il approchait de la mer.

Tout à coup il étendit ses ailes et il se laissa tomber lentement, comme tombe une bulle de savon ; il vint se poser sur la surface des eaux. Puis il courba sa tête entre ses plumes, et il resta là, doucement poussé par les vagues, semblable à la fleur du nénufar blanc qui erre sur un lac tranquille.

Une légère brise s'éleva et frisa la surface de la mer où miroitaient mes rayons ; les feux de l'aurore commencèrent à s'y refléter et à la colorer d'un pourpre éclatant. Le cygne releva sa tête ; les flots étincelants se brisaient contre sa poitrine ; c'était chaque fois comme une gerbe de flammes bleues. Tout reposé, le cygne s'éleva du sein de l'onde et, volant vers le soleil, qui apparaissait à l'horizon, il suivit la route qu'avaient prise ses frères ; le désir de les revoir doublait ses forces ; il fendait les airs ; le vent, qui commençait à soulever des flots comme des montagnes, le poussait vers les belles contrées du Nord.

VINGT-CINQUIÈME SOIRÉE

Je vais te retracer une autre image prise en Suède, dit la lune.

Au milieu de sombres forêts de sapins, près des rives mélancoliques du Noxen, se trouve l'église de l'antique monastère de Wreta. Mes rayons pénétrèrent à travers les barreaux des fenêtres jusqu'au vaste caveau où les rois de Suède dorment en repos dans de grands cercueils de pierre rangés contre la muraille; au-dessus de chacun d'eux pend, suspendu à une tringle engagée dans le mur, l'insigne de la gloire et de la puissance de ces princes lorsqu'ils étaient sur terre : une couronne royale; mais elle n'est qu'en bois peint et doré. Les vers ont entamé ce bois, les araignées y ont filé des toiles qui pendent jusqu'aux sarcophages, tissus légers et périssables, emblème des regrets fugitifs des humains.

Comme ils sommeillent paisiblement ces rois, dont la vie a été si agitée, si aventureuse. Je me souviens fort bien d'eux; je vois encore le sourire hautain de leurs lèvres, qui prononçaient des arrêts terribles ou accordaient des faveurs insignes, répandant autour d'eux à volonté la joie ou la douleur.

Quand le bateau à vapeur vient à passer à travers ces sites montagneux et déserts, de temps à autre, un étranger visite l'église; il descend au caveau, et il demande les noms des rois; c'est à peine s'il se rappelle les avoir entendu citer dans les livres d'histoire; la plupart ne lui disent rien. Il contemple en souriant les couronnes rongées des vers, et, s'il a l'âme tendre et sensible, son sourire s'empreint de mélancolie.

Dormez, ô morts! La lune se souvient de vous, elle envoie ses pâles et froids rayons vers le lieu paisible où vous régnez maintenant, avec vos insignes de bois de sapin.

VINGT-SIXIÈME SOIRÉE

Tout près de la grande route, dit la lune, se trouve une auberge; en face une grande remise, dont on répare le toit de chaume. A travers les interstices j'aperçus l'intérieur peu engageant de ce lieu. Sur une poutre dormaient quelques dindons;. des selles, des harnais étaient jetés en désordre sur des bâts de chevaux. Au milieu de la remise se trouvait une berline; les voyageurs dormaient profondément, pendant qu'on donnait à manger aux chevaux. Le cocher s'étirait, faisait semblant d'être accablé de fatigue; mais, moi je le savais bien, la moitié du chemin il avait parfaitement dormi.

Une porte qui menait vers la chambre des domestiques était entr'ouverte; là encore on ne voyait que désordre et malpropreté; une chandelle brûlée presque jusqu'au bout éclairait ce taudis.

Le vent sifflait à travers la remise; dans un coin j'y aperçus, blottis les uns contre les autres, une famille de musiciens ambulants : le père et la mère rêvaient de la forte eau-de-vie qui leur restait dans leur gourde et qui leur servait à oublier les misères de ce monde; leur petite fille, une pâle et délicate enfant, rêvait des peines et des chagrins qui l'accablaient au début de la vie; elle avait pleuré la veille, elle pleurait même en songe; à ses pieds se trouvaient sa harpe et son petit chien, sa seule joie au monde.

VINGT-SEPTIÈME SOIRÉE

C'était dans une petite ville de province, dit la lune, et cela se passait l'an dernier, mais je me souviens bien de tous les détails. Ce soir l'histoire a été racontée dans les journaux, mais fort inexactement ; la réalité était bien plus intéressante que le récit des gazettes.

Dans une salle d'auberge se trouvait un montreur d'ours et il mangeait son souper. Dehors, dans la cour, le pauvre Martin était attaché dans la réserve au bois ; il avait l'air féroce, mais jamais il ne faisait de mal à personne.

En haut, dans le grenier, trois petits enfants jouaient à la clarté de mes rayons ; l'aîné avait six ans, le plus jeune n'en avait guère que deux. *Klatsch-Patsch*, entendit-on sur l'escalier. Qui cela pouvait-il bien être ? Ce n'était autre que ce brave Martin, le gros ours poilu ; il avait pris de l'ennui dans sa solitude et il s'était facilement détaché. N'ayant rencontré personne dans la cour, il avait trouvé le chemin de l'escalier et il montait.

J'ai encore bien présente à la mémoire toute la scène, dit la lune. Les enfants eurent une frayeur affreuse et allèrent se blottir chacun dans un coin, n'ayant pas la force de crier. L'animal les vit bien tous trois et alla les flairer l'un après l'autre, mais sans leur faire le moindre mal.

« C'est certes un énorme chien », se dirent-ils ; ils sortirent de leurs cachettes et se mirent à caresser gentiment la bête, qui, prenant fort bien la chose, s'étendit par terre à côté d'eux.

Le plus petit, un charmant bambin, grimpa sur ce bon Martin, cachant sa petite tête aux boucles dorées dans l'épaisse fourrure noire de l'animal.

L'aîné prit son tambour et en tira des *rataplan* retentissants. Martin se leva et, se dressant sur ses pattes de derrière, se mit à tourner et à danser : c'était un spectacle charmant. Les deux autres gamins prirent leurs petits fusils, et ils en donnèrent un à Martin, qui le tint fort bien contre son épaule comme un vieux troupier ; et alors enfants et ours se mirent à marcher et à faire l'exercice : une, deux, une, deux !

Survint quelqu'un : c'était la mère des enfants. Tu aurais dû la voir avec son effroi muet, son visage blanc comme de la craie, sa bouche entr'ouverte, la gorge serrée ne pouvant articuler un son, les yeux hagards. Mais le plus petit des bambins accourut près d'elle, tout joyeux, sautant et dansant, et s'écria : « Regarde donc, mère, comme nous jouons bien au soldat ; nous nous amusons tout plein. »

Mais la fête était finie : le montreur d'ours arriva et emmena le brave Martin.

VINGT-HUITIÈME SOIRÉE

Le vent soufflait ; il était froid et violent ; les nuages filaient rapidement ; la lune n'était visible que de temps en temps.

Du haut du paisible et immense espace où je me meus, dit-elle, j'aperçois les nuages qui fuient, je vois leurs grandes ombres passer sur la terre. Tantôt mes regards tombèrent sur la porte d'un sombre édifice; une voiture fermée était devant la porte ; on venait chercher un prisonnier. Mes rayons pénétrèrent à travers les barreaux de la petite fenêtre de sa cellule; il écrivait comme adieu quelques lignes sur la muraille ; ce n'étaient pas des mots qu'il traçait, mais bien une mélodie, le chant de son cœur. On ouvrit la porte et on vint l'emmener. Il dirigea ses yeux vers ma face ronde; mais des nuages passèrent entre nous juste à ce moment, comme si l'on avait avec intention voulu m'empêcher de voir son visage.

Il monta dans la voiture ; le cocher fit retentir son fouet; les chevaux partirent au grand galop vers une épaisse forêt où mes rayons ne purent les suivre.

Mais je regardai de nouveau à travers les barreaux de la cellule vers la muraille où le prisonnier avait inscrit son dernier adieu à ce triste séjour. Mes rayons ne purent éclairer que quelques-unes des notes de musique qui s'y trouvaient tracées; le reste demeurera éternellement un secret pour moi et probablement aussi pour tous les humains.

Était-ce l'hymne de la Mort qui était écrite là? ou bien était-ce le chant de la joie et de la liberté? L'avait-on emmené pour le conduire à l'échafaud, ou bien allait-on le rendre à sa mère et à sa fiancée? Je l'ignore, mes rayons ne déchiffrent pas tout ce qu'écrivent les mortels.

VINGT-NEUVIÈME SOIRÉE

J'aime beaucoup les enfants, dit la lune, les tout petits surtout sont si drôles, si amusants. Parfois je les regarde sauter et jouer au moment où ils ne pensent guère à moi. Cela me divertit rien que de les voir se déshabiller tout seuls. D'abord, après bien des efforts comiques, sort une petite épaule nue, ensuite sort le bras; ce qui coûte encore bien du travail, ce sont les bas; et quand à la fin paraît une petite jambe blanche et rondelette et puis un petit peton mignon, gentil à croquer, je l'embrasse et l'embrasse de nouveau.

Donc voici ce que j'ai à te raconter.

Ce soir je regardais par une fenêtre qui n'a pas de rideaux; il ne demeure personne en face. Je vis toute une joyeuse bande d'enfants, frères et sœurs, parmi eux une charmante fillette de quatre ans seulement, mais qui dit son *Pater* aussi bien que qui que ce soit. La mère vient tous les soirs auprès de son lit; l'enfant dit sa prière; puis elle reçoit un baiser de sa mère, qui reste jusqu'à ce que la petite s'endorme, c'est-à-dire quelques secondes, le temps que la fillette ferme ses grands yeux bleus.

Aujourd'hui les deux aînés étaient d'humeur fort gaie, et assez bruyante; l'un sautait à cloche-pied, vêtu de sa longue chemise de nuit, l'autre était debout sur une chaise et avait placé autour de lui les robes des autres enfants dressées toutes droites; il disait que c'étaient des tableaux vivants. Deux autres au contraire se tenaient fort tranquilles et sages; ils rangeaient proprement dans leurs tiroirs leurs petites affaires, comme cela convient. La mère était assise près du lit de la toute petite et dit aux autres de se taire, parce que la fillette allait dire tout haut son *Pater*.

Je regardai par-dessus la lampe jusqu'auprès du petit lit : l'enfant assise, appuyée contre son oreiller tout blanc, tenait ses mains jointes ; son visage mignon était sérieux, exprimant la piété la plus naïve et la plus touchante.

Elle récita sa prière.

« Mais, dis donc, fillette, interrompit la mère, lorsque tu viens de dire : *Donnez-nous notre pain quotidien,* tu as ajouté quelque chose que je n'ai pas bien entendu. Il faut que tu me répètes ce que tu as dit. »

La petite ne répondit pas ; elle regardait sa mère ; on voyait qu'elle était un peu interdite.

« Mais voyons, reprit la mère, qu'as-tu dit de plus que : *Donnez-nous notre pain quotidien?*

— Ne soyez pas fâchée, chère mère, dit enfin la petite. J'ai prié le bon Dieu de mettre dessus beaucoup de bon beurre. »

A ma lumière, il lut et relut les pattes de mouche
qui y étaient tracées...

LA VIEILLE LANTERNE

Connais-tu l'histoire de la vieille lanterne qui éclairait une des rues de notre capitale? Non! eh bien, sache que, si elle n'est pas aussi amusante que telle ou telle autre, cependant tu peux de confiance la lire une fois; tu ne regretteras pas ta peine.

C'était une brave et honnête lanterne, qui, pendant de longues années, avait fidèlement fait son service; mais on allait la mettre à la retraite. On l'avait allumée pour la dernière fois; sa lumière brillait d'un bel éclat, guidant les passants à travers les flaques d'eau. Elle était dans la même disposition d'esprit qu'une vieille figurante de ballet qui danse pour la dernière fois et sera remerciée demain; elle sait qu'aussitôt elle sera oubliée et qu'elle pourra se morfondre dans sa mansarde solitaire.

La lanterne avait grand'peur du lendemain; elle savait qu'elle serait portée à l'hôtel de ville pour passer à l'inspection devant le bourgmestre et le conseil municipal, qui devaient décider si on emploierait encore ses services.

On allait résoudre si elle irait éclairer quelque ruelle des faubourgs, ou hors la ville la cour de quelque fabrique.

« Peut-être, se disait-elle, m'enverra-t-on à la fonderie comme une vieille ferraille. Dans ce cas, si je passe par le feu, on me coulera dans une forme nouvelle, je deviendrai peut-être quelque chose de très distingué. Mais garderai-je le souvenir d'avoir été lanterne et d'avoir éclairé tant de scènes intéressantes? »

Cette pensée la tourmentait beaucoup. Une chose était certaine, c'est qu'elle serait séparée pour toujours de l'allumeur de réverbères et de sa femme, qui la regardaient comme faisant presque partie de leur famille.

Lorsque la lanterne, tout flambant neuf, fut suspendue pour la première fois dans la rue, ce brave allumeur, qui était en même temps veilleur de nuit, venait d'être nommé à ce poste; ce fut lui qui l'alluma pour la première fois. C'était alors un homme robuste, dans la force de l'âge. Sa jeune femme était quelque peu fière, et quand elle passait de jour dans la rue, elle ne daignait pas regarder la lanterne. Maintenant bien des années s'étaient passées; ils étaient devenus vieux tous les trois; et la femme, moins orgueilleuse aujourd'hui, venait dans le jour arranger, nettoyer la lanterne et la remplir d'huile.

« Ils sont bien la pure crème des honnêtes gens, se disait

la lanterne; jamais ils ne m'ont fait tort d'une goutte de l'huile qu'on leur confie pour moi. »

Puis l'idée la reprit que c'était la dernière nuit qu'elle passait dans la rue et que le lendemain il lui faudrait se présenter devant le bourgmestre et le conseil, gens sévères et rébarbatifs. C'était là un avenir sombre; aussi ne faut-il pas lui en faire un crime, si ce soir-là, pour la première fois, elle n'éclairait pas trop bien. Une foule de pensées se pressaient en elle. Elle se rappelait tant d'événements curieux pour lesquels elle avait fourni la lumière! que de choses mystérieuses elle savait que le bourgmestre et le conseil auraient bien voulu connaître! N'avait-elle pas assisté au guet a-pens où ce jeune et charmant jeune homme dont parlait toute la ville fut tué; jusqu'ici l'assassin n'avait pas été découvert. Elle le voyait parfois passer d'un pas inquiet et chancelant.

Si à la fonderie on allait faire d'elle la hache avec laquelle un jour on lui tranchera la tête!

« Et cette autre fois, se dit-elle, où un gentil cavalier s'arrêta ici, tirant de son sein une petite lettre parfumée, sur papier rose... A ma lumière, il lut et relut les pattes de mouche qui s'y trouvaient tracées; il y appliqua un tendre baiser. C'était une lettre de celle qui allait devenir sa fiancée, le premier billet qu'elle lui écrivait. Comme il était transporté de joie! Je l'entends s'écrier : « Je suis le plus fortuné des hommes! » Et il leva les yeux aux étoiles. De quel éclat ils brillaient!

« Le lendemain, ô vicissitudes du monde! un enterrement vint à passer. On conduisait au cimetière une ravissante jeune fille; le corbillard, tout chargé de fleurs et de couronnes, était entouré d'un cortège de personnes portant des torches dont l'éclat éclipsa ma lumière. Quel convoi lugubre! Puis quand il fut déjà loin, je vis, appuyé contre le poteau qui me soutient, quelqu'un qui poussait des sanglots déchirants : il leva les yeux vers le ciel ; jamais je n'oublierai quelle tristesse navrante s'y peignait. »

Tels étaient donc les souvenirs qui agitaient la vieille lanterne pendant la dernière nuit de son service.

Un fonctionnaire connaît celui qui vient le relever et peut lui dire à voix basse quelques mots. Mais la lanterne ne savait pas qui viendrait la remplacer ; et cependant, comme elle avait bon cœur, elle aurait volontiers donné à celle qui devait lui succéder quelques avis utiles sur la pluie et le brouillard, et aurait voulu lui apprendre jusqu'à quelle dalle du trottoir la lueur de sa flamme arrivait et de quel côté soufflait le vent le plus violent, qui pourrait parfois l'éteindre.

Près du ruisseau se tenaient trois personnes qui auraient bien voulu se présenter à la lanterne, pensant qu'elle pourrait les recommander pour sa place qui allait devenir vacante.

La première était une de ces vieilles têtes de hareng qui, vous le savez, peuvent jeter quelque lueur dans l'obscurité ; elle faisait valoir que ce serait une forte économie que de la suspendre au poteau pour éclairer la rue ; qu'elle ne réclamerait jamais d'huile.

Le second concurrent pour l'emploi, c'était un morceau de bois pourri, qui brillait aussi la nuit ; il offrait les mêmes avantages que la tête de hareng ; mais de plus, disait-il, sa noble origine devait lui faire donner la préférence ; il déclarait descendre d'un des plus beaux chênes de la forêt du roi.

Le troisième solliciteur était un ver luisant qui, de la campagne où habitent ordinairement ses pareils, était arrivé sur le pavé de cette rue à la suite des plus étonnantes aventures; il allait les raconter pour se faire un titre à la place qu'il enviait, lorsque la tête de hareng et le morceau de bois pourri l'interrompirent pour expliquer qu'il ne luisait que quelques jours en été et non pas comme eux toute l'année.

La lanterne prit la parole pour essayer de leur faire comprendre que, bien qu'il fût fort remarquable que, sans être allumés, ils eussent le don de se faire voir dans l'obscurité, cependant leur lueur n'était pas suffisante pour éclairer la rue. Elle ajouta que, du reste, elle n'avait pas voix au chapitre, quant au choix de qui viendrait la remplacer. Alors les trois rivaux s'accordèrent à déclarer que c'était bien heureux qu'une personne de si peu de discernement n'eût pas à prendre part à la décision.

En ce moment le vent du coin de la rue vint à souffler; il passa en sifflant à travers les ouvertures de la lanterne, ravivant sa flamme.

« Que viens-je d'entendre? s'écria-t-il. Tu pars demain, et nous nous voyons pour la dernière fois! Je suis bien content que ce soit mon jour de service. En guise d'adieu je te fais cadeau d'un don précieux. Tiens-toi ferme! Je m'en vais souffler avec violence, pour faire entrer dans ton être la faculté de te souvenir de ce que tu as vu et entendu, et de te représenter ce qu'on dira dorénavant en ta présence aussi vivement que si cela se passait à la lueur de ta flamme.

— Non, merci, mille fois merci, dit la lanterne. Tous mes vœux sont accomplis... c'est-à-dire; j'y pense, pourvu qu'on ne m'expédie pas à la fonderie.

— Je ne crois pas que cela soit de sitôt, répondit le vent. Tiens-toi solidement; je m'en vais te souffler de la mémoire; pourvu qu'on te gratifie de quelques autres dons, tu auras une fort heureuse vieillesse. »

Et le vent, tournant en bourrasque, se mit à hurler, à ébranler les toitures et à faire trembler les vitres.

La lune vint à sortir des nuages.

« Quel cadeau d'adieu faites-vous à la vieille lanterne? lui demanda le vent.

— Pourquoi lui donnerai-je quelque chose? répondit la lune. N'ai-je pas déjà assez fait en venant si souvent suppléer à l'insuffisance de son éclairage? Du reste, vous voyez bien que je suis dans mon dernier quartier; mon pouvoir, mes facultés sont au déclin; je n'ai pas de quoi envoyer de présent. »

L'astre de nuit se masqua de nouveau derrière les nuées. Survint une goutte d'eau qui, tombant du toit sur la lanterne, déclara qu'elle et ses sœurs ne demandaient pas mieux que de lui faire un don merveilleux, de la pénétrer de part en part, de sorte qu'un beau jour elle pourrait tout entière tourner en rouille et tomber en poussière tout comme les hommes.

La lanterne remercia poliment, trouvant intérieurement que cette offre ressemblait à une mauvaise plaisanterie. Voilà qu'une étoile filante formant une longue traînée de lumière tomba et vint frôler la lanterne.

« Dieu du ciel! s'écria la tête de hareng, l'étoile que vous venez de voir vient sans doute demander la survivance de l'emploi de lanterne. Devant de pareils personnages, si haut placés, il ne nous reste qu'à nous incliner et à nous retirer chacun chez soi. »

Le ver luisant et le bois pourri furent du même avis. La vieille lanterne semblait toute rajeunie, et jetait des gerbes de lumière.

« Voilà un superbe cadeau, dit-elle; ces belles étoiles dont la clarté faisait ma joie, dont la lueur divine était mon idéal, quoique je susse que je ne pourrais jamais atteindre à leur éclat, ces chères étoiles ont pensé à cette pauvre lanterne, et elles viennent de me doter d'une faculté précieuse entre toutes, celle de faire apercevoir à ceux que j'aime les choses que, par le don du vent, je puis me figurer aussi nettement que si elles étaient en réalité devant moi. Voilà le vrai bonheur : c'est de faire partager à ceux qui vous sont chers les joies qu'on éprouve.

— Ces sentiments, dit le vent, font honneur à ton cœur. Mais sache-le bien, pour que le don rare que tu viens de recevoir s'accomplisse, il faut qu'on te munisse d'une bougie et qu'on l'allume. Les étoiles n'ont pas pensé à cela; bougies, lampes, chandelles, comment voulez-vous qu'elles distinguent parmi tout cela de la hauteur où elles sont perchées? Sur ce je m'en vais me reposer. »

Et il se coucha tout de son long.

« Bonté du ciel, des bougies! dit la lanterne, jamais je n'en aurai. Enfin pourvu qu'on ne me mette pas à la fonte... »

Le lendemain, — ma foi, sautons ce qui s'est passé le lendemain dans la journée, et arrivons tout de suite au soir. — Alors notre lanterne reposait tranquillement dans un fauteuil. Chez qui? Devinez! Chez le vieux veilleur de nuit. Lorsque le bourgmestre et le conseil, ne sachant que faire de la vieille lanterne, avaient voulu l'envoyer à la fonderie, ce brave homme les pria de lui laisser, en raison de ses longs et loyaux services, emporter la lanterne, qu'il avait trente ans auparavant allumée pour la première fois, le premier jour de son entrée en fonctions. Il déclara qu'il la considérait un peu comme son enfant, et même qu'il n'en n'avait pas d'autre. Sa demande lui fut accordée sur-le-champ.

La voilà donc trônant dans le fauteuil, l'honnête lanterne; elle avait l'air bien plus grande que lorsqu'elle était suspendue dans les airs ; dans la petite chambre elle faisait un effet imposant.

Les deux bonnes gens étaient assis à souper et jetaient des regards d'amitié sur la lanterne ; ils lui auraient volontiers offert une place à table. Ils habitaient un modeste sous-sol, mais il y faisait une chaleur agréable : tout était propre et avenant dans leur chambre ; les rideaux du lit et des fenêtres étaient toujours d'un blanc immaculé. Sur la fenêtre se trouvaient deux curieux pots de fleurs, que le cousin Christian, le matelot, avait rapportés des Indes ; ils étaient en faïence et représentaient des éléphants dont le dos était creux, pour être rempli de terre. Dans l'un, la brave ménagère avait planté de la ciboulette, c'était son potager ; dans l'autre, un beau géranium, c'était son parterre de fleurs.

A la muraille pendait une grande gravure coloriée, qui représentait le *Congrès de Vienne :* on voyait là autour d'une table presque tous les empereurs et rois de l'Europe. Dans un coin une horloge à poids faisait *tic-toc ;* elle avançait toujours ; mais, disaient nos deux bonnes gens, cela valait bien mieux que si elle eût retardé.

Ils étaient donc là à prendre leur souper et la lanterne se prélassait dans le fauteuil près du poêle. Quel changement dans sa condition ! elle ne s'y retrouvait pas encore bien. Le vieux gardien de nuit la contempla longtemps, puis il parla de ce que lui et elle avaient vu et éprouvé pendant de longues et froides nuits d'hiver, au milieu des brouillards et des tempêtes de neige, et ensuite dans les courtes et tièdes nuits d'été. A ces paroles la lanterne sentit ses idées se débrouiller, elle revit défiler devant elle toute sa vie passée.

Le lendemain, elle fut nettoyée à fond et suspendue dans un coin ; elle frappait les regards de tous ceux qui entraient.

On trouvait que c'était un singulier meuble, inutile et encombrant ; le vieux couple laissait dire, ils aimaient la vieille lanterne.

Ils étaient toujours en mouvement et au travail. Le dimanche après midi le gardien de nuit prenait un livre, de préférence des récits de voyages, et il faisait la lecture ; sa brave femme écoutait sans perdre un mot la description des contrées lointaines, et quand il était question des grandes forêts du Midi où se promènent les éléphants, elle regardait avec orgueil ses deux pots de fleurs qui venaient de ce même pays.

« Je me figure assez bien ce qui est décrit dans ce livre, » disait-elle.

Mais la lanterne aurait voulu qu'on eût l'idée de la munir d'une bougie de cire allumée, afin que la bonne femme pût se représenter au vif dans les plus petits détails, comme la lanterne, toutes les merveilles de l'Asie et de l'Afrique, les arbres immenses aux branches entrelacées par des lianes, les bandes de sauvages à la face noire ou cuivrée, les lions et les tigres, des troupeaux entiers d'éléphants écrasant, de leurs pas lents et lourds, les hautes herbes, les joncs, les broussailles.

« A quoi me servent tous les dons que j'ai reçus, se disait la lanterne en se désolant. Ces braves gens n'ont que de l'huile et des chandelles, et il me faut de la bougie de cire ! »

Cependant, un jour, la bonne vieille rentra avec un tas de petits morceaux de bougie que lui avait donnés une dame de la maison qui lui voulait du bien ; les plus grands elle les alluma de temps en temps, les petits lui servaient pour cirer son fil ; mais elle ne songea pas à en mettre dans la lanterne.

« Allons, c'en est fait, disait celle-ci. Quel malheur cependant ! Ils ne profiteront pas de la faculté que j'ai de faire paraître devant leur imagination tout ce qu'il y a de plus beau et de plus rare dans l'univers, et de les rendre ainsi plus heureux que des rois. »

Arriva la fête du vieux veilleur de nuit ; le soir, la brave femme eut une idée qui la fit sourire ; elle se leva en se disant : « Je m'en vais illuminer, pour célébrer ce beau jour. » Elle ouvrit la lanterne qui eut une fausse joie, croyant qu'elle allait enfin avoir la bougie après laquelle elle soupirait. Mais non, elle fut remplie d'huile, et elle brûla toute la soirée, au grand plaisir du vieux couple.

« Le don que m'ont fait ces chères étoiles ne se réalisera donc jamais ? » se dit en gémissant la vieille lanterne.

Voilà que dans la nuit elle eut un rêve. Ne vous en étonnez pas ; puisqu'elle savait penser, elle pouvait bien rêver.

Il lui sembla que le vieux couple était mort et que cette fois elle avait bel et bien été condamnée à être mise à la fonte. Quel moment d'angoisse ! elle aurait pu employer le don qu'elle avait de se faire tourner en rouille et de tomber en poussière ; mais cette fin misérable lui répugnait, et elle se laissa mettre dans la fournaise.

Elle fut métamorphosée en un magnifique candélabre, qui avait la forme d'un bel ange, tenant un superbe bouquet dont les fleurs devaient recevoir des bougies. Le candélabre vint à être placé sur une table à côté d'une écritoire ; il y avait beaucoup de livres dans la chambre, et contre les murailles pendaient de beaux tableaux. Le maître de céans était un poète. Tout ce qu'il écrivait, ce qu'il pensait, prenait vie immédiatement et, à la lumière des bougies, on pouvait voir passer, comme sur un théâtre enchanté, les merveilles de ce monde, la mer immense, le firmament étoilé, les sombres forêts, les campagnes riantes, tout ce qui charme les yeux, tout ce qui émeut l'âme.

« Le don des étoiles est donc enfin réalisé ! » pensa la vieille lanterne.

A ce moment elle se réveilla.

« Que n'ai-je été fondue? dit-elle d'un ton de regret. Je serais candélabre et je pourrais éclairer la naissance des œuvres d'un grand poète. Mais non ! Pourquoi tant d'ambition ? Ma présence ici rend heureux ce digne couple, qui m'aime telle que je suis et qui n'aspire pas à ces hautes visions qui troublent l'esprit. C'est la vraie sagesse : comme eux, goûtons dans une condition modeste le repos et la tranquillité intérieure : ce sera la récompense de mon existence dévouée au bien. »

La tirelire ne bougeait pas, ne disait rien...

LA TIRELIRE

C'était dans la chambre des enfants ; il y avait là une foule de jouets de tout genre. Sur une armoire se trouvait une tirelire en faïence ; la forme n'en était guère poétique ; elle figurait un petit cochon de lait ; sur le dos était pratiquée une fente assez large pour laisser passer de beaux écus doubles. Il en était entré plusieurs ; le reste était des shillings et autres menues monnaies.

La tirelire était si remplie qu'elle ne faisait plus de bruit, même quand on la remuait avec force : c'est là la plus haute destinée à laquelle puisse parvenir une tirelire. Elle était donc perchée sur l'armoire, un peu trop au bord ; mais cela lui permettait de tout voir dans la chambre, et elle regardait tout d'un air dédaigneux : ne savait-elle pas en effet qu'avec ce qu'elle avait dans l'estomac, elle aurait pu acheter tout ce bataillon de jouets : c'est là ce que beaucoup de gens appellent avoir une bonne conscience.

Les jouets aussi n'ignoraient pas qu'il en était ainsi, mais ils n'en parlaient pas, et cela ne troublait pas leur bonne humeur de braves petits jouets. Dans un des tiroirs de la commode à moitié ouvert, se prélassait une poupée encore belle, bien qu'elle fût de l'année dernière : cependant, elle avait attrapé un accroc au cou ; elle avait perdu un peu de son, mais on avait recousu la blessure.

Elle se souleva et dit : « Si nous jouions à l'homme ! qu'en pensez-vous ? »

L'idée parut ingénieuse : se moquer de ceux qui vous font marcher, vous brutalisent ! C'était un trait de génie. Tous entrèrent en mouvement ; contre la muraille il y avait une petite image ; elle sursauta de joie et se retourna ; ce petit monde vit qu'elle avait un envers et se mit à rire.

Il faisait nuit, la lune brillait de tout son éclat ; il n'y avait donc pas à s'occuper de l'éclairage. La comédie allait commencer, tous devaient y avoir un rôle, même la toupie et la corde à sauter, qui comptent parmi les jouets de la rue et ne sont pas très considérés ; mais on voulait avoir une société mêlée, comme dans le monde des humains.

La tirelire seule ne bougeait pas, ne disait rien, conservant toute sa dignité ; on alla en députation la prier d'être de la partie ; mais elle déclara qu'elle resterait là-haut à regarder le jeu et à juger du mérite des auteurs.

Cela parut une idée lumineuse, et chacun s'apprêta à faire de son mieux pour plaire à une tirelire si bourrée d'argent.

On se mit à représenter un thé esthétique donné chez une

baronne; c'était la poupée sur le retour qui faisait la maîtresse de la maison; elle était raide et guindée à ravir.

La causerie commença; le cheval se mit à parler d'entraînement, de handicap, de courses de haies; la petite voiture, de tramways et de chemins de fer. Chacun choisit un thème qu'il connût; cela c'était faux; pour représenter les hommes au naturel, ils auraient dû plutôt parler chacun de ce qu'il ignorait. La pendule se lança dans la politique, *tic-tac*, — cela c'était bien, elle était détraquée. Deux beaux coussins brodés qui étaient sur le sopha ne disaient rien : c'étaient des personnages muets; ils étaient délicieusement gonflés dans leur bêtise.

La pièce était détestable; mais les exécutants furent parfaits. L'esprit pétillait, et l'on dit de si jolies choses, qu'on en oublia le thé; la baronne, c'est-à-dire la poupée en fut enchantée; elle en tressauta de joie un peu trop fort; son ancienne déchirure se rouvrit.

La tirelire était très contente; elle était surtout satisfaite de la contenance majestueuse des deux coussins : c'étaient là les airs qu'elle appréciait le plus, et elle se dit qu'elle penserait à eux dans son testament.

C'est ici que la pièce devint tout à fait humaine; à côté du comique le tragique. Une lourde voiture vint à passer; toute la maison en fut ébranlée. La tirelire, qui était trop sur le bord de l'armoire, se trouva soulevée, fit un faux pas et *patatra*, la voilà par terre en mille morceaux.

Les shillings, les couronnes, les écus doubles dansèrent une joyeuse sarabande; c'était un plaisir de les voir rouler. Le jeu cessa brusquement, chacun se mit à réfléchir aux vicissitudes d'ici-bas.

Le lendemain on jeta le tesson de la tirelire dans le panier aux ordures, et on en plaça une nouvelle sur l'armoire. Comme elle était encore vide, elle ne faisait pas plus de bruit que l'ancienne qui était toute pleine, — et pour l'effet c'était la même chose. — C'est la morale de ce conte.

« ... Celui-là a le droit de porter haut la tête... »

LES DEUX COQS

Il y avait une fois deux coqs, l'un dans la basse-cour, l'autre sur le toit; celui-ci indiquait d'où venait le vent. Tous deux se tenaient raides et étaient pleins d'orgueil : lequel l'emportait sur l'autre? Je vais te dire mon avis; mais tu pourras garder le tien.

La basse-cour était séparée par une palissade d'une autre cour où se trouvait un tas de fumier sur lequel poussait une belle courge. Elle savait bien qu'elle était une plante de couche, mais elle n'en était pas plus fière pour cela.

« Il y a là à côté, se disait-elle, un coq superbe; celui-là a le droit de porter haut la tête; c'est un autre personnage que ce coq du toit là-haut, qui ne craque même pas en tournant comme d'autres de son espèce quand ils sont rouillés.

C'est un blanc-bec; à plus forte raison ne sait-il pas coqueriquer. Il n'a ni poule ni poussins; il ne pense qu'à lui-même, et tout ce qu'il sait faire c'est de suer du vert de gris.

« Mais notre coq de basse-cour, c'est là un gaillard! Quels pas il fait! Ils sont cadencés et pleins de dignité. Et son chant, il est perçant comme le clairon. C'est lui qui dans la maison règle l'heure du réveil.

« Oui, en vérité, s'il venait me manger, avec feuilles et tige, je considérerais cela comme un insigne honneur. Je passerais dans son corps; ce serait pour moi une fin bienheureuse; je serais assimilée à une vie élevée et digne d'envie. »

La nuit suivante il y eut une tempête épouvantable. Coqs, poules et poussins, bien qu'ils fussent bien abrités, se serraient les uns contre les autres fort effarés. La palissade entre les deux cours fut jetée bas par le vent; et du toit il tomba bien des tuiles; mais le coq d'en haut résista; cependant il fut tordu par la tourmente et au matin il ne pouvait plus se tourner, ce qui était un peu humiliant pour lui, vu son jeune âge. Il n'y avait pas longtemps qu'il avait été fondu, et le jour où il vint au monde, il était déjà aussi grand qu'il devait jamais devenir. Il n'eut donc pas de jeunesse, ce dont il se targuait fort.

Les moineaux et hirondelles qui venaient parfois voleter autour de lui, il les méprisait.

« Cette marmaille ne fait que piallier, disait-il.

« Les pigeons, continuait-il, ont un air plus discret, plus grave; mais au fond ils ne songent qu'à s'emplir l'estomac; leur langage est monotone et ennuyeux. Les cigognes, les grues et autres oiseaux de passage, ceux-là pendant quelque temps m'ont paru des volatiles à fréquenter; ils me contaient des histoires sur les pays étrangers si bizarres, où il n'y a pas de vrais toits sur les maisons et par conséquent pas de coqs de mon espèce. D'autres fois ils m'apprenaient les aventures émouvantes qui leur étaient survenues pendant leur traversée du Nil à nos contrées du Nord, les combats qu'ils avaient eu à soutenir contre les oiseaux de proie. Mais l'année suivante c'était à peu près le même récit; l'année d'après je me suis aperçu qu'il se répétaient. Oh! le monde est composé de gens de peu d'esprit; quel privilège pour moi de planer ainsi sur la sottise universelle! »

Ce coq de métal était ce qu'on appelle un blasé, un désabusé; si la courge avait su cela, elle l'aurait certes trouvé fort intéressant.

Avec le matin, le soleil et le beau temps revinrent; les poussins se précipitèrent dans la cour, les poules les suivirent; puis apparut le coq fermant la marche, s'avançant d'un air majestueux.

« Vous avez entendu le tonnerre, mes enfants, dit-il. Il fait plus de bruit que moi, cela je l'avoue; mais quelle barbare musique! il n'y a encore rien de tel que mes *coquericos* pour être harmonieux. »

Toute la bande voyant la palissade par terre s'élança vers la seconde cour; à la vue de la courge, ce fut un assaut général contre la pauvre cucurbitacée. Les poules la becquetant, la déchiquetant, en enlevaient des morceaux, qu'elles jetaient aux poussins qui se bousculaient pour attraper cette délicieuse friandise. Le coq approcha et donna à son tour quelques formidables coups de bec; la courge était au septième ciel; son rêve était donc accompli, elle s'anéantissait pour devenir une partie de l'être qu'elle admirait le plus.

« *Coquerico!* s'écria le coq quand il fut bien repu. Je suis de bonne humeur aujourd'hui, mes enfants; aussi vais-je vous apprendre une grande nouvelle. Sachez donc que je suis un coq comme il y en a peu. Je suis en état de pondre un œuf, et devinez ce qu'il en sortirait ; un basilique, un animal fabuleux, dont les hommes même ne sauraient soutenir le regard. Oui, je suis un coq unique. »

Et il battit de l'aile, son plumage se hérissa, sa crête se gonfla d'orgueil et il fit entendre trois formidables *coquericos*. Poules et poussins restaient becs béants, confondus de surprise et fiers d'appartenir à un être si rare. Puis ils reprirent leur pillage avec plus d'ardeur qu'auparavant.

Le coq du toit avait tout entendu :

« Niaiserie que tout cela, dit-il. Ce coq, ce gringalet, comment saurait-il pondre un œuf? moi-même je n'en suis pas capable. Vanité comme le reste! »

A ce moment passa à l'improviste un fort coup de vent, retour soudain de l'orage, et il abattit le coq du toit qui avait si bien tenu tête à la tourmente.

« C'est fort bien, dit-il en tombant, je m'en vais écraser ce rival, qui m'ennuie plus que les autres. »

Mais le coq de basse-cour fit un bond de côté et celui du toit se brisa en morceaux sur le pavé. Le survivant alla tranquillement digérer son festin de courge.

Que dit la morale?

Il vaut encore mieux être plein de présomption, et se vanter avec force *coquericos*, que d'être blasé et de ne croire à rien.

— C'est ma fille en personne qui couronnera le vainqueur, dit le roi des gnomes,... »

LES SAUTEURS

La puce, la sauterelle, et le *houp-houp*[1] firent un jour une gageure à qui sauterait le plus haut. Ils invitèrent une quantité de beau monde pour assister à l'expérience. On accourut de tous côtés pour jouir du spectacle; on savait que c'était trois fameux sauteurs.

« C'est ma fille en personne qui couronnera le vainqueur, dit le roi des gnomes, et je ferai de lui l'archi-sauteur de ma cour. »

Lorsque l'assemblée fut réunie, le jury se plaça sur une

[1]. Jouet d'enfants en usage dans les pays du Nord; il est en os et s'élance en l'air au moyen d'un ressort.

estrade et l'on introduisit les rivaux. La puce se présenta la première; elle avait de charmantes manières, elle salua gracieusement le roi et la princesse, puis le jury et ensuite le public; on voyait qu'elle n'avait fréquenté que des personnes de la bonne société; elle avait sucé le sang de demoiselles bien élevées.

Ensuite apparut la sauterelle; sa démarche était un peu lourde, mais elle avait bonne façon néanmoins dans son uniforme vert. Elle avait une certaine dignité et racontait avec fierté qu'elle descendait d'une antique famille déjà citée dans la Bible et qui avait joui en Égypte sous les Pharaons d'une grande considération. Quant à elle-même, un jour un enfant l'avait attrapée dans un champ et l'avait placée dans un charmant palais construit avec des cartes à jouer; le château avait trois étages, des portes, des fenêtres, et c'était bien honorable d'avoir une habitation pareille pour soi tout seul.

« Je chantais là tout à mon aise, dit la sauterelle; et ma voix fut trouvée si ravissante que le grillon du foyer en maigrit de rage. »

La sauterelle comme la puce paraissaient dignes d'obtenir un emploi à la cour. Le *houp-houp* au contraire ne payait pas trop de mine; il restait silencieux. Quelqu'un dit qu'il n'en pensait que davantage, et le petit carlin de la princesse, qui le flaira, déclara qu'il était en os de bonne qualité. Un vieux conseiller intime, qui était décoré de l'ordre pour le silence, dit que le *houp-houp* paraissait un personnage plein de distinction. Un autre fit remarquer qu'il avait une faculté bien extraordinaire; quand il saute bien haut, c'est que le temps sera beau; s'il s'élève moins en l'air, cela annonce de la pluie.

Le chef du jury donna le signal et l'épreuve commença. La puce sauta la première, elle sauta si haut, si haut que personne ne vit jusqu'où elle avait atteint. Une dame de ses ennemies prétendit qu'elle avait à peine bougé; cela c'était une médisance de cour.

La sauterelle s'élança à son tour ; pour que son adresse fût bien visible elle s'imagina de venir tomber juste sur le bout du nez du roi qui jura comme un simple mortel. C'était une maladresse impardonnable.

Restait le *houp-houp*, il ne remuait pas et déjà les deux autres disaient qu'il renonçait à la lutte. Le carlin s'approcha de lui et s'apprêtait à s'assurer par un coup de dent s'il était réellement en os de bonne qualité, lorsque *routsch-routsch,* le *houp-houp* saute et vient s'abattre par un bond de côté juste dans le giron de la gentille princesse, qui était assise sur un trône en or massif.

Le roi applaudit et toute l'assistance trépigna avec enthousiasme.

« C'est lui le vainqueur, dit Sa Majesté. Peu importe qu'il se soit élevé plus ou moins haut, il a rendu hommage à ma fille, il a sauté avec intelligence : c'était là le difficile. »

Et le jury opina gravement comme le roi, et ce fut le *houp-houp* qui fut couronné au milieu des fanfares.

« C'est pourtant moi qui ai sauté le plus haut, dit la puce, et c'est ce balourd de *houp-houp* qui emporte le prix. Ce que c'est que d'être né intrigant! »

Et de dépit la puce alla piquer la princesse; mal lui en prit, elle y perdit la vie.

La sauterelle retourna aux champs méditer sur l'injustice des cours; elle chanta sa mésaventure dans une triste complainte, que j'ai entendue un soir. C'est alors que j'ai appris le conte que je viens de vous dire.

... Le grand-père taillait et ciselait une grande pièce de bois...

OGIER LE DANOIS

En Danemark, tout contre la côte de l'Oeresund, s'élève l'antique château fort de Kroneborg. Tous les jours par la belle saison des navires y passent par centaines, des bâtiments anglais, russes et aussi des prussiens. Ils saluent le donjon. Dans les airs retentit un *boum* formidable. *Boum*, répondent les canons du fort. Cela veut dire — « Bon jour ! — Bien merci ! »

En hiver les navires disparaissent ; toute la mer est gelée jusqu'à la côte de Suède. Les chariots passent sur la glace épaisse. Danois et Suédois vont à pied ou en traîneaux les uns chez les autres, et ils se disent « Bon jour ! — Bien merci ! » en se serrant cordialement la main. Et sur la glace s'élèvent des baraques, une joyeuse foire s'installe ; partout règne la gaieté et l'animation ; Danois et Suédois vont festoyer les uns chez les autres.

Comme il fait bien alors au milieu de la neige qui recouvre la terre, le vieux et sombre château fort ! — C'est là dans un caveau, caché à tous les regards, que repose Ogier le Danois.

Revêtu de fer et d'acier, le héros est assis, la tête appuyée sur son vaillant bras ; sa longue barbe a passé à travers la table de marbre sur laquelle il s'accoude. Il dort et rêve ; mais dans son sommeil il voit passer l'image de tout ce qui arrive dans son cher Danemark. Dans la nuit de Noël il s'éveille ; un ange vient le trouver, et lui confirme que ce qu'il a rêvé est la réalité, il lui dit qu'il peut se rendormir, que le Danemark n'est pas encore dans le danger extrême. Mais, quand son pays sera menacé de périr, alors Ogier le Danois se redressera ; la table de marbre où sa barbe s'est incrustée sera brisée. Et il sortira de son caveau, et il frappera d'estoc et de taille, et ses coups retentiront dans tout l'univers.

Un vieillard était assis et racontait à son petit-fils ce que je viens de vous apprendre ; et l'enfant savait que c'était la vérité. Et tandis qu'il parlait, le grand-père taillait et ciselait une grande pièce de bois qui devait être placée à la proue d'un navire, et il lui donnait la figure d'Ogier le Danois : le héros était représenté debout, brandissant d'une main sa grande et large épée, et appuyant l'autre sur les armes du Danemark.

Puis le grand-père causa des hommes et des femmes de mérite que le Danemark compte en si grand nombre ; et à la fin l'enfant s'imagina qu'il en savait presque autant qu'Ogier le Danois ; lorsqu'il alla dormir dans son petit lit, il se crut un second Ogier, et à son réveil, il se trouva le menton contre la muraille, où il avait cru voir sa barbe pénétrer.

Le vieillard demeura à son travail ; il lui restait à ciseler les armes danoises. Lorsque bien tard dans la soirée il eut terminé, il considéra son œuvre, faite avec un amour patriotique, et il pensa à tout ce qu'il avait entendu et lu sur Ogier le Danois. Il était content de son travail ; il retira ses lunettes, les essuya, puis se remit à considérer son œuvre.

« Pendant que je vivrai, Ogier sans doute ne reparaîtra pas ; mais l'enfant qui dort là peut-être le verra-t-il, et l'aidera-t-il à combattre nos ennemis. »

Et tandis qu'il était absorbé dans sa contemplation, il lui sembla que son Ogier était réellement revêtu de fer et d'acier, et que son armure étincelait ; et il vit les lions à la couronne d'or se dresser et bondir et les cœurs devenir d'un rouge brillant[1].

« Quel bel et ingénieux emblème que nos armes, se dit-il : les lions, symbole de la force ; les cœurs signifiant le dévouement, la douceur. »

Et considérant le lion d'en haut, il pensa au roi Canut, ce héros qui soumit au sceptre danois la grande et fière Angleterre. Le second lion le fit penser à Valdemar le Grand, qui soumit à son empire toutes les terres danoises et qui défit les Vendes et les Slaves païens. Le troisième lion c'était Marguerite, cette vaillante femme qui unit les couronnes de Danemark, de Suède et de Norvège.

Puis le vieillard s'abîma dans la contemplation des cœurs ;

---

1. Les armes du Danemark sont trois lions entre neuf cœurs.

il les vit s'animer, s'enflammer et se mouvoir dans les airs : son esprit les suivit.

Le premier le conduisit dans une étroite cellule de prison : là était assise, plongée dans un immense chagrin, la fille de Chrétien IV, Éléonore, qui périt à vingt-deux ans dans la plus dure captivité parce qu'elle ne voulut pas renier son époux, le ministre Corfitz Ulfeld qu'on avait condamné comme traître à son roi ; c'était une grande et noble femme ; son cœur brûlait de la flamme la plus pure.

« Oui, c'est bien là, se dit le vieillard, un des cœurs des armes danoises. »

Et la seconde flamme l'emmena sur mer ; le canon tonnait ; c'était un combat naval : la flotte danoise était devant Kjocgé ; un navire, le *Danebrog*, était en feu, le vent le poussait vers la côte ; il allait communiquer l'incendie à la flotte. Nuitfeld, le capitaine, le fit sauter et périt pour sauver la marine de son pays.

L'esprit du vieillard accompagna la troisième flamme, qui l'entraîna sur les côtes désolées du Groenland ; là il vit Hans Égede, l'apôtre qui, au milieu de cette nature misérable, souffrit pendant de longues années les plus grandes privations pour répandre les lumières de l'Évangile parmi les malheureux habitants de ces contrées glaciales.

Le quatrième cœur, le vieillard savait d'avance que c'était celui de Frédéric VI, ce bon roi qui aima tant les paysans et qui fit tant pour améliorer leur dure condition. Et il lui sembla voir le roi entrer dans une chaumière du Jutland ; il venait d'y causer avec une vieille paysanne, et la brave femme l'avait rappelé pour qu'il écrivît son nom sur une poutre de la cabane, en souvenir de sa visite. Le prince revint et avec un bout de craie contenta le vœu de la bonne vieille.

Le grand-père sentit une larme descendre sur ses joues ; il avait vu le roi Frédéric, il avait rencontré le regard de ses yeux bleus, si bons, si profonds.

Il joignit les mains et se perdit dans ses souvenirs ; sa belle-fille entra, et lui dit que le repas du soir était apprêté.

« Que c'est beau, s'écria-t-elle, ce que tu as fait là, père ! Comme cela paraît bien être Ogier le Danois en personne ! c'est ainsi que je me le suis toujours figuré.

— En effet, dit le vieillard, ce pourrait bien être lui ; car je crois l'avoir vu. C'était en 1801, le 2 avril, lorsqu'en pleine paix, la flotte anglaise vint traîtreusement, pour nous punir d'être les alliés de la France, bombarder Copenhague. Je servais alors sur le *Danemark*, sous l'amiral Steen Bille. Nous répondions vaillamment au feu meurtrier des Anglais ; à côté de moi se tenait un homme de haute stature, il chantait, sifflait au milieu des bombes et de la mitraille.

« Il combattait avec un courage surhumain ; aucune de ses balles ne manquait son but. Je vois encore son visage, animé d'une bravoure furieuse. La bataille finie, je le cherchai en vain ; personne ne put m'indiquer ce qu'il était devenu. J'ai souvent pensé que ce pouvait être Ogier le Danois, et qu'il était venu au moment du danger nous aider à montrer ce que peuvent les Danois, même un contre dix.

« Enfin c'est mon idée ; sa figure ne s'est jamais effacée de mon souvenir ; j'ai reproduit fidèlement ses traits dans la statue que je viens de terminer. »

Et la lumière que tenait la jeune femme projeta sur la muraille l'ombre agrandie de la figure et en effet on aurait cru voir se mouvoir le héros fameux.

La jeune femme emmena le vieux grand-père et le plaça à table dans le fauteuil à côté de son époux, qui était le fils du vieillard et le père de l'enfant qui dormait dans son petit lit et se croyait en rêve un second Ogier. Pendant le repas, le grand-père parla des lions, et des cœurs danois, et il expliqua qu'il y avait encore une autre force que celle du glaive, la vigueur de l'esprit. Montrant les planches où se trouvaient quelques livres : « Tenez, dit-il, voilà des comédies de Holberg, qui m'amusent toujours chaque fois que je les relis. En voilà un qui a su frapper et dauber sur la sottise et la folie des hommes ! »

Et désignant le calendrier posé contre le miroir : « Tycho-Brahé, notre fameux astronome, avait aussi une épée, non pour s'en servir contre les hommes, mais pour s'ouvrir une voie qui servît à mieux se retrouver au milieu des étoiles.

« Et lui donc, notre grand sculpteur, dont la renommée est répandue dans tous les pays, lui le fils d'un humble ciseleur sur bois, comme moi, notre Thorwaldsen, ne sait-il pas frapper et cogner? sous les coups de ce vaillant maître, le marbre s'anime et prend de la vie. Buvons à la santé de Thorwaldsen, qui a fait connaître à l'univers la vigueur danoise ! »

Pendant ce temps l'enfant continuait son rêve et il se croyait dans le caveau du château de Kroneborg à côté d'Ogier le Danois. Et Ogier lui-même, la tête accoudée sur la table, apercevait en rêve tout ce qui se passait dans la maison du vieux ciseleur sur bois, il entendait ce qui s'y disait.

« C'est bien à vous, braves Danois, murmura-t-il, de vous souvenir de moi. Dans le moment de l'extrême péril, je ne vous manquerai pas. »

La nuit s'écoula et le jour reparut. Les navires passaient devant le Kroneborg, et faisaient *boum, boum*. Mais Ogier ne se réveilla pas; c'était là un simple salut; il faut d'autres *boum, boum,* plus sérieux, pour qu'il sorte de son sommeil, et qu'il vienne au secours de son cher Danemark.

Le vieillard marchait dans la grande et sombre allée...

LES FEUX FOLLETS
SONT DANS LA VILLE

I

Il y avait une fois un homme, un vieillard, qui autrefois avait composé beaucoup de contes nouveaux; mais maintenant c'était fini. Le génie des contes, qui si souvent jadis était venu le trouver de lui-même, ne frappait plus à sa porte, ne se laissait plus voir. Pourquoi donc cela?

Ah voilà! Depuis plus d'un an et un jour le vieillard n'avait plus pensé au conte, ne l'avait plus attendu, n'avait pas espéré le voir entrer chez lui. Et, en effet, ce charmant génie avait quitté la contrée, où étaient venus s'abattre la guerre, le chagrin et la misère qu'amènent les armées ennemies.

Le printemps arrivé, les cigognes et les hirondelles avaient fait leur apparition ; elles ne se doutaient nullement de ce qui s'était passé en leur absence ; elles trouvèrent leurs nids brûlés, les maisons hospitalières, où on les recevait avec joie, incendiées, détruites ; les champs dévastés, les forêts abattues. Ce furent des temps durs et tristes ; mais enfin ils passent et l'espoir d'un meilleur avenir renaît. « Le Conte va revenir ! » se disait l'homme. Mais non, il restait toujours absent, on n'avait plus de ses nouvelles.

« Aurait-il péri dans les massacres de la guerre, avec tant d'autres, se dit le vieillard ; mais non, le Conte est immortel. »

Des mois se passèrent ainsi, le vieillard ne pouvait se résigner à l'idée que le génie ne reviendrait plus le visiter. Et il se mit à se remémorer sous quelles figures diverses il l'avait aperçu ; tantôt jeune, joyeux, plein d'entrain, semblable au printemps, tantôt sous la forme d'une mignonne fillette, une couronne de bluets dans les cheveux, une branche de hêtre à la main ; les yeux profonds de l'enfant brillaient comme un lac dans une forêt sous les rayons du soleil. Une autre fois, le Conte était venu déguisé en colporteur et avait étalé devant lui toute sorte de fanfreluches brillantes ornées de curieuses devises et aussi de vieux récits de la tradition populaire.

Mais le plus beau, c'était lorsqu'il venait métamorphosé en vieille grand'mère, aux cheveux blancs comme neige, aux yeux doux et fiers ; elle racontait des aventures de ces temps jadis, lorsque les princesses filaient avec des quenouilles d'or et que les dragons et autres monstres terribles montaient la garde devant les palais des rois. Son récit était si vivant, si animé que lorsqu'au ciel on apercevait quelque nuage singulier, on pensait voir une de ces affreuses bêtes de la légende.

Pendant que l'homme était ainsi abîmé dans ses souvenirs,

il pensa que le génie était peut-être, comme la princesse enchantée du fameux conte, caché tout près de lui dans quelque menu objet, et il se mit aussitôt à sa recherche.

« Voyons donc, se dit-il, ce brin de paille qui, soutenu par le vent, tournoie incessamment au-dessus du puits. Je le tiens ! Non, c'est un fétu ordinaire. Si je prenais une de ces fleurs séchées que j'ai là dans mes livres... »

Et il prit un des nouveaux volumes de sa bibliothèque ; c'était un ouvrage fort savant, mais il ne contenait pas de fleurs. On y parlait d'*Ogier le Danois,* et on y expliquait que toute l'histoire de ce héros n'était que l'invention d'un moine français, un roman du moyen âge qui avait été traduit en danois ; que ce fameux Ogier n'avait jamais existé, que par conséquent il ne pouvait pas revenir et que c'était absurde aux Danois de croire qu'il apparaîtrait au moment du plus grand danger ; qu'il en était d'Ogier le Danois comme de Guillaume Tell ; que ces traditions populaires n'avaient pas de valeur pour les gens instruits : tout cela était supérieurement exposé dans ce gros volume.

« Et néanmoins, se dit l'homme, je crois ce que je crois, comme dit notre proverbe ; là où personne ne marche, il ne pousse pas de plantin. »

Il referma le livre et s'approcha de la fenêtre, où se trouvaient de jolies fleurs fraîches et vivantes. « Peut-être, pensa-t-il, le Conte s'est-il réfugié dans cette belle tulipe rouge et or, ou dans cette gentille rose de mai. Non, rien. Mais j'y pense, lorsque ma patrie était accablée par le malheur, envahie par le cruel ennemi, on vint un jour couper les belles fleurs qui étaient sur la fenêtre et on en fit une couronne, qui fut déposé dans la tombe d'un des nôtres qui avait péri héroïquement dans la bataille. Si le génie était alors dans une de ces fleurs, il serait enfoui dans le sein de la terre; mais non, les brins d'herbe qui poussent sur la tombe l'auraient dit.

« Mais si par hasard, dans ces temps funestes, le Conte était venu frapper à ma porte, et que sous le coup des désastres qui frappaient mon pays, je n'y eusse pas fait attention! Qui pensait alors au Conte? dans notre sombre chagrin, nous contemplions presque avec colère la fraîche verdure des prés; le doux gazouillement des oiseaux nous faisait mal; nos anciens chants populaires, que nous aimons tant, ne sortaient plus de nos poitrines oppressées.

« Oui, peut-être le Conte est-il venu alors me visiter ; je n'aurai pas fait attention à lui ; il sera parti pour ne plus revenir. Je n'y tiens plus, je vais aller au dehors, à sa recherche, à travers la forêt, la bruyère, et jusque sur la plage de l'Océan. »

II

L'homme sortit et il arriva auprès d'un ancien château féodal, aux hautes murailles crénelées ; sur le donjon flottait une bannière. Dans le bois de hêtres qui l'entoure le rossignol faisait entendre ses roulades ; on percevait aussi le susurrement de milliers d'abeilles qui butinaient le miel dans les rouges fleurs des pruniers. C'est par là que passent les fantômes de la chasse du roi Valdemar, lorsque les tempêtes d'automne font tourbillonner les feuilles des forêts. Un peu plus tard vers Noël, les cygnes sauvages y font résonner leurs chants. Mais alors dans la grande salle du château on est réuni autour de la vaste cheminée qui flambe; on chante ou l'on écoute de beaux contes.

LES FEUX FOLLETS SONT DANS LA VILLE.   533

Le vieillard marchait dans la grande et sombre allée de marronniers sauvages, qui mène à la porte d'honneur. C'est là qu'autrefois le vent, s'engouffrant, sifflant sous les arbres, lui avait raconté l'*Histoire de Valdemar Daé et de ses filles*, et que le Conte, sous la forme d'une dryade, lui avait appris le *Dernier rêve du chêne*.

Il s'avança : où jadis il avait vu des haies de charmilles, il n'y avait plus que fougères et orties ; elles cachaient à moitié d'anciennes statues, qui avaient de la mousse plein les yeux. L'homme regardait partout après le Conte, l'appelait d'une voix suppliante.

Les corneilles, qui voletaient là par bandes, lui criaient : « De rire, de rire ! »

Il marcha toujours et au delà des fossés du château il atteignit une verte aulnaie. Là était un pavillon en hexagone, qui servait de retraite aux poules et aux canards. Une brave vieille les surveillait ; elle connaissait l'histoire de chaque petit poussin, dès sa sortie de l'œuf. L'homme lui demanda si le Conte passant par là ne lui avait rien dit : elle répondit qu'elle était baptisée et vaccinée, qu'elle avait toujours été honnête et rangée, et que jamais elle n'avait voulu avoir affaire aux esprits et aux génies.

Plus loin, l'homme trouva, entouré d'une haie d'épines et de cytises, un ancien monument funéraire, élevé à la mémoire d'un honorable bourgmestre de la ville voisine. Il était représenté sur la pierre ; sa veuve et ses cinq filles, habillées de robes à panier, le visage sortant d'une large fraise, bien raide, se tenaient autour de lui, les mains jointes. L'homme considérait ce groupe étrange qui rappelait si vivement les siècles passés ; tout à coup il vit un beau papillon venir se poser sur le front du bourgmestre, puis aller voltiger un peu plus loin sur des fleurs ; en le suivant du regard, l'homme aperçut une touffe de trèfle à quatre feuilles ; il y en avait jusqu'à sept tiges, et il est si rare d'en découvrir même une seule! Il les cueillit toutes et les mit dans sa poche; sachant combien ce trèfle porte bonheur, il espérait qu'il lui ferait retrouver le Conte.

III

L'homme continua ses recherches ; le soir arriva ; le soleil, comme un grand disque rouge, jetait ses derniers rayons. Des vapeurs se levaient dans le fond des vallées. « C'est la sorcière des marais, qui brasse ses drogues », se dit l'homme et il rentra chez lui.

La lune éclairait d'une douce lueur la nappe de brouillard étendue sur les prés, et qui ressemblait à un grand lac. Et en effet, le peuple le disait, il y avait eu là, dans les temps anciens, un beau lac, et la tradition racontait une foule de légendes sur ce lac. C'était l'exacte vérité ; toute la contrée avait été autrefois sous l'eau, et le peuple en avait gardé la mémoire. Et l'homme songea au gros livre où il avait lu que Guillaume Tell et Ogier le Danois n'avaient pas existé et ne vivaient que dans l'imagination populaire, et il pensa : « Quoi qu'ils en disent, Ogier reviendra quand les temps seront accomplis. »

Pendant qu'il restait ainsi à songer, quelque chose vint frapper contre sa fenêtre, qui s'ouvrit brusquement. Il vit apparaître le visage d'une vieille, toute maigre et ridée.

« Que voulez-vous? lui dit-il.

— Vous avez sept trèfles à quatre feuilles, dit-elle, et c'est à cela que vous devez la chance de me voir.

— Mais qui êtes-vous donc? reprit-il.

— Je suis la fée des marais, et je suis venue pour répondre à vos questions si vous avez à m'en faire. Je vous le répète : c'est votre trèfle qui vous vaut cet honneur ; vous n'avez fait que le ramasser dans le chemin, mais c'est beaucoup que de le distinguer du trèfle ordinaire. Seulement, dépêchez-vous, je suis en train de brasser ma bière, et je crains que ces petits polissons de gnomes, qui rôdent partout, ne s'amusent à tourner le robinet de la cuve. »

L'homme alors demanda si elle n'avait pas rencontré le génie du conte, si elle ne savait pas où il se tenait caché.

« Oh! par mon grand tonneau, s'écria-t-elle, vous n'en avez donc pas assez de contes? Mais tout le monde en est rassasié ; à peine si les enfants les aiment encore. Donnez aux garçons des cigares, aux petites filles des chignons, et ils vous tiendront quitte de contes. Vous retardez sur votre siècle, mon brave homme.

— Que savez-vous de ce qui se passe dans le monde, dit-il, vous qui ne vivez qu'au milieu des grenouilles et des feux follets?

— Ne parlez pas avec mépris des feux follets, répliqua-t-elle. Ils sont lâchés, ils courent et ils attrapent les humains. Mais je ne puis rester plus longtemps ; il me faut aller voir ma bière. Si vous voulez en savoir davantage, venez me trouver dans ma demeure, près du grand marais. Mais n'oubliez pas votre trèfle, votre talisman, et arrivez cette nuit pendant qu'il est encore frais ; sans cela vous enfoncerez dans la vase, à n'en plus sortir. »

Et, à ces mots, la fée disparut.

IV

Minuit sonnait au clocher de la vieille église, lorsque l'homme se dirigea vers le grand marais, qui s'étend au milieu de vastes prairies. Le brouillard s'était dissipé, la fée avait cessé de brasser; elle était sortie de son antre.

« Vous êtes resté bien longtemps, dit-elle; on voit bien que vous n'étiez pas né pour être sorcier; dans ce métier il faut être plus alerte. Maintenant qu'y a-t-il pour votre service?

— Mais je vous l'ai déjà dit, répondit-il. Où pourrai-je rencontrer le génie du conte?

— Comment, vous y revenez! dit-elle; ne vous ai-je pas répondu que personne ne s'intéresse plus à lui?

— On veut, peut-être, le remplacer par la poésie de l'avenir! s'écria-t-il.

— Allons, puisque c'est vous et que vous avez jusqu'à sept trèfles à quatre feuilles, je vais vous donner quelques détails. Je le connais bien, le génie du conte. J'ai été jeune; alors j'étais une gentille petite elfe, et avec mes sœurs je dansais en rond au clair de la lune, au chant des rossignols; je rencontrais alors souvent le Conte, un charmant Esprit, que je voyais tantôt se bercer dans une tulipe, tantôt se balancer sur le haut des clochers ou des donjons en ruine. Il chantait d'une voix harmonieuse et pénétrante des ballades et des complaintes pleines de poésie.

« Eh bien! cette poésie, je vous en brasserai tant que vous voudrez. Mieux que cela; j'ai là plein une armoire de poésie en bouteilles, de l'essence de poésie, pour tous les goûts, du doux, de l'amer, du gai, du triste. Vous en prenez dimanches et fêtes une goutte sur votre mouchoir, et votre demeure est pour la semaine embaumée de poésie. Cela vaut bien votre Conte.

« Vous n'avez pas l'air de me croire. Vous connaissez cependant l'*Histoire de la petite fille qui marchait sur le pain?*

— Je pense bien, dit-il, c'est moi-même qui l'ai racontée.

... J'ai là plein une armoire de poésie en bouteilles,
de l'essence de poésie.

— Eh bien! vous savez alors que la fillette, passant à travers la tourbe des marécages, est venue tomber dans ma demeure, un jour que la grand'mère du diable me rendait visite. Vous vous souvenez encore que la vieille diablesse emporta la fillette pour la placer sur une étagère; en retour ce que vous ne savez pas, elle me fit cadeau d'une cave à liqueur toute particulière : c'était de la poésie en bouteilles. Tenez, mettez sur votre œil gauche un de vos trèfles et vous verrez distinctement ce qui se passe chez moi au fond du marais. »

En effet l'homme aperçut, au milieu de tout un attirail de sorcellerie, un meuble taillé dans la racine d'un aulne séculaire; c'était un ouvrage fait avec le plus grand art, on y voyait finement ciselées les caricatures de tous les poètes fameux. Dedans se trouvait une rangée de fioles, contenant l'essence rectifiée et concentrée de la poésie de tous les peuples.

« Prenez la première bouteille, dit la fée; c'est ce que j'appelle du parfum de mai. Vous en respirez un peu, aussitôt vous voyez apparaître des prés fleuris, des forêts verdoyantes, des bruyères odorantes, des lacs bordés d'iris et couverts de nénufars. Versez-en deux gouttes sur le cahier de composition d'un écolier, il s'en dégage une senteur de printemps si forte qu'elle vous endort.

« Dans la seconde fiole se trouve de l'essence superfine de scandale. C'est une réduction de toutes les méchancetés qu'ont jamais inventées les poètes les plus satiriques; cela a un fort goût de vitriol.

« Puis viennent quelques grosses bouteilles de poésie domestique; il y en a pour les goûts des principales nations; pour les Allemands de la crème philosophique, pour les Anglais du ratafia d'institutrice, et ainsi de suite.

« Donc il y a là en large provision de quoi remplacer vos contes. Mais laissons toutes ces babioles; je vais vous apprendre la grande nouvelle : Les feux follets sont lâchés, ils sont dans la ville. Humains, prenez garde à vous !

« Vous me regardez avec des yeux étonnés.

« Écoutez donc ! »

V

Voici ce que raconta la fée :

« Hier il y avait de grandes fêtes et réjouissances ici dans le marais. Il était venu au monde douze de ces petits feux follets, qui sont doués de la faculté de passer dans l'âme des hommes et de leur faire faire mille extravagances et sottises. Pour célébrer l'événement, toute la gent des feux follets dansait des sarabandes insensées. Moi je tenais sur mon giron les douze nouveau-nés ; ils luisaient comme des vers de la Saint-Jean. Ils grandissaient à vue d'œil, et bientôt ils furent aussi forts que père et mère.

« Ainsi que je vous ai dit, selon une loi immuable de notre empire infernal, étant venus au monde par une telle rencontre des étoiles, ils avaient la faculté de pénétrer pendant un jour entier dans un être humain, et de le gouverner, le faire parler, se mouvoir, agir à leur guise. Ce pouvoir dure un an juste ; mais il faut qu'en chacun de ces trois cent soixante-cinq jours le feu follet entre dans l'esprit d'un homme différent et le détourne du chemin de la vérité et du bien.

« S'il y réussit, alors il obtient le plus grand honneur auquel puisse aspirer un feu follet, c'est d'être coureur devant le carrosse de gala du diable ; il reçoit alors une livrée d'or et il a un col tout de flammes.

« Mais ce privilège a aussi de grands dangers. Si un des êtres humains que le feu follet possède s'aperçoit qu'on le berne, le lutin perd son pouvoir et il lui faut sur-le-champ retourner au marais. Si avant la fin de l'année, il trouve que les humains ne valent même pas la peine qu'on se moque d'eux, et que, pris de nostalgie, il revienne au marais, alors un coup de vent l'éteint pour toujours. Enfin s'il s'oublie, s'il a pitié de quelque créature humaine et s'il ne fait pas son compte de trois cent soixante-cinq dupes pendant l'année, il est condamné à passer sa vie dans un morceau de bois pourri. Il brille encore la nuit, mais si peu, si peu, que pour un feu follet qui a de l'honneur, c'est pire que d'être soufflé et de périr.

« Je contai tout cela à mes douze petits lutins, qui sautaient sur mon giron ; je les engageai à renoncer à leur privilège et à rester au milieu de nous. Mais ils étaient tous ambitieux ; ils pensaient à la belle livrée que leur donnerait le diable.

« Pourquoi ménagerions-nous les hommes? dit un de leurs vieux oncles ; il était âgé d'une semaine. Ne viennent-ils pas nous traquer dans notre domaine? ils se mettent à drainer nos prairies, à dessécher nos chers marais.

— Pas de pitié ! », s'écrièrent les petits drôles, et ils allèrent se mêler au bal qui avait commencé.

« Une bande de jeunes et ravissantes elfes tournaient en rond, agitant gracieusement leurs voiles, tissés des fleurs les plus délicates et pailletés de gouttelettes de rosée ; elles faisaient les pirouettes les plus difficiles ; les petits feux follets les imitaient de leur mieux, se tortillaient et risquaient les entrechats les plus hardis.

« Un vieux corbeau leur apprit à bien dire : « Bravo, bravo! » chose bien importante quand il s'agit de tromper les hommes. Un hibou aussi leur donna quelques bons avis. La chasse du roi Valdemar vint à passer; voyant la fête elle s'arrêta et fit demander ce qu'on célébrait. Une des elfes alla rendre la réponse; le chef des fantômes alors nous prêta trois de ses meilleurs chiens pour porter les feux follets en ville. Survinrent deux vieux gnomes qui enseignèrent aux feux follets à regarder par les trous de serrure, art qui n'est pas à dédaigner ; ils montèrent sur deux des chiens, prenant les feux follets dans leurs bonnets ; la troisième bête courrait en avant, et *housch, routsch,* les voilà partis pour la ville.

« Tout cela s'est passé cette nuit, continua la fée ; ils sont arrivés depuis longtemps et ils doivent avoir commencé leur tâche de berner les hommes, de leur brouiller les idées. Par ma grande cuve, je voudrais bien voir de près leur manège.

Survinrent deux vieux gnomes... ils montèrent sur deux des chiens...

— Ah çà, interrompit l'homme, tout ce que vous me débitez là, c'est un vrai conte. Vous avez donc rencontré le génie que je cherche ; dites-moi, de grâce, où le trouverai-je ?

— Non, dit la fée, c'est tout au plus le commencement d'un conte ; on pourrait maintenant détailler les façons, les ruses par lesquelles les feux follets trompent le pauvre genre humain.

— Mais, oui, reprit l'homme en s'animant ; on pourrait écrire une foule de contes, tout un roman sur cette donnée ;

faire l'histoire de chacun de ces douze lutins. Je me sens tout inspiré. Est-ce que le génie serait venu me communiquer de nouveau un peu de son souffle?

— Voyons, calmez-vous, dit la fée. Laissez donc cette besogne à d'autres. Vous êtes pourtant d'un âge où l'on doit être raisonnable; vous avez suffisamment barbouillé vos doigts d'encre, en écrivant des contes. Reposez-vous. Je vous donnerai une bonne provision de ma poésie en bouteilles. Du reste, faites-en, si vous voulez, faites-en, de nouveaux contes; croyez-vous qu'ils intéresseront beaucoup? Que vous ai-je dit?

— C'est vrai, reprit-il. Les feux follets sont dans la ville. Si j'allais faire savoir qu'un tel qui passe pour honnête homme est possédé d'un de ces diablotins, et ne suit pas la voie droite, on me huerait, on me honnirait!

— Et songez donc, dit la femme, que ceux que les feux follets détournent de la vérité et de la bonne route sont de tous les rangs, de tous les âges. Parmi les politiques, ils pullulent; il y en a dans les lettres, dans les arts.

« J'ai tort de vous dire tout cela; vous êtes poète et vous allez le tambouriner partout et avertir vos semblables. Cela ne fera pas l'affaire de mon compère le Diable. C'est votre trèfle qui me force à parler.

— Oh! n'ayez pas peur, dit l'homme; ils ne prendront pas garde à ce que je dirai. Ils croiront tous que je leur fais un conte; il amusera les uns, les autres le trouveront ennuyeux. Mais aucun ne s'avisera que je leur annonce sérieusement :

« Les feux follets sont dans la ville! La fée des marais me l'a dit. Soyez sur vos gardes, mes frères! »

FIN

TABLE

	Pages.
Les Souliers rouges.	1
Le Papillon.	13
L'Infirme.	17
Il faut une différence.	35
Les Coureurs.	43
La Petite fille aux allumettes.	49
La Pierre tombale.	55
Le Coffre volant.	61
Margoton.	73
Le dernier Rêve du chêne.	93
La Théière.	103
La Cloche.	107
Le Roi des aunes.	117
La Famille heureuse.	129
La Vieille maison.	135
Le Sarrasin.	149
Le grand Serpent de mer.	153
Ce que racontait la vieille Jeanne.	167
Le Briquet.	193
L'Intrépide soldat de plomb.	207
L'Ange.	215
Le Vieux Ferme-l'œil.	219
Le Sanglier de bronze.	239
La Comète.	255
Le Gnome et l'Épicier.	261
Le Bisaieul.	269
C'est le rayon de soleil qui parle.	277

	Pages.
LA PIERRE PHILOSOPHALE.	281
LE BONHEUR DANS UNE BRANCHE.	301
L'HOMME DE NEIGE.	
LE LIVRE MUET	318
L'HISTOIRE DE L'ANNÉE.	317
LE JARDIN DU PARADIS	331
L'OMBRE.	359
LA VIEILLE CLOCHE D'ÉGLISE.	379
LES GALOCHES DU BONHEUR.	385
LA PLUME ET L'ENCRIER	429
LE LIN	433
LE LIVRE D'IMAGES	441
LA VIEILLE LANTERNE	499
LA TIRELIRE	511
LES DEUX COQS	515
LES SAUTEURS.	519
OGIER LE DANOIS	523
LES FEUX FOLLETS SONT DANS LA VILLE	529

CLASSEMENT DES GRAVURES HORS TEXTE

	Pages.
Voilà qu'on vit arriver à travers la prairie.	38
C'étaient des cris, des croassements.	74
C'étaient les personnages que le vieux chêne	98
Quelle splendeur se découvrit à ses yeux.	115
Maintenant, nous avons notre bouquet, dit l'enfant.	216
Six beaux cygnes la tiraient.	224
Le petit prince Printemps et sa mignonne fiancée.	321
Éclairée en plein par mes rayons, la petite rentrait.	476

PARIS. — Impr. J. CLAYE. — A. QUANTIN et Cⁱᵉ, rue St-Benoît.

COLLECTION DE 40 BEAUX VOLUMES ILLUSTRÉS
GRAND IN-8 RAISIN A 10 FR.; RELIÉS DORÉS, 14 FR.
TOILE DORÉE, FERS SPÉCIAUX, 13 FR.

Cette charmante collection se distingue, non seulement par l'excellent choix des auteurs et l'élégance du style, mais encore par un grand nombre de gravures dans le texte et hors texte, exécutées par les premiers artistes. Jamais livres édités à ce prix n'ont offert autant de belles illustrations.

ANDERSEN. — Contes Danois. Traduits pour la première fois du danois par MM. Louis Moland et Ernest Grégoire; illustrés par M. Yan' Dargent. 1 vol.
— Nouveaux contes Danois. Traduits par les mêmes, illustrés par M. Yan' Dargent. 1 vol.
— Les Souliers rouges et autres contes, traduits par les mêmes, illustrés par M. Yan' Dargent. 1 vol.

BEAUMONT (Mme LE PRINCE DE). — Magasin des enfants, édition revue par Mme Belloc, illustrations de Staal. 1 vol.

BELLOC (Mme Louise S.-W.). — Le Fond du sac de la grand'mère, contes et histoires. Illustré par Staal. 1 vol.
— La Tirelire aux histoires. Lettres choisies, vignettes de G. Staal. 1 vol.

BELLOT. — Voyage aux mers polaires, exécuté à la recherche de sir John Franklin, illustré par Beaune. 1 vol.

BERQUIN (Œuvres de). — L'Ami des enfants. Nouvelle édition, illustrée de dessins par Staal et Gérard Séguin. 1 vol.
— Sandford et Merton. — Le Petit Grandisson. — Le Retour de Croisière. — Les Sœurs de lait. — Les Joueurs. — Le Page. — L'honnête Fermier. — Illustré par Staal. 1 vol.

BERTHOUD (Œuvres de S. Henry).
— Soirées du docteur ... illustré.
— La Cassette des ... 1 vol. illustré.
— Les Hôtes du logis. 1 vol. illustré.
— Les Féeries de la science. 1 vol. illustré.
— Le Monde des insectes. 1 vol. illustré.
— L'Homme depuis cinq mille ans. 1 vol. illustré.
— Contes du docteur Sam. 1 vol. illustré.

Le Buffon des familles. Histoire et description des animaux, extraite des Œuvres de Buffon et de Lacépède, illustrée de 450 vignettes dans le texte et hors texte. 1 fort vol.

CHASLE (Émile). — Contes de tous pays, illustrés de vignettes dans le texte et hors texte, dessins de Staal. 1 vol.
— Nouveaux Contes de tous pays, illustrés de vignettes dans le texte, dessins de Staal. 1 vol.

COZZENS. — La Contrée merveilleuse, voyage dans l'Arizona et le Nouveau-Mexique, traduction par M. Battier, illustrée de nombreuses gravures anglaises et de Yan' Dargent. 1 vol.
Voyage instructif, pittoresque et dramatique, qui a obtenu le plus grand succès en Amérique et en Angleterre, et qui ne sera pas moins bien accueilli en France.

DE MAISTRE. (Œuvres complètes du Comte Xavier de). — Nouvelle édition. Voyage autour de ma chambre; le Lépreux de la cité d'Aoste; les Prisonniers du Caucase; la Jeune Sibérienne; préface par M. Sainte-Beuve. Illustrée par Staal. 1 vol.

DESNOYERS (L.) — Aventures de Robert-Robert et de son fidèle compagnon Toussaint Lavenette. Nouvelle édition illustrée de magnifiques gravures sur bois hors texte. 1 vol.

FABRE, docteur ès sciences. — Histoire de la Bûche, récits sur la vie des plantes, illustrée de plus de 200 vignettes, d'après les dessins de Yan' Dargent, etc. 1 vol.

FÉNELON. — Les Aventures de Télémaque et les Aventures d'Aristonoüs. Nouvelle édition, illustrée par Tony Johannot, Célestin Nanteuil, etc. 1 vol.

FLORIAN (Fables de). — 1 vol., illustré par Grandville de 80 grandes gravures et 25 vignettes dans le texte.
— Le Don Quichotte de la Jeunesse, illustré de vignettes; dessins de Staal. 1 vol.

FOÉ (de). — Aventures de Robinson Crusoé, illustrées par Grandville. 1 beau vol.

GALLAND. — Les Mille et une Nuits des familles, contes arabes, choisis et révisés avec la plus scrupuleuse attention. Illustrées par MM. Français, Baron, Laville, etc. 1 vol.

GENLIS (Mme la comtesse de). — Les Veillées du château ou Cours de morale à l'usage des enfants. Édition illustrée, dessins par Staal. 1 vol.

JACQUET (abbé). — Vies des Saints les plus populaires et les plus intéressants, illustrées par les premiers artistes et publiées avec l'approbation de plusieurs archevêques et évêques. 1 fort vol.

NODIER (Charles). — Le Génie-Bonhomme. Séraphine. — François les bas bleus. — La Neuvaine de la Chandeleur. — Les Aveugles de Chamouny. — Baptiste Montauban. — La Légende de sœur Béatrix. — Trilby. — Trésor des fèves et fleur des pois. Introduction par M. Louis Moland; dessins de Staal. 1 vol.

OLD-NICK. — La Chine ouverte. Illustrations par Borget. 1 vol. illustré de 250 sujets.

PELLICO (Silvio). — Mes Prisons, suivies des Devoirs des hommes, traduction nouvelle par le comte H. de Messey, revue par le vicomte Alban de Villeneuve, illustrée par Gérard Séguin, Daubigny, etc. 1 vol.

PERRAULT, Mme D'AULNOY, Mme LE PRINCE DE BEAUMONT. — Contes des Fées, illustrés par Staal et Berthall, contenant tous les contes devenus classiques et reconnus les modèles du genre. 1 très beau vol.

SCHMIDT. — (Contes de). Traduction de l'abbé Macker, la seule complète. 2 beaux vol. avec de nombreuses vignettes dans le texte et gravures tirées à part, d'après les dessins de J. Staal. Chaque volume formant un tout complet se vend séparément.

SWIFT. — Voyages illustrés de Gulliver. 400 dessins par Grandville. 1 beau vol.

WISEMAN. — (Traduction de Mlle Nettement). Fabiola ou l'Église des catacombes, précédée d'une introduction, par M. Alfred Nettement, vignettes d'après les dessins de Yan' Dargent. 1 vol.

WYSS. — Robinson Suisse, avec la suite donnée par l'auteur, traduit de l'allemand par Mme Élise Voïart, précédé d'une Notice de Charles Nodier. 1 vol. illustré de 200 vignettes.

PARIS. — Impr. J. CLAYE. — A. QUANTIN et Cie, rue Saint-Benoît. [2015]

www.ingramcontent.com/pod-product-compliance
Lightning Source LLC
Chambersburg PA
CBHW060750230426
43667CB00010B/1512